ESTUDIOS

El Programa de Pago a Proveedores como instrumento de inyección de liquidez a la empresa

Ricardo Martínez Rico
PRESIDENTE EJECUTIVO DE EQUIPO ECONÓMICO
DOCTOR EN ECONOMÍA
TÉCNICO COMERCIAL Y ECONOMISTA DEL ESTADO (EXC.)

INSTITUTO DE ESTUDIOS ECONÓMICOS

EQUIPO ECONÓMICO

© 2021 INSTITUTO DE ESTUDIOS ECONÓMICOS
C/ Príncipe de Vergara, 74. 6.ª Planta - 28006 Madrid
Tel.: 917 820 580
iee@ieemadrid.com
www.ieemadrid.es

El Instituto de Estudios Económicos no se identifica ni se solidariza necesariamente con el contenido, las opiniones y las valoraciones expresadas por el autor en los textos que se recogen en este libro, que son exclusivamente suyas.

Maquetación: D. G. Gallego y Asociados, S. L.
gallego@dg-gallego.com

ISBN: 978-84-92737-30-7

Depósito legal: M. 29.022-2021

Impreso por FRAGMA
info@fragma.es

Octubre de 2021

Printed in Spain • Impreso en España

A nuestras familias

«States, like individuals, who observe their engagements, are respected and trusted, while the reverse is the fate of those who pursue an opposite conduct».

Alexander Hamilton in *Report on Public Credit*, 1790.

ÍNDICE

ÍNDICE DE GRÁFICOS

ÍNDICE DE TABLAS

PRÓLOGO

El lector tiene en sus manos un libro importante. Lo es porque aborda un tema que es del máximo interés para España, no solo desde una perspectiva económica sino incluso política, y porque lo estudia en profundidad y lo expone con claridad y brillantez. El tema de fondo son las relaciones financieras entre el Estado, las Comunidades Autónomas y los Ayuntamientos, nunca bien definidas, pero que se vieron profundamente afectadas por la crisis financiera de 2008 y por las políticas puestas en marcha a partir de 2012. Respecto a la profundidad, claridad y brillantez del texto, no es necesario que las pondere el prologuista, pues las descubrirá el propio lector, al adentrarse en él.

Los denominados Mecanismos Extraordinarios de Liquidez, que constituyen el núcleo de la cuestión, fueron establecidos en 2012 para hacer frente a lo que entonces se consideraba una emergencia, pero han sido mantenidos hasta hoy, a lo largo de unos años en los que ya no se podía invocar semejante justificación. La razón de que esto haya ocurrido ha sido la incapacidad política de establecer un nuevo sistema de financiación autonómica por consenso, una cara más del deterioro institucional y de las tensiones territoriales de estos últimos años. Las consecuencias han resultado ser que algunas Comunidades los han considerado *de facto* una parte más de su esquema de financiación habitual y, por otro lado, que el Estado se haya convertido en el principal acreedor de las Comunidades Autónomas. El problema más importante proviene del hecho de que nadie parece haber controlado el recurso a los Mecanismos en estos últimos años, ni establecido límites verdaderamente eficaces para que no se abusase de ellos, y por ese motivo su utilización no ha sido homogénea entre las diecisiete Comunidades Autónomas. Como consecuencia, la deuda de cada una de estas con el Estado tampoco lo es y, en algunos casos, es difícil pensar que sean capaces de reintegrarla sin nuevas moratorias, e incluso que tengan verdadera voluntad de hacerlo. Es más, su tentación será eludir responsabilidades transformándolo en un problema político que ahondará fracturas territoriales, tan a flor de piel en los últimos años, y creará al Estado un dilema de riesgo moral.

En realidad, el problema ya está aquí, como se desprende de la incapacidad para ordenar la financiación autonómica y el aroma de arbitrariedad que tienen muchas de las decisiones territoriales del Gobierno central, que están en el trasfondo de las pugnas entre unos y otros en torno al reparto de los fondos europeos del Programa *Next Generation*; unas pugnas que no cesarán en el tiempo, darán lugar a interminables cruces de reproches y dejarán agravios y secuelas. A día de hoy, en suma, la financiación autonómica y todo lo que comporta, de la que se ocupa el libro, continúa siendo uno de los principales problemas pendientes de la arquitectura institucional española.

En el libro de Ricardo Martínez Rico se explica con detalle por qué y cómo 2012 fue el origen inmediato de la realidad actual del problema. En marzo de ese año se creó el Programa de Pago a Proveedores (PPP), pensado inicialmente para Ayuntamientos que tuvieran dificultades a la hora de afrontar sus deudas comerciales. Al poco se extendió a las Comunidades Autónomas con el mismo planteamiento, aunque con otra dimensión, dado el volumen de gasto de estas respecto a los Ayuntamientos: entre 2012 y 2020 las Comunidades absorbieron el 87% del Programa de Pago a Proveedores, por el 13% de los Ayuntamientos (Tabla 10). En julio de 2012 se creó, exclusivamente para las Comunidades Autónomas, el Fondo de Liquidez Autonómico (FLA) que desbordó por completo el planteamiento inicial. Ya no se trataba de un remedio de urgencia para afrontar problemas pendientes, sino de un nuevo instrumento de financiación permanente, pronto convertido en el principal Mecanismo Extraordinario de Liquidez, que ha aportado casi 185.000 millones de euros hasta 2020 (por 112.000, aproximadamente, el PPP). El Programa de Pago a Proveedores y el Fondo de Liquidez Autonómico han sido factores decisivos en el aumento de la deuda pública del Estado, que se ha quedado, a cambio, con dudosos activos financieros de las Administraciones Territoriales, convertidos después en materia de oscuras negociaciones políticas. Dado el elevado volumen de la deuda, el problema no es ya de los deudores, algunos de los cuales apenas pueden hacerle frente, sino del Estado, que tiene una parte del sistema autonómico fuertemente endeudada con él y otra mucho menos.

El planteamiento inicial era razonable e imaginativo, porque ayudar a devolver las deudas pendientes de las Administraciones Territoriales era una forma rápida y eficiente de inyectar liquidez al sistema económico, restaurar la viabilidad de muchas empresas y estimular la economía. Convertir en voluntaria la adhesión, a cambio de exigir condicionalidad, era hacerlo viable, al tiempo que se podían corregir disfunciones de la organización económica territorial, todo lo cual aumentaba sus aspectos positivos. Pero, una vez se pone en marcha un mecanismo gobernado por la lógica política, es difícil contenerlo en los límites de lo racional. Es la situación de hoy mismo.

El libro comienza, como es oportuno, presentando el escenario en el que van a ocurrir los hechos que se narran, esto es, la economía española desde mediados de los años noventa hasta la crisis de la pandemia. Sintetiza, con precisión y atención al detalle, las tres etapas en las que se divide ese largo periodo: los años de crecimiento con acumulación de desequilibrios, que finalizan en 2008; el tiempo de la crisis y la estabilización, que se prolonga hasta 2014; y el retorno, a partir de entonces, de un crecimiento más equilibrado en el sector privado, que no en el público, abruptamente detenido con la nueva crisis de la pandemia.

En ese tiempo tienen lugar, también, dos cambios institucionales que serán decisivos en esta historia. Primero, las Comunidades Autónomas pasarán a ser la institución pública que concentra el mayor volumen de gasto y más elevado número de funcionarios, tras generalizarse los traspasos de educación y sanidad. La Administración Central, junto con la Seguridad Social, continuará controlando el grueso de los ingresos públicos, pero no así el gasto ni el personal. Segundo, España se integrará, a partir de 1999, en la Unión Monetaria europea, perdiendo con ello la capacidad de realizar sus propias políticas monetaria y cambiaria y de responder con tan poderosos instrumentos a eventuales crisis provocadas por la acumulación de desequilibrios, y, como ocurrió en 2008, quedará a merced de lo que decidan otros, con intereses y sensibilidades tal vez distintos. No todo debiera haber sido vida fácil en la Unión Monetaria: era necesario hacer política preventiva, que se descuidó, porque corregir *a posteriori*, sin los instrumentos mencionados, era complicado y doloroso.

La crisis financiera internacional de 2008 paralizó los mercados de capitales y afectó de lleno a España como país fuertemente endeudado, que había invertido muy por encima de su ahorro en los años anteriores y necesitaba refinanciaciones de los préstamos recibidos, especialmente el sistema financiero. La actitud pasiva del Banco Central Europeo, hasta la llegada de Draghi, no contribuyó a solucionar las graves dificultades de Cajas y Bancos y mostró las serias carencias del diseño inicial del euro. Se descubrió, desde nuestra perspectiva, que en ese momento España no pertenecía a una verdadera unión monetaria, donde siempre hay elementos de corresponsabilidad, sino a una mera zona de rígida e irreversible estabilidad cambiaria.

La Hacienda pública, arrastrada por la crisis, la inoperancia europea y algunos errores propios, perdió en poco tiempo la posición ventajosa de partida: el superávit presupuestario se transformó en abultado déficit y la deuda pública comenzó a crecer a gran velocidad. El deterioro de las cuentas públicas no impidió que se generalizase la sensación de falta de liquidez en el sistema económico, pues los mejor situados debían pagar más cara su financiación por el ascenso de la prima de riesgo, mientras que muchas empresas e instituciones comenzaron a encontrar cerradas las posibilidades de conseguirla.

Entre 2009 y 2011 multitud de Ayuntamientos y bastantes Comunidades Autónomas se encontraron en crecientes dificultades financieras y recurrieron a retrasar los pagos de sus deudas comerciales, como forma fácil y barata de sobrellevarlas, abusando, en cierto modo, de su posición de autoridad y perjudicando ostensiblemente a las empresas privadas que habían confiado en su seriedad. Es importante subrayar, por lo que vendrá después, que no todos los Ayuntamientos y no todas las Autonomías actuaron del mismo modo, como al hablar de la crisis financiera no se puede señalar por igual a todas las Cajas y a todos los Bancos.

Esa era la situación cuando el Gobierno salido de las elecciones del 20 de noviembre de 2011 asumió el poder, con la seguridad que le daba disponer de mayoría absoluta en las Cámaras. El nuevo Gobierno adoptó, en las primeras semanas, un conjunto de medidas encaminadas a combatir la crisis económica, entre las que destacan la estabilización de la Hacienda pública, la reforma laboral y avances en la reconversión del sistema financiero. Desde mi punto de vista, partían de un diagnóstico correcto de la crisis y acertaban en las prioridades, al poner énfasis en la necesidad de restaurar el equilibrio entre renta y gasto en la economía nacional y reformar los mercados de factores productivos, profundamente ineficientes, como se había demostrado en los años de expansión. En conjunto, claro está, dominaba el signo restrictivo para la actividad económica.

Unos meses antes, en mayo, se habían celebrado elecciones autonómicas y locales, en las que el Partido Popular había aumentado sensiblemente su cuota de poder territorial. Es seguro que este hecho hizo conocer mejor a sus dirigentes la situación financiera de Ayuntamientos y Comunidades Autónomas, y es probable que los hiciera más sensibles al problema de las facturas impagadas y los animase a tratar de resolverlo.

Ese fue el propósito inicial del Programa de Pago a Proveedores, puesto en marcha por el nuevo Gobierno en marzo de 2012, apenas tres meses después de tomar posesión. Se trataba de un original instrumento de política económica rescatado de un inmerecido olvido por el libro de Ricardo Martínez Rico, que le dedica una considerable atención. El Programa tiene interés no solo por sí mismo, sino también como germen de los Mecanismos Extraordinarios de Liquidez, cuya importancia y actualidad han sido ya resaltadas. En su diseño inicial, el Programa se refería únicamente a los Ayuntamientos y así hubiera sido fácilmente controlable por los muchos resortes que la Administración Central tiene para condicionarlos financieramente. Sin embargo, unas semanas después de su aprobación se hizo extensivo a las Comunidades Autónomas y ahí empezó todo a tener un nuevo significado.

El Programa resultaba ser una medida de política coyuntural mixta, pues tenía algo de instrumento para proveer de liquidez al sistema económico (y en este sentido, se podía asimilar a la política monetaria) y, al mismo tiempo, era un mecanismo para aumentar la demanda por la vía del gasto público y cambiar las reglas del juego entre Administraciones a través de la nueva condicionalidad (y en este sentido, se trataba de una medida de política fiscal).

Para ponerlo en acción era preciso tomar conciencia de la importancia de solucionar el problema de las deudas comerciales de las Administraciones Territoriales para la supervivencia de muchas empresas, captar la oportunidad que abría el cambio de estrategia del Banco Central Europeo y ser capaces de articular una innovadora medida de política económica, muy compleja en su instrumentación. Y todo ello con gran rapidez, porque la situación económica no admitía demoras, como indicaba a las claras la evolución de la prima de riesgo.

Los tiempos son uno de los aspectos claves de la historia que cuenta Ricardo Martínez Rico en su libro y, aún hoy, producen asombro. Apenas transcurre medio año entre la constitución, en diciembre de 2011, del recién elegido Gobierno español, que precisamente coincide con la nueva actitud del BCE, y el pago efectivo a las empresas de 27.300 millones de euros en el mes de junio de 2012. En conjunto, entre 2012 y 2014 se abonaron 65.852 millones de euros para pagar más de nueve millones de facturas de 280.000 proveedores de Corporaciones Locales y Comunidades Autónomas, una impresionante muestra de lo que el autor denomina la enorme capilaridad de la medida. Considerando la restricción financiera a la que estaba sometido desde 2008 el tejido empresarial español -en particular, las microempresas y las pequeñas empresas- es fácil imaginar el inmediato efecto positivo para el conjunto de la economía que tuvo la actuación de las autoridades. Sobre todo, porque en aquellos mismos años el sistema financiero español no solo estaba sometido a severas restricciones de liquidez, sino ensimismado en plena reconversión, por lo que la capacidad para operar con normalidad de muchas instituciones era limitada.

El Tesoro, como organismo interpuesto, se endeudó con bancos y mercados de capitales, y se ofreció a prestar los recursos conseguidos a las Administraciones Territoriales que, voluntariamente, podían aceptarlos en condiciones ventajosas respecto a otras posibilidades (o ninguna), para saldar sus deudas comerciales. Como la adhesión a la propuesta fue muy amplia, el sector privado recibió una importante inyección de liquidez, que resultó decisiva para que muchas empresas pudiesen superar los momentos más dramáticos de la crisis. A cambio el Gobierno estableció una condicionalidad que trataba de ordenar las complejas relaciones entre los diversos niveles de la Administración en España y buscaba impedir que muchas instituciones se financiasen retrasando sistemáticamente los pagos. De modo que era una política coyuntural, en primera instancia, pero tenía una interesante vertiente de política de ordenación o de largo plazo, de la que el libro también se ocupa con detalle.

Por supuesto, en una situación de extrema sequía financiera sus posibilidades de instrumentación requerían de una actitud proactiva del Banco Central Europeo, que, afortunadamente, había aparecido como novedad desde la llegada de Mario Draghi en noviembre de 2011 y se había materializado ya en las dos inmediatas y grandes subastas de fondos de diciembre de ese año y febrero del siguiente, junto con otras medidas de signo igualmente expansivo. El Tesoro español, exhausto y con su reputación bajo mínimos, habría pagado un alto precio si hubiera acudido a los mercados financieros internacionales para obtener lo que necesitaba y poner en acción la nueva medida, mientras que los bancos nacionales, apurados y bajo sospecha, no hubieran estado en condiciones de financiarla sin el cambio de política del BCE.

Por otra parte, y en un plano más general, el episodio ilustra bien que una política económica coyuntural –incluso en un país tan constreñido por reglas externas, como la España de la Unión Monetaria– puede tener margen de maniobra y capacidad de acierto cuando está fundamentada en un diagnóstico correcto y es, al mismo tiempo, imaginativa. En este sentido, el libro tiene una utilidad que trasciende el episodio sobre el que se centra, para convertirse en un elemento de reflexión más amplio, cuyas enseñanzas pueden ser aplicables en momentos distintos. En otras palabras, hay vida para la política coyuntural de cada país más allá del euro, aunque deben coincidir circunstancias singulares y ser bien analizadas y aprovechadas.

También en un plano más general, el libro constituye una reflexión seria sobre aquella crisis, que bien lo merece, puesto que ha dejado huellas profundas, no solo en la economía sino en la vida social y política española. Analizar la crisis y las estrategias de política económica aplicadas, con la distancia que proporciona el tiempo, nos puede ayudar a entender por qué los problemas desbordaron el ámbito de la economía y algunos de ellos se instalaron como rémoras políticas más allá de la recuperación. Desde nuestra perspectiva, el conjunto de medidas para hacer frente a la crisis nunca llegó a constituir un plan, nunca fue explicado y, por ese motivo, cuando tuvo éxito y la economía reaccionó, nadie atribuyó mérito alguno a las medidas ni al Gobierno. La pedagogía tiene un valor importante en la creación de opinión pública que el Gobierno no cultivó y el Programa de Pago a Proveedores, un paliativo de la estabilización que tan desapercibido pasó, es una buena ilustración de lo dicho.

Aunque los años 2012-2014 son estudiados con detalle, como germen de lo ocurrido después, el libro no se queda allí, sino que también analiza en profundidad las consecuencias que ha tenido la continuidad de los Mecanismos Extraordinarios de Liquidez y hasta los primeros efectos de la crisis de la pandemia sobre el problema. Es decir, que las reflexiones de Ricardo Martínez Rico son de plena actualidad, como muestran sus consideraciones sobre la crisis de la pandemia en relación con el problema, en las Conclusiones. Dos son los aspectos que me interesa destacar de esta parte: las virtudes y limitaciones de la nueva condicionalidad impuesta como contrapartida y la profunda transformación del balance financiero entre las Administraciones públicas desde 2012, que complica la cancelación del invento.

A cambio de la ayuda financiera la Administración Central impuso condiciones a las Administraciones Territoriales, como los planes de ajuste para alcanzar el equilibrio presupuestario, una información más rápida, precisa y detallada de su situación financiera y un indicador sencillo, el Periodo Medio de Pago, como temprano revelador de dificultades. Todo ello representaba una mejora respecto a la situación anterior y ha sido muy eficaz para conseguir que las Corporaciones Locales, en su conjunto, alcanzaran pronto el equilibrio presupuestario y lo mantuvieran después. También mejoró la situación de las Comunidades Autónomas, aunque no en todos los casos ni en la misma proporción. Sin embargo, la crisis de la pandemia, con un aumento de los desequilibrios presupuestarios y de la deuda comercial y el Periodo Medio de Pago, está poniendo a prueba la eficacia de la condicionalidad.

El principal problema derivado de la continuidad de los Mecanismos Extraordinarios de Liquidez es la profunda transformación que se ha producido desde 2012 en el balance financiero entre las Administraciones Territoriales y el Estado, así como las consecuencias de semejante cambio. Algunas Comunidades Autónomas los han utilizado ampliamente, endeudándose con el Estado, que lo ha permitido, y otras no. Como explica Ricardo Martínez Rico los Mecanismos representaban una mutualización de la deuda, porque el Estado ayudaba a financiarse en condiciones privilegiadas a otras Administraciones, asumiendo costes y aportando garantías. Sin embargo, el recurso a los Mecanismos Extraordinarios fue profundamente heterogéneo: entre 2012 y 2020 Cataluña absorbió 91.367 millones de euros, casi un tercio del total, y, en segundo lugar, la Comunidad Valenciana 64.086 frente a los 47.466 de Andalucía o los 6.625 de Madrid, dos Comunidades significativas por tamaño con relación a Cataluña y muy por encima del de Valencia (Tabla 10). En el otro extremo cuatro Comunidades, Castilla y León, Galicia, La Rioja y Madrid, ni siquiera han hecho uso del FLA en todo el periodo. Cualquier solución que se intente, facilitando las cosas a las Comunidades más endeudadas, plantea un problema evidente de riesgo moral que no se puede eludir. Condonar la deuda, abierta o subrepticiamente, significaría un atropello de la política a la equidad.

Para concluir, séame permitido decir dos palabras sobre el autor del libro, aunque es evidente que no necesita presentación para cualquier persona conocedora o interesada por la economía española. Ricardo Martínez Rico reúne tres características que no suelen aparecer juntas en estos tiempos de extrema especialización y explican el interés y la riqueza de su trabajo. Conoce bien el mundo de la alta administración pública española, en la que empezó a la manera tradicional como joven opositor de éxito, pero en la que llegó a ocupar cargos importantes. Es ahora mismo un profesional reputado en el terreno de la iniciativa privada, por lo que también está familiarizado a fondo con el ámbito de la empresa. Esa doble sensibilidad por lo público y lo privado, que no es tan frecuente, enriquece su visión de los hechos, al tiempo que le permite tener una posición matizada ante muchas de las cuestiones que analiza. Por último, desde que lo conozco -y hace ya algunos años- siempre tuvo, y ha mantenido, una gran vocación hacia los planteamientos teóricos de la economía, a pesar de lo absorbentes que pueden llegar a ser los problemas prácticos a los que debe enfrentarse cotidianamente un alto funcionario o un hombre de empresa. De ahí que las múltiples referencias teóricas que aparecen en su libro no sean adornos de erudito, sino que están perfectamente integradas en su discurso. El interés por reflexionar sobre la realidad económica aportando una perspectiva propia, la capacidad para realizar el esfuerzo de plasmarlo por escrito y la afinidad con el mundo universitario, son razones que le llevaron a elaborar y defender con brillantez recientemente su tesis doctoral en la Universidad de Zaragoza, de la que es fruto el presente libro.

José María Serrano Sanz
Catedrático de la Universidad de Zaragoza
De la Real Academia de Ciencias Morales y Políticas

NOTA DEL AUTOR

En este otoño de 2021 celebramos en Equipo Económico 15 años de práctica en el mundo de los servicios profesionales. Festejar el decimoquinto aniversario del despacho supone un motivo de gran satisfacción para todos los que integramos esta empresa, ya que, entre otros muchos aspectos, significa que aquella idea embrionaria que diseñamos a mediados de 2006 se ha consolidado plenamente y goza de excelente salud y futuro. Quince años después el despacho se ha convertido en un caso de éxito profesional en un contexto de fuerte competencia, que hemos sabido gestionar con humildad, capacidad de sacrificio, talento y mucho trabajo y dedicación a nuestros clientes. Las dos grandes crisis de distinto signo que hemos tenido que enfrentar en los últimos años han supuesto un esfuerzo adicional, pero que, en definitiva, nos han permitido ser más fuertes y competitivos.

Y como en estos aniversarios pasados, nuevamente en esta ocasión lo celebramos con la edición de un libro, «El Programa de Pago a Proveedores como instrumento de inyección de liquidez a la empresa»; un libro basado en la tesis doctoral dirigida por el profesor Serrano Sanz, y que defendí en la Facultad de Economía y Empresa de la Universidad de Zaragoza, en el mes de julio de 2020, ante un Tribunal presidido por el profesor García Delgado. La conversión en libro de tantas horas de trabajo, su actualización en estos tiempos nuevamente muy complejos, con la incorporación de aportaciones de muchos de los profesionales del despacho, es una forma hermosa de festejar quince años de vida profesional.

No se trata, además, de una mera reedición del trabajo doctoral, sino que, estando dedicado este libro a un público más amplio, se ha tratado de reducir el texto original, así como de aligerar aquellas partes de la tesis de contenido estrictamente académico. Al mismo tiempo esta obra recoge también algunas de las muy acertadas sugerencias y comentarios formulados por el tribunal en el acto de defensa de la tesis. Entendiendo, además, que el estudio del Programa de Pago a Proveedores es un punto de partida, nos encontramos ante una iniciativa más dentro de un conjunto amplio de reformas de la economía española diseñado en 2012 para contrarrestar el impacto de la crisis financiera, que nos permite elaborar el diagnóstico de la situación dramática de las empresas españolas finalizando el año 2011 y los mecanismos diseñados para hacer frente a todas las deudas pendientes, para empresas multinacionales, familiares, grandes, pequeñas y autónomos, y analizar, así, una iniciativa de política económica muy reciente de amplias implicaciones en ese momento del tiempo pero también en la actualidad. Todo ello la hace merecedora de un esfuerzo de divulgación en una obra escrita y para un público más diverso.

Aunque en ámbitos, contenido y características de autores muy distintos, la lectura, entre otros muchos, de dos libros en estos últimos años impulsaron la elaboración de este trabajo. Por una parte, la lectura de una de las últimas aportaciones de ese gran historiador que es John H. Elliott; me estoy refiriendo a su libro de recapitulación «History in the Making», publicado en 2012, que es, a mi juicio, un delicioso relato de su experiencia intelectual, profesional y también vital, en donde describe con la maestría ya de una vida entera dedicada a su profesión, desde el proceso de aprendizaje hasta el porqué de sus principales áreas de interés y estudio. Del porqué se despierta como joven estudioso su interés por la historia de España y las políticas reformistas, cuando todavía hay muy poco escrito, y también de su admiración por analizar en profundidad la figura del Conde-Duque de Olivares, muy ensalzada en la obra de Velázquez expuesta en el Museo del Prado y muy poco estudiada, en esos primeros años 50 y 60, por los historiadores.

Si Elliott siente admiración hacia las políticas reformistas y se centra, por ello, en el estudio del período reformista liderado por el Conde-Duque de Olivares, también yo, y salvando las distancias, siento esa misma admiración por las reformas económicas que, junto con la estabilidad macroeconómica y la apertura hacia el exterior, constituyen los pilares fundamentales del desarrollo de la economía española y el marco adecuado para la iniciativa empresarial.

Pero también el libro de Robert Rubin, «In an Uncertain World», que encontré en una pequeña librería del Cambridge americano, atrajo enormemente mi atención. Y es que, a pesar de estar escrito en el año 2004, sigue teniendo un título de la mayor actualidad. Se trata de un libro descriptivo de los principales acontecimientos económicos en la década de los noventa, y de sus retos y las decisiones fundamentales del autor en su etapa como Secretario del Tesoro norteamericano en los últimos años del Gobierno de Bill Clinton. Pero escrito una vez transcurridos ya unos años después de su papel protagonista y con la madurez adquirida que da la distancia temporal para entender, explicar mejor y, muy relevante, dejar constancia escrita de los principales hechos económicos acontecidos y las decisiones tomadas.

Sus reflexiones en el contexto económico de la época muestran un discurso innovador en esos momentos, en especial, sobre el debate fiscal y cómo era necesario explicar, y que los ciudadanos empezaran a entender, que los déficits fiscales dificultaban la actividad económica. Pero más importante todavía, Rubin hace hincapié en que los déficits generaban desconfianza hacia el Gobierno, y le limitaban su capacidad de actuación y sus iniciativas para atender los problemas de los ciudadanos.

El Programa de Pago a Proveedores, una iniciativa en general poco recordada (con notables excepciones), se convierte en una propuesta de política económica completa y articulada, objeto de estudio, valoración y análisis en este libro. Una iniciativa de política pública, reformista, con sólidos fundamentos económicos y un armazón intelectual consistente, innovadora en cuanto que supera los límites de las políticas económicas tradicionales, y con un impacto muy positivo sobre la financiación empresarial y la actividad económica.

Además, como tantas veces ocurre a lo largo de la historia, nuevamente de esta experiencia pasada se pueden extraer importantes conclusiones; de hecho, muchas de ellas se han aplicado ya muy recientemente. Por una parte y en el contexto de la grave crisis económica provocada en esta ocasión por causas sanitarias, las experiencias acumuladas en el manejo de las políticas monetaria y fiscal han permitido, en esta ocasión y con motivo de la crisis de la covid-19, una reacción inmediata de instituciones y gobiernos para inyectar liquidez y compensar desde el presupuesto público y transitoriamente la brutal caída de actividad.

Pero es que la generalización, con el paso del tiempo, de esta iniciativa y la utilización todavía, 10 años después y con intensidad elevada, de los llamados entonces, en 2012, mecanismos «extraordinarios» de liquidez, que en ese momento del tiempo eran extraordinarios, transitorios y temporales, es decir, de duración limitada, abre un debate muy profundo sobre la posición acreedora del Estado frente a las Comunidades Autónomas, el riesgo moral y la mutualización de la deuda, la condicionalidad y las reglas fiscales. Y todo ello con un impacto muy directo sobre el entorno competitivo en el que se desarrolla la actividad empresarial, debate que, tanto a nivel español como europeo, va a marcar la agenda de las iniciativas políticas y de política económica de los próximos años. Es un muy buen momento, por tanto, para insistir en los argumentos, debatir sobre sus implicaciones y desarrollar propuestas a partir de un diagnóstico adecuado.

Este libro es una celebración al mismo tiempo que un testimonio económico. Celebración, por una parte, de los ya anunciados 15 años de Equipo Económico. Pero también un testimonio de la evolución económica española y sus empresas en este periodo de tiempo. De hecho, a partir del análisis de una iniciativa de política pública, aparentemente muy sencilla, pero de gran complejidad en su aplicación práctica y con un importante impacto sobre la actividad empresarial y la liquidez, realizamos un desarrollo completo de la economía española, paralelo a la evolución del despacho: desde los últimos años del gran ciclo expansivo iniciado a mediados de los años 90, la progresiva generación de desequilibrios magnificados por la gran crisis financiera, la recuperación desde finales de 2013, la interrupción de la senda de crecimiento motivada por la crisis sanitaria, y algunos de los retos fundamentales que van a marcar la evolución y transformación de nuestra economía en los próximos años.

Y siempre con nuestra referencia europea bien presente: por nuestra integración en la economía europea, la introducción del euro, la política monetaria del Banco Central Europeo desde finales de 2011 que hace posible el Programa de Pago a Proveedores y más recientemente, en esta etapa marcada por la covid-19, por las recetas de políticas monetaria y fiscal aplicadas, la aprobación del programa Next Generation de nuevos y extraordinarios fondos europeos y sus implicaciones en términos de mutualización de la deuda y también condicionalidad. Así como, ya en esta última parte del año 2021, el debate sobre las nuevas reglas fiscales en un contexto de fuerte endeudamiento público y necesidad de recuperar la senda de sostenibilidad de la deuda, en este caso en especial en España.

En todo este tiempo, desde Equipo Económico hemos actuado a modo de atalaya o, utilizando una expresión más reciente y con connotaciones diversas, de plataforma. Atalaya porque el despacho ofrece una perspectiva muy completa de la realidad económica y empresarial española, los problemas y proyectos, las iniciativas de políticas públicas, el contexto internacional, que influyen sobre el tejido empresarial, y que no dejan de ser una pequeña muestra de la realidad.

Si la posición en la atalaya refleja rigor y capacidad de análisis, también es muy exigente para mantenerse alerta en todo momento, vigilar atentamente la evolución de los acontecimientos desde un lugar privilegiado y reaccionar a los mismos o anticiparse adecuadamente, en continuo contraste y con rápida respuesta a las señales que lanza el mercado en el ejercicio de la actividad privada y en contacto permanente con la realidad. Por ello también la utilización de la expresión plataforma, para reflejar esa misma idea de atalaya. Pero, además, en consonancia con estos tiempos modernos de revolución digital, y tal y como ya nos anticipara el profesor de la Harvard Business School Sunil Gupta en su presentación magistral organizada por este despacho con la Fundación Rafael del Pino con motivo de nuestro décimo aniversario, la plataforma significa también un centro digital de interacción en una empresa de nuestras características, para la resolución de determinados casos, la elaboración de correos, documentos o informes estandarizados y la interacción con los clientes. Y así lo estamos entendiendo y desarrollando también en nuestro quehacer diario.

La crisis financiera y, más recientemente, el fuerte impacto económico causado por la crisis sanitaria que, por otra parte, ha acelerado los importantes cambios que ya estaba experimentando la economía mundial en los últimos años, entre los que destaca muy especialmente la revolución digital, han hecho que la economía y las empresas españolas estén en continua transformación. Son, en general, las empresas que más se habían diversificado -en términos de mayor internacionalización, origen de su financiación, inversión en activos denominados en diferentes monedas, apuesta por la I+D+i- las que se han mostrado más sólidas y las que mejor han afrontado la crisis. La apuesta de las empresas por el exterior ha sido, y continúa siendo, muy positiva. En esta metamorfosis empresarial han tenido especial impacto los cambios en el capital y en el accionariado de las principales compañías españolas, así como la continua revolución en sus equipos directivos.

En nuestro despacho, desde esta plataforma, continuamos siendo actores en la trasformación radical experimentada en estos años, ayudando a nuestros clientes con nuestra aportación profesional a afrontar estos retos y crecer evolucionando en este nuevo paradigma. Quince años son, para nosotros, el mejor reconocimiento a un trabajo bien hecho, en donde nos cabe la satisfacción de haber conseguido ser lo suficientemente ágiles como para captar las señales que el mercado y nuestros clientes nos iban enviando. Y hoy, tras profundas reformas en nuestra economía y en pleno proceso de recuperación, seguimos, con mayor ilusión si cabe y desde la experiencia y el exhaustivo conocimiento del mundo económico-empresarial adquirido, aportando soluciones profesionales y generando nuevos proyectos para nuestros clientes.

En este tiempo la firma ha crecido con la incorporación de nuevas áreas de trabajo y nuevos profesionales, pero, sobre todo, gracias a la calidad del capital humano, lo que nos ha permitido añadir a la expansión material de las actividades, el crecimiento en profundidad que aportan los especialistas. También lo ha hecho cerrando alianzas con despachos muy prestigiosos, prescriptores y referencias en otros países y continentes, tejiendo así una red internacional de gran valor añadido, así como en su actividad de Responsabilidad Social Corporativa, donde el programa de becas de formación de jóvenes profesionales juega un papel esencial. Todos nos sentimos igualmente muy satisfechos de la estrecha relación que hemos conseguido tejer con las principales universidades de España, para ofrecer oportunidades de formación profesional a jóvenes estudiantes mediante la concesión de becas en las áreas de negocio del despacho que mejor se adecuan a sus necesidades.

También me gustaría destacar la importancia que Equipo Económico siempre ha concedido a la colaboración con instituciones, fundaciones, asociaciones profesionales, universidades y escuelas de negocios para debatir y aportar reflexiones y propuestas en las distintas jornadas, seminarios o sesiones de trabajo que organiza el despacho cada año o bien participa en calidad de invitado. Se trata de una actividad fundamental, que da visibilidad a nuestras ideas en foros especializados y nos enriquece con las opiniones de los demás.

Resulta muy difícil y aventurado proyectar una imagen futura del despacho. Sin embargo, hay aspectos que no van a experimentar ningún cambio porque forman parte del código genético de la compañía. Me refiero a los valores que nos han convertido en un proyecto de éxito y que están referenciados indisolublemente con la excelencia en el trabajo, la profesionalidad, el esfuerzo, la dedicación, el compromiso con el cliente y el trabajo en equipo. También la apuesta por el talento, por la especialización e interrelación de las distintas áreas de negocio que desarrolla, para ofrecer soluciones globales a sus clientes.

Si algo hemos aprendido durante estos meses de reclusión y pandemia es que debemos ser flexibles, ágiles y abiertos a las nuevas tecnologías. Se trata de una apuesta permanente, que exigirá tiempo e inversión, y que constituye una prioridad para poder celebrar con la misma salud el siguiente aniversario del despacho.

No puedo acabar esta breve Nota sin agradecer a los socios fundadores su implicación, dedicación y profesionalidad durante todos estos años. Sin su firme y decidido apoyo este proyecto no habría podido materializarse. Gracias de corazón a Salvador Ruiz Gallud, a Francisco Piedras Camacho y a Manuel de Vicente-Tutor, así como al resto de los profesionales que se han ido incorporando a lo largo del tiempo y que integran el despacho.

Una aventura inicial de este calibre, su consolidación y el transcurso ya de 15 años, por muy exitosa que sea esa idea inicial, solo se puede justificar desde la categoría humana y profesional de todos aquellos que conformamos este gran Equipo. Solo así es explicable el éxito de la fórmula y su duración a lo largo del tiempo: un magnífico equipo profesional, en la vanguardia del conocimiento y muy comprometido con sus clientes, a los que acompaña en todo momento.

Porque una buena idea y un buen equipo profesional no son nada sin el apoyo continuado de los clientes, a los cuales estamos muy agradecidos por la confianza que han depositado en nosotros durante estos años. Sin duda, esa confianza obtenida de los clientes y el trabajo riguroso y a medida por parte de los profesionales que integran este despacho son los activos más relevantes para poder seguir actuando con el mismo rigor en los próximos años.

Este libro se ha beneficiado del apoyo y de las aportaciones de los socios y, en general, de muchos de los profesionales del despacho en sus diversas áreas, fiscal, financiera, mercantil, y en especial del Departamento de Economía, dirigido por José María Romero y de muy buenos economistas como Marta Otero, Andrea Cordero, Andrés Arronte y otros tantos que han ido aprovechando otras oportunidades profesionales surgidas a lo largo de estos años, entre los que merece mención especial Esteban Sastre. En esta labor también debemos recordar el magnífico trabajo de organización y edición desarrollado desde nuestra secretaría, dirigida por María Victoria Arribas con gran dedicación y entusiasmo durante todos estos años.

Y en este capítulo de agradecimientos merece una referencia especial el profesor Serrano Sanz, en cuanto director de la tesis doctoral que constituye la columna vertebral originaria de este libro. Un agradecimiento muy sincero por su tarea de dirección, sus profundas reflexiones económicas compartidas y sus atinados consejos. Él ha sido, en todo momento, un gran entusiasta de la conversión de la tesis en este libro, que amablemente ha completado con el Prólogo, en donde, desde su reconocida experiencia y con gran maestría, ha exprimido las ideas fundamentales reflejadas en el mismo para dotarlas de gran actualidad e incentivar, así, su exposición y debate.

Nuestro agradecimiento, también, al Instituto de Estudios Económicos; tanto su presidente, Íñigo Fernández de Mesa, como su director general, Gregorio Izquierdo, creyeron desde el principio en esta iniciativa y han apoyado la conversión de la tesis doctoral en un libro más accesible, al entender la relevancia que la iniciativa aquí descrita tuvo en su momento para el mundo empresarial y la supervivencia de miles de empresas, así como las importantes implicaciones y lecciones de futuro que se extraen del mismo.

Por último, y de modo muy destacado, quiero expresar mi sincero agradecimiento a mi familia, padre, madre y hermanos y, muy en especial, a mi mujer y mis hijas, sin cuyo apoyo y ánimo constante un trabajo de esta envergadura, y en dedicación «parcial», no es posible. En especial debo agradecer a mi mujer que me diera el empujón definitivo para tomar la decisión de realizar la tesis doctoral, germen de este libro, y a mis hijas, que me han permitido estudiar con ellas, al mismo tiempo que ellas completan sus estudios universitarios.

INTRODUCCIÓN

Durante el largo ciclo de crecimiento de la economía española entre 1995 y 2007 se acumularon importantes desequilibrios macroeconómicos, entre ellos y en un lugar muy destacado, un elevado endeudamiento que, unido a la crisis financiera internacional más relevante desde la Gran Depresión, provocó una profunda recesión en términos de PIB y destrucción de empleo en España. Hasta ahora, había sido considerada como uno de los peores episodios de nuestra historia económica por la duración de la crisis y por la severidad con la que se deterioró la oferta productiva. Aunque con la expansión del covid-19 y tras lo vivido en 2020, esta podría parecer ahora una crisis «menor».

Sin embargo, y a diferencia del contexto actual en el que existe una gran abundancia de liquidez derivada de las medidas de política monetaria y fiscal y en donde los balances del sistema financiero están mucho más saneados, en 2008 la falta de financiación en España estaba estrangulando la actividad económica. En una situación presupuestaria que debía de haber sido cómoda entonces, con un superávit del sector público por un importe superior al 2% del PIB en 2007, se pasó bruscamente a una necesidad de financiación del 11% en 2009. A partir de ese máximo, el déficit se fue reduciendo básicamente en el Estado, pero incrementándose en las Administraciones Territoriales, desde el 2,5% en 2009 al 5,9% en 2011.

Por tanto, el crecimiento del endeudamiento público y de sus costes financieros estaba siendo muy rápido y los mercados estaban penalizando las emisiones de deuda hasta niveles que comprometían los objetivos generales de la política económica nacional. Muchas Comunidades Autónomas y también Ayuntamientos se financiaron entonces dejando de pagar a sus proveedores, y la acumulación de créditos comerciales y otras cuentas pendientes de pago pasaron a convertirse en un importante instrumento de financiación.

El presente libro contiene, así, un profundo análisis del Programa de Pago a Proveedores que, como parte integrante de los Mecanismos Extraordinarios de Liquidez, fue puesto en marcha por el Gobierno español en los primeros meses del año 2012, como plan de choque para dar respuesta a los impagos generalizados de las Administraciones Territoriales a sus proveedores. El análisis aquí realizado pretende contribuir a la difusión del conocimiento de esta iniciativa pública y sus efectos, puesto que, a pesar de su envergadura cuantitativa, de la gran e inmediata inyección de liquidez que supuso, de su originalidad como instrumento de política económica, de las consecuencias regulatorias y económicas de su implementación, a nuestro juicio todavía ha sido muy poco estudiada.[1]

Definiremos el Programa para el Pago a Proveedores como el conjunto de instrumentos creados a partir de principios de 2012 con el fin de financiar y saldar las deudas comerciales pendientes de pago por parte de las Entidades Territoriales a sus proveedores de bienes y servicios. Este Programa se materializó en dos instrumentos financieros: el propio Fondo de Pago a Proveedores (que nace en marzo de 2012) inicialmente destinado al pago de las facturas pendientes de Corporaciones Locales y ampliado a las pocas semanas también para las Comunidades Autónomas, y el Fondo de Liquidez Autonómico (julio de 2012) en la parte relativa a pago de deudas comerciales de Comunidades Autónomas.

En total esta iniciativa de política económica supuso en el periodo objeto de análisis, periodo 2012-2014, el abono de 65.852 millones de euros, para saldar más de 9 millones de facturas pendientes de pago de, prácticamente, 280.000 proveedores de Ayuntamientos y Comunidades Autónomas.

De hecho, el impacto fundamental de esta iniciativa se produce entre el 30 de mayo y 28 de junio de 2012, en donde el Programa de Pago a Proveedores es un plan de choque que inyecta en la economía más de 27.300 millones de euros para pagar unas facturas vencidas, muchas de ellas con retrasos temporales considerables y que muchos proveedores habían considerado como incobrables. Generándose así, y de este modo, un *shock* positivo de liquidez muy concentrado en el tiempo.

Este análisis se centra en los tres primeros años de su implementación, de 2012 a 2014, cuando más grave era la restricción financiera que pesaba sobre la economía española y más facturas impagadas se habían acumulado, poniendo en riesgo a multitud de pequeñas empresas. Y es en este periodo de tiempo en el que se produce la conjunción de crisis económica y financiera, facturas impagadas, inexistencia de liquidez, y reestructuración del sistema financiero. También

1. En un reportaje especial sobre España y la transformación reciente de su economía (The Economist, 2018a), se destaca el importante efecto de las reformas laboral, financiera, de consolidación fiscal y también se incluye el plan de pago a proveedores, como mecanismo de pago de las facturas pendientes, que salvó a muchas pequeñas empresas y con un impacto muy positivo sobre el crecimiento del PIB. Destacamos este artículo, ya que tampoco ha sido habitual que al resumir las instituciones internacionales las principales reformas puestas en marcha en 2012, se haga referencia al impacto positivo del programa de pago a proveedores.

es en el periodo 2012-2014 en donde se concentra el grueso de la actividad legislativa vinculada al Programa de Pago a Proveedores, a la condicionalidad y al reforzamiento de la institución presupuestaria.

A partir del último trimestre de 2013 la economía española vuelve a crecer, ya se han introducido numerosas reformas e iniciativas de política económica y también se ha reforzado de modo muy intenso la orientación expansiva de la política monetaria, desde las declaraciones de Draghi en julio de 2012 hasta la aplicación también del *Quantitative Easing* por parte del Banco Central Europeo.

Y, muy significativo también, es a finales de 2014 cuando, según todos los datos analizados, están pagadas prácticamente todas las deudas pendientes con proveedores.

El estudio contiene, además, información actualizada sobre las variables más relevantes objeto de análisis, aunque dada la magnitud de la crisis sanitaria y su profundo impacto sobre todos los datos económicos en 2020, se ha preferido limitar el periodo hasta 2019 en aras de evitar importantes distorsiones del análisis.

De este modo, el Programa de Pago a Proveedores (PPP) es una iniciativa de política económica que permite la captación de recursos financieros por parte del Tesoro español para hacer frente a los pagos de las facturas comerciales impagadas acumuladas, fundamentalmente, por las Administraciones Territoriales. Se trata de una elevada inyección de liquidez al tejido empresarial, a cambio de una fuerte condicionalidad exigida a las Administraciones Territoriales, el reforzamiento de la institución presupuestaria y con un elevado impacto positivo sobre la actividad económica.

Los Fondos de Pago a Proveedores y, en general, los Mecanismos Extraordinarios de Liquidez (MEL), dieron respuesta a la restricción de acceso a la financiación, puesto que, si bien los mercados financieros estaban cerrados para muchos Ayuntamientos y Comunidades Autónomas, no llegó a ser el caso del Tesoro español. Así, el Tesoro actuó de innovador intermediario financiero, captando el dinero que los bancos estaban recibiendo del Banco Central Europeo, para, como prestamista de última instancia, hacer frente directamente a las facturas pendientes de pago con los proveedores acumuladas por Ayuntamientos y Comunidades Autónomas.

Existiendo plena consciencia de los menores márgenes de maniobra de la política económica tradicional como parte de la integración en la Unión Económica Europea, el Programa de Pago a Proveedores es un muy buen ejemplo de iniciativa innovadora de política económica que encaja perfectamente en la categoría de políticas más «sutiles e imaginativas» (Serrano Sanz, 2011a), que al combinar elementos de política monetaria y fiscal, propicia una extraordinaria inyección de liquidez, de gran capilaridad a lo largo de todo el territorio español, ligada a la exigencia de una dura condicionalidad financiera y presupuestaria. Y con un gran impacto sobre la actividad empresarial y la realidad económica del momento. De esta forma, una iniciativa inicialmente sencilla, se convierte en una propuesta de política económica completa y articulada, en un potente instrumento financiero y en una gran inyección de liquidez para el tejido empresarial español.

En ese sentido, el Programa de Pago a Proveedores y, en general, el conjunto de Mecanismos Extraordinarios de Liquidez introducidos desde comienzos de 2012, proporcionaron un volumen importante de liquidez a la economía en un momento crítico, contribuyeron a resolver el problema de la morosidad pública y sirvieron, a su vez, como palanca sobre la que desarrollar el marco jurídico, presupuestario y financiero de las Administraciones Públicas para el cumplimiento de los objetivos presupuestarios.

De hecho, las dificultades financieras que experimentaban los niveles subcentrales de la Administración se convirtieron en una sólida justificación de la necesidad de redefinir y reforzar el concepto de colaboración entre el Estado, las Comunidades Autónomas y los Ayuntamientos. Al mismo tiempo, se produjo una profunda transformación de la arquitectura financiera pública y de la institución presupuestaria, cuyas principales iniciativas legislativas del periodo también estudiaremos.

A pesar de que los Fondos de Pago a los Proveedores se diseñaron como un instrumento de carácter extraordinario, en la actualidad, el Fondo de Liquidez Autonómico continúa utilizándose con cierta intensidad por parte de determinadas Comunidades Autónomas. La continuidad de este mecanismo de financiación privilegiado responde, en primer lugar, al hecho de que algunas de ellas todavía exhiben dificultades de acceso a los mercados financieros o porque presentan retrasos en el pago a sus proveedores, pero, fundamentalmente, podría interpretarse también como una cierta compensación financiera ante la falta de acuerdo en estos últimos años para cerrar un nuevo compromiso de financiación autonómica.

Pero los Mecanismos Extraordinarios de Liquidez tuvieron implicaciones adicionales no solo porque contribuyeron a reforzar la disciplina presupuestaria sino también para establecer certidumbre financiera en las relaciones del sector privado con la Administración. Así, la disposición de los fondos llevaba implícita importantes garantías y una severa condicionalidad, en forma de planes económico-financieros, transparencia informativa, planes de ajuste, cumplimiento del Periodo Medio de Pago (PMP), medidas coercitivas y de cumplimiento forzoso que, en cierto modo, imponían importante disciplina fiscal.

Existe mucha coincidencia en todos los ámbitos sobre el éxito y la utilidad del programa, en especial en el ámbito empresarial, ya que muchas empresas, grandes y pequeñas, vieron cómo en un muy breve espacio de tiempo se abonaban las facturas acumuladas por meses, incluso por años, en los cajones de las Administraciones Territoriales. De hecho, la actividad en esos días de finales de mayo y comienzos de junio de 2012 fue muy intensa; muchos miles de pequeños autónomos estaban cobrando y muchos directores financieros pudieron comunicar a sus directivos y departamentos de tesorería de compañías multinacionales que, a pesar de sus lógicas precauciones iniciales, estaban recibiendo fuertes inyecciones de tesorería para atender los pagos de las facturas debidas.

También en un contexto como el de entonces, marcado por una gran incertidumbre en los mercados financieros internacionales, de recesión económica en España y rápido deterioro de las cuentas públicas, la consolidación presupuestaria aparecía como una herramienta fundamental para recuperar la estabilidad macroeconómica, la confianza de los actores económicos y la senda de crecimiento, favoreciendo así la creación de empleo. De hecho, el equilibrio presupuestario y la sostenibilidad financiera refuerzan la credibilidad de la política económica y permiten mejorar las condiciones de financiación de la economía en los mercados internacionales vía reducción de la prima de riesgo, lo que se traduce en unos menores costes financieros.

En la actualidad, alguno de los elementos diseñados con los Fondos del Plan de Pago a Proveedores para el control de la deuda, como el Periodo Medio de Pago, continúan vigentes a pesar de la reciente suspensión temporal de las reglas fiscales en Europa legitimada para que los correspondientes Estados puedan aplicar políticas expansivas que contrarresten los efectos de la pandemia. La obligatoriedad en el cumplimiento del PMP junto con la política monetaria ultra expansiva que continúa acometiendo el BCE, han evitado la dilación excesiva de los plazos en los que, en general, las Administraciones Públicas satisfacen sus obligaciones de pago a pesar del crecimiento que ha experimentado el déficit público y la deuda comercial.

De hecho, la fuerte caída de ingresos y el incremento del gasto público hicieron que las necesidades de financiación alcanzasen el 10,9% del PIB en 2020. Por otro lado, aunque en los últimos años se había observado un esfuerzo por parte del sector público para la reducción de las obligaciones pendientes de pago, según los últimos datos disponibles el valor de las cuentas que la Administración adeudaba con el sector privado creció el 2,4% en 2020 con respecto al ejercicio anterior, hasta alcanzar los 83.356 millones de euros, nivel máximo desde 2011.

En esta ocasión, las obligaciones pendientes de pago al finalizar 2020 equivalen al 7,4% del PIB español, cifra que vuelve a superar ampliamente la media europea.

Es de nuevo necesario contemplar los mecanismos que permitan garantizar, en estos próximos meses y años, el pago de deudas comerciales por parte de las Administraciones Públicas en los tiempos marcados legalmente y aprender de esta experiencia pasada.

Y en este trabajo Europa estará permanentemente presente. El debate europeo de defensa y reconstrucción de la Unión Económica y Monetaria y solución del círculo vicioso riesgo financiero-riesgo soberano es exactamente el mismo que el debate en España del Estado con sus Comunidades Autónomas; reglas frente a flexibilidad, la necesidad de líneas de financiación para superar los problemas de liquidez, el debate sobre si estamos ante problemas de liquidez o de solvencia, el rescate con recursos públicos de Comunidades Autónomas y Corporaciones Locales o recursos centralizados o, incluso, la búsqueda de soluciones internas o de *bail-in*, el reforzamiento de las Haciendas y sus reglas en los países miembros, y también, muy recientemente, el de la mutualización de la deuda y la imperiosa exigencia de condicionalidad.

En un rápido repaso a la historia de las Haciendas Públicas y su endeudamiento (Reinhart y Rogoff, 2009), vemos cómo este debate no es nuevo, y ha marcado, desde siempre, la relación entre los Estados endeudados y sus territorios. También se produjo en el momento de la constitución de los Estados Unidos de América, siendo su primer Secretario del Tesoro Alexander Hamilton, tan de actualidad en estos tiempos. En la Ley aprobada por el Congreso norteamericano en 1790 (United States Congress, 1794), a iniciativa del ya citado primer Secretario del Tesoro, el nuevo Estado federal asumió las deudas acumuladas por la guerra de los trece Estados recién integrados en la Federación. Se trata también del principio de mutualización de las deudas en la relación Unión Federal-Estados regionales integrados, en este caso mediante un completo *bail-out*, retomado muy recientemente también por la Unión Europea para la reconstrucción de las economías de los países miembros.

También en Europa el debate sobre el tono adecuado de la política fiscal ha sido permanente, con cambios de dirección constante. Así como, inicialmente, en 2007 y 2008, las recomendaciones europeas consistieron en aumentar los gastos fiscales, a comienzos de 2010 ya se evolucionó hacia un planteamiento más cercano a la austeridad (regla alemana en su Ley Fundamental, el Fiscal Compact y Six-Pack con nuevas normas fiscales), relajándose en estos últimos años y adaptándolo más a la evolución cíclica y situación del *output gap* (la diferencia entre el nivel de *output* natural y el dato actual) derivado de las nuevas aportaciones teóricas sobre el mayor multiplicador fiscal y la nueva visión sobre la política fiscal, en un contexto de bajos tipos de interés, próximos o iguales a cero o incluso negativos, en donde la efectividad de la política monetaria se ve muy limitada (Furman, 2016). También en este caso y en estos tiempos de covid, el aprendizaje ha sido muy intenso y útil y ha permitido una muy rápida respuesta desde el ámbito de la política fiscal.

Este libro se divide en 6 capítulos. Tras esta Introducción como primer apartado, en el primer capítulo se explicarán los orígenes del problema de falta de liquidez en la economía española a partir del largo ciclo de crecimiento económico del periodo 1995 a 2007, pero con una acumulación progresiva de desequilibrios, que tuvo un final especialmente abrupto por la irrupción de la crisis financiera internacional en 2008. También se hará hincapié en el análisis de la posición fiscal de las Administraciones Públicas, particularmente Comunidades Autónomas y Corporaciones Locales.

En el segundo capítulo, y derivado de la crisis fiscal de las Administraciones Territoriales, se estudiará la acumulación de deuda comercial especialmente concentrada en las citadas Administraciones a finales de 2011, la falta acuciante de liquidez y el nuevo marco legal, reforma constitucional y Ley Orgánica de Estabilidad Presupuestaria y Sostenibilidad Financiera.

El tercero se centra en la descripción de los Mecanismos Extraordinarios de Liquidez, fundamentalmente Fondo de Pago a Proveedores en sus diversas fases y Fondo de Liquidez Autonómico; se reconstruyen las iniciativas legislativas y la secuencia de su implantación en paralelo a la oportunidad que brindan las nuevas medidas no convencionales de política monetaria; se analizan y justifican los importes, las cifras y su gran capilaridad y, también, se comparan con los programas que más adelante se pusieron en marcha en Italia y Portugal.

En el cuarto se estudian los cambios introducidos en la institución presupuestaria al amparo del principio de condicionalidad, en donde la introducción del indicador de Periodo Medio de Pago tiene un protagonismo especial, y también se estudian los nuevos mecanismos establecidos de coordinación entre los diversos niveles de gobierno.

Ya en el quinto capítulo se analizan cuantitativamente los efectos del programa sobre la deuda comercial, el nivel de endeudamiento de las Administraciones Públicas, los ahorros financieros obtenidos, y se realiza una rápida referencia a los estudios desarrollados y sus resultados para medir el impacto del programa de pago a proveedores sobre el crecimiento económico.

Para así ya poder terminar con las oportunas conclusiones y una valoración de los debates más recientes en el ámbito de la política fiscal, la consolidación presupuestaria y las reglas fiscales.

Por último y a nuestro juicio, cuando el paso del tiempo sea aún mayor y se hayan analizado, con mayor profundidad todavía, los años de grave crisis económica que siguieron a la gran recesión y las políticas económicas que hicieron posible, primero, la estabilización, para luego sentar las bases del crecimiento económico, una de las reformas relevantes que se recordará de este periodo será, junto al progresivo saneamiento de la Hacienda Pública, el Plan de Pago a Proveedores.

Capítulo 1

LA EVOLUCIÓN DE LA ECONOMÍA ESPAÑOLA EN EL PERIODO 1995 A 2011. EL DIAGNÓSTICO DE LA CRISIS. LA CRISIS FISCAL DE LAS ADMINISTRACIONES TERRITORIALES

España, en su firme convencimiento y esfuerzo por integrarse desde el primer momento en la Unión Económica y Monetaria, impulsó las políticas económicas y reformas estructurales necesarias para estabilizar sus principales magnitudes macroeconómicas, al mismo tiempo que profundizó en la apertura de su sector exterior, tanto desde el punto de vista de sus exportaciones de bienes y servicios como de las inversiones de capital. Todo ello se hizo teniendo presente la relevancia de poner en valor la estabilidad económica e institucional, en donde el consenso siempre había jugado un papel determinante (García Delgado, 2016). De este modo, en el periodo que se alarga desde 1995 a 2007, España protagonizó uno de los ciclos de crecimiento económico más vigorosos de las últimas décadas, con una tasa de crecimiento medio interanual del PIB del 3,7%. La fase de expansión económica (con ritmos de crecimiento de la producción superiores a la mayor parte de los países europeos) permitió mejoras en los niveles de bienestar; la renta per cápita creció significativamente (aun a pesar del aumento de la población) reduciendo el diferencial de convergencia con la media europea en aproximadamente 8 puntos. La parte álgida del ciclo permitió elevar de forma muy notable la población ocupada, que pasó de 12,6 millones de personas en 1995 a más de 20,5 millones en 2007, reduciéndose la tasa de desempleo, por primera vez, por debajo del 8% a mediados de 2007.

No obstante, en el año 2007, el agotamiento del ciclo económico era ya evidente, tal y como sugerían el exceso de inversión (muy concentrado en el sector residencial), una evolución muy pobre del nivel de productividad y un elevado nivel de endeudamiento con el exterior. Con la crisis financiera internacional iniciada en ese mismo año 2007, la dependencia de la financiación exterior, circunstancia recurrente a lo largo de la historia económica española, se convirtió en un pesado lastre para la economía, lo que, en definitiva, se convertiría en el origen del fuerte ajuste iniciado en 2008 y que se prolongó hasta bien entrado el año 2013 (Serrano Sanz, 2011a). De este modo, los desequilibrios macroeconómicos junto con el efecto de la crisis financiera internacional tuvieron un profundo impacto sobre la economía española en términos de PIB, destrucción de empleo y desajuste de las cuentas públicas. Así, desde 2008, mientras que en el sector privado comienza un proceso de progresivo desapalancamiento, las necesidades de financiación de las Administraciones Públicas se desbordan, pasando de un superávit público prácticamente del 2% del PIB en 2007 a un déficit del 11,3% en 2009 y, todavía en 2011, superior al 9%.

En la economía española, las diferentes fases de crisis y recuperación económica del último cuarto de siglo han estado muy condicionadas por el entorno internacional, especialmente el europeo, y fundamentalmente determinadas por la situación financiera de nuestro país.[1] En este caso, al largo periodo expansivo comprendido entre 1995 y 2007, durante el que se gestaron algunos de los principales desequilibrios, le siguió una fase de fuerte contracción económica que traería como consecuencia una grave situación financiera a finales de 2011, momento en el que se están intensificando las dificultades financieras y fiscales que dieron lugar a la creación de los Fondos para el Pago a Proveedores.

1. EL PERIODO 1995-2007. DEL LARGO CICLO DE CRECIMIENTO ECONÓMICO A LA ACUMULACIÓN DE LOS DESEQUILIBRIOS

Uno de los principales rasgos distintivos que define el modelo de crecimiento del periodo comprendido entre 1995 y 2007 es la estabilidad macroeconómica, que se convirtió en el mejor activo de la economía gracias, fundamentalmente, al ejercicio de control presupuestario, las reformas estructurales y la apertura internacional, con la incorporación al euro como gran hito histórico de este periodo. Así, por primera vez en términos comparables, se desarrolló en España un largo ciclo económico, con tasas de inflación moderadas, estabilidad monetaria y equilibrio de las cuentas públicas, lo que contribuyó a generar confianza y expectativas

1. Informe del Banco de España sobre la crisis financiera y bancaria en España, 2008-2014. Banco de España (2017).

favorables en los agentes económicos que facilitaron una fuerte creación de empleo y la convergencia en términos de renta.[2]

Todavía en el año 1995 las principales macromagnitudes de la economía española reflejaban un contexto complicado de cara a su incorporación a la nueva Unión Monetaria Europea. La demanda interna estaba estancada como consecuencia de la grave crisis de confianza que experimentaban familias y empresas, mientras que la leve recuperación iniciada unos meses antes provenía de la positiva evolución de las exportaciones como consecuencia de las devaluaciones de la peseta en más de un 25%. En este contexto, los precios crecían a un ritmo significativo (el crecimiento del Índice de Precios al Consumo se situó en el 4,5% con relación al año anterior y el tipo de interés del bono a diez años por encima del 12%), la tasa de paro estaba próxima al 24% de la población activa, el déficit público era del 7% del PIB y la deuda pública se situaba por encima del 60% del PIB. A partir de esta situación, España contaba con un plazo de dos años para corregir los desequilibrios y cumplir con los criterios de convergencia nominal de Maastricht; a saber, una tasa de inflación anual que no debía exceder en 1,5 puntos (2 puntos en el caso del tipo de interés) de la media de los tres países con menores tasas; un déficit público inferior al 3% del PIB; un nivel de deuda pública que debía situarse por debajo del 60% del PIB y el tipo de cambio debía permanecer durante dos años en la banda estrecha del Sistema Monetario Europeo sin que se produjeran tensiones graves.

En 1998 las principales variables nominales de la economía española se adecuaron a los límites establecidos en el Tratado de la Unión Europea[3] gracias, por un lado, al inicio de la recuperación generándose una coyuntura más favorable; así como al esfuerzo de consolidación en materia presupuestaria, a la puesta en práctica de una política monetaria cuyo diseño obedecía al establecimiento de objetivos concretos de inflación y a la adopción de políticas destinadas a la liberalización y a

2. En 1975, al comienzo de la transición, la renta española se situaba en torno al 80% de la renta media europea, de la que posteriormente los sucesivos periodos de crisis la fueron alejando, hasta 1998, año en que consiguió recuperar el nivel alcanzado en 1975. Entre uno y otro año, la evolución de la renta española muestra un deterioro constante hasta 1985, una reacción en los años siguientes y un nuevo bache entre 1991 y 1995. A partir de ese año la convergencia de nuestra renta con Europa emprendió una carrera decidida hasta alcanzar el 92% en 2007.

3. El único criterio que la economía española no cumplió en 1998 fue el relacionado con la deuda pública (atendiendo a los datos proporcionados por el Banco de España la deuda pública calculada según el Protocolo de Déficit Excesivo se situó en el 62,5% del PIB frente al 60% establecido). No obstante, el Tratado permitía cierta flexibilidad si al menos la proporción de deuda con relación a la producción disminuía suficientemente y se aproximaba al valor de referencia.

la competencia, por otro. Tales esfuerzos contribuirían a que la economía española creciese, durante el periodo 1995-2007, a un ritmo manifiestamente superior al de la mayoría de los países de la Unión Europea e incluso consiguió una posición destacada entre los países avanzados del mundo, con un crecimiento medio superior al 3,7% anual durante el periodo. Esta evolución se mantuvo incluso después de los atentados del 11 de septiembre de 2001 en Estados Unidos, marcados por la fuerte desaceleración del comercio mundial, el impacto sobre los incipientes sectores tecnológicos y la atonía generalizada en la actividad económica internacional.

Tradicionalmente, la estructura de la economía española, menos abierta al exterior y generadora de continuos desequilibrios internos, habría motivado que en épocas de crecimiento internacional esta lo hiciera más que el resto y en épocas de crisis frenaba más su crecimiento (tal y como había sucedido en los años sesenta y primeros de los setenta, y más tarde, entre 1986 y 1991). No obstante, a partir de mediados de los noventa y hasta el inicio de la crisis económica en el año 2007, el crecimiento es más sostenido, precisamente gracias a la combinación de esta nueva política económica y acorde, por tanto, con el ciclo económico internacional europeo, tal y como se refleja en el **Gráfico 1**.

Gráfico 1. EVOLUCIÓN DEL PIB ESPAÑOL EN COMPARACIÓN CON LA UE

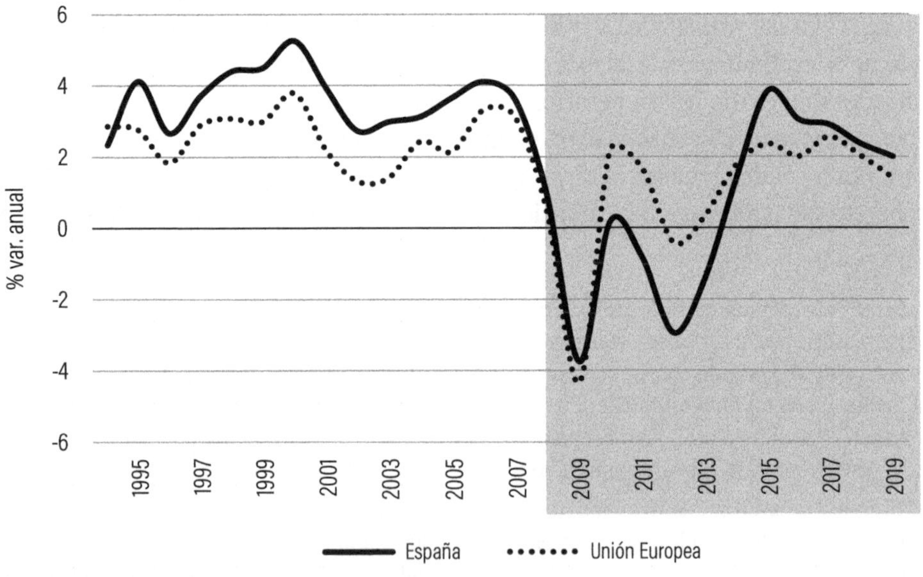

Fuente: Elaboración propia a partir de datos suministrados por la Comisión Europea y el INE.

En el Gráfico 2 se puede apreciar cómo el principal motor de crecimiento del PIB durante el periodo objeto de análisis fue la demanda interna, cuya aportación se situó por encima de 4 puntos porcentuales de media durante más de diez años, lo que pudo compensar las aportaciones negativas del sector exterior que se prolongaron, en mayor o menor medida, a lo largo de la fase expansiva del ciclo económico.

Gráfico 2. APORTACIONES DE LA DEMANDA INTERNA Y EXTERNA AL CRECIMIENTO DEL PIB EN ESPAÑA

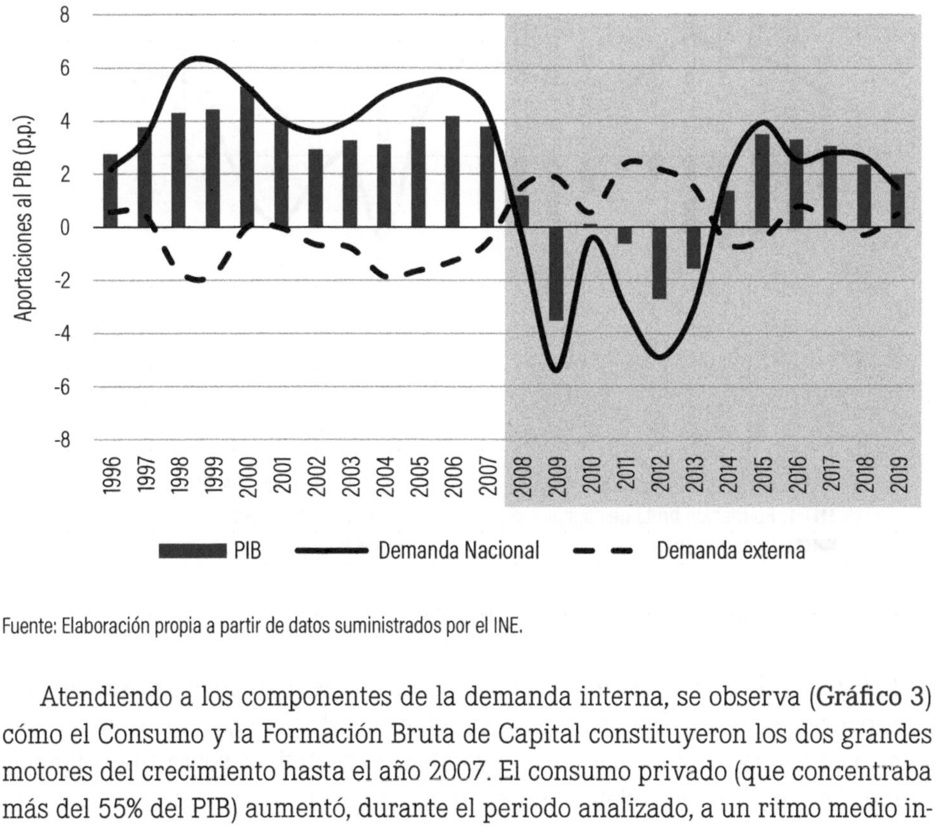

Fuente: Elaboración propia a partir de datos suministrados por el INE.

Atendiendo a los componentes de la demanda interna, se observa (Gráfico 3) cómo el Consumo y la Formación Bruta de Capital constituyeron los dos grandes motores del crecimiento hasta el año 2007. El consumo privado (que concentraba más del 55% del PIB) aumentó, durante el periodo analizado, a un ritmo medio interanual del 3,8% en términos reales motivado, principalmente, por el significativo cambio que experimentó el mercado de trabajo, el aumento de las rentas y la relativa estabilidad de precios (al menos al principio del periodo analizado). De este modo, sus aportaciones al crecimiento del PIB se situaban en el entorno del 2,1%. La demanda de inversión privada, que en el año 1996 suponía aproximadamente un 22% del PIB y diez años después se situaba en el 31%, crecía a tasas medias superiores al 6%, como consecuencia de las expectativas positivas sobre el crecimiento, la facilidad de acceso al crédito y unos tipos de interés reales negativos que animaban a ello.

Gráfico 3. APORTACIONES DE LOS DIFERENTES COMPONENTES DEL PIB AL CRECIMIENTO DEL PIB EN ESPAÑA

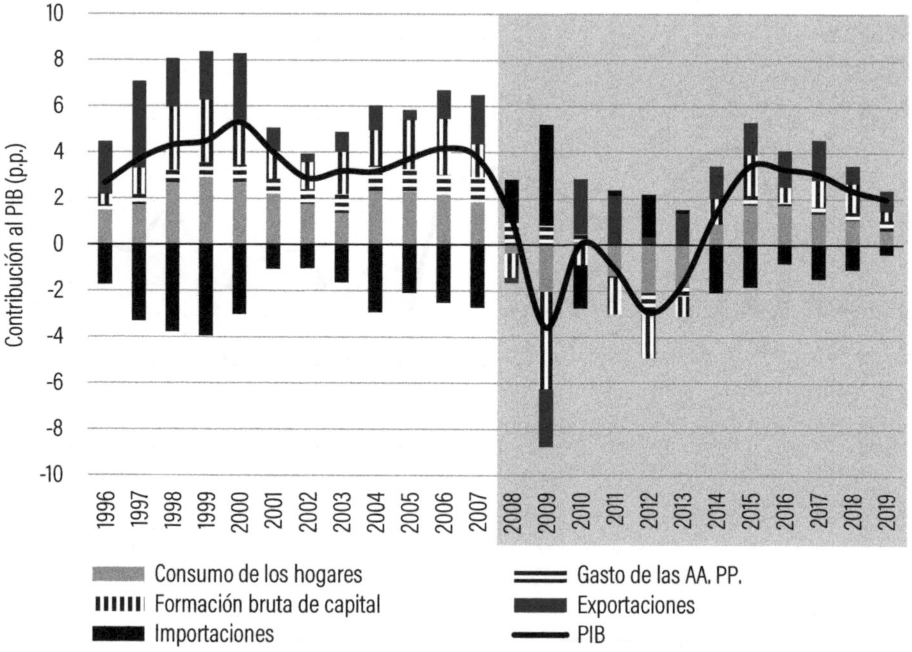

Fuente: Elaboración propia a partir de datos suministrados por el INE.

El significativo proceso de creación de empleo que tuvo lugar durante la etapa expansiva del ciclo económico resultó determinante para generar el clima económico de confianza, así como unas favorables expectativas sobre su evolución, lo que, sin duda, se vio reflejado en el aumento del consumo. Así, entre 1995 y 2007 se crearon en España 8,067 millones de puestos de trabajo, hasta superar los 20,580 millones de ocupados, cifra nunca antes alcanzada. De hecho, el mercado laboral mantenía en 1995 prácticamente el mismo número de ocupados que al comienzo de la etapa democrática (**Gráfico 4**). Entre ambas fechas, el número de ocupados había oscilado alrededor de los 12,6 millones de personas, lo que ponía de manifiesto ineficiencias importantes de carácter estructural en el funcionamiento del mercado de trabajo e, incluso, de la estructura productiva de la economía española, que hacía que instituciones como la OCDE situaran la tasa natural de desempleo (NAIRU, Non-Accelerating Inflation Rate of Unemployment) en los primeros años de los 90 en el 16,5%.

Gráfico 4. EVOLUCIÓN DEL NÚMERO DE OCUPADOS Y DE LA TASA DE DESEMPLEO DESDE 1977

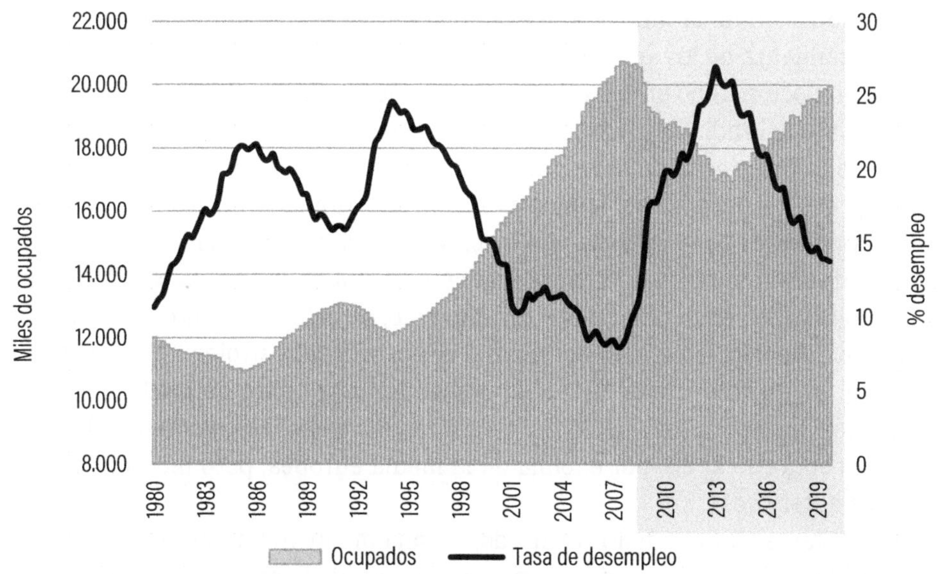

Fuente: Elaboración propia a partir de datos suministrados por el INE.

La creación de ocho millones de empleos fue posible gracias a la creciente incorporación de la mujer al trabajo y a la entrada de población extranjera[4] que permitió satisfacer, en buena medida, el aumento de la demanda de fuerza laboral que había provocado el creciente flujo de inversiones acometidas en la economía española y que estaban ampliando el *stock* de capital productivo en nuestro

4. La presencia de la mujer en el mercado de trabajo se duplicó en el periodo analizado, puesto que en el último trimestre de 1995 el número de mujeres ocupadas era de 4.335.200 y a finales de 2007 alcanzaba 8.631.300. En el caso de la población extranjera, en 1995 el número de ocupados en España de nacionalidad extranjera representaba el 0,9% del total de empleados, mientras que en 2007 representaban el 13,7% del total de ocupados.

país. A pesar de que el aumento de la oferta de trabajo permitió limitar las tensiones salariales, redujo la necesidad de reformas que mejoraran las ineficiencias del mercado de trabajo. En cualquier caso, al finalizar el año 2007 se alcanzó una tasa de desempleo del 8,57%. No obstante, esta tasa era muy desigual en las diferentes Comunidades Autónomas. Así, mientras a finales de 2007 en Cantabria (4,72%) o Navarra (4,28%) se situaban por debajo del 5%, en Madrid (6,4%) y Cataluña (6,5%) estaban en torno al 6,5%, y en Andalucía (13,96%) y Extremadura (14,79%) la tasa de desempleo rondaba el 14%.

La reducción de la inflación interna favoreció durante la primera etapa del ciclo la confianza de los agentes. Así, la integración en la Unión Europea tuvo su reflejo en poco tiempo en los precios, ya que desde 1995 a 1998 se pasó de un crecimiento del índice de precios al consumo del 4,3% al 1,4%, la tasa más baja de los veinticinco años de democracia. Las reformas para contener la evolución de los precios y permitir así la incorporación a la Moneda Única se retroalimentaban, posibilitando la importación de credibilidad y estabilidad monetaria, generada durante muchos años por el núcleo central de la Unión, con Alemania a la cabeza. Este hecho se refleja, por ejemplo, en la capacidad de amortiguar *shocks* externos como el del incremento del precio del petróleo a finales de los noventa. En un contexto en el que el precio del barril pasó de los 12 dólares a principios de 1999 a más de 30 en menos de dos años, la evolución de los precios giró en torno al 3%, por encima de la media europea, pero muy por debajo de años anteriores.

No obstante, durante todo el periodo, España mantuvo un diferencial positivo en relación con la evolución de los precios del resto de Europa que se situó en media en 0,9 puntos (**Gráfico** 5). Tal y como señalan Buti y Martínez Mongay (2005), las ventajas comparativas tradicionales de las que España había disfrutado desde la adhesión a la UE, basadas en bajos costes de producción y niveles de precios, desparecieron como resultado de la acumulación de los diferenciales de inflación. Así, antes de 1998, las apreciaciones del tipo de cambio real se compensaban con las devaluaciones monetarias, que provocaban un rápido ajuste de la competitividad. Sin embargo, en un contexto de pérdida de soberanía de la política cambiaria fruto de la adopción de la moneda única, el aumento de los niveles de precios, por encima de la media europea, se trasladaba a los costes haciendo a los bienes y servicios comercializables menos competitivos.

La relativa estabilidad de los precios en el ámbito de los objetivos establecidos (fijados en el 2%), y del entorno macroeconómico en su conjunto, incentivó a la autoridad monetaria europea a llevar una política monetaria fundamentalmente

Gráfico 5. DIFERENCIAS DE INFLACIÓN DE ESPAÑA Y LA EUROZONA

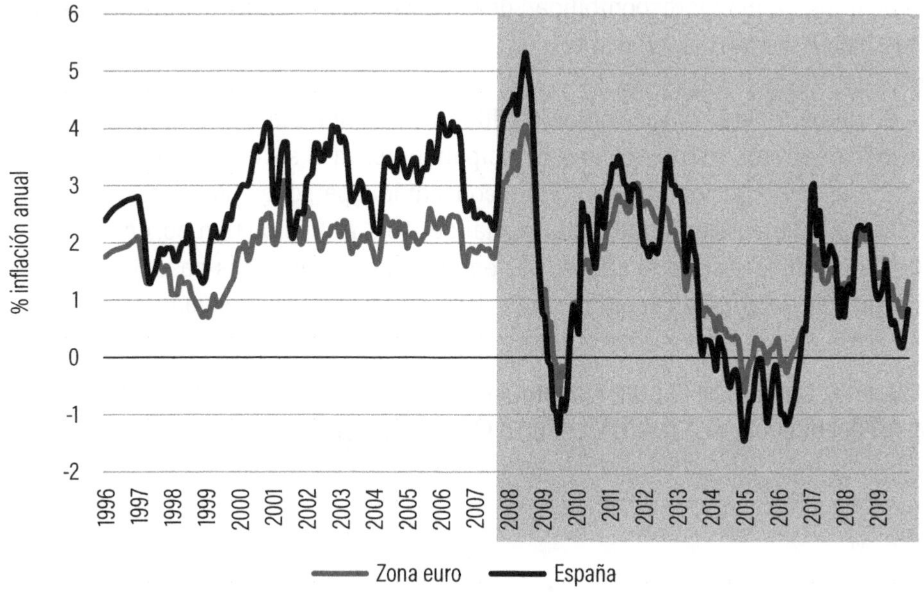

Fuente: Elaboración propia a partir de datos suministrados por Eurostat.

expansiva durante gran parte del periodo. Así, el Banco Central Europeo incrementó, entre 1999 y el año 2000, el tipo de interés en 225 puntos básicos hasta un máximo de 4,75%, en vista del aumento de los precios experimentado por los bienes y servicios en la eurozona. No obstante, a principios de la década de los 2000, algunos acontecimientos de carácter global, como el estallido de la burbuja de las empresas denominadas «puntocom» o los ataques terroristas del 11 de septiembre en Estados Unidos, ralentizaron el crecimiento mundial y, junto con la evolución relativamente modera del nivel de precios,[5] tuvieron como respuesta por parte del BCE la reducción de los tipos de interés. Así, entre principios de 2001 y junio de 2003, el BCE redujo su tasa de referencia en 275 puntos básicos hasta situarla en el 2%, dando lugar a fases en las que el tipo de interés real (esto es, descontando la inflación) resultasen con signo negativo. Este hecho, unido a la

5. Dado el diferencial existente entre el nivel de precios de la economía española y el de la zona euro, la política monetaria resultó para España más expansiva que para el núcleo central de sus socios europeos, con menores crecimientos de los precios.

progresiva integración de los mercados de capitales incentivada por la moneda única, y a la aparición de nuevos productos financieros, derivó en una abundancia de liquidez, mayor disponibilidad de crédito –cuyo crecimiento medio anual se situó desde el año 1999 hasta el año 2007 en el 7,1% en la zona euro– y un bajo coste del riesgo (Gráfico 6).

El aumento de la concesión de crédito fue especialmente relevante durante el periodo analizado y se concentró, principalmente, en el sector privado y en el ámbito de la construcción. Así, el crédito concedido a personas físicas registró entre 1995 y 2007 un crecimiento medio anual del 18%. Al mismo tiempo, entre 1997 y 2007, el crédito destinado a financiar empresas no financieras pasó de representar el 21,5% del total en septiembre de 1997 al 48,5% diez años más tarde.

GRÁFICO 6. EVOLUCIÓN DEL IPC ARMONIZADO EN LA ZONA EURO, TIPO DE INTERÉS DE REFERENCIA DEL BCE (MRO) Y CRÉDITO EN LA EUROZONA

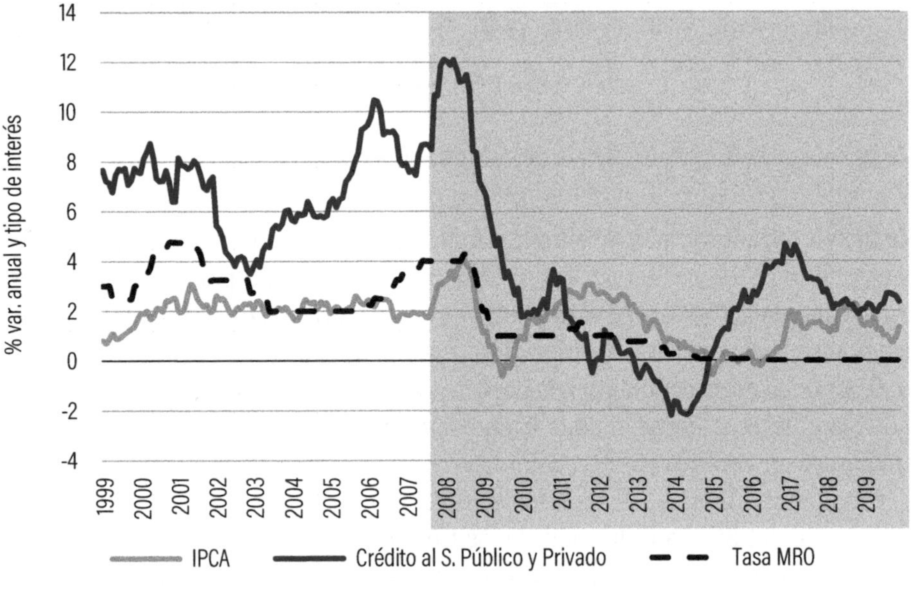

Fuente: Elaboración propia a partir de datos suministrados por el Banco Central Europeo.

De este modo, el favorable contexto financiero se erigió como otro de los elementos determinantes que explican la expansión de la demanda interna; los bajos tipos de interés supusieron un incentivo muy potente para que los agentes económicos satisficieran las demandas de gasto de consumo de bienes duraderos y acometieran sus proyectos de inversión a través del endeudamiento. En el año 2007, los recursos que las empresas destinaban a la inversión de factores productivos concentraban el 12,9% del PIB, el esfuerzo inversor de las Administraciones Públicas representaba el 6% del PIB (gracias, en gran medida, a los fondos europeos) y las familias invertían en viviendas el 12,1% del PIB, es decir, un esfuerzo inversor total del 31%. Efectivamente, gran parte de la sobreinversión[6] de la economía española se concentró en la construcción de vivienda residencial, cuyo valor duplicó su participación en el PIB en 2007 desde el año 1995 (año en el que representaba 6 puntos porcentuales sobre PIB). Fruto de la propia estructura del mercado inmobiliario, en el que el ajuste entre la demanda y la oferta de vivienda no puede realizarse de forma instantánea en el corto plazo, los precios de este tipo de bien comenzaron su escalada (según los datos del Banco de España, el precio medio del metro cuadrado de la vivienda libre tasada a nivel nacional se situaba, en diciembre de 1995, en los 671 euros mientras que el mismo alcanzó los 2.086 euros a cierre de 2007, lo que suponía un incremento de más de un 200%) dando origen a la burbuja inmobiliaria que, posteriormente, agravaría la crisis económica en España. Atendiendo a la información proporcionada por el Instituto Valenciano de Investigaciones Económicas (IVIE) la superficie total del *stock* de vivienda construida en España se incrementó un 28% desde 1995 hasta el año 2007. El periodo finalizaba con un ritmo de construcción que alcanzaba las 760.179 viviendas (frente a las 302.339 del inicio del periodo) lo que provocó que más de 413.000 viviendas quedasen sin vender a finales de 2007.

Con esta situación, el ahorro privado se mostró insuficiente para cubrir la ingente demanda de inversión nacional. Tal y como se refleja en el **Gráfico 7**, mientras el ahorro bruto nacional alcanzó un máximo del 23,6% en 2003, frente al 21,2% de 1996, la Formación Bruta de Capital mantuvo, hasta 2007, un crecimiento ininterrumpido desde el 22,4% del PIB de 1996 al 31,5% de 2007, lo que supuso la apertura de una brecha significativa en las necesidades de financiación. Gran parte de las inversiones tuvieron que financiarse apelando al capital exterior, aprovechando las oportunidades que brindaban los mercados internacionales y el mercado financiero europeo generado por la creación de la Unión Económica y Monetaria,

6. Atendiendo a datos proporcionados por Eurostat, en el año 2007 España se situaba entre los países con mayor volumen de inversión con relación a su nivel de producción, situándose muy por encima de algunas de las economías desarrolladas como Francia (23,1%), Alemania (20,1%), el Reino Unido (18%), Estados Unidos (22,1%) o Japón (24,1%).

destacando el importante flujo de ahorro proveniente de los países del norte de Europa. De este modo, las necesidades de financiación de agentes económicos en España representaron el 10,5% del PIB en el año 2007.

Gráfico 7. EVOLUCIÓN DEL AHORRO BRUTO Y DE LA FORMACIÓN BRUTA DE CAPITAL. NECESIDAD DE FINANCIACIÓN

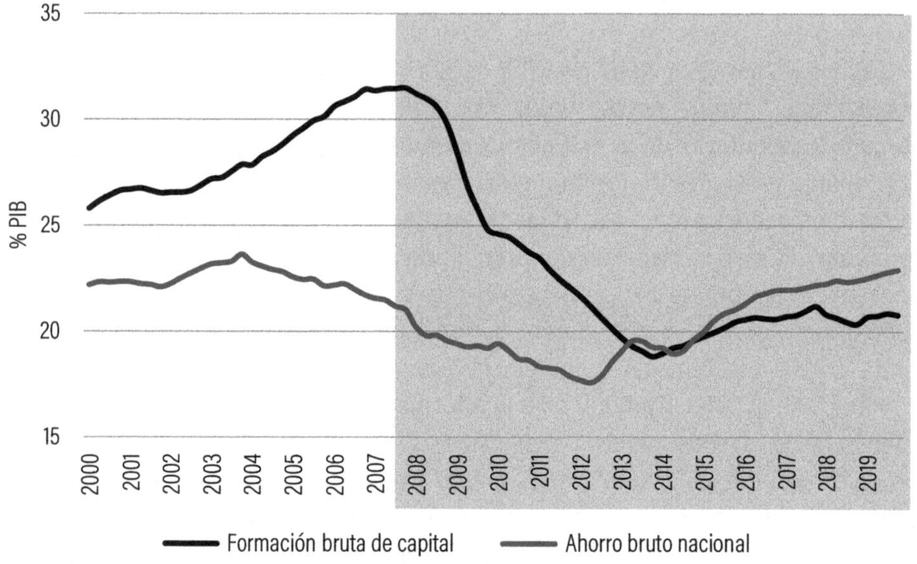

Fuente: Elaboración propia a partir de datos suministrados por el INE.

El saldo deficitario en la balanza por cuenta corriente había sido recurrente en el patrón de crecimiento de la economía española y se hizo especialmente significativo durante el final del nuevo ciclo expansivo, después de la incorporación a la zona euro. Antes del euro, la evolución de las reservas y en especial su pérdida continuada, anticipaba las devaluaciones de la peseta ante inconsistencias de la política monetaria con respecto a la política fiscal, reflejadas también en la evolución de la balanza por cuenta corriente. Con la integración en la Unión Monetaria, que eliminaba el riesgo cambiario, el debate se redirigía hacia si existía un límite máximo para la financiación del déficit de la balanza por cuenta corriente y de capital que generara confianza suficiente en los acreedores; ante esta nueva situación la prima de riesgo pasó a ocupar un papel protagonista en la determinación de estas inconsistencias (Serrano Sanz, 2014).

Gráfico 8. EVOLUCIÓN DEL PIB Y LA CUENTA CORRIENTE DE ESPAÑA

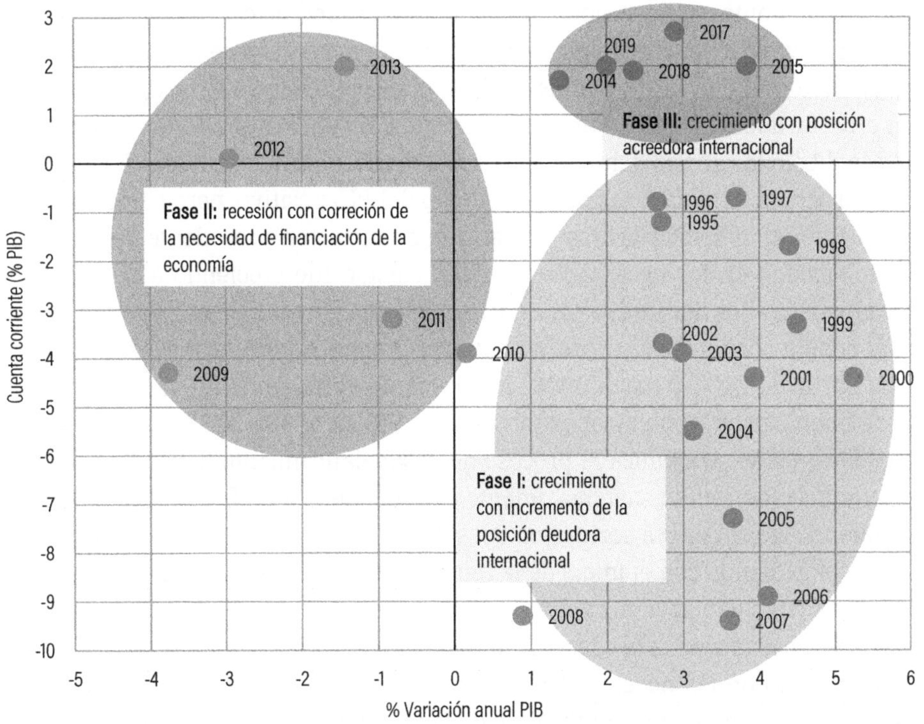

Fuente: Elaboración propia a partir de datos suministrados por el INE y el Banco de España.

De esta forma, la evolución de la prima de riesgo reflejaba, entre otras, la adecuada coordinación entre la política monetaria y fiscal y su consistencia, por lo que los esfuerzos de consolidación fiscal y las reformas introducidas en la institución presupuestaria permitieron su continua reducción, hasta llegar a ser negativa en determinados momentos de comienzos de los 2000. En efecto, la reducción de la prima de riesgo se inició en la segunda mitad de los años noventa, después de haber alcanzado un máximo de más de 500 puntos básicos a mediados de 1995.[7] De esta manera, España pudo acceder al euro y beneficiarse de unas condiciones de

7. En el Anexo I se incorpora un análisis de la evolución de la prima de riesgo en estos últimos 25 años, explicado en función de los principales acontecimientos económicos del momento y su incidencia sobre la citada prima.

financiación semejantes a la de los demás países europeos, además de mejorar la competitividad del país gracias al acceso a financiación a muy bajo coste, que contribuyó a aumentar la inversión y el crecimiento económico.

La convivencia del crecimiento español con la necesidad de financiación exterior fue una realidad hasta bien entrada la crisis; tan solo se revertirá esta situación a partir de 2012. Tal y como se observa en el cuadrante inferior derecho del **Gráfico 8** bajo la rúbrica denominada Fase I, desde 1996 hasta el año 2007 la economía española exhibía tasas de crecimiento del PIB positivo, pero parte de dicho crecimiento pudo materializarse gracias a la financiación procedente del exterior. Y la intensidad en las necesidades de financiación fue creciendo a medida que avanzaban los años durante el periodo. Así, entre 1995 y 2003 el saldo de la balanza por cuenta corriente era negativo, pero representaba entre el 0,5% y el 4,5% del PIB, a partir de 2004 y hasta 2008 se aprecia un claro aumento de las necesidades de financiación hasta alcanzar el 9,4% del PIB en el año 2007.[8] Durante el periodo de recesión económica el proceso de desapalancamiento llevado a cabo por el sector privado redujo sustancialmente la dependencia de financiación exterior permitiendo la progresiva corrección del saldo de la cuenta corriente (Fase II), hasta que, coincidiendo con el inicio de la recuperación, mejoró la posición acreedora en términos de financiación y su saldo positivo comienza a reflejar un crecimiento equilibrado basado, en esta ocasión, en recursos financieros domésticos (Fase III).

El aumento de las necesidades de financiación experimentado desde el año 1995 provocó un aumento significativo de la posición inversora internacional neta (PIIN) haciendo más vulnerable a la economía española en su dependencia del exterior. De este modo, la diferencia entre el valor de los activos exteriores de los sectores residentes y el valor de los pasivos frente al resto del mundo se fue ensanchando hasta prácticamente multiplicar por cuatro su peso sobre el Producto Interior Bruto. Así, tal y como se aprecia en el **Gráfico 9**, el saldo deudor de la PIIN pasó de representar el 21,5% en el año 1995 hasta el 79,5% del PIB en el año 2007.

---

8. Es interesante recordar cómo por esas fechas, Bernanke (2005), por aquel entonces todavía uno de los Gobernadores de la Reserva Federal, introduce argumentos de carácter internacional, como el alto nivel de ahorro-previsión de los principales países desarrollados para sus futuros pensionistas, así como, fundamentalmente, el nuevo papel jugado por las economías emergentes como prestamistas en los mercados financieros internacionales, explicativos de lo que él empieza a denominar como superabundancia de ahorro (*global saving glut*), y por tanto también de los crecientes déficits por cuenta corriente de la economía americana junto al relativamente bajo nivel de los tipos de interés a largo plazo mundiales.

Gráfico 9. EVOLUCIÓN DE LA POSICIÓN INVERSORA INTERNACIONAL NETA

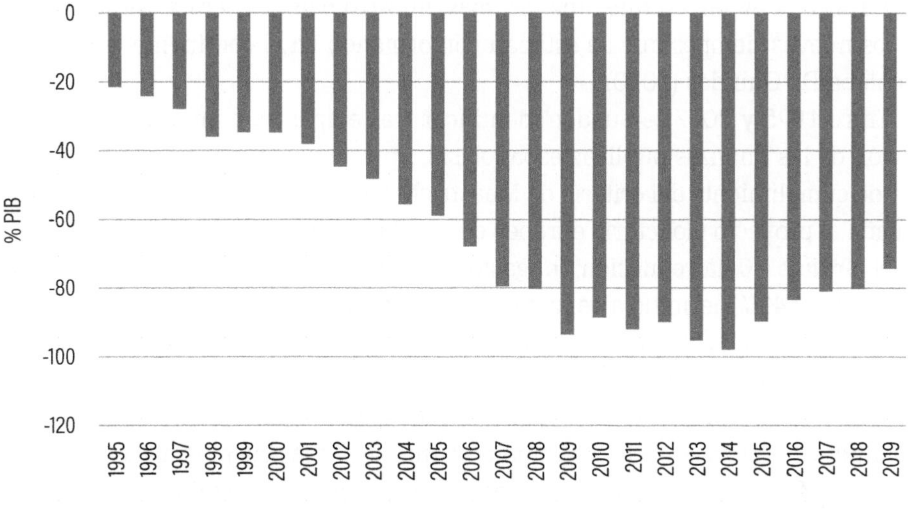

Fuente: Elaboración propia a partir de datos suministrados por el Banco de España.

En los procesos de reducción de las necesidades de financiación ha tenido especial relevancia el papel de la política fiscal. De hecho, su orientación adecuada jugó un papel protagonista en el proceso de consolidación presupuestaria que, basado en las nuevas aportaciones teóricas del crecimiento económico ligado a la consolidación, contribuyó al cumplimiento de los requisitos de Maastricht y al posterior reforzamiento de la institución presupuestaria. En este contexto, los resultados de algunas investigaciones como las de Alesina y Ardagna (2009) sugieren que los ajustes fiscales, realizados principalmente por la vía del gasto, pueden tener un efecto positivo sobre el crecimiento económico.[9] En el caso de España, el

9. Los autores identifican algunos canales, a través de los cuales los aumentos impositivos o las reducciones en el nivel de gasto público pueden tener resultados económicos expansivos. Así, por un lado, el impacto sobre el crecimiento surgiría del efecto riqueza positivo derivado del hecho de que los agentes perciban el ajuste como permanente (eliminando, de este modo, el riesgo de posibles ajustes futuros de mayor intensidad), lo que aumentaría el consumo privado y con ello la demanda agregada (cuyo impacto dependerá, sin embargo, de la existencia de restricciones de liquidez). Otro de los canales identificados por la literatura han sido los tipos de interés. Si los agentes creen que la estabilización presupuestaria es creíble, los inversores podrían exigir una prima de riesgo menor sobre los bonos del gobierno. Los componentes de la demanda privada, sensibles a la tasa de interés real, podrían aumentar si la reducción en

objetivo que se encontraba detrás del compromiso con la estabilidad presupuestaria era colocar a España como uno de los países fundadores de la moneda única europea, y evitar así que, una vez más, nuestro país volviera a perder el tren de los nuevos tiempos que se estaban conformando en el continente, tal y como señalaba De Guindos (2010).

Entre 1995 y 2007 se pueden identificar tres etapas en el proceso de consolidación de las finanzas públicas españolas. La primera se produce hasta 1998, fecha de cumplimiento del criterio de Maastricht y que permitió la incorporación de España al proyecto monetario europeo desde el primer momento. Como se aprecia en el **Gráfico 10**, la reducción del gasto desde porcentajes superiores al 48% del PIB hasta el 42%, permitió alcanzar el objetivo de un déficit menor al 3% en 1998.

En una segunda etapa el proceso de consolidación fue más allá de los criterios europeos y, por primera vez en democracia, el ejercicio presupuestario de 2004 cerró con un equilibrio entre los recursos y los empleos públicos; 40 años después del último ejercicio cerrado con superávit, que según las cuentas nacionales data del año 1965. En esta etapa se optó por el reforzamiento del equilibrio presupuestario mediante la elaboración de la normativa en defensa del déficit cero,[10] en la que destacó especialmente la Ley de Estabilidad Presupuestaria. Dicha Ley dificultaba la posibilidad de recurrir al déficit como vía de financiación del gasto, ya que se consideraba que constituía un factor de incertidumbre para la estabilidad del sistema financiero y el control de precios. Para ello, se introdujeron algunos aspectos, en esos momentos muy innovadores en comparación con los principales procesos de presupuestación europeos, como el techo de gasto en el presupuesto del Estado, la regla de evolución anual del gasto, que debía situarse por debajo del crecimiento del PIB nominal, o el fondo de contingencia, para evitar las numerosas modificaciones presupuestarias que se producían a lo largo del ciclo de vida del presupuesto desvirtuando, así, sus objetivos iniciales.[11] También, por pri-

la tasa de interés en los títulos de deuda pública conlleva una reducción en la tasa de interés real requerida a los consumidores y las empresas. La disminución en la tasa de interés también puede llevar a la apreciación de acciones y bonos, aumentando la riqueza financiera de los agentes y desencadenando un efecto expansivo de consumo o inversión.

10. Para una explicación detallada de las iniciativas introducidas en el periodo para el reforzamiento de la institución presupuestaria puede consultarse Martínez Rico (2005).

11. Aunque compartiendo los principios fundamentales del equilibrio presupuestario, en especial por su impacto positivo (aunque no definitivo) en la «reputación» en la gestión de los recursos públicos, y la necesidad de coordinar para ello a todas las Administraciones, Bandrés

mera vez, se fijó el destino prioritario del superávit: la reducción del nivel de endeudamiento público.[12]

De este modo, desde 1995 hasta 2004, las necesidades de financiación del sector público pasaron del 7,0% del PIB del inicio del periodo al equilibrio presupuestario en 2004, gracias a un proceso de consolidación fiscal basado, fundamentalmente, en la reducción del gasto, lo que contribuyó a generar espacio de financiación permitiendo al sector privado acometer sus proyectos de inversión. En efecto, a partir de 1997 se generó ahorro público positivo. La reducción de gastos corrientes, que incluso permitió la aparición de superávits primarios, dejó también margen al Estado para poder mejorar el gasto en inversión. Como la consolidación fiscal durante este periodo gravitó fundamentalmente sobre el gasto corriente, el sector público pasó de absorber recursos financieros a contribuir, con un incremento del ahorro público de más de 6 puntos del PIB, (desde el -1,8% en 1995 al 4,3% en 2003), a la financiación del conjunto de la economía. El tono de la política presupuestaria, en un entorno de unión monetaria y libre circulación de capitales, definiría así de forma determinante la financiación de la economía, a través de la credibilidad de su sostenibilidad y la liberación de recursos para la financiación de inversiones privadas.

La tercera etapa estuvo marcada por la existencia de superávits públicos desde el año 2005 en la que, sin embargo, se relajaron los compromisos fiscales, especialmente en las Entidades Territoriales, a través de la reforma de la Ley de Estabilidad en 2006. Esta reforma flexibilizaba las reglas de estabilidad presupuestaria e incluía un cálculo más complejo para las necesidades de financiación al considerar el análisis a lo largo de todo el ciclo. De este modo, la capacidad de financiación del sector público durante esta etapa (el superávit público alcanzado en 2007 se situó en el 2,0% de PIB) fue el resultado de la propia dinámica del ciclo, más que por un verdadero control de los gastos, ya que, mientras que los gastos públicos supusieron en 2004 el 38,7% del PIB, ese porcentaje se incrementó ligeramente hasta 2007, hasta alcanzar el 39,0%. Los ingresos, por su parte, fueron el verdadero artífice del superávit de estos años y pasaron del

(2001) refleja alguno de los puntos críticos más destacados de la ley: en su opinión se sustituye el acuerdo por la jerarquía, se prescinde de la capacidad de autorregulación que proporcionan los mercados y su rigidez dificulta la adecuada provisión de infraestructuras y capital público, fundamentalmente.

12. Tan solo unos años antes, Rubin (2004), durante la presidencia de Clinton y en su segundo mandato, había introducido ese mismo debate en los Estados Unidos con notable éxito.

38,7% del PIB en 2004 al 41,0% en 2007. Con estos resultados el endeudamiento público pudo reducirse por debajo del 40%. Así, mientras el proceso de control de gasto desde mediados de los noventa había permitido generar espacio a la financiación, la relajación en el esfuerzo de reducción del gasto limitó la sostenibilidad financiera de la economía (Montoro, 2011), con las consecuencias que tendría posteriormente.

Gráfico 10. EVOLUCIÓN DE INGRESOS Y GASTOS PÚBLICOS. DÉFICIT PÚBLICO

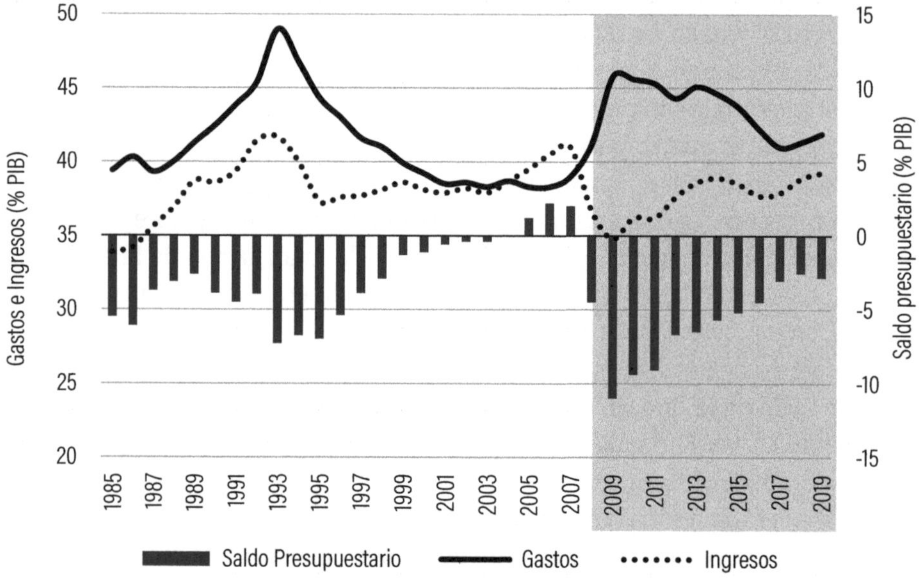

Fuente: Elaboración propia a partir de datos suministrados por el Ministerio de Hacienda.

A pesar de que los recursos propios del sector público fueron capaces de cubrir los empleos, las crecientes necesidades de financiación por parte de familias y empresas desembocaron en un aumento de la deuda por parte del sector privado de la economía. En este caso, el endeudamiento privado total, impulsado adicionalmente por tipos de interés reales negativos, fue especialmente intenso entre 2004 y 2007, al pasar de una deuda en 2003 del 174,6% en términos de PIB a otra del 228,9% en 2007 (**Gráfico 11**). En este punto Pisani-Ferry (2014) se plantea el motivo de la falta de actuación o de respuesta por parte de los responsables políticos ante esta situación. A juicio del autor, existía el convencimiento de que los déficits externos, aun siendo permanentes, no eran considerados un problema dentro de una unión monetaria (al igual que, siguiendo este mismo criterio, resultarían irrelevantes para las regiones dentro de un país) bajo la premisa un tanto ideológica, tal y como señala el autor, de que la acumulación de deuda era motivo de preocupación solo si esta era consecuencia de la falta de disciplina en el sector público. Y el sector público estaba generando superávits y, fruto de ello, intensificaba además el proceso de amortización de la deuda pública española, situando la ratio sobre PIB en el 35,8% en el año 2007; no fue, sin embargo, suficiente para compensar el incremento del volumen total de deuda acumulada por el país.

Gráfico 11. EVOLUCIÓN DE LA DEUDA TOTAL, POR SUBSECTOR INSTITUCIONAL

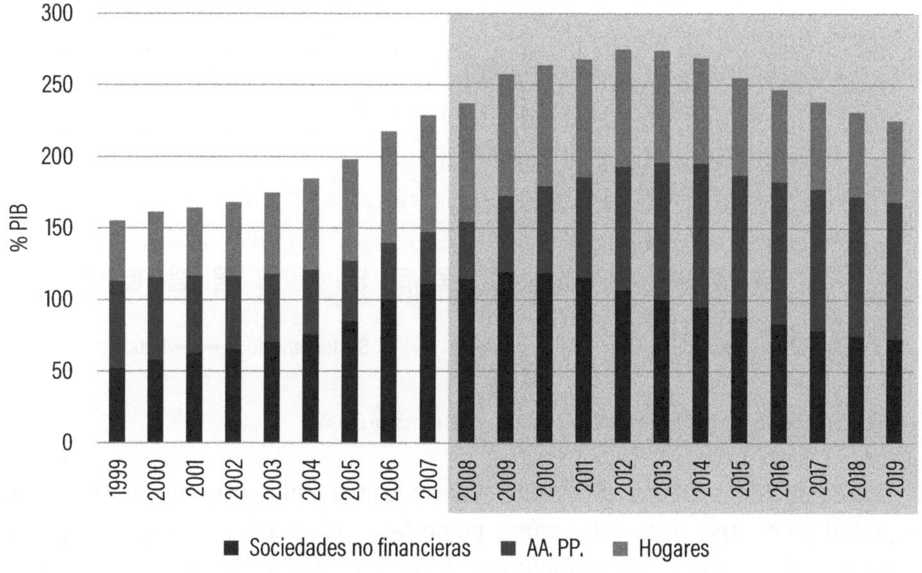

Fuente: Elaboración propia a partir de datos suministrados por el Banco de España.

El apalancamiento del sector privado se erigió como uno de los principales desequilibrios macroeconómicos del ciclo expansivo no solo por la magnitud que alcanzó la variable sino, además, porque los principales tenedores de dicha deuda eran inversores del exterior. De este modo, y tal y como se refleja en el **Gráfico12**, la deuda externa bruta representaba, en 2011, el 160% del PIB de la que más de 98 puntos correspondían al sector privado (frente a 26,7 de la deuda de las Administraciones Públicas).

Gráfico 12. EVOLUCIÓN DE LA DEUDA EXTERNA POR SECTOR INSTITUCIONAL

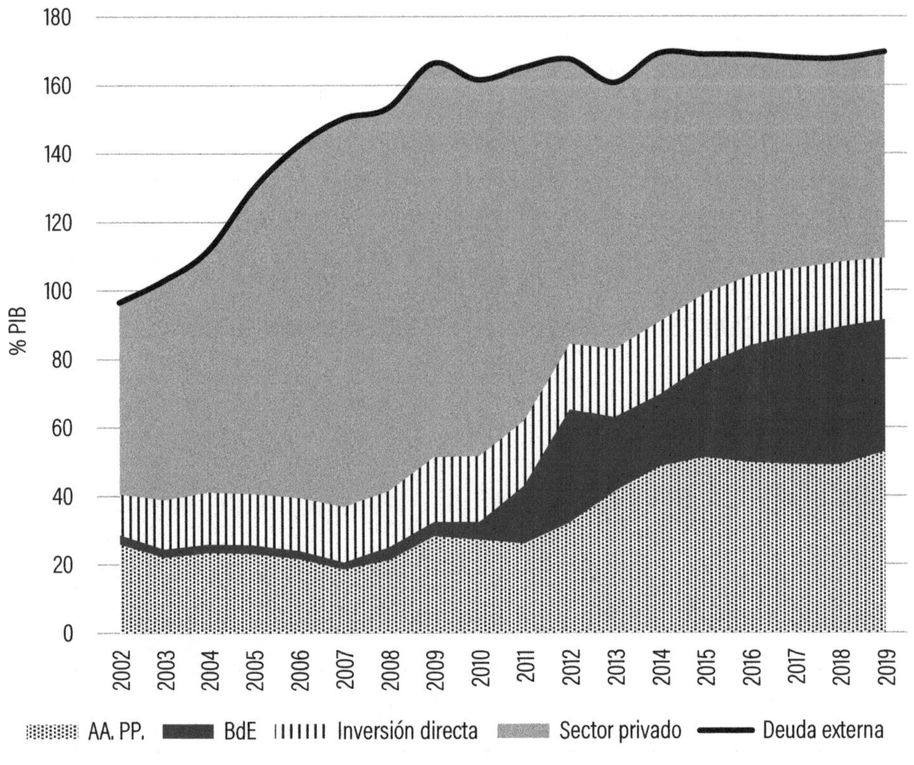

Fuente: Elaboración propia a partir de datos suministrados por el Banco de España.

El aumento de la inversión durante el periodo contribuyó a incrementar el *stock* de capital productivo de nuestro país,[13] no obstante, el hecho de que a medida que transcurría el periodo objeto de análisis gran parte de la inversión pasase a engrosar el *stock* de capital residencial, habría tenido un efecto negativo sobre la productividad. Así, atendiendo a la información proporcionada por el **Gráfico 13**, la productividad total de los factores (PTF), es decir, aquella parte del incremento del producto que no se explica por la acumulación ni del trabajo ni del capital sino por las

13. Según los datos proporcionados por el IVIE, el *stock* de capital productivo en España se incrementó, en términos reales, un 90% desde 1995 hasta 2007. En este caso, la inversión en material de transporte y la inversión en maquinaria fue la que más contribuyó a la acumulación de este tipo de capital productivo, cuyo aumento se situó en el 114% y 68,9% respectivamente.

mejoras técnicas y organizativas, mostró una evolución negativa durante, prácticamente, todo el periodo analizado. La investigación sobre las fuentes de crecimiento y la productividad en España llevado a cabo por la Fundación BBVA (2010) atribuye dicho comportamiento a, por un lado, las deficiencias en el aprovechamiento del capital humano y, por otro lado, al exceso de inversión residencial, puesto que los incentivos a adquirir este tipo de activos respondían a las expectativas sobre la rentabilidad a corto plazo generadas por el aumento en los precios tanto del suelo como de los activos de construcción, no vinculándose a las mejoras de productividad. Tal y como también señalará Velarde (2011), el crecimiento basado en la incorporación masiva de capital y trabajo, y no, por tanto, en una utilización más eficiente de los factores productivos, estaba en el origen de la baja productividad del periodo, la falta de competitividad y desequilibrio exterior de la economía española.

Gráfico 13. EVOLUCIÓN DE LA CONTRIBUCIÓN DE LOS FACTORES PRODUCTIVOS AL PIB REAL

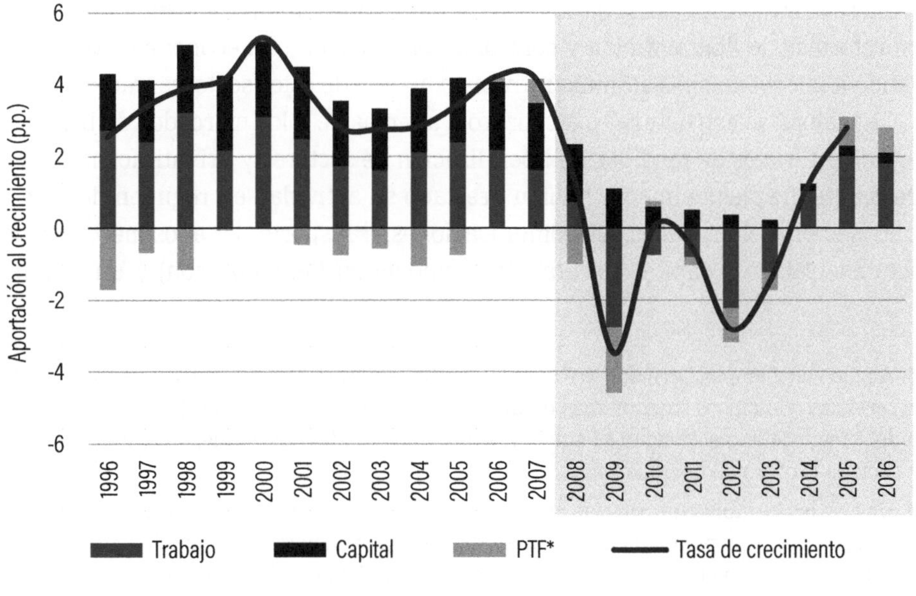

Fuente: Elaboración propia a partir de datos suministrados por EU-Klems. *PTF: Productividad Total de los Factores.

El compromiso con la estabilidad macroeconómica establecido en el Tratado de Maastricht se completó, además, con la puesta en práctica de importantes reformas estructurales que determinarían positivamente la evolución del crecimiento económico. Así, la liberalización e introducción de competencia en los sectores productivos que afectaban a toda la economía fue una pieza clave de la política económica. Las reformas estructurales fueron eliminando rigideces y barreras de entrada en los mercados, fomentando la competencia, la aparición de nuevos operadores y nuevas oportunidades de inversión.

Las políticas de flexibilización de la oferta cobraron una especial relevancia para impulsar el crecimiento que hiciera posible el acceso a la Unión Económica y Monetaria en un contexto de cesión progresiva de las competencias en las políticas económicas de estabilización tradicionales. Así, la limitación de la política monetaria y de la política cambiaria determinó que las ganancias de competitividad vinieran determinadas por la adecuada evolución de los costes de producción de los bienes y servicios sujetos a competencia.[14] La eliminación de la prima de riesgo, fruto de la credibilidad de las políticas económicas, permitió la reducción de los costes financieros y mejorar la financiación empresarial. Por ello, adquiría una importancia fundamental que el resto de los costes de producción, fundamentalmente los laborales y el coste de una serie de *inputs* productivos (comunicación, transporte, energía, etc.), se situaran en los niveles de la zona euro, para lo cual se abordaron reformas de liberalización y control de precios[15] en una economía todavía sometida a intervenciones administrativas en alguno de estos sectores tradicionales.

Las reformas estructurales alcanzaron, además de a los mercados de bienes y servicios a través de medidas de liberalización de sectores y privatización de empresas que tradicionalmente habían prestado su actividad en régimen de monopolio (sectores energéticos, telecomunicaciones, transporte...),[16] a los mercados de factores, trabajo y capital (en aras de promover su flexibilización) y un conjun-

---

14. A modo de ejemplo, Bernaldo de Quirós y Martínez Rico (2005) estiman que los precios de los servicios telefónicos cayeron más de un 30% desde el año 1998 hasta 2004 y que la bajada del precio de la electricidad se situó en el entorno del 25% desde que, en ambos sectores, se inició el proceso de liberalización.

15. Una de las fórmulas transitorias más utilizadas era el denominado en terminología anglosajona *Price Cap*, que pretendía estimular la competencia y mejoras de productividad de modo que esto se tradujera en reducción de los precios reales. Esta regulación de precios se establece a través de la fijación de unos límites máximos de variación total, de acuerdo con la expresión IPC-X, donde valores positivos indicarían el límite de subida máximo permitido, mientras que un resultado negativo indicaría la reducción mínima permitida de la misma, durante un periodo de tiempo determinado. El término «X» representa el factor estimado de ajuste de los precios reales, que está estrechamente relacionado con las mejoras o ganancias de productividad mínimas esperadas.

16. Para un análisis más detallado, ver Trigo Portela (2004).

to de actuaciones horizontales, como el refuerzo de la política de defensa de la competencia y la creación de comisiones sectoriales, como la Comisión del Mercado de las Telecomunicaciones (CMT) o la Comisión Nacional de la Energía, fundamentales para garantizar la competencia efectiva en mercados liberalizados.

La apertura y la liberalización de la economía española fueron dos procesos relacionados que dieron fundamento a las principales transformaciones de la estructura productiva de aquellos años, destacando de entre ellas el proceso de internacionalización e inversión creciente en el exterior de las empresas españolas.[17] Podría decirse que el periodo 1995-2007 protagonizó el mayor salto al exterior de estas empresas, impulsadas en primera instancia por aquellas grandes corporaciones que fueron privatizadas y comenzaron a entender la importancia de su expansión exterior, basada en la gestión eficiente y libre de interferencias políticas.

De esta forma, indicadores como la cuota de mercado mundial, el grado de apertura, la tasa de cobertura, y las inversiones en el exterior, alcanzaron cifras no vistas hasta entonces, con niveles crecientes hasta 1999. Así, por ejemplo, la cuota de mercado mundial de las exportaciones de bienes y servicios llegó a un máximo del 2,1% en 1999.

Sin embargo, a medida que la demanda interna fue cobrando protagonismo, lo hacían también las importaciones. De acuerdo con la información proporcionada por el Ministerio de Economía, las exportaciones se multiplicaron por 1,6 desde mediados de los años noventa hasta 2007. Sin embargo, las importaciones crecieron en ese mismo periodo hasta multiplicarse por 2,29, por lo que durante estos años se fue abriendo una brecha comercial que reflejaba, por una parte, la dependencia directa de las importaciones del mayor crecimiento económico, al mismo tiempo que la dependencia energética, pero también, en una interpretación más profunda, las carencias tradicionales de la estructura productiva española unida a la creciente pérdida de competitividad (Serrano Sanz, 2005). En esta línea Feito (2011) estimaba que las ganancias de competitividad necesarias para que la economía española volviera a crecer sin restricciones de financiación del sector exterior se situaban en el entorno del 10%.

---

17. O´Rourke y Williamson (1999) reflejan en un interesante trabajo el impacto que ya antes de 1914, fundamentalmente en los 50 años previos, estaba teniendo la globalización en términos de comercio, transferencias de capital y de tecnología, así como de grandes migraciones, a ambos lados del Atlántico. La intensa utilización de datos justifica un análisis que ayuda a relativizar nuestro actual entendimiento de los fenómenos de la globalización, también a comprender mejor su origen, problemática e implicaciones.

La apertura al exterior tuvo un gran reflejo en el aumento significativo de las inversiones de las empresas españolas en el exterior. Así, las inversiones directas en el exterior pasaron de representar el 1,3% del PIB en 1995 al 9,15% en 2007, lo que supuso una transformación en la estructura tradicional de nuestra economía, al superar el volumen de inversión extranjera directa en España.[18] Este es un síntoma más del gran cambio que se estaba produciendo y que situaba a España al nivel de otras economías desarrolladas. El flujo de inversiones por parte de las empresas españolas en el exterior provocó que el *stock* de capital pasase del 2,7% del PIB en 1995 al 40,5% en 2007, según se refleja en el **Gráfico 14**. Tal y como apunta Fernández Méndez de Andés (2011), una de las características de las inversiones españolas en el exterior era su carácter permanente no solo porque en vista de su volumen resultasen difícilmente reversibles sino, además, por la naturaleza de la mismas, ya que estas se materializaban, fundamentalmente, en el sector de los servicios, algunos de los cuales se habían privatizado muy recientemente, como el energético o las telecomunicaciones, básicamente en la región latinoamericana, en cuyo caso las empresas eran sometidas a una severa fiscalización por parte de las autoridades pero, muy relevante, también de la opinión pública.

Durante el periodo se produjo también un proceso de progresiva diversificación geográfica puesto que, en un primer momento, las inversiones se centraron en Latinoamérica, como consecuencia de la ola de privatizaciones que se llevaron a cabo en muchos de los países sudamericanos guiados por las iniciativas de política económica y reformas del periodo que se conocen con el nombre del «Consenso de Washington» (Williamson, 2004), hasta situarse España como el primer inversor en la región. Mientras que, al final del periodo objeto de estudio, en un intento por comprar activos en países de la OCDE, de larga tradición de estabilidad económica y con regulaciones también más estables para balancear los riesgos asumidos en otras zonas del mundo, el *stock* de inversiones se concentró, en su mayoría, en países como el Reino Unido, Estados Unidos,[19] Alemania o los Países Bajos.

18. Para un análisis más profundo sobre la evolución de la Inversión Española en el Exterior y el creciente desarrollo de las llamadas, por primera vez, multinacionales españolas, ver Guillén (2005).

19. Martínez Rico (2008), en su análisis sobre las oportunidades de exportaciones e inversión en el mercado norteamericano, identificaba como principales focos de atracción de la inversión en Estados Unidos, además de la rentabilidad y de la baja volatilidad frente a la inversión en los países emergentes, el elevado poder adquisitivo de la demanda (que permitía una rápida absorción de los nuevos productos lanzados al mercado), así como la excelente dotación del

Fue un proceso protagonizado fundamentalmente por las grandes corporaciones privatizadas en sectores tan dispares como el financiero, eléctrico, gas natural, telecomunicaciones o petróleo, las cuales supieron combinar las oportunidades internacionales con el acceso a la financiación barata, para sumarse a unos mercados globales con el fin de situarse en mejores condiciones de competitividad.

Gráfico 14. *STOCK* DE INVERSIÓN ESPAÑOLA EN EL EXTERIOR

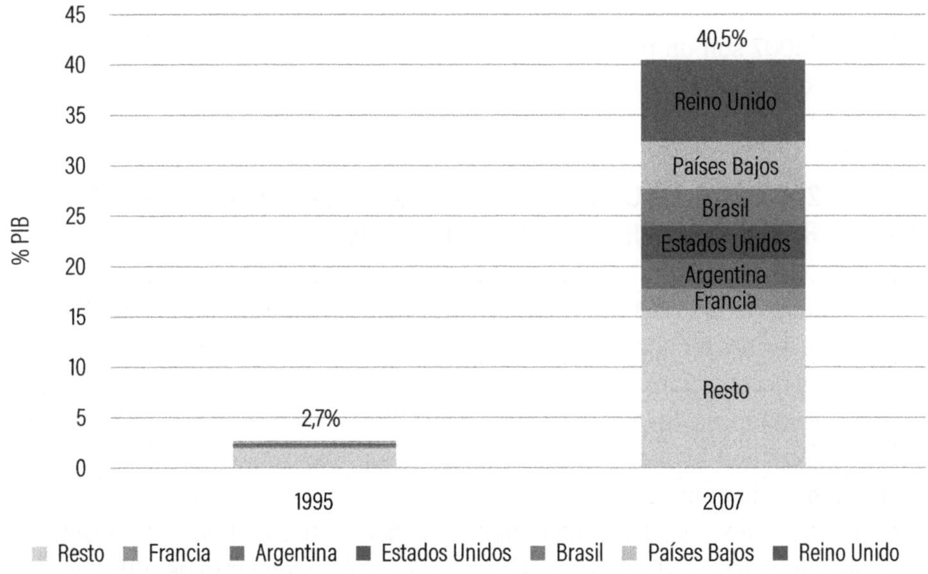

Fuente: Elaboración propia a partir de datos del Ministerio de Economía e INE.

En definitiva, durante la expansión económica producida entre 1995 y 2007 hubo un avance importante en términos de crecimiento, empleo, renta e internacionalización, impulsados y sostenidos en una primera parte por la mayor estabilidad económica, la entrada en la zona euro y el fácil acceso a la financiación.[20] Sin

tejido empresarial y del mercado de factores productivos, tanto en términos de capital humano como de mercados financieros y de tecnología.

20. Apuntaban, al respecto, García Delgado *et al.* (2009) que no cabe entender la prolongada etapa de expansión económica sin tener en cuenta el papel de la transición democrática puesto que es esta última la que determina el itinerario del siglo XX gracias a la recuperación de las libertades que la misma supuso.

embargo, los últimos años muestran una relajación en las políticas económicas de estabilidad que contribuyó a la acumulación de graves desequilibrios; la creciente necesidad de financiación exterior, la expansión inmobiliaria, la reducción de la productividad o el incremento de la deuda privada que, con la crisis financiera internacional, provocaron desde finales del año 2008 la entrada en una aguda etapa recesiva que castigó una de las mayores debilidades de la economía española, a saber, la dependencia de financiación exterior. En cualquier caso, y tal y como puede resumirse en Serrano Sanz (2009), a pesar de que existen elementos críticos que se empiezan a vislumbrar en 2008, los años que trascurren entre 1995 y 2007 son un periodo «brillante», siendo el «balance final de esta larga etapa de expansión inequívocamente positivo».

2. ETAPA 2008-2011. LA CONFLUENCIA DE LOS DESEQUILIBRIOS CÍCLICOS CON LA GRAVE CRISIS FINANCIERA INTERNACIONAL

El estallido de la crisis financiera internacional a mediados de julio de 2007 inauguró una nueva etapa caracterizada por unas severas tasas de contracción económica y destrucción de empleo, convirtiéndola en lo que sería una de las peores crisis económicas de la historia de España, no solo por su intensidad, también por su duración. Si bien el periodo recesivo se prolongó mucho más de la etapa analizada en este epígrafe, podrían distinguirse distintas fases de la reciente crisis económica española, a saber, la importante caída de la actividad experimentada desde mediados de 2008 hasta el año 2009, el estancamiento del PIB y muy ligera recuperación durante 2010 y principios de 2011 hasta la recaída, de nuevo, en recesión, desde mediados de 2011 hasta finales del año 2013.

En los primeros años de la etapa contractiva más severa, la elaboración inicial de un diagnóstico erróneo sobre la situación real de la economía española, con la consecuente adopción inicial de medidas inapropiadas en materia de política económica, a lo que hay que añadir las deficiencias en el diseño de la unión monetaria ahondaron, aún más, en el deterioro de algunos de los agregados macroeconómicos cuyos desequilibrios, ya descritos, se generaron en la fase final del ciclo de crecimiento económico. La conjunción de estos factores redundó en una fuerte contracción en las tasas de crecimiento del PIB, especialmente intensa en el año 2009 con una caída del 3,6% interanual y una fuerte destrucción de empleo, elevando el nivel de desempleo en el cuarto trimestre de 2009 al 18,8%. Por otro lado, el exceso de capacidad productiva, fruto del esfuerzo inversor realizado en la etapa expansiva del ciclo, junto con la rigidez del mercado de trabajo provocaron que, ante la caída de la demanda, el ajuste se realizase por la vía de las cantidades, especialmente en el mercado de trabajo, con la consecuente intensa destrucción de empleo.

A ello se añade que el estallido de la crisis financiera internacional (caracterizada por el aumento de la percepción del riesgo por parte de los inversores y la caída de los precios de los activos)[21] provocó la práctica paralización de los flujos de crédito y el endurecimiento de las condiciones de financiación. La inestabilidad de la economía española, dado el grado de dependencia y exposición de su deuda a los mercados internacionales, desató un clima de elevada desconfianza sobre la capacidad de repago de los prestatarios, que derivó en la notable reducción del ritmo de crecimiento.[22] A su vez, la situación del sistema financiero, especialmente una parte del mismo focalizada en torno a las Cajas de Ahorro, mostraba una gran fragilidad como consecuencia de las fuertes inversiones en créditos inmobiliarios, que fueron los principales responsables de la morosidad y los elevados créditos dudosos (De Barrón *et al.*, 2013).

Dado que España estaba ya plenamente integrada en la Unión Monetaria y las medidas tradicionales de política monetaria correspondían al Banco Central Europeo, los responsables públicos optaron por contrarrestar la caída del crecimiento a través de la aplicación de medidas de política fiscal. No obstante, un diagnóstico inicial sobre la situación económica en 2007 que se interpretaba como un problema de demanda temporal, lo que en realidad era un problema de competitividad acumulado a lo largo de los años unido a un grave problema financiero externo, derivó en la aplicación de una política fiscal expansiva al más puro estilo keynesiano. Si bien el aumento del gasto público, cuyo crecimiento se situó en el 17,1% desde el año 2007 hasta 2009, contribuyó a compensar a muy corto plazo

21. Gennaioli y Shleifer (2018) han analizado la crisis financiera y su profundo impacto económico aplicando las últimas aportaciones teóricas del campo de la economía del comportamiento, para así explicar la disociación entre las expectativas y creencias del momento frente a todo un conjunto de indicadores económicos y financieros que estaban anticipando ya la magnitud de los desequilibrios.

22. Serrano Sanz (2011b) señalaba que la pérdida de confianza de los inversores no se debió tanto al nivel de deuda (que en el conjunto de las Administraciones Públicas se encontraba, al finalizar el año 2009, 20 puntos por debajo de la media europea), sino más bien a las dudas que estos exhibían sobre la capacidad de las autoridades para controlar el volumen de la deuda antes de que esta fuera insostenible; lo que, en definitiva, se trataba de una cuestión de reputación y de confianza en la capacidad de repago.

la caída de la demanda interna, especialmente en el año de mayor contracción del PIB, el desequilibrio que provocó sobre el déficit público y la dificultad de financiarlo en un contexto de sequía financiera, condicionó la política fiscal durante los años posteriores, prolongando, de este modo, la crisis hasta convertirla en una fuerte recesión económica.

Tal y como se aprecia en el **Gráfico 15**, en 2006, España se situaba entre los países con mayor superávit público de los países desarrollados. Sin embargo, entre 2007 y 2009 se produjo una variación en valores absolutos del saldo público de más de 12 puntos del PIB, y ello no solo por la reacción de los estabilizadores automáticos activados por el impacto de la crisis, sino también por la adopción de medidas discrecionales, no demasiado efectivas, o incluso erróneas, en materia de política fiscal que afectaron tanto a los empleos como a los recursos públicos.[23] Tal y como refleja el Gráfico, tan solo Irlanda e Islandia sufrieron un deterioro similar en la situación de sus finanzas públicas. Los saldos presupuestarios de otros países mostraron una mayor estabilidad y parecieron verse menos afectadas por la desfavorable coyuntura económica o por las políticas económicas implementadas. Estos fueron los casos de Alemania (3,4 puntos), Italia (3,8) y Francia (4,7) en los que, si bien crecieron las necesidades públicas de financiación, estas no fueron tan desproporcionadas como en el caso español.

El significativo deterioro de la situación presupuestaria derivó en un aumento de la deuda pública, que pasó de representar el 39,5% del PIB en el año 2008 al 52,8% del PIB en el año 2009. La intensificación de la crisis de la deuda soberana a lo largo de 2010 fruto de la ola de rescates bancarios en países donde los balances de los bancos estaban ampliamente expuestos al mercado inmobiliario, como era el caso de Irlanda y de España, motivó la aparición de ciertas tensiones en el mercado de la deuda pública.[24] Con el estallido de la crisis griega se inicia el proceso de contagio que afectó, especialmente, a aquellos países que contaban con un estrecho margen fiscal, presentaban dificultades para acceder al mercado

23. Uno de los ejemplos más significativos de este tipo de políticas lo constituye el Fondo Estatal para el Empleo y Sostenibilidad Local (Real Decreto-ley 9/2008), más conocido con el nombre del Plan E, a través del cual las Entidades Locales recibieron 7.836 millones de euros para la realización de inversiones en aras de estimular el crecimiento y la creación de empleo.

24. El diferencial de rentabilidades entre el bono a 10 años emitido por el Estado español y el bono alemán se situaba a principios del año 2010 en los 73 puntos básicos, mientras que a finales de año esta diferencia se situó en los 247 puntos básicos. También a finales del año 2010, la prima de riesgo de Irlanda era de 554 puntos básicos y de 362 en el caso de Grecia.

Gráfico 15. SALDO PRESUPUESTARIO EN 2006 Y CAMBIO DEL SALDO PRESUPUESTARIO EN 2007-2009

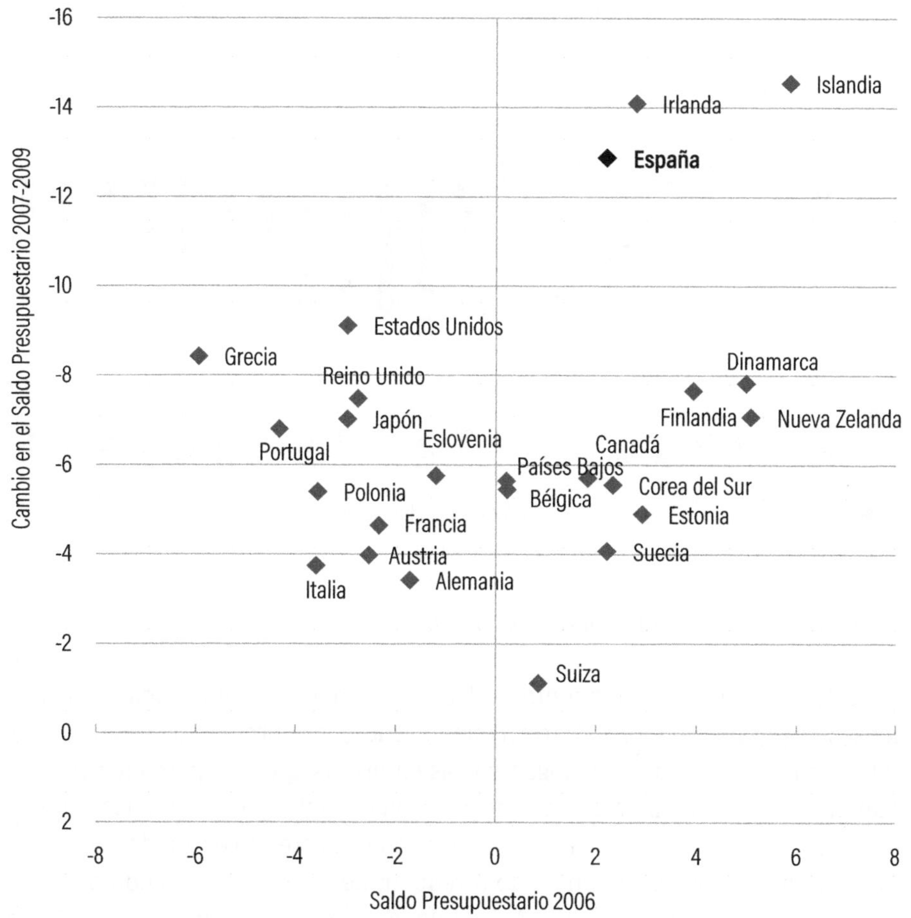

Fuente: Elaboración propia a partir de datos suministrados por la OCDE.

financiero y estaban sumidos en una fase de contracción económica, como era, nuevamente, el caso de España. El riesgo soberano se transmitió al sector bancario, no solo por las dudas que empezaron a surgir en torno a la sostenibilidad de las finanzas públicas, sino también por el hecho de que la banca doméstica era uno de los principales tenedores de títulos de deuda pública.

Gráfico 16. EVOLUCIÓN DE LA NECESIDAD/CAPACIDAD DE FINANCIACIÓN EXTERIOR DE LA ECONOMÍA ESPAÑOLA

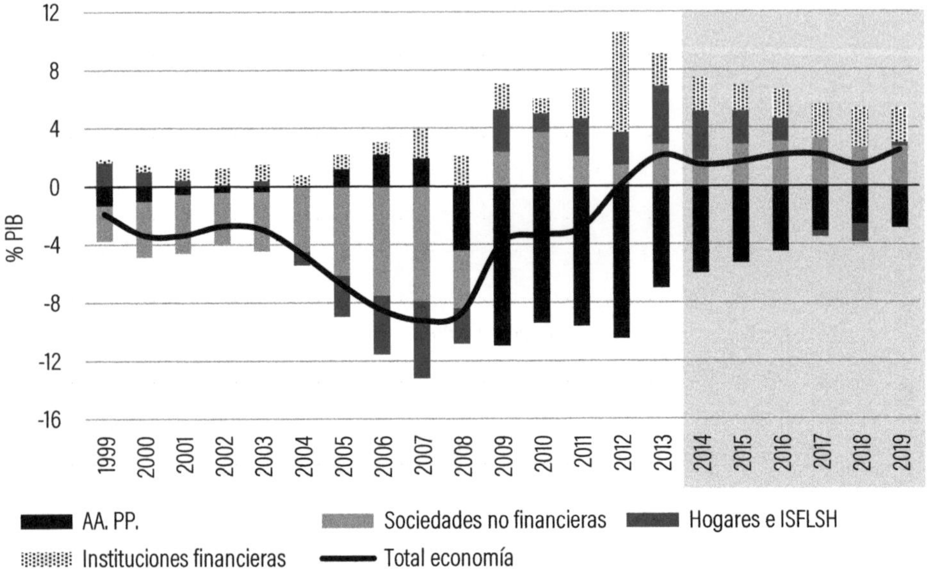

Fuente: Elaboración propia a partir de datos suministrados por el INE.

En este contexto, el crecimiento de las necesidades de financiación por parte del sector público se vio, en parte, compensado por el proceso de desapalancamiento que llevaron a cabo los hogares y las empresas, quienes percibieron de inmediato las señales del mercado y reaccionaron corrigiendo sus balances ante la caída de la actividad económica y las restricciones de crédito exhibidas por parte del sistema financiero, contribuyendo a reducir, de este modo, el saldo negativo de la balanza por cuenta corriente. Así, y tal y como se refleja en el **Gráfico 16**, la apelación a financiación ajena por parte del sector privado representaba el 4,3% del PIB en 2008, mientras que, en 2009, y fruto de la fuerte corrección, el ahorro generado por dicho sector (neto de inversiones) proporcionaría recursos al resto de los agentes por valor del 7,1% del PIB.[25]

25. Tal y como señala Serrano Sanz (2011a), las Administraciones Públicas caminaron en dirección opuesta a los otros agentes en lo que a la cuestión del endeudamiento se refería. Puesto que lo más urgente era reducir la vulnerabilidad que suponía para la economía española la

De este modo, el comportamiento exhibido por el saldo de la balanza por cuenta corriente en España durante el periodo de crisis se mostraba contrario a lo que predecía la teoría económica tradicional, conocida como la teoría de los «déficits gemelos»[26]; según la cual un aumento de las necesidades de financiación exterior ante la existencia de políticas fiscales expansivas ensanchaba el déficit fiscal al mismo tiempo que lo hacía la balanza por cuenta corriente. En este caso, la divergencia entre ambas variables mostrada en el caso español, las «divergencias gemelas» o empeoramiento del déficit público mientras que mejora sensiblemente la balanza por cuenta corriente, era acorde con el resultado de la investigación de Kim y Roubini (2008), quienes hallaron también una correlación negativa entre el déficit público y el déficit exterior en el caso de la economía estadounidense, como consecuencia del aumento del ahorro privado y una fuerte caída de la inversión en respuesta al efecto expulsión. Cardoso y Doménech (2010) al analizar el caso de la economía española, señalan que la rápida corrección que experimentó el saldo de la cuenta corriente en España durante 2009 fue consecuencia de la caída de la actividad que hubiera compensado el efecto de la política fiscal. Señalan los autores, además, que el gran aumento en la tasa de ahorro de los hogares en ese mismo año estuvo motivado por el ahorro precaución y el deseo de reducir los niveles de endeudamiento, como respuesta a la turbulencia financiera internacional y al enorme aumento del desempleo, en lugar de reaccionar al gran estímulo fiscal, como propone la hipótesis de la equivalencia ricardiana.

Una de las particularidades que mostró el crecimiento de las necesidades de financiación del sector público fue el cambio en su composición durante la crisis. Mientras que, en periodos anteriores, como en la primera mitad de los noventa,

dependencia financiera del exterior, resultaba imprescindible que las Administraciones Públicas se sumasen al esfuerzo colectivo y estableciesen una senda creíble para alcanzar la consolidación presupuestaria.

26. Según Mundell (1963) si el capital es perfectamente móvil y los flujos de capital no están restringidos, el aumento de las tasas de interés (fruto de los aumentos en el gasto público combinados con una demanda inelástica de bonos del gobierno que provocan una caída de los precios cuando aumenta el suministro de bonos para financiar la expansión fiscal) atrae los flujos de capital al país de origen, lo que lleva a la apreciación de la moneda nacional y al deterioro de la balanza comercial. Más recientemente Gopinath (2015) ha puesto en duda estas teorías clásicas con sus recientes aportaciones sobre el «paradigma de la moneda dominante», en donde el comportamiento del dólar con su papel muy relevante en la denominación de muchas de las operaciones de comercio exterior jugaría un papel determinante en los flujos de comercio y precios.

el déficit fiscal se había originado fundamentalmente en el Estado, en estos años fueron los desequilibrios en las cuentas de las Administraciones Territoriales los que contribuyeron de forma más significativa al aumento del déficit en el conjunto de las Administraciones Públicas.

En este contexto, las Administraciones Públicas encontraron severas dificultades para captar financiación dada la situación, no solo de los mercados internacionales, sino también del sistema financiero español.

Este había acumulado ciertos desequilibrios en términos de capacidad instalada y de excesiva exposición del volumen de crédito al sector inmobiliario y de la construcción,[27] crédito que, por otra parte, había sido captado en su mayoría en los mercados internacionales. La fragmentación de los mercados de financiación mayorista debilitó, aún más, la situación de los intermediarios españoles por su elevada dependencia del ahorro exterior, y este hecho les obligó a sustituir las emisiones de valores a largo plazo por instrumentos a corto plazo, mientras que estuvieran disponibles y fundamentalmente a través del Eurosistema (conjunto de Bancos Centrales de los países europeos y el Banco Central Europeo, el sistema Target 2).

En aras de tratar de recuperar la confianza y normalizar los canales para la obtención de crédito se llevó a cabo un proceso de reestructuración y concentración bancaria[28] que derivó, entre otras, en la práctica desaparición de las Cajas de Ahorro que, tradicionalmente, habían sido una fuente de financiación importante para las Entidades Territoriales. En el ámbito de las Cajas de Ahorro, tal y como señala el Fondo Monetario Internacional (FMI, 2012), la crisis puso de manifiesto varias debilidades en el marco regulatorio que había permitido a este tipo de entidades de crédito expandir sus actividades en todo el territorio nacional, contribuyendo al exceso de capacidad y a la concentración de riesgo en el sistema. Las Cajas tenían problemas de gobierno corporativo y de definición

27. La exposición problemática (dudosos, adjudicados y normales bajo vigilancia) de los bancos y las cajas a la actividad inmobiliaria ascendía, en junio de 2011, a 176.000 millones de euros según el Banco de España.

28. Algunas de estas primeras medidas incluyeron la creación del Fondo de Adquisición de Activos Financieros (FAAF) en 2008 para la compra de títulos de alta calidad emitidos por las entidades de crédito para darles liquidez. Se amplió, del mismo modo, la cobertura del Fondo de Garantía de Depósitos hasta 100.000 euros por depositante y entidad. En el año 2009 se creó el Fondo de Reestructuración Ordenada Bancaria (FROB) para facilitar procesos de integración de entidades.

de sus accionistas, no estaban sujetas, por tanto, a esa disciplina de mercado[29] y el hecho de que las competencias del gobierno central y de las Comunidades Autónomas no estuvieran bien definidas ralentizó la toma de decisiones y una actuación temprana. No obstante, las medidas adoptadas en términos de saneamiento del balance, concentraciones y transparencia,[30] se mostrarían insuficientes, además de tardías, puesto que a finales de 2011 los canales de crédito continuaban, prácticamente, paralizados.

Por otro lado, la evolución de la crisis evidenció los problemas de diseño del euro, en primer lugar, porque tras la creación de la Unión Económica y Monetaria (UEM), todas las competencias en materia de política monetaria se trasladan al Banco Central Europeo, que se convierte en el administrador solitario de un objetivo único, la estabilidad de precios. Además, también en este caso, se establece una sola divisa, se liberalizan por completo los flujos financieros, pero el proyecto euro estaba incompleto e inacabado. Se limitaba a la creación de una mera zona de estabilidad cambiaria, supuestamente irrevocable, en donde el Banco Central no tiene, en sus inicios, una misión clara de prestamista de última instancia ni unas competencias definidas sobre la supervisión del sistema bancario de la eurozona (Serrano Sanz, 2013).

Así, el proyecto monetario, que generaliza y amplifica los movimientos de capitales en Europa, nacía despreocupado por las condiciones financieras, no solo del sector público (a pesar de que el Tratado de Maastricht limitaba los niveles de déficit y deuda, estos se mostraron insuficientes y las reglas para su cumplimiento demasiado laxas), sino también del privado (no existía un regulador financiero centralizado para intentar contener las explosiones de deuda privada). Por otro lado, como se ha mencionado, el Banco Central Europeo no se concibió para

29. La estructura de gobernanza de las cajas de ahorro era compleja y rígida, lo que no favorecía la aplicación de las mejores prácticas internacionales de gobierno corporativo. Por otro lado, y al no poder recurrir al mecanismo de las ampliaciones de capital, tenían fuertes dificultades para obtener recursos propios de primera calidad por una vía que no fuera la obtención de beneficios.

30. Tal y como señala López Roa (2011), la ralentización de las reformas concernientes a las Cajas de Ahorro obedecía a la obstinación de las autoridades autonómicas y los órganos de gobierno de dichos organismos a llevarlas a cabo. No obstante, se introdujeron algunas transformaciones en el marco regulatorio (cuyo objetivo último era el de preparar a las Cajas para que saliesen al mercado a captar financiación), como las referentes al reforzamiento de la captación de recursos, los cambios introducidos en los Sistemas Institucionales de Protección de Entidades de Crédito (SIP) o las destinadas a la profesionalización de los órganos de gobierno.

ejercer de prestamista de último recurso ni tenía unas competencias definidas sobre la supervisión del sistema bancario de la eurozona, De Grauwe (2011) y también Praet (2016).

En aras de tratar de estimular el crédito, el Banco Central Europeo utilizó inicialmente instrumentos de política monetaria convencional, fundamentalmente a través de la reducción de los tipos de interés. Ante las necesidades de liquidez por parte del sistema financiero español y la paralización de los flujos de financiación interbancarios, el Banco de España tuvo que endeudarse con el Eurosistema para trasladar la liquidez requerida al sistema financiero, logrando así equilibrar su saldo de divisas y convirtiéndose en uno de los mayores deudores netos del Eurosistema.[31] Así, tal y como se aprecia en el **Gráfico 17**, desde el año 2007 la posición de algunos de los bancos centrales nacionales en relación con el Eurosistema cambia de signo pasando de ser, algunos de ellos, de acreedores netos a deudores. Tal es el caso español donde el volumen de pasivos netos intrasistema ascendía, en diciembre de 2007, a 23.622 millones de euros (el 2,3% del PIB) para superar, a finales de 2011, los 150.053 millones de euros (14,2% del PIB). Destaca, por otro lado, la posición de Alemania donde los pasivos netos se situaban en 2007 en 9.157 millones de euros (el 0,3% de su PIB) para pasar a los 497.132 millones de euros en 2011 (más del 18,4% del PIB). Tal y como se observa en el Gráfico, la tendencia del saldo de la cuenta que recoge los pagos transfronterizos en el seno de la Unión Monetaria no solo se mantuvo durante el periodo de crisis, sino que se fue ampliando la brecha entre bancos deudores y acreedores concentrándose su punto más álgido, dentro del periodo analizado y atendiendo a la selección de países, en verano de 2012, cuando las restricciones de financiación eran más agudas. Así, mientras el saldo de los pasivos netos en el caso del Banco de España superó en agosto de 2012 los -428.600 millones de euros, en ese mismo momento el Eurosistema reflejaba un saldo a favor del Banco Central alemán del orden de 748.811 millones de euros. Derivado de la fragmentación del mercado financiero y ante el riesgo de falta de fondeo, los bancos competían por captar liquidez, a precios elevados, y mantener los depósitos en sus balances: así no ponían en riesgo sus nuevas necesidades de capital, no entraban en operaciones de riesgo que perjudicaban aún más su cuenta de resultados y, por tanto, no concedían crédito.

---

31. Ante un mercado interbancario interrumpido, el Eurosistema/TARGET2 hace de intermediario, trasladando los excesos de liquidez de los bancos sanos del norte de Europa a los bancos afectados por la falta de liquidez del sur, siempre a través de los Bancos Centrales.

Gráfico 17. EVOLUCIÓN DE LOS PASIVOS NETOS INTRA EUROSISTEMA[1]

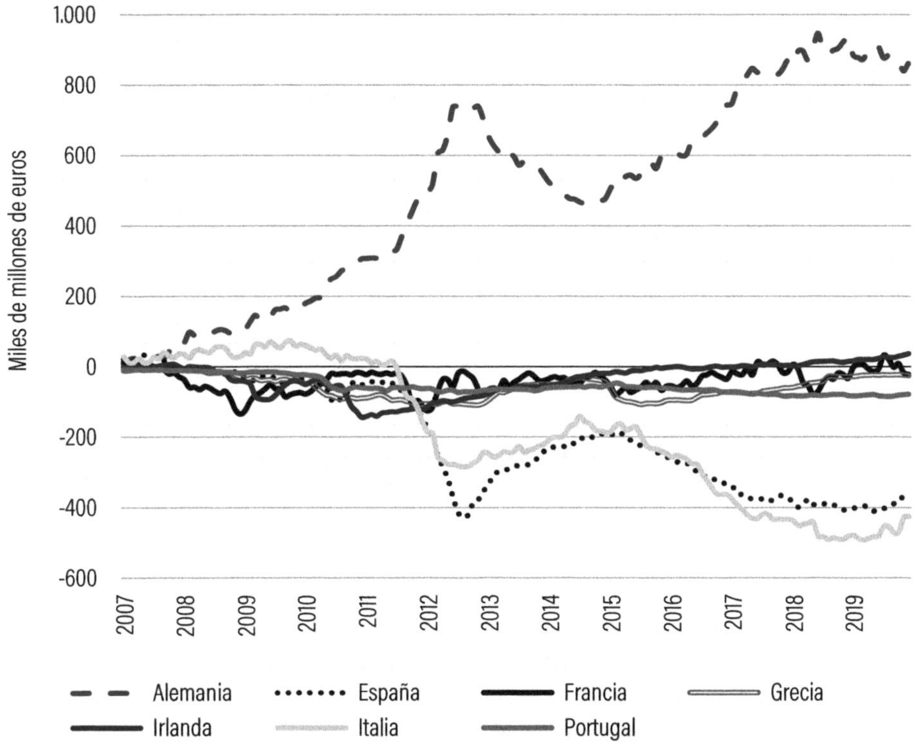

Nota (1): El saldo negativo de la cuenta relacionada con los pasivos netos indicaría la posición deudora del respectivo Banco Central con el Eurosistema y viceversa.
Fuente: Elaboración propia a partir de datos suministrados por el Banco Central Europeo.

Tal y como se refleja en el **Gráfico 18**, la fuerte expansión del crédito al sector privado hasta 2007 invirtió sus ritmos de crecimiento. Así, se produjo una significativa contracción del crédito al sector privado, que fue especialmente significativa en 2008 y 2009, y que registró porcentajes de variación negativa desde 2011. En contraposición, el crecimiento de la concesión de crédito a las Administraciones Públicas se mantuvo entre 2009 y 2014 en tasas de crecimiento interanual de dos dígitos, llegando a superar porcentajes del 40% en 2010, dando lugar al denominado efecto *crowding out* o expulsión de la inversión privada como consecuencia de la excesiva necesidad de financiación del sector público, siendo además excluyente dado que se trataba de un recurso muy escaso, que en este caso iba destinado a la financiación del sector público.

Gráfico 18. EVOLUCIÓN DEL CRÉDITO A LOS SECTORES NO FINANCIEROS

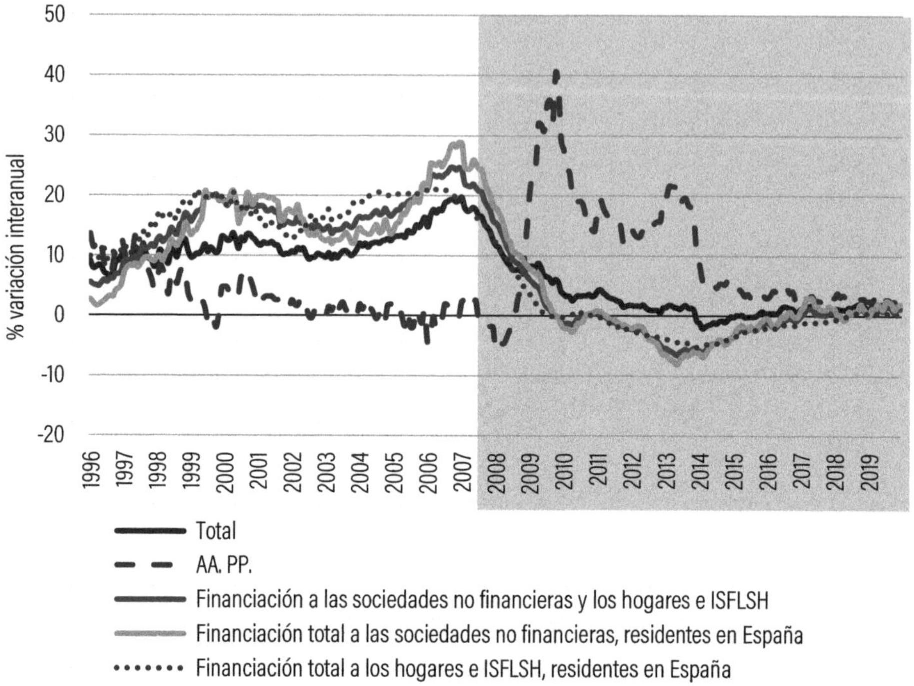

Fuente: Elaboración propia a partir de datos suministrados por el Banco de España.

3. LA REALIDAD FISCAL EN DICIEMBRE DE 2011. EL INCUMPLIMIENTO DE LOS OBJETIVOS PRESUPUESTARIOS DE LAS ENTIDADES TERRITORIALES: COMUNIDADES AUTÓNOMAS Y CORPORACIONES LOCALES

El año 2011 culmina con una contracción del PIB del 1%, una tasa de paro del 21,5%, la necesidad de financiación del sector exterior todavía en el 2,9% a pesar de la fuerte corrección, y el déficit público en el 9,7% del PIB; desglosado en un déficit del 3,7% en la Administración Central, un déficit del 5,2% del PIB en las Comunidades Autónomas, el 0,8% del PIB en las Corporaciones Locales y el 0,1% en la Seguridad Social. Parte del desequilibrio entre los recursos y los empleos públicos respondió, en gran medida, al recrudecimiento de la propia crisis. No obstante, el aumento del déficit público, especialmente el relacionado con las Comunidades

Autónomas obedeció a diversos factores: las decisiones de descentralización del gasto en los años previos a la crisis, que no contó con mecanismos de corresponsabilidad fiscal suficientemente desarrollados, decisiones de política económica diseñadas sobre unas previsiones macroeconómicas poco fieles al momento coyuntural, la propia modificación de la Ley de Estabilidad Presupuestaria que relajaba las reglas fiscales en un momento de bonanza económica, junto con las erráticas previsiones de los ingresos que, fruto del modelo de financiación autonómica, impactaron con cierto retraso temporal en los flujos financieros entre el Estado y las Comunidades Autónomas.

3.1. Causas del deterioro de las cuentas públicas

Tal y como señala la Directiva 2011/85/UE de la Unión Europea sobre los requisitos aplicables a los marcos presupuestarios de los Estados miembros, la adecuada formulación de previsiones económicas constituye un factor fundamental tanto para la definición de objetivos de consolidación fiscal, así como para su cumplimiento. De este modo, unas previsiones macroeconómicas y presupuestarias sesgadas y poco realistas pueden obstaculizar considerablemente la efectividad de la política presupuestaria y, en consecuencia, pueden debilitar el compromiso con la disciplina presupuestaria. Es en este último escenario esbozado en la Directiva en el que se desarrolló la política fiscal en 2011, cuando un año antes las previsiones oficiales elaboradas por el Gobierno e incluidas en la presentación de los Presupuestos apuntaban a un crecimiento del PIB para el año 2011 del 1,3%, frente a la contracción del 1% con la que, finalmente, cerró el ejercicio.

En 2010 parecía existir un cierto consenso sobre la recuperación económica tras la contracción experimentada por la tasa de crecimiento del PIB en el año 2009 y su posterior estancamiento un año después. Así, no solo el Gobierno auguraba un crecimiento positivo del PIB para la economía española en el año 2011. Las previsiones de instituciones como el Banco de España, la Comisión Europea, el Fondo Monetario Internacional o la OCDE, estimaban aumentos interanuales del PIB cercanos al 1%. Tal y como señala el Banco de España (2017), durante el ejercicio sobre el que se habían hecho las estimaciones, las previsiones seguían apuntando a un crecimiento positivo ligeramente inferior al 1%.

En el caso del cuadro macroeconómico contemplado en la presentación de los Presupuestos Generales del Estado de 2011 (Ministerio de Economía y Hacienda, 2011), la tasa de crecimiento económico del 1,3% prevista para 2011 estaba basada, en su mayor parte, en las previsiones de un fuerte impulso de la demanda interna motivado por unas perspectivas de crecimiento de la inversión y el consumo que no parecían tener en cuenta, por una parte, el alto endeudamiento de nuestra economía en un contexto en el que no se había recuperado de forma sólida la confianza ni en los mercados financieros ni en las instituciones financieras españolas, lo que no facilitaría un rápido crecimiento del crédito (frenando, con ello, componentes de la demanda interna como el consumo y la inversión). Por otra parte, la elevada tasa de ahorro de la economía doméstica, razonable en una época de fuerte restricción del crédito y de pérdida de confianza, no parecía que fuese a disminuir en un breve plazo de tiempo, por lo que era poco probable el fortalecimiento del consumo previsto a partir de 2011 (Martínez Rico, 2010).

Además y como consecuencia del recrudecimiento de la crisis financiera y la persistencia de los desequilibrios macroeconómicos en el ámbito nacional, a mediados de 2010, el Gobierno estableció algunas medidas extraordinarias de ajuste para los años 2010 y 2011 concentradas especialmente en la Administración Central (como la paralización de la revaloración de las pensiones para el año 2011, la reducción de la masa salarial o la revisión de los precios de referencia de algunos fármacos) en aras de acelerar la senda de consolidación fiscal.[32] De este modo, tampoco parecía haberse tenido en cuenta el impacto en el corto plazo que la fuerte contracción del saldo primario cíclicamente ajustado tendrían sobre la confianza y, más concretamente, sobre la inversión y el consumo (y por ende, sobre el crecimiento económico) derivado de la paralización de la inversión pública y de la elevación del tipo marginal de los impuestos, ya aprobada en el caso del Impuesto sobre el Valor Añadido, y anunciada en la presentación de los Presupuestos Generales del Estado para 2011 (Ministerio de Economía y Hacienda, 2011) en el caso del Impuesto sobre la Renta de las Personas Físicas.

Y adicionalmente, el optimismo en las estimaciones de crecimiento económico para 2011 se trasladó a las previsiones de ingresos, lo que permitía y justificaba un aumento de los compromisos de gastos, lo que motivó un cierre del ejercicio presupuestario a finales de 2011 con una desviación del 3,7% del PIB (desde el déficit del 6% previsto en los Presupuestos hasta el 9,7% del PIB que definitivamente resultó). El desajuste entre las necesidades de financiación estimadas y las que finalmente resultaron se produjo en todos los niveles de la Administración, pero especialmente en las Administraciones Territoriales. Así, tal y como se aprecia en

32. Para más detalle ver el Real Decreto-ley 8/2010, de 20 de mayo, por el que se adoptan medidas extraordinarias para la reducción del déficit público.

la Tabla 1, el déficit presupuestario para las Comunidades Autónomas se situó en el año 2011 en el 5,2% del PIB (frente al 1,3% del PIB estimado en septiembre de 2010) y las necesidades de financiación de las Corporaciones Locales se situaron en el 0,8% del PIB, cinco décimas por encima de lo previsto.

Tabla 1. PREVISIONES PRESUPUESTARIAS EN LOS PRESUPUESTOS GENERALES DEL ESTADO PARA 2011 FRENTE AL SALDO DE CIERRE REAL

	2010		2011		2012		2013	
	Objetivo	Saldo	Objetivo	Saldo	Objetivo	Saldo	Objetivo	Saldo
Administración Central	-6,7	-4,9	-4,8	-3,7	-3,2	-8,1	-2,1	-4,9
Comunidades Autónomas	-2,4	-3,8	-1,3	-5,2	-1,3	-2,0	-1,1	-1,6
Corporaciones Locales	-0,4	-0,7	-0,3	-0,8	-0,3	0,3	-0,2	0,6
Admin. de la Seguridad Social	0,2	-0,2	0,4	-0,1	0,4	-1,0	0,4	-1,1
Total AA. PP.	-9,3	-9,5	-6,0	-9,7	-4,4	-10,7	-3,0	-7,0

Fuente: Elaboración propia a partir de datos suministrados por la presentación de los Presupuestos Generales del Estado para 2011 (Ministerio de Economía y Hacienda, 2011) (elaborado sept.-10) y Banco de España.

Así, por un lado, y tal y como quedó reflejado en el **Gráfico 10** ya visto, los ingresos públicos alcanzaron, a finales de 2011, el 36,2% del PIB (frente al 38% de media que la recaudación representaba sobre el PIB durante el periodo 1995-2007). En este caso, la recaudación impositiva no solo cayó como consecuencia de la contracción de la actividad económica, sino también por las decisiones adoptadas en materia de política tributaria que incluyeron bajadas de impuestos a través de la compensación de bases imponibles negativas, incremento de las amortizaciones, o bonificaciones que, en un momento de fuerte contracción económica, no consiguieron ensanchar las bases, lo que, en definitiva, terminó impactando fuertemente sobre la recaudación fiscal.

De este modo, la caída de ingresos derivados del IRPF y el IVA (y el Impuesto sobre Sociedades en el caso del Estado) erosionaron, significativamente, los recursos propios del Estado, también de las Comunidades Autónomas, puesto que estas figuras tributarias representaban alrededor del 80% de sus recursos provenientes de la recaudación impositiva. Tal y como se refleja en el **Gráfico 19**, entre 2007 y

Gráfico 19. EVOLUCIÓN DE LA RECAUDACIÓN IMPOSITIVA

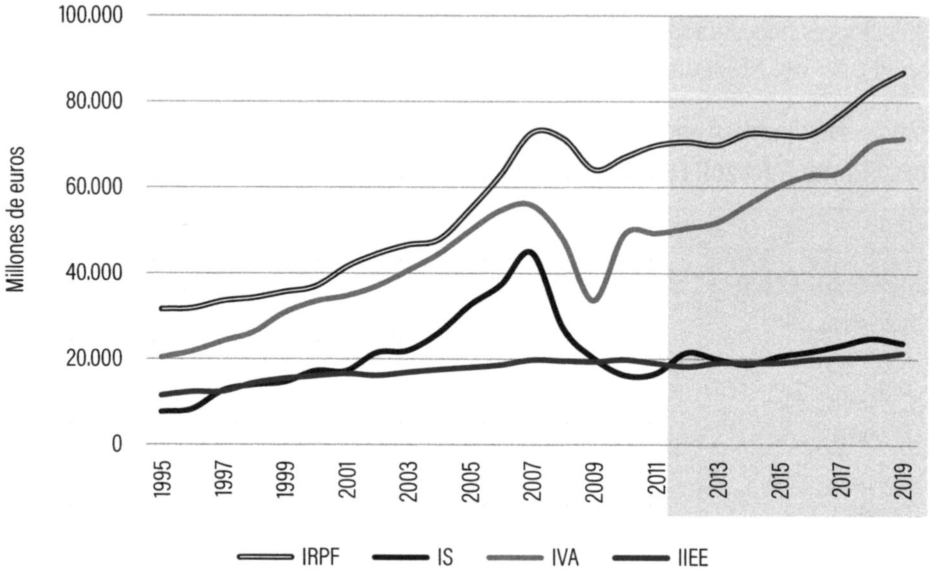

Fuente: Elaboración propia a partir de datos suministrados por la Memoria de la AEAT.

2009 el IVA cae en 22.200 millones (un 40%) y su recaudación se sitúa en 2011 en 49.302 millones de euros. En el caso del Impuesto sobre Sociedades, la desaparición de un número significativo de empresas junto con los cambios normativos señalados anteriormente, provocaron una reducción de 24.600 millones (un 55%) entre 2007 y 2009; de modo que en 2011 solo es capaz de recaudar 16.611 millones de euros. En el Impuesto sobre la Renta la recaudación baja en 8.700 millones (un 12%) en esos dos años, aunque consigue mejorar parcialmente entre 2010 y 2011 para alcanzar en este último año los 69.803 millones de euros. Por otro lado, los Impuestos Especiales mantienen, e incluso aumentan ligeramente su recaudación.

Por su parte la recaudación de las Corporaciones Locales también sufrió el impacto de la crisis, aunque en menor medida, ya que determinadas figuras impositivas como es el Impuesto de Bienes Inmuebles o las transferencias del Estado, menos vinculados al ciclo económico y que tenían un peso específico elevado, fundamentalmente en los municipios de menor tamaño, dotaron de una mayor estabilidad a su financiación. De este modo, y a pesar de que la recaudación tributaria de la Entidades Locales experimentó una contracción durante 2008 y 2009 (del orden del 3,3% y del 5,5% en términos interanuales, respectivamente), durante 2010 y 2011 los ingresos impositivos crecieron el 2,9% y el 1,4%, respectivamente, ya que la caída de la recaudación en concepto de impuestos indirectos (entre cuyas figuras tributarias estaban incluidas aquellas más relacionadas con la actividad inmobiliaria y de construcción como el Impuesto de Construcciones, Instalaciones y Obras...) fue compensada por el crecimiento de la recaudación de los impuestos directos (como el Impuesto sobre Bienes Inmuebles).

El análisis más detallado de la evolución de los ingresos públicos pone de manifiesto la estrecha correlación existente entre la recaudación impositiva y la actividad económica y en términos comparativos, las diferencias existentes entre la estructura fiscal en nuestro país y la de nuestros socios europeos. Así, por un lado, el sistema fiscal exhibía una menor capacidad recaudatoria que el de otros países de Europa; según los datos publicados por Eurostat, la media de ingresos sobre el PIB de los últimos 20 años en España ha sido del 38%, siete puntos menos que la media de la Unión Europea. Y, por otro lado, la elasticidad con respecto al PIB parecía ser más alta; mientras en el resto de Europa los ingresos se redujeron, pero en proporciones menores, en España la caída fue de 6,1 puntos del PIB

Gráfico 20. EVOLUCIÓN DE LOS INGRESOS PÚBLICOS EN EUROPA

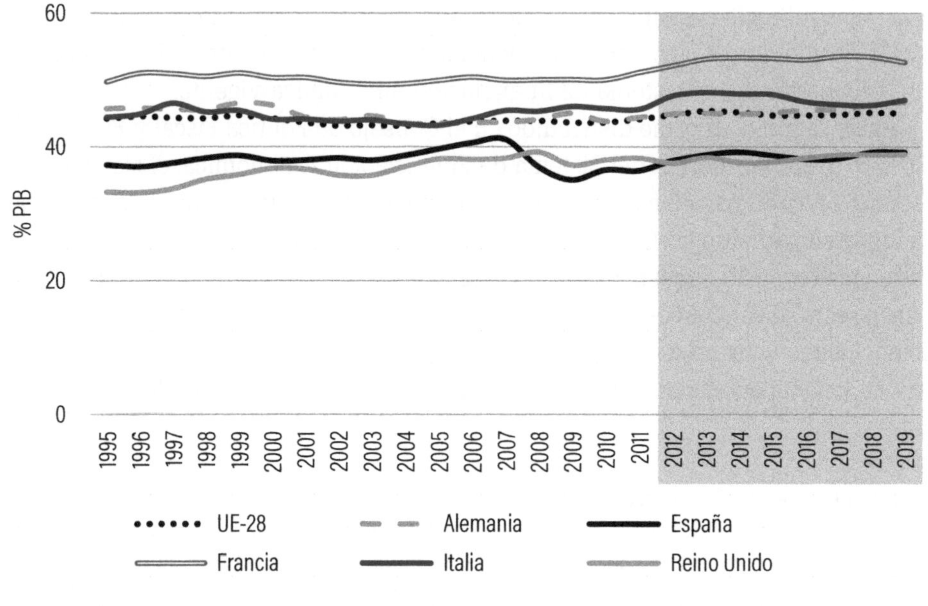

Fuente: Elaboración propia a partir de datos suministrados por Eurostat.

(desde un máximo del 41,1% en 2007 hasta un mínimo del 35,0% en 2009), tal y como se aprecia en el **Gráfico 20**, debido, adicionalmente, a la fuerte atomización del tejido productivo, con empresas de reducida dimensión cuya facturación y resultados se vieron muy afectados por la crisis, y a un mercado de trabajo muy rígido, que corrige los desequilibrios mediante despidos masivos, antes que adaptar los salarios a las nuevas realidades económico-financieras de las empresas.

Por su parte, en el ejercicio contable de 2011, los gastos públicos supusieron el 46,2% del PIB, frente al 40% que representaron, de media, desde el año 1995 hasta el año 2007. Los motivos fundamentales se encuentran, por un lado, en la activación lógica de los estabilizadores automáticos en respuesta a la crisis, y, por otro lado, en la expansión que experimentaron muchas otras partidas como consecuencia del sesgo introducido en las previsiones realizadas con relación a los recursos propios que se utilizaron para instrumentalizar una política fiscal expansiva, a través del aumento de las asignaciones de capítulos de gasto relacionados con inversiones no productivas o de personal.

De modo que, tal y como se refleja en la **Tabla 2**, aunque el impacto de la crisis se plasma inicialmente en las cuentas públicas de la Administración Central (cuyo saldo presupuestario pasa de un superávit del 1,2% del PIB en 2007 a un déficit del 9,4% del PIB en el año 2009), son las Comunidades Autónomas las que durante 2010 y 2011 exhiben un mayor deterioro de sus saldos presupuestarios (frente al práctico equilibrio presupuestario alcanzado, en media, durante el periodo 1995-2007) debido, entre otros motivos mencionados anteriormente, a los incentivos que proporcionaba el sistema de financiación autonómica vigente.

Así, y según el informe distribuido en el Consejo de Política Fiscal y Financiera (2017)[33] sobre la reforma del Sistema de Financiación Autonómica, el sistema presentaba entre otros, además de algunas limitaciones con relación a la suficiencia de ingresos para que las Comunidades Autónomas afrontasen sus compromisos de gasto, una carencia de responsabilidad fiscal de las Comunidades Autónomas (cuyo origen se localiza en la debilidad del nivel de ingreso), así como determinadas deficiencias técnicas relacionadas con el cálculo de las entregas a cuenta. Así ocurrió en las etapas iniciales de crisis, cuando las entregas a cuenta del sistema de

33. En enero de 2017 se acordó la creación de una Comisión de Expertos (aprobada por el Consejo de Ministros el 10 de febrero de 2017) con el objeto de analizar el modelo de financiación autonómica y, en función de los resultados, formular un nuevo modelo. Sus conclusiones y propuestas fueron recogidas en el pertinente informe (2017) que fue entregado al Consejo de Política Fiscal y Financiera y, posteriormente, elevado al Consejo de Ministros.

Tabla 2. EVOLUCIÓN DE LA CAPACIDAD (+) O NECESIDAD (-) DE FINANCIACIÓN COMO PORCENTAJE DEL PIB EN LAS DIFERENTES ADMINISTRACIONES

	Total AA. PP.	Adm. Central	CC. AA.	CC. LL.	Seguridad Social
2007	1,9	1,2	-0,3	-0,3	1,3
2008	-4,6	-3,0	-1,7	-0,5	0,7
2009	-11,3	-9,4	-2,0	-0,6	0,7
2010	-9,5	-4,9	-3,8	-0,7	-0,2
2011	-9,7	-3,7	-5,2	-0,8	-0,1
2012	-10,7	-8,1	-2,0	0,3	-1,0
2013	-7,0	-4,9	-1,6	0,6	-1,1
2014	-5,9	-3,6	-1,8	0,5	-1,0
2015	-5,2	-2,7	-1,8	0,4	-1,2
2016	-4,3	-2,5	-0,9	0,6	-1,6
2017	-3,0	-1,8	-0,4	0,6	-1,4
2018	-2,5	-1,3	-0,3	0,5	-1,4
2019	-2,9	-1,3	-0,6	0,3	-1,3

Fuente: Elaboración propia a partir de datos suministrados por el Ministerio de Hacienda.

financiación autonómica que se presupuestaron en 2008 y 2009 no tuvieron presente el alcance real de la contracción que estaba experimentando la economía, por lo que el grueso de los efectos de la menor recaudación fiscal en esos años lo absorbió la Administración Central y no las Comunidades Autónomas, permitiendo, a estas últimas, financiar nuevas dotaciones de gasto sin trasladar la señal adecuada del nuevo entorno de graves problemas financieros, retrasando, a su vez, los ajustes requeridos en el marco de la disciplina fiscal.

Puesto que existe un *gap* temporal de dos años desde que se producen las transferencias de los anticipos a cuenta, basados en las previsiones de ingresos, y las liquidaciones definitivas una vez se conocen los datos reales y de cierre de los ingresos fiscales, y dado que, tal y como se ha analizado, las previsiones sobre la recaudación tributaria elaboradas por el Gobierno durante 2008 y 2009 se situaron muy por encima de lo que finalmente fueron, las liquidaciones definitivas de los anticipos de las entregas a cuenta resultaron en 2010 y 2011 negativas y alcanzaron un valor de 5.500 millones de euros y de 18.700 millones, respectivamente, con la consecuente merma de ingresos. No obstante, la reducción en los ingresos de las Comunidades Autónomas quedó suavizada, puesto que la Ley 22/2009, de 18 de diciembre, permitía aplazar las devoluciones a partir de enero de 2011, en el supuesto de la liquidación negativa del ejercicio 2009, por un importe tal, en ambos casos, que permitiera cancelar la deuda total en un plazo máximo de 60 mensualidades iguales.[34]

Todo ello indica que la modificación del modelo de financiación autonómica aprobada en 2009, cuando el empeoramiento del saldo presupuestario era evidente, obvió algunas de las reformas que parecían relevantes con relación a la corresponsabilidad, autonomía fiscal y estabilidad presupuestaria de las Administraciones Territoriales. Esta reforma, sin embargo, introdujo ciertas limitaciones al grado de flexibilidad de las Comunidades Autónomas para aprobar reformas tributarias e incluyó la aportación por parte del Estado de 11.000 millones de euros al sistema, sin obtener a cambio garantías importantes para la contención de las principales partidas de gasto de los presupuestos autonómicos y mejorar los mecanismos de transparencia y vigilancia multilateral.

También se ha mencionado ya, que el hecho de que gran parte del déficit público se originase en el conjunto de las Comunidades Autónomas sugiere que la reforma de 2006 de las Leyes de Estabilidad Presupuestaria también contribuyó, en cierta medida, al debilitamiento del marco institucional aprobado en 2001 puesto que, si bien, hasta ese momento se admitía que se incurriese en déficit en situaciones excepcionales, siempre que se justificasen las causas y se formulase un plan de reequilibrio, la reforma permitió grados adicionales de flexibilidad de las Administraciones en un momento de máximo crecimiento económico.[35] Así,

34. Más tarde, en 2012, tras la acentuación del deterioro de las finanzas territoriales y ante las importantes consecuencias que podría tener sobre los impagos, se contemplaría la ampliación de los aplazamientos de dichas liquidaciones negativas (Ley 2/2012, de 9 de junio) y se concederían anticipos a las Comunidades Autónomas de los recursos del Sistema de Financiación Autonómica (al amparo de la Ley 22/2009) que el Tesoro podría efectuar para que aquéllas pudiesen hacer frente a desfases transitorios de tesorería, como consecuencia de las diferencias de vencimiento de los pagos e ingresos derivados de la ejecución de sus presupuestos.

35. Para un análisis crítico de la reforma de las Leyes de Estabilidad aprobada en el Congreso en 2006 ver Rodríguez Herrer (2011) y también Fernández Llera y Monasterio (2010); estos últimos hacen hincapié en comparar la nueva legislación de estabilidad presupuestaria de 2006 con la anterior de 2001, destacar sus diferencias fundamentales, el impacto de la gran recesión y realizar propuestas de mejora para recuperar su credibilidad.

con un crecimiento real inferior al previsto, se permitía que el presupuesto arrojase un saldo deficitario siempre que el cómputo total no superase el 1% del PIB, con el límite del 0,20% para el Estado, del 0,75% para el conjunto de las Comunidades Autónomas y del 0,05% para las Entidades Locales. Del mismo modo, se permitía un déficit adicional provocado por determinados programas de inversiones (regla de oro), que no podría superar, en su conjunto, el 0,50% del PIB, y respetando una distribución de 0,20% para el Estado, 0,25% para las Comunidades Autónomas y 0,05 puntos para las Corporaciones Locales.

La flexibilización de las reglas de estabilidad presupuestaria supuso adicionalmente una pérdida de transparencia en su aplicación, derivada, fundamentalmente, de la dificultad de cálculo del déficit cíclicamente ajustado. Esta permitió, por otra parte, una relajación del control del gasto de las Entidades Territoriales que, al iniciarse la crisis, tuvo graves efectos sobre sus cuentas públicas. Así, el sesgo expansivo en la política de gasto de las Administraciones Territoriales se puso de manifiesto en la evolución de las partidas de los diferentes capítulos de su presupuesto y tuvo repercusiones en términos de su déficit y de deuda, lo que, por otro lado, contrastaba con el tono de la política fiscal de la Administración Central que, desde mediados de 2010, se convirtió en anticíclico.

La desfavorable evolución de la economía española junto con el aumento de la desconfianza, las tensiones en los mercados financieros y el riesgo de contagio tras la difícil situación de países como Grecia o Irlanda hizo que, en mayo de 2010,[36] cambiara la orientación de la política económica desde la tónica expansiva que había estado vigente hasta el momento hacia un régimen de reducción del déficit, de acuerdo con las nuevas directrices establecidas por Bruselas en materia de política económica. La prioridad, en este caso, era la de reconducir las necesidades de financiación de la Administración Pública hacia niveles sostenibles tras el brusco cambio de signo experimentado por dicha variable en un breve periodo de tiempo y que, hasta 2012, se mantuvieron por encima del 9% PIB. De este modo, el Programa de consolidación fiscal que abarcaba hasta el año 2013[37] in-

36. En el ya citado Decreto Ley 8/2010, de 20 de mayo, se contemplaban, entre otras medidas, la reducción de los sueldos públicos y la congelación de las pensiones.

37. El programa de consolidación fiscal se incluyó en la Actualización del Programa de Estabilidad 2009-2013 (Ministerio de Economía y Hacienda, 2010), cuya revisión se realizaba anualmente en el marco del proceso comunitario de supervisión y coordinación de las políticas económicas) como consecuencia del deterioro que experimentaron las finanzas públicas, y con el objetivo de situar el déficit público de nuevo por debajo del 3% del PIB en el año 2013.

cluía un Plan de Acción Inmediata 2010 y un Plan de Austeridad 2011-2013 con el fin de alcanzar una ratio de déficit sobre PIB del 3% al final del periodo, a partir de reducciones del gasto público y de incrementos impositivos, como la subida del IVA en julio de 2010 o la eliminación parcial de las deducciones por inversión en vivienda anunciada para enero de 2011.

No obstante la situación coyuntural, y dada también la estructura del sector público en España, el proceso de consolidación de las finanzas públicas presentaba serias dificultades. Por la vía de los ingresos parecía especialmente complicada en 2011 (dada la estrecha vinculación de los ingresos públicos al ciclo económico) y, más, teniendo en cuenta el momento político y la cercanía del fin de la legislatura. Por la vía del gasto, existían elementos que dificultaban también la adopción de medidas eficaces a corto plazo. En primer lugar, por la propia configuración del Estado, con una fuerte descentralización administrativa y, en segundo lugar, por las limitaciones asociadas al momento económico en importantes partidas de gasto (pensiones, gastos por desempleo o intereses de deuda).

Gráfico 21. DESCENTRALIZACIÓN ADMINISTRATIVA EN LA OCDE: PORCENTAJE DEL GASTO PÚBLICO EN MANOS DE ENTIDADES LOCALES Y COMUNIDADES AUTÓNOMAS, 2018

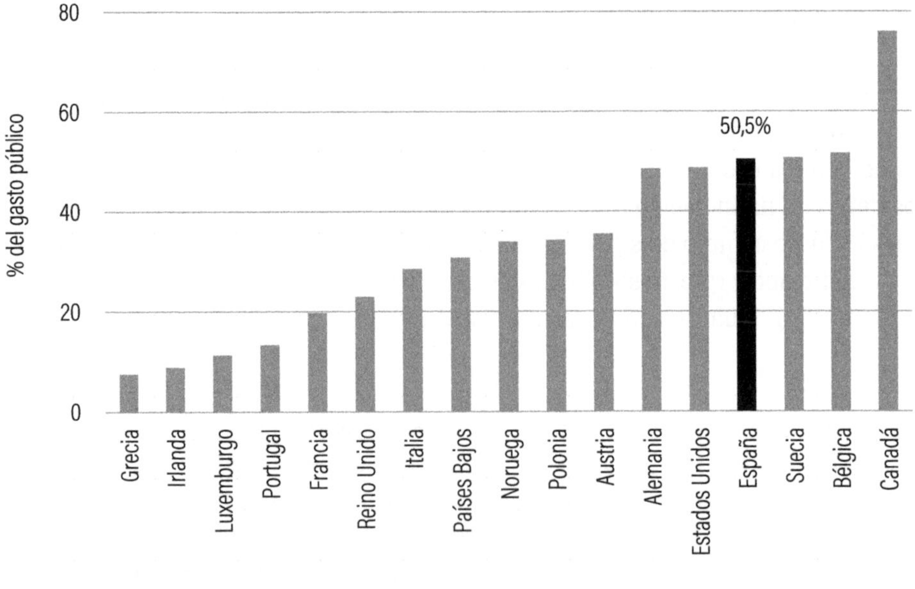

Fuente: Elaboración propia a partir de datos suministrados por la OCDE.

En efecto, la fuerte cesión de competencias desde el inicio de la democracia, en la que se profundiza adicionalmente desde mediados de los años noventa con las nuevas transferencias en sanidad y justicia, ha situado a España entre las Administraciones Públicas más descentralizadas del mundo, con un 50,5% de gasto público en manos de las Entidades Territoriales, según los datos disponibles de la OCDE y como puede apreciarse en el **Gráfico 21**.

En su origen, la reforma de los sistemas de financiación territorial de principios de los años 2000 avanzó sustancialmente en el grado de su autonomía fiscal, tanto desde la óptica del gasto como del ingreso. Un modelo de descentralización fiscal así diseñado permitiría que fuese la Administración competente de la ejecución de cada política la responsable de equilibrar fiscalmente gastos e ingresos y de asumir los posibles desequilibrios y las necesidades de endeudamiento. La reforma de la financiación autonómica aprobada a comienzos del año 2000 avanzó en esta dirección, y se hizo una vez completada la aprobación de las Leyes de estabilidad presupuestaria (Ley Ordinaria y Ley Orgánica) que determinaron, con carácter previo, un sistema de control para las finanzas de las Administraciones Territoriales. Sin embargo, la descentralización y ejecución de las políticas de gasto avanzaron por delante de la voluntad de ejercer la capacidad fiscal de las Administraciones Territoriales, que cubrieron la posible deficiencia de recursos para la prestación de los servicios públicos a través de transferencias corrientes y acceso al endeudamiento en los mercados financieros, lo que no proporcionaba suficientes incentivos para la disciplina presupuestaria. Durante este periodo, en el que la Administración Central hizo un importante esfuerzo de consolidación fiscal, el gasto de las Administraciones Territoriales avanzó en porcentajes superiores a los del Estado, como consecuencia de las cláusulas de garantía que regulaban su sistema de financiación. Asumen nuevos gastos y no ejercen la corresponsabilidad fiscal.

Otro de los factores que limitaba las posibilidades de corregir los desequilibrios presupuestarios respondía al desarrollo del Estado del Bienestar, lo que coartaba las posibilidades de ajuste por la vía del gasto. Así, tal y como detalla el **Gráfico 22**, las transferencias corrientes, que recogen el grueso del gasto social, representaban una de las partidas más relevantes del gasto público concentrando, en media (en el periodo considerado desde el año 2009 hasta el año 2011), el 42% del conjunto de las obligaciones reconocidas de gasto en el caso del Estado y de cerca del 32% en el caso de las Comunidades Autónomas. Por otro lado, el aumento del endeudamiento público contraído en años anteriores y el endurecimiento en las condiciones de financiación durante la crisis derivó en un incremento

Gráfico 22. EVOLUCIÓN DE LA ESTRUCTURA DE LAS OBLIGACIONES RECONOCIDAS DE GASTO DEL ESTADO Y DE LAS COMUNIDADES AUTÓNOMAS

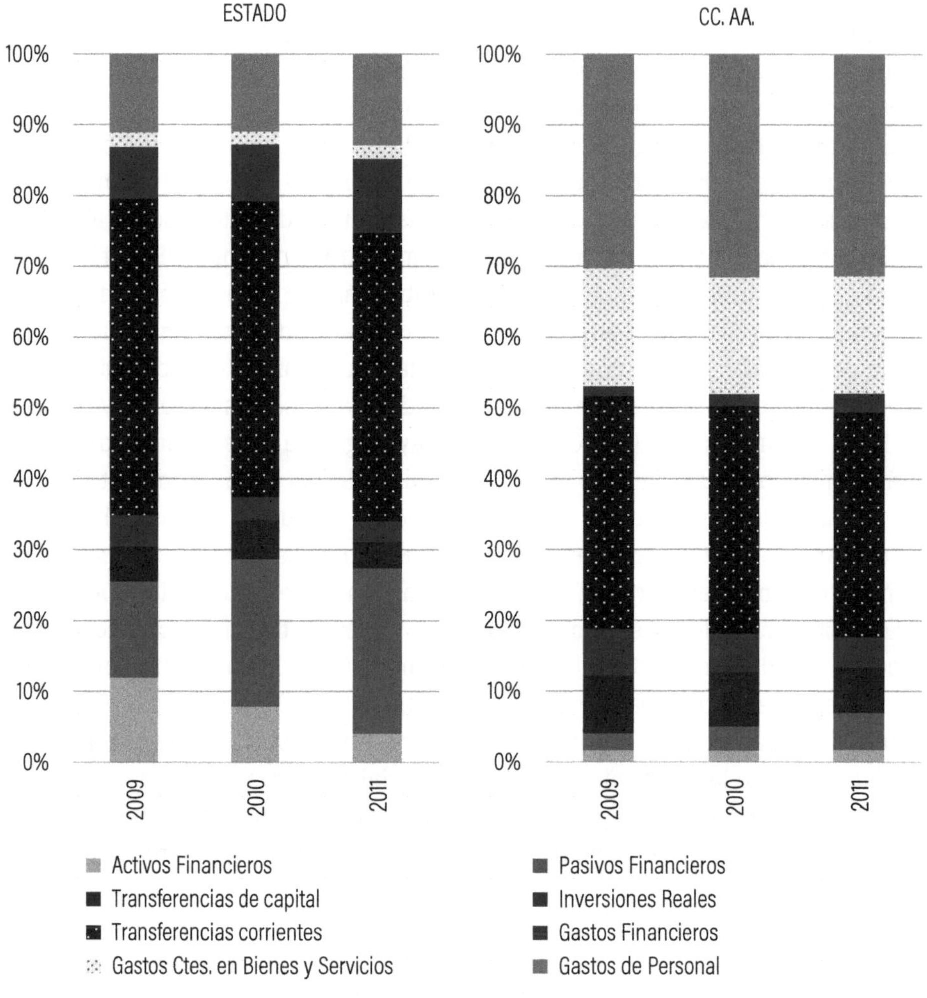

Fuente: Elaboración propia a partir de datos suministrados por el Ministerio de Hacienda.

de recursos destinados al pago de intereses. De este modo, las obligaciones reconocidas de gastos financieros para el Estado pasaron de suponer el 7,3% del conjunto de los gastos presupuestarios en el año 2009 (el 1,6% del PIB) al 10,4% en 2011 (el 2,1% con relación al PIB), incrementándose en tan solo 2 años en más de

4.500 millones de euros. En el caso de las Comunidades Autónomas, las obligaciones reconocidas de gastos financieros pasaron de representar el 1,4% de los gastos en 2009 al 2,6% en 2011.

3.2. La sostenibilidad de la deuda y el acceso a los mercados financieros

Aunque el empeoramiento de las finanzas públicas regionales fue generalizado, tal y como refleja la **Tabla 3**, el análisis de los déficits públicos individualizados de

Tabla 3. EVOLUCIÓN DEL DÉFICIT PÚBLICO, POR COMUNIDADES AUTÓNOMAS

% PIB regional

	2007	2008	2009	2010	2011
Andalucía	0,3	-1,0	-1,7	-4,2	-6,6
Aragón	-0,2	-1,1	-1,7	-3,5	-4,9
Asturias	0,0	-0,9	-1,5	-3,5	-6,5
Baleares	-1,9	-3,6	-3,4	-4,9	-5,0
Canarias	0,2	-0,9	-1,3	-4,1	-4,3
Cantabria	0,0	-1,3	-3,5	-4,9	-6,6
C.-La Mancha	-0,3	-2,9	-4,4	-7,1	-10,4
C. y León	-0,5	-1,1	-1,7	-3,5	-5,4
Cataluña	-0,8	-2,9	-2,5	-4,9	-5,4
Extremadura	0,5	-1,4	-1,8	-3,8	-9,0
Galicia	0,0	-0,7	-1,0	-3,3	-5,1
La Rioja	-1,0	-1,4	-1,0	-4,4	-4,0
Madrid	-0,4	-0,9	-0,5	-1,0	-2,5
Murcia	-0,1	-2,9	-2,5	-5,5	-7,1
Navarra	0,8	-4,8	-3,3	-3,8	-3,1
País Vasco	1,1	-1,2	-3,9	-2,5	-2,7
C. Valenciana	-1,2	-2,2	-2,9	-5,3	-6,7
Total CC. AA.	-0,3	-1,7	-2,0	-3,8	-5,2

Fuente: Elaboración propia a partir de datos suministrados por la IGAE, Contabilidad Nacional. Operaciones no financieras del subsector Administración Regional (S.1312) y detalle por Comunidades. Información anual.

2011 muestra cómo Comunidades Autónomas como Castilla-La Mancha (10,4%), Extremadura (9%), Murcia (7,1%), Comunidad Valenciana (6,7%), Andalucía (6,6%), Asturias (6,5%) o Cataluña (5,4%), superaron, algunas de ellas muy sobradamente, la media para el conjunto de las Comunidades Autónomas del 5,2% y evidenciaron serias dificultades para cumplir con los objetivos presupuestarios previstos.

En tan solo cinco años pasan de una situación de práctica estabilidad presupuestaria a otra con déficits elevados y se empiezan a sembrar las primeras dudas sobre la sostenibilidad financiera de las Comunidades Autónomas; algunas de ellas evidencian, incluso, una urgente necesidad de apoyo financiero.

El crecimiento de las necesidades de financiación de las Entidades Territoriales (Tabla 4) derivó en un aumento del *stock* de deuda pública que resultó especialmente significativo en el caso de las Administraciones Autonómicas. De este modo, a pesar de que la ratio de deuda sobre PIB del que estas partían antes del estallido de la crisis era relativamente moderada (situándose en el 5,8% en 2007), esta se duplicó en tan solo cuatro años hasta alcanzar el 13,7% del PIB. No obstante, el incremento en la acumulación de deuda pública no se produjo únicamente en las Comunidades Autónomas. Así, en el caso del Estado, si el porcentaje de deuda sobre el PIB no superaba el 29,6% en 2007, esta misma ratio se situaba en el 58,6% en 2011. Para el caso de las Corporaciones Locales estas ratios fueron del 2,7% y del 3,5% en 2007 y en 2011, respectivamente.

Tabla 4. EVOLUCIÓN DE LA RATIO DE DEUDA PÚBLICA SOBRE PIB, POR ADMINISTRACIÓN

% PIB

	2007	2011	2012	2013	2014	2018	2019
Administración Central	29,6	58,6	73,8	83,3	87,3	87,0	85,3
CC. AA.	5,8	13,7	18,3	20,6	23,1	24,4	23,7
CC. LL.	2,7	3,5	4,3	4,1	3,7	2,1	1,9
Seguridad Social	1,6	1,6	1,7	1,7	1,7	3,4	4,4
Consolidación entre AA. PP.	-4	-7,6	-11,8	-13,9	-15,1	-19,4	-19,7
Deuda PDE AA. PP.	35,8	69,9	86,3	95,8	100,7	97,4	95,5

Fuente: Elaboración propia a partir de datos suministrados por el Banco de España.

Como señalan muy acertadamente Doménech y González Páramo (2017), los saldos presupuestarios y la deuda pública mostraron, por tanto, signos claros de insostenibilidad en 2011 como consecuencia de su fuerte ritmo de crecimiento, en un contexto de crisis financiera internacional. Y la solución en este caso era bien evidente: al igual que en el caso de la empresa un Ebitda positivo hace posible sostener un determinado nivel de endeudamiento y la capacidad de hacer frente a sus obligaciones financieras, se trata de asegurar para el conjunto de las Administraciones Públicas que su nivel de deuda sea sostenible. En este sentido, el retorno del superávit primario (el Ebitda positivo) y el fuerte crecimiento nominal aportarían un impulso adicional a la senda de moderación de la deuda pública en el futuro inmediato.[38] En una situación de fuerte crisis y a pesar de los esfuerzos por intentar reconducir la situación fiscal, el aumento de la deuda pública, nutrida en gran parte por el deterioro fiscal de las Comunidades Autónomas, tuvo costes considerables en términos de PIB, empleo e inversión privada, que se manifestaban directamente, entre otros elementos, en la fuerte morosidad del sector público.

Si bien el aumento en el ritmo de acumulación de deuda pública fue la tónica común en todas las Comunidades Autónomas, algunas de ellas exhibieron un crecimiento mucho más significativo que la media del conjunto de las Entidades Territoriales. Así, tal y como muestra la **Tabla 5**, la ratio de deuda pública sobre PIB de Cataluña se situó, en el año 2011, en el 22,2%, en la Comunidad Valenciana en el 21,7%, en el 18,1% en las Islas Baleares y en el 18% en Castilla-La Mancha, frente al 13,7% de media del conjunto de Comunidades Autónomas. En este sentido, el estudio realizado sobre el sistema de financiación autonómica vigente (Consejo de Política y Fiscal y Financiera, 2017) identificaba, entre las causas principales que explicarían la existencia de divergencias en el nivel de endeudamiento de las Comunidades Autónomas, las siguientes: el hecho de que cada una de ellas contase con distintos niveles iniciales de deuda en el momento de homogeneizar sus competencias, las significativas diferencias de recursos por unidad de necesidad con los que habían contado y, en tercer lugar, los niveles de gasto por habitante en los que cada Comunidad Autónoma habría incurrido.

---

38. El saldo primario que estabiliza la senda de la deuda se debería calcular como el resultado del producto entre el *stock* de deuda en términos del PIB y el cociente del diferencial entre tipo de interés nominal implícito y la tasa de crecimiento nominal del gasto prevista, y la tasa de crecimiento nominal del gasto prevista más uno, de acuerdo con la siguiente fórmula:

$$St=bt\text{-}1\ (r\text{-}g)/(1+g)$$

Donde: «s*» es el nivel de saldo primario que estabiliza la senda de la deuda; «r» es el tipo de interés implícito en la dinámica de la deuda; «g» es la estimación de crecimiento del PIB nominal; «b» es la proporción de la deuda bruta de las Administraciones Públicas sobre el PIB; y los subíndices «t» son temporales.

Por otro lado, también se advertía en el citado informe que un sistema de financiación autonómico mal diseñado podría incentivar el incremento de los niveles de deuda, ante la coexistencia de expectativas de rescate o *bail-out* y de autonomía para el endeudamiento; y ello, puesto que las Entidades Territoriales podrían acudir de forma recurrente a la vía del endeudamiento para la financiación de sus gastos, convirtiendo, de este modo, el problema financiero territorial en un problema para la Administración Central al tener que, o bien dotar con más recursos a aquellas Comunidades Autónomas con mayores niveles de deuda, actuar como prestamista de último recurso (al tener que adquirir sus emisiones de deuda) o condonar la deuda contraída. Y, de hecho, así fue, en parte por lo que se refiere inicialmente a la deuda comercial y también a una parte relevante de sus obligaciones financieras.

La significativa acumulación de deuda por parte de las Comunidades Autónomas supuso una traba adicional a la caída de los recursos propios (como consecuencia del desplome de los ingresos) para la financiación de los capítulos de gasto, puesto que el mayor riesgo asociado a su situación financiera originó el empeoramiento de sus calificaciones crediticias o *ratings* en esos años, especialmente de algunas como Cataluña, Castilla-La Mancha, Región de Murcia, Andalucía o Comunidad Valenciana.[39] Así, el hecho de que las evaluaciones sobre la capacidad de repago de la deuda de las Entidades Territoriales arrojasen resultados más negativos que en el pasado, implicaba que los inversores exigirían tipos de interés más elevados para las compras de deuda emitidas por este tipo de organismos, en un marco caracterizado por un sistema financiero ya sustancialmente tensionado en el ámbito internacional y un sistema bancario inmerso en pleno proceso de reestructuración y redimensionamiento a nivel nacional, que estaba afectando especialmente a las Cajas de Ahorro.

De este modo, el agravamiento de la crisis económica en 2010 y el significativo crecimiento de las primas de riesgo en la zona euro entre 2011 y 2013 provocaron que algunas Comunidades Autónomas no pudieran seguir financiándose en los mercados, al enfrentarse a diferenciales desmesurados en los tipos de interés. Así, a finales del ejercicio 2011 los inversores exigían alrededor de 300

39. La agencia de calificación Fitch fijó, en 2011 para España, un rating de AA (calificación que, según la agencia, denota expectativas de muy bajo riesgo de incumplimiento en relación con otros emisores u obligaciones en el mismo país), mientras que para Andalucía y Canarias fue A+, Murcia A y Cataluña y la Comunidad Valenciana A-.

Tabla 5. EVOLUCIÓN DE LA DEUDA PÚBLICA CON RELACIÓN AL PIB, POR COMUNIDADES AUTÓNOMAS

Deuda según PDE en % PIB

	2007	2008	2009	2010	2011
Andalucía	4,8	5,4	6,9	8,7	10,3
Aragón	3,4	4,3	5,6	8,6	10,2
Asturias	3,2	3,2	4,8	7,5	9,6
Baleares	6,8	9,8	13,5	16,8	18,1
Canarias	3,8	4,5	5,8	8,1	9,2
Cantabria	3,4	3,9	5,2	7,7	10,2
C.-La Mancha	4,8	6,5	11,1	15,8	18,0
C. y León	3,4	4,6	5,9	8,4	10,6
Cataluña	7,8	10,0	12,8	17,7	22,2
Extremadura	4,5	5,0	6,1	9,6	11,4
Galicia	6,6	6,7	8,6	10,9	12,7
La Rioja	3,5	4,8	6,4	9,1	11,4
Madrid	5,7	5,7	6,5	7,3	8,2
Murcia	2,3	2,6	4,8	7,5	10,3
Navarra	3,6	4,7	6,1	9,4	13,6
País Vasco	1,0	1,5	4,2	7,8	8,7
C. Valenciana	11,4	12,7	15,9	19,7	21,7
Total CC. AA.	5,8	6,7	8,7	11,6	13,7

Fuente: Elaboración propia a partir de datos suministrados por el Banco de España.

puntos básicos adicionales a la compra de títulos de deuda pública emitidos por el Gobierno español fruto, por un lado, de la falta de credibilidad que inspiraba la política económica del momento, y la sucesión de algunos acontecimientos como el rescate de Grecia, Irlanda y Portugal.

En definitiva, el crecimiento de la deuda de las Comunidades Autónomas se produjo de forma paralela a la escasez de recursos (propios, por un lado, por la caída de ingresos como consecuencia de la contracción del crecimiento económico y ajenos, por otro lado, en vista de la situación del sistema financiero internacional y nacional), recursos que, por otro lado, debían cubrir la prestación de los servicios fundamentales ofrecidos por las Entidades Territoriales. Esta circunstancia generó, entre otras, serias dificultades a las Comunidades Autónomas y a las Corporaciones Locales, para hacer frente al vencimiento de las obligaciones de pago, deudas comerciales contraídas con sus proveedores (con la consecuente dilación o impago de las mismas), lo que en el año 2012 provocó la intervención del Estado a través de la implementación de novedosas medidas de liquidez, a saber, los Fondos del Plan de Pago a Proveedores.

Capítulo 2

LA DEUDA COMERCIAL DE LAS ADMINISTRACIONES TERRITORIALES A FINALES DE 2011. LA FALTA DE FINANCIACIÓN Y PRIMERAS MODIFICACIONES DEL MARCO LEGAL. LA LEY ORGÁNICA DE ESTABILIDAD PRESUPUESTARIA Y SOSTENIBILIDAD FINANCIERA

1. LA FALTA DE FINANCIACIÓN COMO PRINCIPAL PROBLEMA ECONÓMICO

Al finalizar el año 2011, tras cuatro años de profunda crisis, la restricción financiera y la falta de financiación se situaba, ya también desde un punto de vista microeconómico, como uno de los problemas fundamentales de la actividad empresarial. En primer lugar, la caída de la demanda limitaba los ingresos de las empresas y su capacidad de generación de ahorro y tesorería, segundo, los bancos y Cajas redujeron considerablemente la concesión de créditos y, tercero, la Administración Pública, para la que trabajaba un elevado número de empresas, había dejado de pagar un importante volumen de facturas.

De esta forma, el acceso a la financiación pasó a ser uno de los principales problemas económicos y constituyó, en muchos casos, uno de los elementos que explican el incremento de la mortalidad empresarial en aquellos años. Tal y como refleja la **Tabla 6** y de acuerdo con los datos del Directorio Central de Empresas (DIRCE) del Instituto Nacional de Estadística (INE), 171.663 empresas tuvieron que afrontar el cierre entre 2008 y 2011, un 5% del total. Más tarde, con la profundización de la crisis en los años siguientes, esa cifra se ampliaría hasta 302.929 empresas menos entre 2008 y 2014, un 8,9% del total.

Tabla 6. EVOLUCIÓN DE EMPRESAS POR TAMAÑO EN EL PERIODO 2008-2011

	2008	2011	2012	2014	2016	Var. 2008-2011		Var. 2008-2014		Var. 2014-2016	
						Ud.	%	Ud.	%	Ud.	%
Sin asalariados	1.754.374	1.795.321	1.764.987	1.672.483	1.791.909	40.947	2,3%	-81.891	-4,7%	119.426	6,7%
De 1 a 2	958.711	847.952	867.550	921.000	895.574	-110.759	-11,6%	-37.711	-3,9%	-25.426	-2,8%
De 3 a 5	345.848	313.408	288.896	284.612	292.403	-32.440	-9,4%	-61.236	-17,7%	7.791	2,7%
De 6 a 9	160.460	138.040	131.944	110.819	117.293	-22.420	-14,0%	-49.641	-30,9%	6.474	5,5%
De 10 a 19	110.369	84.834	79.113	70.226	75.022	-25.535	-23,1%	-40.143	-36,4%	4.796	6,4%
De 20 a 49	61.709	46.160	43.070	38.157	40.895	-15.549	-25,2%	-23.552	-38,2%	2.738	6,7%
De 50 a 99	16.242	13.279	12.700	11.223	12.020	-2.963	-18,2%	-5.019	-30,9%	797	6,6%
De 100 a 999	8.061	6.585	6.434	5.753	6.243	-1.476	-18,3%	-2.308	-28,6%	490	7,8%
De 1.000 a 4.999	725	679	669	646	674	-46	-6,3%	-79	-10,9%	28	4,2%
De 5.000 o más asalariados	112	107	105	103	109	-5	-4,5%	-9	-8,0%	6	5,5%
Total	3.422.239	3.250.576	3.199.617	3.119.310	3.236.582	-171.663	-5,0%	-302.929	-8,9%	117.272	3,6%

Fuente: Elaboración propia a partir de datos suministrados por DIRCE (Instituto Nacional de Estadística).

Dada la estructura del tejido productivo español, constituido fundamentalmente por pequeñas y medianas empresas, pymes, y puesto que existen algunas desventajas importantes asociadas al tamaño empresarial, mientras que el número de empresas de más de 1.000 trabajadores se redujo el 5,4%, aquellas con entre 1 y 1.000 trabajadores lo hicieron el 18,3%, es decir, más del triple. Sin duda, la falta de financiación y las mayores dificultades de las pymes para acceder a la financiación justifican, en gran medida, este peor comportamiento.

Antes de que una empresa lleve a cabo un cierre, donde más se perciben las dificultades financieras es en su tesorería, en su falta de liquidez. Al analizar la evolución de los balances de las empresas entre 1995 (primer dato disponible) y 2007, y a pesar de que un análisis detallado de la serie muestra el fuerte componente estacional de los datos, se aprecia cómo los fondos de las empresas experimentan un continuo crecimiento, en línea con el ciclo expansivo de la economía española, ya que la liquidez aumentó desde los 56.000 millones de euros hasta los 226.000 millones en el periodo. A partir de 2007, sin embargo, los saldos de tesorería de las empresas no financieras comenzaron a reducirse como consecuencia

Gráfico 23. EVOLUCIÓN DE EFECTIVO Y DEPÓSITOS DE LAS EMPRESAS DESDE 2005

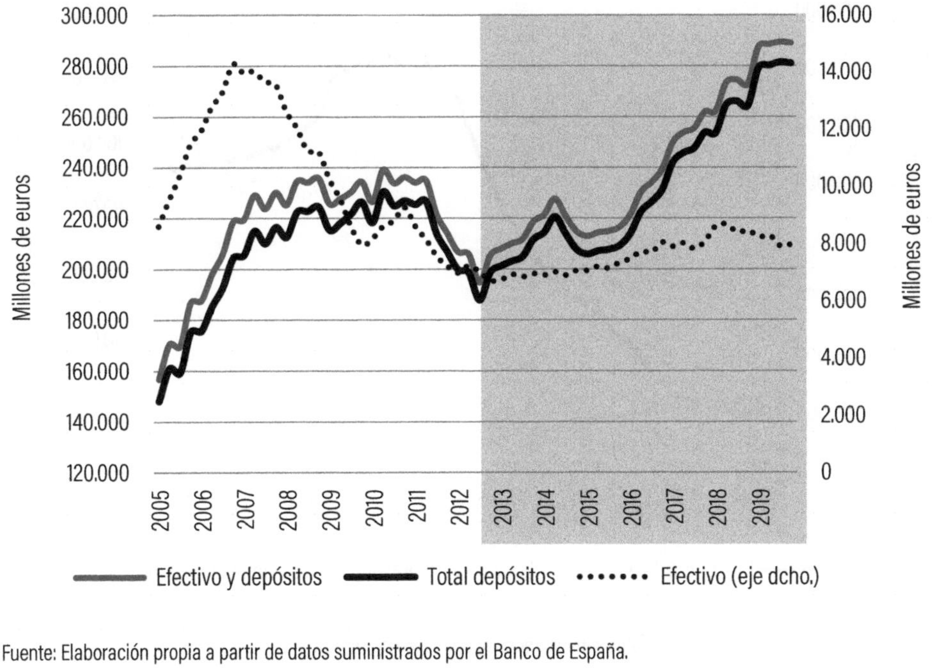

Fuente: Elaboración propia a partir de datos suministrados por el Banco de España.

de la crisis. Es especialmente significativo el comportamiento en 2011, ya que, tan solo en un año, el total de efectivo y depósitos se reduce en 26.232 millones, el 11,2%. En concreto esta partida pasa de 233.831 millones, en el primer trimestre de 2011, a 207.599 millones en el primer trimestre de 2012 (**Gráfico 23**).

Por su parte, es interesante destacar el positivo comportamiento de los depósitos ante el inicio de la crisis, ya que no solo no disminuyó su volumen, sino que su evolución muestra una suave tendencia al alza, aunque nada comparable con la experimentada anteriormente. Es a comienzos de 2011 y hasta el tercer trimestre de 2012, el periodo más acuciante de la crisis económica, cuando los depósitos comienzan a sufrir un brusco descenso, probablemente como consecuencia del hecho de tener que recurrir a ellos como alternativa de financiación, ante el bloqueo de los créditos bancarios.

Desde otro punto de vista, en el **Gráfico 24** se refleja la evolución de la deuda de las sociedades no financieras durante el periodo de bonanza económica; así, y desde el año 95, las sociedades no financieras, con un apalancamiento creciente,

Gráfico 24. PASIVOS (PRÉSTAMOS Y VALORES REPRESENTATIVOS DE DEUDA) DE LAS SOCIEDADES NO FINANCIERAS SIN CONSOLIDAR

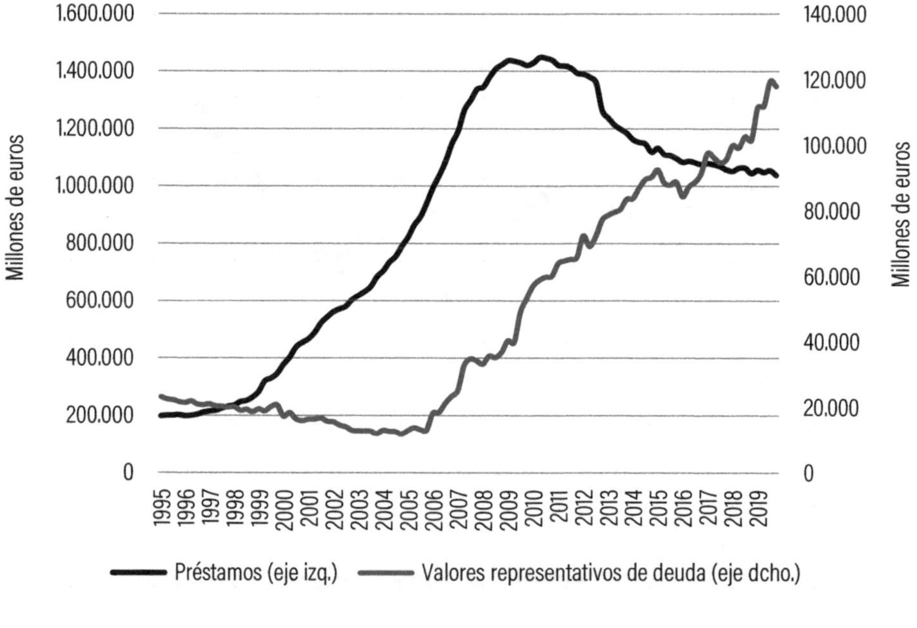

Fuente: Elaboración propia a partir de datos suministrados por el Banco de España.

se endeudaron en mayor medida acudiendo a los préstamos, ya que sus emisiones netas de deuda descendieron hasta el comienzo de la crisis.

Sin embargo, a partir del comienzo de la crisis financiera (2007-2008), el nivel de préstamos netos adquiridos por las sociedades no financieras se estanca como posible resultado de las dificultades en el acceso al crédito bancario. A partir de este momento, comienza un proceso de sustitución con emisiones privadas de deuda que inician una senda ascendente. Conviene matizar que, aunque las emisiones de deuda siguen una tendencia al alza, estas suponen tan solo el 3,4% del total de los préstamos en media en todo el periodo analizado.

Tal y como se observa en el citado Gráfico, a partir de 2012, aunque el nivel de emisiones de deuda continúa aumentando, el *stock* de préstamos comienza una pronunciada tendencia a la baja, fundamentalmente por la aceleración del proceso de desapalancamiento del sector privado, y también, tal y como se analizará, como consecuencia de una mayor disponibilidad de liquidez gracias, en parte, al Plan de Pago a Proveedores, que permitirá acometer los vencimientos de los préstamos.

Estas fuertes dificultades económicas, que explican el cierre de muchas empresas y que, por supuesto, tuvieron una muy importante incidencia sobre el nivel de empleo, se reflejan claramente en la percepción económica del momento. Al analizar algunas de las encuestas publicadas en los años 2011 y 2012, se observa un sentimiento generalizado de grandes dificultades de acceso a financiación de las empresas, lo que muchos encuestados consideraban como su principal fuente de problemas. A nivel europeo, tanto el Banco Central Europeo (Encuesta SAFE, 2017), como el Informe Europeo de Pagos de Intrum Justitia (2014), así como las encuestas elaboradas a nivel doméstico del Instituto de la Empresa Familiar (2012), la Encuesta sobre Estrategias Empresariales de la Fundación SEPI (2013), la Federación Nacional de Asociaciones de Trabajadores Autónomos (2011) en sus informes sobre morosidad y el Centro de Investigaciones Sociológicas (2012), todas ellas hacen hincapié en las enormes dificultades para acceder a financiación y hacerlo a precios razonables. Es, por tanto, un aspecto compartido por numerosas instituciones muy relevantes que además manifiestan las dificultades adicionales en el caso de las pequeñas y medianas empresas.

Incluso, aunque estos dos años 2011 y 2012 son probablemente los más difíciles desde el punto de vista financiero, ya hay encuestas previas, como la del Instituto Nacional de Estadística (2010) referida al acceso a financiación de las empresas que, con información de ese mismo año 2010, llega a conclusiones similares. Según sus principales resultados, en ese año 2010, el 38,0% de las empresas no financieras necesitó financiación a través de préstamos, pero el 25,2% fracasó en su intento por obtenerlo. La encuesta, que forma parte de un proyecto conjunto a nivel europeo, se dirige a una muestra de pequeñas y medianas empresas de la industria, la construcción y los servicios. Las principales razones proporcionadas por bancos y otras entidades para denegar, total o parcialmente, estos préstamos fueron la falta de garantías o avales suficientes y la baja calificación de su solvencia financiera.

Por tanto, ya en 2010 las encuestas indicaban una situación financiera delicada de las empresas, que continuó agravándose en los meses y años siguientes. Así se refleja también en la encuesta anteriormente citada del Banco Central Europeo.[1] De acuerdo con la información obtenida de su base de datos SAFE, y según se refleja en el **Gráfico 25**, se observa que, entre 2009 y 2011, se mantiene de forma generalizada y relativamente estable, aunque con altibajos, el porcentaje de empresas españolas que consideran la financiación como su principal problema. Se ha dividido la información en dos gráficos para así poder diferenciar el comportamiento entre determinados países grandes de la Unión y alguno de los principales países del sur, rescatados posteriormente por la Unión Europea. En ambas Ilustraciones se incluyen España y la zona euro para poder comparar con ambos grupos.

En el caso español, a finales de 2011, y por tanto con anterioridad a la entrada en funcionamiento de los Mecanismos Extraordinarios de Liquidez, una media del 29,3% de las empresas consideraba la financiación como su principal problema. Es un porcentaje 11,6 puntos superior a la media de la zona euro y que más que duplica la media alemana o la francesa. De hecho, el único país que se encuentra en una posición peor es Grecia, con un porcentaje del 36,7%, mientras Irlanda, Portugal e Italia se sitúan en niveles algo inferiores, con un 24,1%, un 22,1% y un 20,2% respectivamente. Alemania y Francia, por su parte, se sitúan por debajo de la media de la zona euro y muestran un comportamiento más regular y ligeramente descendente durante toda la serie.

Este dato del segundo semestre de 2011 refleja el peor momento de la crisis desde el punto de vista financiero según la percepción de las propias empresas; en el primer semestre del 2012 la percepción generalizada del problema financiero mejora, aunque hay países como Italia en el primer semestre de 2013, de modo muy ligero, o Grecia en el segundo semestre del 2013, que muestran un repunte.

1. Semestralmente se lleva a cabo una ronda conjunta entre el Banco Central Europeo y la Comisión Europea que proporciona información sobre la situación, necesidades y acceso a la financiación y las expectativas de las pymes en los seis meses anteriores.

Gráfico 25. EL ACCESO A LA FINANCIACIÓN COMO PRINCIPAL PROBLEMA DE LAS EMPRESAS EUROPEAS

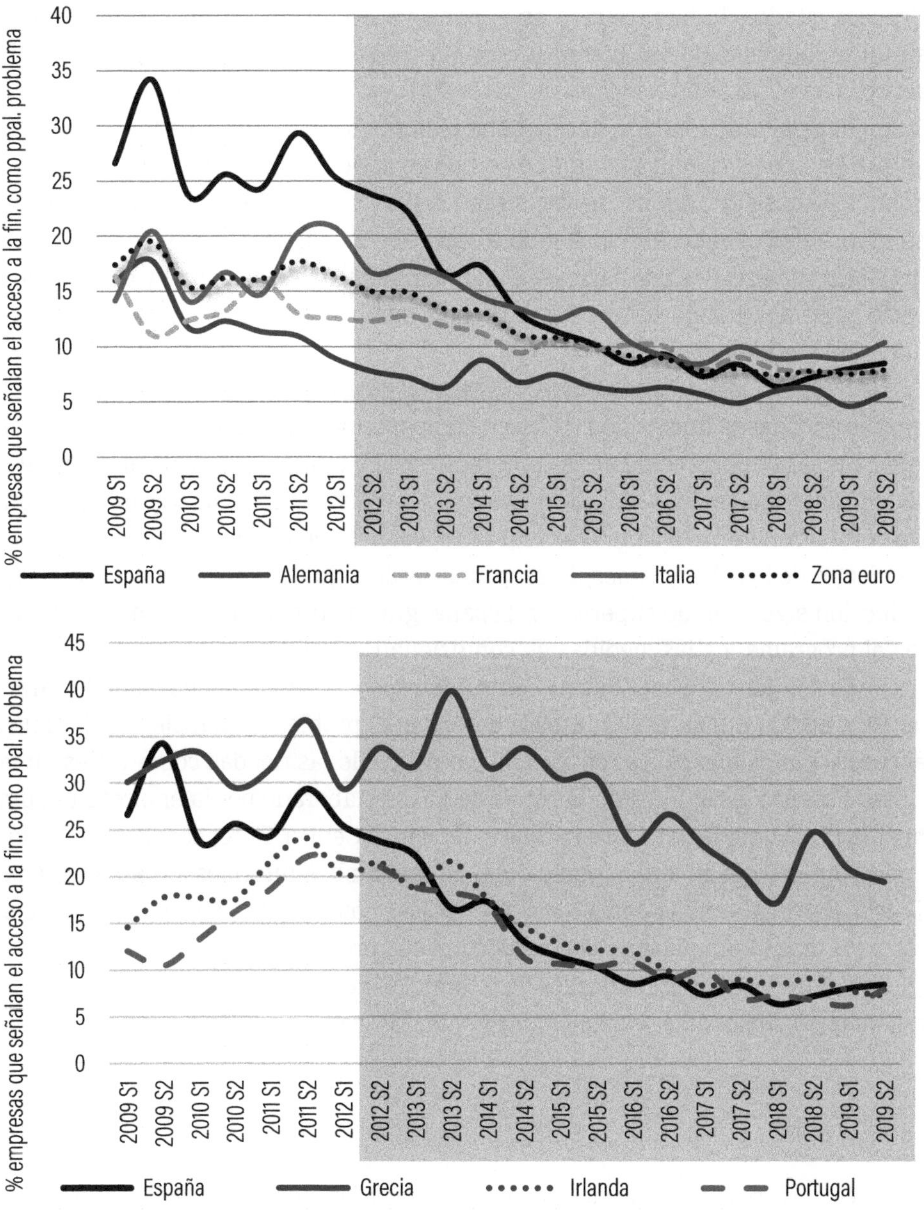

Fuente: Elaboración propia a partir de datos suministrados por el Banco Central Europeo.

Alemania y Francia, además de partir de niveles más bajos, son capaces de reconducir la situación con prontitud, con la progresiva vuelta a la normalidad. No obstante, como puede anticiparse ya observando la parte sombreada de los Gráficos citados, la financiación en España va evolucionando hasta convertirse en un problema cada vez menor y termina convergiendo hasta igualar la media europea en el segundo semestre de 2015. Portugal e Italia, después de España, son también países en donde se aprecia una mejor evolución. Hay que tener en cuenta que estos países aplican, aunque con posterioridad a España, planes de apoyo financiero para el pago de proveedores similares al programa español. Además, en el caso de Portugal, está sometido a una estrecha vigilancia en el desarrollo de los pagos comerciales por parte del Fondo Monetario Internacional y de Bruselas, como parte del monitoreo que las diferentes instituciones realizan vinculado a su intervención financiera.

De todos estos países analizados, España es quien realiza un mayor esfuerzo en un solo año, desde finales de 2011 y en comparación con el final de 2012, y consigue cambiar la percepción de las empresas en 5,5 puntos. Sin duda, en la progresiva normalización de la situación financiera en Europa tiene una gran importancia la intervención del Banco Central Europeo, pero en el análisis posterior sobre los efectos de los Mecanismos Extraordinarios de Liquidez se observará cómo esta reducción sigue siendo superior en España, gracias fundamentalmente al impacto del programa y a las medidas de condicionalidad aplicadas.

Junto con los datos del Banco Central Europeo, la segunda encuesta de carácter internacional más utilizada para entender el problema financiero, y la única encuesta que compara los retrasos en los pagos de las deudas comerciales en la Unión Europea, es el Informe Europeo de Pagos elaborado por la empresa Intrum Justitia.[2] La coincidencia entre los datos del Banco Central Europeo y los resultados de Intrum Justitia es muy significativa, ya que ambos informes sitúan a España, Grecia, Portugal e Italia como los cuatro países con mayores problemas financieros y los más incumplidores con respecto a sus proveedores.

Así, entre los países analizados en el Informe Europeo de Pagos y tal y como se refleja en el **Gráfico 26**, existen claramente dos grupos diferenciados:

2. Esta encuesta se publica anualmente y está basada en las preguntas llevadas a cabo simultáneamente en 31 países europeos entre enero y marzo, en este caso de 2014, entre miles de empresas de toda Europa para analizar el comportamiento de pagos y su salud financiera.

Gráfico 26. ENCUESTA INTRUM JUSTITIA SOBRE RETRASOS EN LOS PAGOS A PROVEEDORES DEL SECTOR PÚBLICO

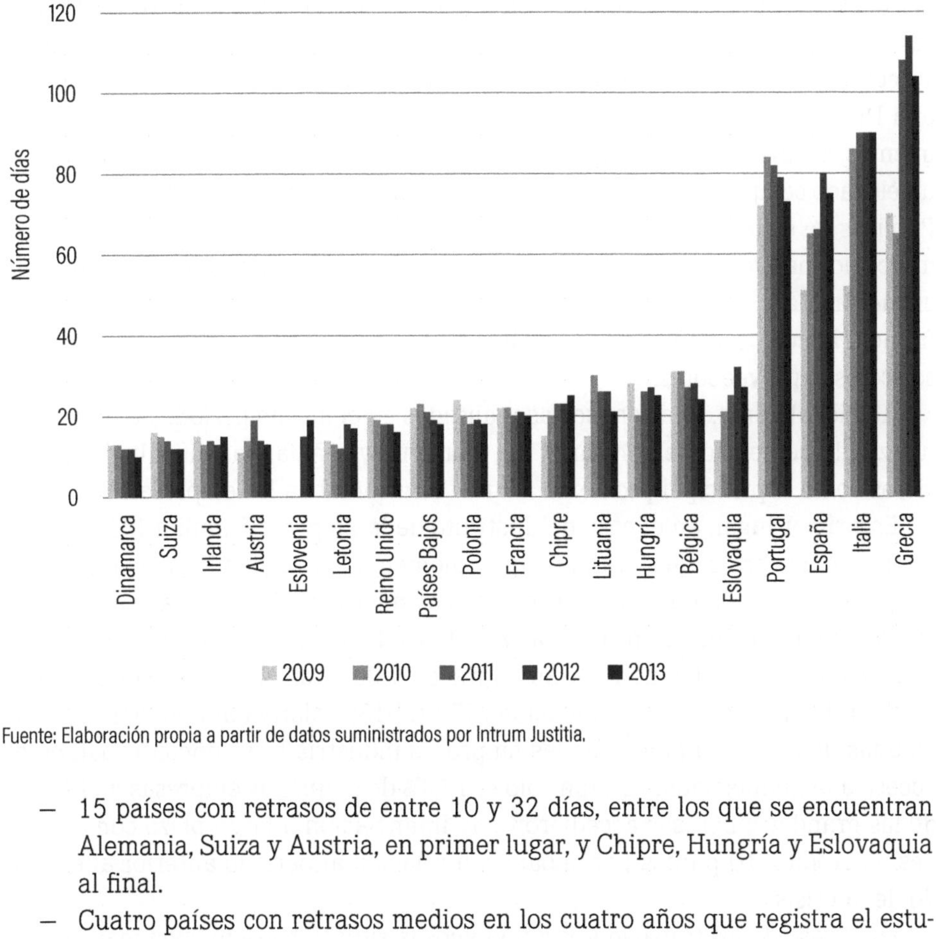

Fuente: Elaboración propia a partir de datos suministrados por Intrum Justitia.

- 15 países con retrasos de entre 10 y 32 días, entre los que se encuentran Alemania, Suiza y Austria, en primer lugar, y Chipre, Hungría y Eslovaquia al final.
- Cuatro países con retrasos medios en los cuatro años que registra el estudio de entre 51 y 114 días, en donde se encuentran Portugal, España, Italia y Grecia.

Exceptuando Irlanda, que se sitúa entre las más cumplidoras, los países con mayores problemas financieros durante la crisis son los que reflejan, de forma correlativa, un peor comportamiento en el pago de sus deudas comerciales. En el caso concreto de España, mientras en 2009 el retraso medio de pagos se establecía en 51 días en el sector público, en 2012 esta cifra se elevó a 80.

El aspecto más destacado es que la encuesta permite la posibilidad de comparar la situación española con respecto a otros países europeos para poder así analizar la percepción sobre el periodo medio de pago que tienen las empresas en todos ellos. Aunque en apartados posteriores se analizará con más detalle su contenido, el citado **Gráfico 26** muestra el claro incumplimiento de los plazos fijados por la Directiva de Morosidad (establecida en 30 días) por parte de los cuatro países citados, Portugal, España, Italia y Grecia. El hecho de que la aprobación de la Directiva sea de febrero de 2011, hay que tener en cuenta que la tramitación de una Directiva comunitaria dura años desde que se inician los primeros procedimientos, es una muestra más de que el retraso en los pagos era un problema con un elevado componente estructural en el comportamiento de las Administraciones Públicas de estos países, probablemente derivado de la cultura empresarial o el marco normativo (Comisión Europea, 2015), reflejado incluso también en muchas encuestas de la época. Este hecho explicaría la excepción antes comentada de Irlanda, la cual, a pesar de ser rescatada, seguía cumpliendo con los compromisos con sus proveedores.

Adicionalmente, otras encuestas realizadas en el mismo periodo de tiempo refuerzan la percepción empresarial del momento y señalan las dificultades financieras como el principal problema al que se enfrentaban las empresas.

En primer lugar, en el caso del Instituto de la Empresa Familiar (2012), ante la pregunta sobre cuáles eran en aquel momento los obstáculos más importantes para la creación de empresas, el 70% consideró la falta de financiación adecuada como el principal problema, y el 45% (el cuarto en importancia) apuntó a la elevada morosidad de la Administración y de otras empresas. Por su parte, también la encuesta de la Fundación SEPI (2013), relativa al año 2011, reveló algunas de las dificultades que las empresas industriales se encontraban en el acceso a la financiación. Así, tan solo el 17,4% de pequeñas empresas y el 15,4% de las grandes empresas accedieron a la financiación a largo plazo con entidades de crédito, 10 puntos por debajo con relación al periodo anterior al estallido de la crisis.

En el caso de los trabajadores autónomos la situación era todavía más problemática. Según el Observatorio del Trabajo Autónomo (ATA, 2011), al 48,6% de los encuestados se les denegaba la financiación solicitada, a un 26,8% se les concedían financiación por importes inferiores a los solicitados y solo un 24,6% no había tenido ninguna dificultad. Con relación a la morosidad, tanto pública como privada, casi seis de cada diez autónomos veían sus negocios afectados por ella y un 64,2% de los mismos tardaba más de seis meses en cobrar sus facturas.

Por último y siendo consciente de la magnitud del problema, también el Centro de Investigaciones Sociológicas (2012) incluyó en su encuesta de julio de 2012, Opinión Pública y Barómetro Fiscal XXIX,[3] diversas preguntas de carácter financiero.

Así, ante la pregunta realizada a quienes consideran que es difícil crear un negocio propio en España de cuál creen que es el principal motivo, el 63,8% apuntaban a la falta de financiación. Del análisis completo de la encuesta se deduce que el 80% de los encuestados consideraban la falta de financiación entre las causas fundamentales de la dificultad de crear un negocio propio en España.

En el mismo sentido ante la pregunta a quienes creían que era difícil mantener un negocio propio en España, sobre cuáles eran los dos principales motivos de ello, el 59,3% de los encuestados apuntaba a la falta de financiación (el 44,4% lo situaba como el primer motivo y el 14,9% en segundo lugar), y el 35,5% identifica los problemas relacionados con el cobro de deudas del sector privado (para el 20,2% esta era la causa principal para mantener el negocio, mientras que para el 15,3% este era un segundo motivo). Por último, también se señalan los problemas relacionados con el cobro de deudas con las Administraciones Públicas entre las principales dificultades a las que se enfrentaba el 19,4% de las empresas, de las que el 6,3% los identificaba como el factor fundamental que impedía la continuidad de un negocio propio.

2. LAS OBLIGACIONES PENDIENTES DE PAGO Y DEUDA COMERCIAL ACUMULADA DE LAS ADMINISTRACIONES PÚBLICAS

La literatura en torno al retraso en los pagos comerciales y deuda comercial acumulada por parte de la Administración Pública coincide en destacar las consecuencias negativas para la economía y las empresas. Uno de los principales estudios realizados sobre los efectos de los retrasos en los pagos a proveedores de la Administración Pública, firmado por Checherita-Westphal *et al.* (2015), establece la tesis de que los retrasos en los pagos a proveedores de servicios públicos se reflejan en la falta de liquidez de esas empresas. El impacto en el crecimiento

3. En su documento de 10/7/2012 Opinión Pública y Barómetro Fiscal número XXIX, el CIS introduce cuestiones de índole económica y fiscal como aquellas referidas al emprendimiento, dificultades de encontrar financiación, cobro de las Administraciones Públicas y, en esta ocasión, valoración también por parte de los encuestados del Plan de Pago a Proveedores como medida destinada a mejorar la liquidez de las empresas y afrontar las facturas pendientes de pago, en las preguntas 27 a 30. Estas últimas preguntas, dado que reflejan valoraciones *ex post*, es decir, una vez puesto en marcha el Plan, serán analizadas en el capítulo 5 de este libro.

económico no es inmediato, en cambio se produce un incremento en los tipos de interés a corto plazo de forma relativamente rápida como consecuencia de la absorción de recursos por parte del sector público que afecta negativamente a la capacidad de subsistencia de las empresas y aumenta la probabilidad de quiebra.

De esta forma, la recomendación de estos autores a los responsables públicos o *policy makers* se basa en la importancia de monitorizar de modo muy directo los retrasos en los pagos, ya que su reducción puede contribuir al crecimiento económico sin necesidad de incrementar el déficit público. Y es que los retrasos se trasladan a la economía a través de tres canales fundamentales: los beneficios empresariales se ven afectados negativamente; la liquidez de las empresas, que afecta especialmente a las más pequeñas que pueden incluso incurrir en quiebra, y este aumento del riesgo afecta posteriormente al conjunto del sistema financiero, que lo repercute vía mayores tipos de interés; también se pueden resentir las inversiones empresariales como consecuencia de la menor liquidez y de los mayores costes financieros.

Flynn y Pessoa (2014), en un trabajo elaborado para el Fondo Monetario Internacional, explican que la acumulación de retrasos en los pagos por parte de las Administraciones Públicas es interpretada como uno de los principales problemas que los gestores públicos deben afrontar. Los autores identifican el retraso en los pagos como un problema más propio de economías en desarrollo, aunque señalan que la crisis financiera en Europa ha puesto de manifiesto que el retraso en los pagos de las Administraciones Públicas puede ser también un problema en las economías avanzadas, centrándose en los ejemplos de Portugal, Grecia, España e Italia.

Por otro lado, en el artículo se determina que las causas de un elevado *stock* de pagos retrasados de la Administración Pública en países desarrollados se deben a la irresponsabilidad de los gestores de los recursos públicos, además de un marco regulatorio insuficiente y/o defectuoso. Concretamente, en el caso español (aunque en un contexto de elevada restricción financiera) destacan, en este sentido, la formulación de presupuestos poco realistas, la falta de objetivos de estabilidad efectivos, herramientas correctivas y sancionadoras inadecuadas o la no monitorización de los retrasos.

Flynn y Pessoa insisten en que el mejor modo de controlar la acumulación de pagos retrasados es la prevención. Para ello, proceden a exponer una serie de medidas para efectuar dicha prevención. Así sugieren:

1. Reforzar el marco legal, definiendo los términos de pago, las obligaciones a monitorizar dichos pagos y los controles en la autorización del presupuesto.

Todo ello acompañado de mecanismos sancionadores en caso de romperse algún compromiso.

2. Mejorar la monitorización de los retrasos en los pagos de las Administraciones Públicas para facilitar su seguimiento.
3. Mejoras en la proyección de ingresos corrientes para poder así cuantificar correctamente el gasto en el que se puede incurrir durante el ejercicio. Para ello, se propone la elaboración de planes financieros técnicos auditados por agencias externas.
4. Incremento de los controles a las Administraciones Territoriales y empresas estatales: gran parte del problema de los retrasos en los pagos de la Administración Pública se origina en estos niveles de la Administración durante la crisis. Por ello, se propone la aplicación del control financiero de dichos subsectores por parte del Estado.
5. Implementación de soluciones tecnológicas, recomendación muy válida para países en desarrollo, aunque la factura electrónica es un ejemplo de gran aplicación en países desarrollados.

Finalmente, y referido ya concretamente al caso español, con gran profundidad y de modo pionero, el artículo de Delgado-Téllez *et al.* (2015), analiza el elevado volumen de deuda comercial acumulada por parte de las Administraciones Públicas durante la crisis, especialmente en el caso de las Entidades Territoriales, a las que imputa el 68% de las obligaciones pendientes de pago totales, y el impacto del Plan de Pago a Proveedores. Esta elevada cifra supone el reconocimiento de que el núcleo principal del problema de los retrasos de pago por parte de la Administración Pública se sitúa en las Comunidades Autónomas y las Corporaciones Locales.

Existe, por tanto, un acuerdo generalizado por la literatura económica de la época sobre los efectos negativos que tienen sobre las empresas, y en la economía en general, los retrasos producidos en los pagos a los proveedores por parte de las Administraciones Públicas.

Centrándonos ya en el caso español, una primera aproximación para describir la realidad y avalar a través de los datos la problemática de las obligaciones pendientes de pagos, tal y como se observa en el **Gráfico 27**, se realiza a través del análisis del importe consolidado de las deudas comerciales pendientes del conjunto de las Administraciones Públicas,[4] que comenzó a incrementarse a par-

4. El importe proporcionado por la rúbrica «otros pasivos», desglosado en las cuentas «créditos comerciales» y «otras cuentas pendientes de pago», permitiría aproximar la magnitud de los importes que las Entidades Territoriales tenían pendientes de desembolsar a sus proveedores.

Gráfico 27. CRÉDITOS COMERCIALES Y OTRAS CUENTAS PENDIENTES DE PAGO DE LAS ADMINISTRACIONES PÚBLICAS CONSOLIDADO

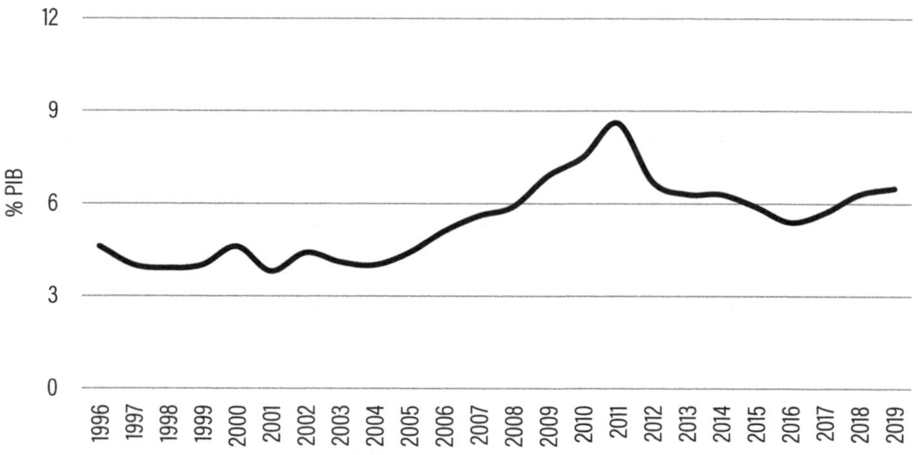

Fuente: Elaboración propia a partir de datos suministrados por el Banco de España.

tir de 2004. Considerando el periodo entre 1995 y 2004 como un periodo de elevada estabilidad económica y financiera, en dichos años la ratio de créditos comerciales y otras cuentas pendientes de pago en términos del PIB por parte de las Administraciones Públicas habría alcanzado, en media, aproximadamente un 3,7% del PIB. En cambio, en el último trimestre del año 2011, esta ratio se elevó al 8,6% del PIB (91.313 millones de euros), máximo histórico de la serie. Esto supone que en 2011 se alcanzó una desviación sobre el nivel medio del 4,9% de PIB.

En el citado **Gráfico 27** se reflejan las deudas comerciales y otras cuentas pendientes de pago consolidadas (por tanto, únicamente frente a terceros, sin incluir los pasivos contraídos por Administraciones Públicas frente a otras Administraciones Públicas) frente al sector institucional de sociedades no financieras, que representa en el periodo analizado aproximadamente el 76% de las cuentas pendientes de pago y frente a los hogares, que incluyen a los trabajadores autónomos y personas físicas.

Atendiendo a la metodología sobre las Cuentas Financieras de la Economía Española del Banco de España, esta recogería los derechos financieros derivados de los desfases temporales entre el momento en que tienen lugar las operaciones de bienes y servicios, de distribución o de operaciones financieras, y el de los correspondientes pagos.

Así, según la información suministrada por el Banco de España, si el *stock* de pasivos comerciales sobre el PIB alcanzó un máximo a cierre del ejercicio 2011, elevándose hasta el 8,6% del PIB, este saldo comienza a partir de entonces a descender, muy levemente en el primer trimestre de 2012,[5] para iniciar un cambio efectivo de tendencia a partir del segundo trimestre de 2012, periodo coincidente con las primeras transferencias de liquidez del Plan de Pago a Proveedores.

En perspectiva europea, los datos de Eurostat confirman la deteriorada situación de España en referencia al nivel de pasivos contraídos por las Administraciones Públicas frente al sector privado no financiero. Así, y según se refleja en la **Tabla 7**, España se situaba como uno de los países con mayor volumen de deudas comerciales y cuentas pendientes de pago en 2011 (entre los países referencia de la UE-28 con niveles comparables de PIB, solo se situó por debajo de Francia), lo que evidencia la gravedad de la situación, dado además el menor tamaño relativo del sector público en España, frente a otros como el francés, el alemán o el sueco. Mientras que en 2004 la ratio de créditos comerciales y cuentas pendientes de pago de las Administraciones Públicas españolas se situaba alrededor de la media de la UE-28, en torno al 4% del PIB, este tipo de pasivos comienza a crecer de forma significativa hasta 2011. Este patrón fue recurrente entre algunos de los países que exhibieron mayores dificultades financieras durante la crisis de deuda soberana europea, como Portugal (en el que el volumen de créditos comerciales y otras deudas pendientes de pago sobre el PIB alcanzó, en 2011, el 13,1%) y, en mucha menor medida, en Italia (donde la ratio de cuentas pendientes de pago sobre PIB se situó, en 2011, en el 5,6%). En el otro extremo destaca el saldo de las cuentas pendientes de pago con relación al PIB de países como Alemania o el Reino Unido en los que la ratio permaneció relativamente estable y a niveles extraordinariamente bajos desde el año 2004 hasta el periodo 2011, situándose alrededor del 1,9% en el caso de Alemania y en el 2,1% en el caso del Reino Unido en el año 2011 (**Gráfico 28**).

5. En este primer trimestre del año 2012, esta ligera caída se debe a factores estacionales. Así, se percibe un claro efecto estacional alcista sobre la tendencia de crecimiento en el cuarto trimestre, al retrasarse los pagos antes del cierre del ejercicio, y un efecto estacional bajista, con los pagos de facturas pendientes vinculados al comienzo de año.

Gráfico 28. CRÉDITO COMERCIAL Y OTRAS CUENTAS PENDIENTES DE PAGO DE LAS ADMINISTRACIONES PÚBLICAS EUROPEAS CON EL SECTOR PRIVADO RESIDENTE Y NO RESIDENTE; COMPARATIVA CON PAÍSES CENTRALES Y PERIFÉRICOS

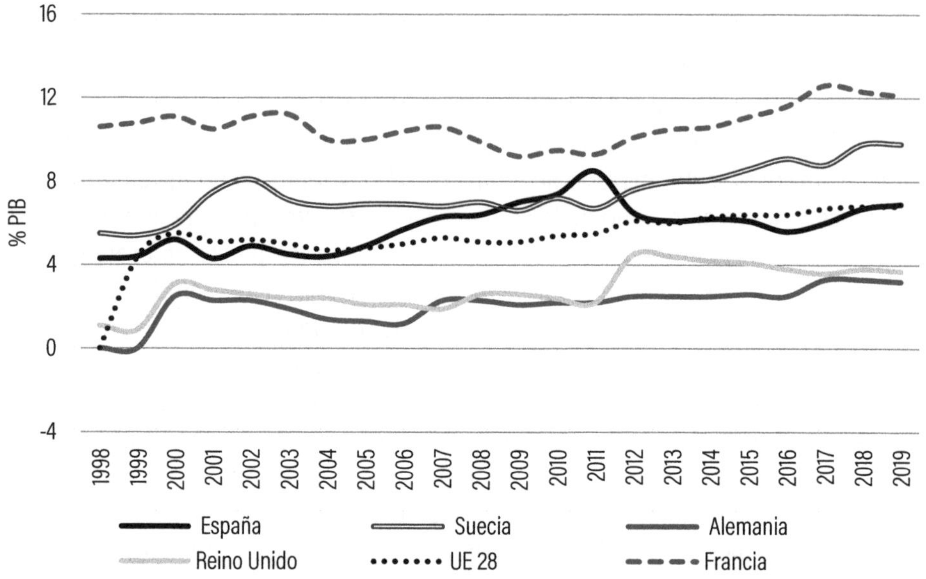

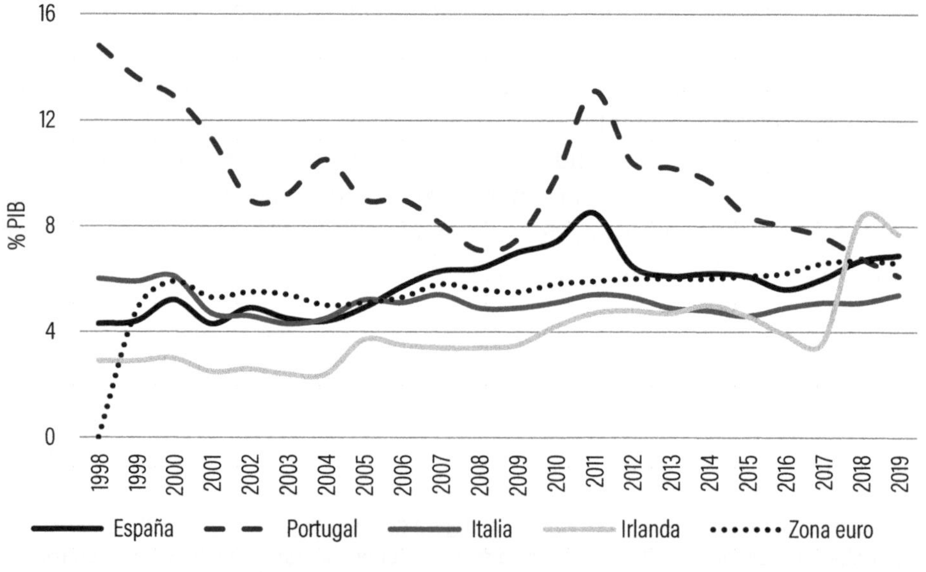

Fuente: Elaboración propia a partir de datos suministrados por Eurostat.

Tabla 7. CRÉDITO COMERCIAL Y OTRAS CUENTAS PENDIENTES DE PAGO DE LAS ADMINISTRACIONES PÚBLICAS EUROPEAS CON EL SECTOR PRIVADO RESIDENTE Y NO RESIDENTE; COMPARATIVA CON PAÍSES DE LA UE-28

	2004	2007	2010	2011	2014
Hungría	5,8	5,9	5,8	17,3	16,5
Portugal	7,4	5,9	8,6	13,1	10,3
Francia	9,9	10,5	10,6	10,6	12,0
Malta	5,6	8,3	9,1	10,1	10,9
Croacia	12,0	10,2	10,1	9,9	11,1
Luxemburgo	12,9	10,2	8,6	8,7	6,6
España	4,0	5,6	7,5	8,6	6,3
Dinamarca	5,9	7,5	7,8	7,9	8,0
Bulgaria	3,3	9,6	8,2	7,6	7,5
Polonia	8,8	7,4	8,0	7,5	16,8
Eslovenia	9,8	7,5	7,1	7,3	8,5
Rumanía	4,1	5,8	5,6	6,8	7,9
Rep. Checa	5,0	3,8	6,5	6,2	7,2
Lituania	7,9	3,9	5,7	6,0	6,0
Italia	4,7	5,7	5,4	5,6	4,9
Eslovaquia	5,6	5,0	5,5	5,6	5,7
UEM-19	4,5	5,1	5,3	5,5	5,8
Finlandia	4,7	5,0	5,6	5,5	5,5
Países Bajos	5,3	6,0	5,7	5,4	5,9
Noruega	7,0	7,2	6,3	5,3	5,1
UE-28	4,3	4,7	5,0	5,2	6,1
Suecia	4,8	5,2	5,7	5,2	6,6
Irlanda	2,4	3,4	4,2	4,7	4,9
Bélgica	4,7	4,4	3,9	4,0	4,0

Tabla 7. CRÉDITO COMERCIAL Y OTRAS CUENTAS PENDIENTES DE PAGO DE LAS ADMINISTRACIONES PÚBLICAS EUROPEAS CON EL SECTOR PRIVADO RESIDENTE Y NO RESIDENTE; COMPARATIVA CON PAÍSES DE LA UE-28 (continuación)

	2004	2007	2010	2011	2014
Estonia	4,1	4,5	5,1	3,7	3,6
Letonia	4,2	6,1	3,4	3,6	4,6
Austria	2,4	3,4	3,1	3,1	7,7
Chipre	0,2	0,1	0,1	2,7	4,3
Reino Unido	2,4	1,9	2,4	2,1	4,5
Alemania	0,2	0,2	0,1	1,9	1,4

Nota: Para el caso de España, la información se ha actualizado con los últimos datos disponibles en el Banco de España.
Fuente: Elaboración propia a partir de datos suministrados por Eurostat.

Dado que el problema del incremento de las deudas pendientes de pago en España radicó, en gran medida, en las dificultades de financiación de las Entidades Territoriales, las que, además de no haber gestionado de forma eficiente sus facturas en el periodo de bonanza económica, experimentaron un aumento considerable de sus necesidades de financiación entre 2009 y 2011, resulta oportuno analizar la evolución de las deudas pendientes de pago con el detalle de cada nivel de la Administración. Para el caso de las Comunidades Autónomas, tal y como se observa en el **Gráfico 29** y en la **Tabla 8** que recoge los datos que la sustenta, la serie contempla un nivel de créditos comerciales y otras cuentas pendientes de pago promedio entre 1996 y 2004 del 1,0% del PIB (6.101 millones de euros), cifra que podría reflejar el nivel estructural en épocas de estabilidad económica y financiera. En el cuarto trimestre de 2011, este valor se elevó al 3,5% del PIB o 37.058 millones de euros, desde el 1,4% del último trimestre de 2004 y con un progresivo crecimiento del desequilibrio que se acelera a partir de 2007.

Para el caso de las Corporaciones Locales, la situación es similar, aunque se diferencia en que el nivel estructural de impagos cuando se analiza el mismo periodo 1995-2004 es ligeramente superior al del resto de los subsectores y se sitúa en el 1,3% del PIB. En este caso, en cambio, el deterioro no fue tan significativo y, en el último trimestre de 2011, se alcanzó un valor del 2,1% del PIB (22.845 millones de euros). La corrección del saldo de deudas comerciales e impagos a partir del segundo trimestre de 2012, una vez asignados los fondos de los Mecanismos Extraordinarios de Liquidez, en este caso es inmediata y muy considerable.

Tabla 8. DETALLE DE LA DEUDA COMERCIAL Y CUENTAS PENDIENTES DE PAGO DE LOS SUBSECTORES DE LAS ADMINISTRACIONES PÚBLICAS

% PIB

	AA. CC.	CC. AA.	CC. LL.	AA. SS.	AA. PP.
2008	2,1	1,9	1,5	0,1	5,6
	2,6	1,9	1,8	0,6	6,9
	2,0	2,2	1,7	0,1	6,0
	1,8	2,4	1,7	0,1	5,9
2009	2,2	2,1	1,7	0,0	6,0
	2,0	2,1	2,0	0,6	6,8
	2,1	2,2	1,9	0,0	6,2
	2,4	2,5	1,9	0,1	6,9
2010	2,4	2,4	1,7	0,0	6,6
	2,7	2,4	2,0	0,7	7,8
	2,6	2,6	2,1	0,0	7,4
	2,6	2,6	2,1	0,2	7,5
2011	2,4	2,7	1,8	0,0	6,9
	2,6	2,7	2,0	0,7	8,0
	2,8	2,9	2,1	0,1	7,8
	2,8	3,5	2,1	0,1	8,6
2012	3,1	3,5	2,0	0,0	8,5
	3,0	2,3	1,4	0,7	7,3
	2,6	2,7	1,4	0,0	6,7
	3,2	1,8	1,4	0,2	6,7
2013	2,5	1,7	1,2	0,1	5,6
	2,8	2,0	1,3	0,8	6,8
	2,1	2,1	1,3	0,2	5,6
	3,0	1,8	1,3	0,2	6,3

Tabla 8. DETALLE DE LA DEUDA COMERCIAL Y CUENTAS PENDIENTES DE PAGO DE LOS SUBSECTORES DE LAS ADMINISTRACIONES PÚBLICAS (continuación)

% PIB

	AA. CC.	CC. AA.	CC. LL.	AA. SS.	AA. PP.
2014	2,2	1,0	1,3	0,1	4,6
	2,8	1,2	1,4	1,1	6,6
	2,6	1,2	1,4	0,0	5,2
	3,4	1,3	1,4	0,2	6,3
2015	2,9	1,3	1,4	0,1	5,6
	3,1	1,2	1,4	1,0	6,6
	2,5	1,3	1,4	0,5	5,7
	3,1	1,0	1,3	0,5	5,9
2016	2,5	0,9	1,4	0,5	5,3
	2,8	0,8	1,5	1,2	6,3
	2,5	0,8	1,4	0,3	5,0
	2,8	0,8	1,4	0,4	5,4
2017	2,2	0,7	1,5	0,4	4,8
	2,7	0,7	1,5	1,2	6,2
	2,6	0,6	1,5	0,2	4,9
	3,1	0,6	1,4	0,5	5,7
2018	2,4	0,5	1,5	0,5	5,0
	2,3	0,5	1,6	1,3	5,8
	2,2	0,5	1,6	0,6	4,9
	3,6	0,7	1,5	0,6	6,3
2019	2,7	0,4	1,5	0,6	5,2
	2,6	0,5	1,6	1,5	6,1
	3,0	0,4	1,6	0,7	5,7
	3,6	0,8	1,4	0,7	6,5

Fuente: Elaboración propia a partir de datos suministrados por el Banco de España.

Gráfico 29. DEUDA COMERCIAL Y CUENTAS PENDIENTES DE PAGO DE LOS SUBSECTORES DE LAS ADMINISTRACIONES PÚBLICAS FRENTE AL SECTOR PRIVADO COMO PORCENTAJE DEL PIB

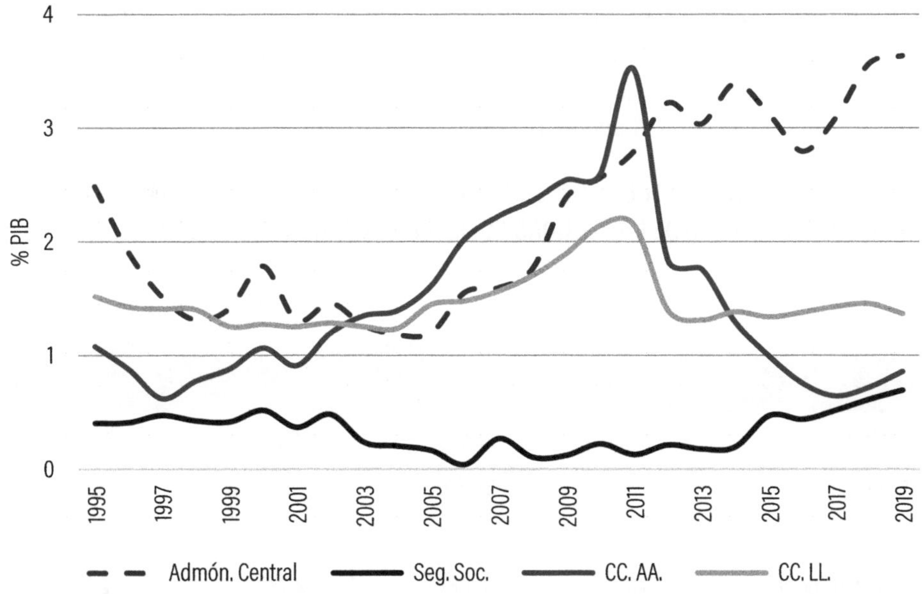

Fuente: Elaboración propia a partir de datos suministrados por el Banco de España.

Con el objetivo de ilustrar el grado de desequilibrio acumulado por las Administraciones regionales y locales, es de gran utilidad recurrir a su peso relativo frente al total de Administraciones Públicas en términos de gasto. En este sentido, una distribución coherente de los pasivos comerciales y pendientes de pago entre subsectores administrativos se correspondería con un porcentaje equivalente de gasto público gestionado sobre el total de las Administraciones Públicas, siendo cualquier desviación relevante en favor del peso de los pasivos comerciales y pendientes de pago un signo de desequilibrio.

Tal y como se muestra en la **Tabla 9**, en el caso de las Comunidades Autónomas y durante el ejercicio 2011, estas gestionaron el 30,1% del gasto total de las Administraciones Públicas (cifras no consolidadas), mientras que acumularon el 42,1% del total de los pasivos comerciales y pendientes de pago; un diferencial, por tanto, de 11,9 puntos entre ambas participaciones. Por lo que a las Corporaciones Locales se refiere, que gestionaron el 11,4% del gasto público de las Administraciones Públicas en 2011, acumulaban a cierre del ejercicio el 25,9% del total de pasivos comerciales y pendientes de pago, lo que se convierte en un diferencial muy relevante, de 14,5 puntos de peso relativo. Estas cifras son, por tanto, también nuevamente ilustrativas de que ambos subsectores, Comunidades Autónomas y Corporaciones Locales, asumieron un volumen de pasivos comerciales y facturas pendientes de pago muy superior a su porcentaje de participación en el gasto público total, confirmándose, así como el principal foco de los impagos al sector privado.

Tabla 9. COMPARACIÓN ENTRE EL PESO DEL GASTO PÚBLICO DE CADA ADMINISTRACIÓN CON RESPECTO AL PESO DE LAS DEUDAS COMERCIALES PENDIENTES DE PAGO. AÑO 2011

Mill. € y %

	% s/ Gasto total de las AA. PP.	Créditos comerciales y otras deudas pendientes de pago	% de créditos comerciales s/ total	Diferencial de pesos relativos (puntos porcentuales)
Admón. Central	33,7%	26.437,6	30,0%	-3,7
CC. AA.	30,1%	37.058,0	42,1%	11,9
CC. LL.	11,4%	22.845,5	25,9%	14,5
Seguridad Social	24,8%	1.768,0	2,0%	-22,7
AA. PP. (sin consolidar)	100,0%	88.109,0	100,0%	-

Fuente: Elaboración propia a partir de datos suministrados por el Ministerio de Hacienda y el Banco de España.

3. PRIMERAS REFORMAS DEL MARCO LEGAL PARA EL REFORZAMIENTO DE LA INSTITUCIÓN PRESUPUESTARIA. LA LEY ORGÁNICA DE ESTABILIDAD PRESUPUESTARIA Y SOSTENIBILIDAD FINANCIERA

3.1. El papel de la política presupuestaria como instrumento de lucha contra la morosidad del sector público

A pesar de que la economía española ya había experimentado una crisis fiscal en el pasado reciente, en concreto en 1995, destaca una diferencia cualitativa muy relevante con la crisis del periodo 2009-2011: el déficit fiscal de 1995 se había originado fundamentalmente en el Estado. En ese momento, las Comunidades Autónomas todavía no tenían grandes capacidades de gasto y la crisis fiscal podía, por tanto, resolverse desde el propio Estado mediante decisiones de ajuste en sus gastos y en sus ingresos.

En el año 2011, en cambio, el déficit se explicaba en una muy elevada proporción por los desequilibrios de las cuentas de las Administraciones Territoriales que, fruto de las políticas aplicadas con la descentralización del gasto en los años previos a la gran crisis, habían asumido la prestación de la mayor parte de los servicios públicos sin tener suficientemente desarrollados mecanismos de corresponsabilidad fiscal. Por otro lado, la falta de previsión sobre la fuerte desaceleración del crecimiento económico en esos años y las erráticas previsiones de los ingresos, afectaron fuertemente al modelo de financiación autonómica con el consecuente impacto sobre los saldos presupuestarios de las Comunidades Autónomas.

Lógicamente, en este nuevo escenario, para resolver el problema de pagos de las Administraciones Territoriales se hace necesario corregir la situación deficitaria de sus presupuestos. Y en un contexto de fuerte crisis económica e insuficiencia de ingresos la actuación de modo coherente de todas las Administraciones Públicas para ajustar el gasto exigía una reforma muy profunda del marco normativo y de la institución presupuestaria, entendiendo por institución presupuestaria el conjunto de «reglas que gobiernan la elaboración de los presupuestos, su debate y aprobación en el parlamento, la ejecución y control posterior» (González Páramo, 2001). En este sentido, la introducción del artículo 135 en la Constitución, junto con la promulgación de diversas Leyes Orgánicas, entre otras y fundamentalmente la Ley Orgánica de Estabilidad Presupuestaria y Sostenibilidad Financiera, contribuirán a dar cobertura jurídica a las decisiones coordinadas de gasto del Estado, de las Comunidades Autónomas y Corporaciones Locales, a la estabilidad de sus finanzas públicas y la sostenibilidad de su endeudamiento.

Con estas reformas normativas se interioriza, por todas las Administraciones, el principio de estabilidad presupuestaria, como uno de los principales objetivos de política económica en unas economías cada vez más abiertas y globalizadas. Unas cuentas públicas equilibradas contribuyen claramente a la estabilidad económica, generan un marco de confianza adecuado para la toma de decisiones de las empresas, de las familias y también del sector público; influyen en la mejora de las condiciones de financiación de la economía y facilitan el acceso a los mercados de las empresas, especialmente de las pymes. En definitiva, permiten generar credibilidad en el largo plazo y estimular las inversiones y el consumo.

En España, las decisiones de política fiscal durante la crisis limitaron el margen de actuación y confirieron mucha fragilidad a la posición presupuestaria, con errores en la ejecución de la política económica, en muchos casos condicionados por el ciclo político, y ejecutando una estrategia fiscal aislada, sin prestar la atención adecuada a la necesidad de garantizar la sostenibilidad en el tiempo de la ecuación presupuestaria del sector público. Las medidas discrecionales de política fiscal fueron ineficaces para dinamizar el crecimiento económico, antes al contrario, contribuyeron a engordar el déficit y la deuda del sector público y a generar inestabilidad nominal, manifestándose a través de presiones sobre los tipos de interés reflejados en la prima de riesgo, el nivel de inflación y la falta de confianza generada por las dudas sobre la sostenibilidad de las cuentas del sector público.

La solución al dilema entre crecimiento económico y estabilidad presupuestaria vendría de la mano de un ejercicio de responsabilidad en la ejecución de la política económica. En una crisis como la vivida tras 2007, no se ponía en duda que debían aprobarse determinadas medidas temporales de política fiscal discrecional, las más eficaces, certeras y eficientes para superar la profunda recesión. Sin embargo, su ejecución debía de hacerse teniendo en cuenta la restricción de mantener la sostenibilidad de las cuentas públicas y de no alimentar focos de inestabilidad macroeconómica. Habrían sido eficaces con este objetivo, acompañadas de señales creíbles de compromiso con la estabilidad macroeconómica y de reformas estructurales, un activo intangible, de gran valor, que garantiza la máxima eficacia de las medidas de política fiscal discrecional en el corto plazo para el impulso del crecimiento económico.

Y es que de una situación que debía de haber sido cómoda, con un superávit del sector público por un importe superior al 2% del PIB en 2007, se pasó bruscamente a una necesidad de financiación del 11%, con un presupuesto totalmente superado por la expansión descontrolada del gasto público y la brusca pérdida de recaudación (Martínez Rico, 2012).

En una economía fuertemente endeudada, como era el caso de la española a finales de 2011, y en un contexto de tensiones en los mercados financieros, debía abordarse, por tanto, con decisión una clara y firme señal a los mercados de un programa eficaz de consolidación fiscal, creíble y generador de confianza. Como la experiencia demuestra, es necesario convencer a los mercados de que se actúa con la mayor firmeza en la defensa de la sostenibilidad presupuestaria.

Desde comienzos de 2010 en el debate internacional vuelve a surgir el dilema entre consolidación fiscal y crecimiento económico. Se plantea que el ejercicio de una política fiscal contractiva, necesario para el equilibrio de las cuentas públicas, puede en el corto plazo poner en riesgo el crecimiento económico y retrasar la salida de la crisis. No debe perderse de vista, sin embargo, que no existe dilema entre sostenibilidad de las cuentas públicas y crecimiento. Solo puede ejecutarse una política fiscal que mitigue la dureza de la crisis e impulse el crecimiento económico en un marco de estabilidad macroeconómica y de continua vigilancia de las cuentas del sector público. La crisis de la deuda soberana europea es también una consecuencia del exceso de gasto y de deuda que los mercados no estaban dispuestos a financiar. Sin estabilidad macroeconómica no hay crecimiento económico posible, y la sostenibilidad de las cuentas públicas es, por lo tanto, condición necesaria para el crecimiento. Partiendo de esta base, la política fiscal óptima dependerá de la situación presupuestaria de cada país, algo que es simple de enunciar, pero francamente complejo de aplicar.

En el debilitado contexto de finales de 2011 se puso de manifiesto, más que nunca, que las limitaciones presupuestarias y monetarias analizadas reducirían fuertemente la capacidad de actuación del Gobierno. Al mismo tiempo que el déficit fiscal de finales de 2011 y la fuerte presión de los mercados financieros justificaron una serie de medidas estructurales urgentes para revisar el marco institucional, así como importantes ajustes presupuestarios. Sin una clara apuesta por la recuperación de la credibilidad a través del mayor compromiso con la estabilidad presupuestaria nunca habrían sido posibles los nuevos mecanismos extraordinarios de apoyo financiero a las Entidades Territoriales, que inyectarán liquidez a la economía en un momento crítico, contribuyendo a resolver el problema de la morosidad y sirviendo, a su vez, como palanca sobre la que desarrollar el control jurídico, presupuestario y financiero de las Entidades Territoriales para el cumplimiento de los objetivos presupuestarios.

Por tanto, en un contexto de continua incertidumbre en los mercados financieros internacionales, de recesión económica en España y rápido deterioro de las cuentas públicas, la consolidación presupuestaria aparece como una herramienta fundamental para recuperar la estabilidad macroeconómica, la confianza de los actores económicos y la senda de crecimiento, favoreciendo así la creación de empleo. Son varias las razones que justifican la apuesta por la consolidación fiscal en un entorno globalizado (Martínez Rico, 2005).

El equilibrio presupuestario favorece, en primer lugar, un escenario de estabilidad macroeconómica que garantiza un marco más eficiente para el desarrollo de la actividad económica. En segundo lugar, aumenta la confianza de ahorradores e inversores, que esperan ser gravados con menos impuestos en el futuro. En tercer lugar, refuerza la credibilidad de la política económica y permite mejorar las condiciones de financiación de la economía en los mercados internacionales vía reducción de la prima de riesgo. En cuarto lugar, dota a una economía de un mayor margen de maniobra y flexibilidad para hacer frente a *shocks* externos, permitiendo poner en marcha políticas anticíclicas y facilitando el funcionamiento de los estabilizadores automáticos. Y, por último, reduce también la necesidad de recurrir a aumentos en las formas tradicionales de financiación, como son los impuestos. Y por supuesto, una política presupuestaria ordenada ofrece más garantías para el cumplimiento de los plazos legales de pago de facturas a proveedores.

Desde esta perspectiva teórica, eran muchos los incentivos a la creación de un verdadero marco institucional que favoreciera la estabilidad presupuestaria. Ello era todavía más necesario en el contexto europeo, que requiere una adecuada coordinación y orientación de la política económica.

La importancia de la consolidación fiscal como herramienta para recuperar la estabilidad y el crecimiento a largo plazo ha quedado también demostrada en la práctica a través de exitosos procesos de ajuste fiscal acometidos en las últimas décadas en algunos de los países europeos, como los casos de España (1996-2004), Irlanda (1982-1989) o los de Suecia y Finlandia (1993-2000), algunos de ellos ampliamente estudiados en la literatura (Alesina y Perotti, 1995, y McDermott y Wescott, 1996). También como ha demostrado ampliamente la literatura económica (Alesina y Ardagna, 2009) son mucho más efectivos los procesos de consolidación fiscal que priorizan el ajuste del gasto. En efecto, el punto de partida de todos ellos fue la estricta reducción del gasto primario, como base del proceso de ajuste, centrado especialmente en gastos de personal, transferencias y sanidad, pero sin afectar al gasto productivo o de capital. Todas estas medidas estuvieron acompañadas de importantes reformas estructurales que permitieron consolidar el proceso de ajuste e incrementar el crecimiento potencial.

Sin embargo, ya desde los años 80, los tipos de interés nominales han sufrido un continuo descenso, muy acentuado en estos últimos años marcando su mínimo en la reciente crisis financiera.[6] En este contexto de bajos tipos de interés, próximos o iguales a cero o incluso negativos, la efectividad de la política monetaria se ve limitada (Sims, 2010). Si a ello se le añade la fuerte crisis económica, un estímulo fiscal discrecional puede no solo ser muy efectivo, sino además generar un efecto *crowding in* de la inversión privada (Blanchard y Summers, 2017) y un multiplicador del gasto público mayor, aumentando la producción, el consumo y el empleo en mayor proporción que la deuda, implicando no solo que el estímulo se financiaría a sí mismo, sino además una reducción de la ratio deuda sobre PIB.

6. En un reciente artículo Rachel y Summers (2019) argumentan las causas del continuo descenso desde los años 70 de los tipos de interés reales, su impacto en el largo plazo en el llamado «estancamiento secular» y sus lógicas implicaciones de política económica.

En la crisis financiera europea este debate ha estado muy presente, con cambios de dirección constante. Así como, inicialmente, en 2007 y 2008, las recomendaciones europeas consistieron en aumentar los gastos fiscales, a comienzos de 2010 ya se evolucionó hacia un planteamiento más cercano a la austeridad (regla alemana en su Ley Fundamental, el Fiscal Compact y Six-Pack europeo con nuevas normas fiscales), relajándose en estos últimos años y adaptándolo más a la evolución cíclica y situación del *output gap* derivado de estas nuevas aportaciones teóricas sobre el mayor multiplicador fiscal y la política fiscal «inteligente» (Gaspar y Eyraud, 2017).

De este modo y como el debate teórico y esta experiencia reciente nos han hecho muy evidente, el resultado final sobre la política fiscal óptima es que no es válida una regla general (Brunnermeier *et al.*, 2016). Sí que es posible tener en cuenta tres grandes ideas:

- Países con déficits elevados y nivel de deuda alto, sin credibilidad ni reputación consolidada en el ámbito de la disciplina fiscal, deben de hacer un esfuerzo importante de compromiso con la estabilidad presupuestaria, potenciando las reglas y la institución presupuestaria.
- En el ámbito de la política fiscal, son más creíbles, y más efectivos, los recortes de gastos que los incrementos de impuestos. Adicionalmente en el caso de introducir un paquete de estímulo, las medidas de gasto incluidas deben de ser fácilmente reversibles.
- Siempre será positivo que medidas de estímulo fiscal, vayan acompañadas de reformas estructurales por el lado de la oferta de la economía.

Y en línea con los desarrollos teóricos recientes señalados, Blanchard (2019) va más allá al considerar que, en este contexto de baja inflación, continuo declive de los tipos de interés reales, desajustes entre ahorro e inversión y dando validez a la hipótesis de «estancamiento secular», es muy posible que los economistas estén sobrestimando el supuesto coste de un nivel elevado de deuda pública.

Para el caso español y en un contexto de un elevado déficit fiscal, Hernández de Cos (2013) concluía destacando la importancia de una institución presupuestaria sólida y creíble, en la que el principio de subsidiaridad pudiera permitir a cada nivel de gobierno con cuentas saneadas abordar sus decisiones internas de acuerdo con su realidad económica y social, en claro paralelismo con la situación entre Europa con respecto a sus países miembros y España respecto a las Comunidades Autónomas. De la misma forma, en Europa, la necesidad de una mayor integración económica y monetaria debiera dirigir a sus Estados miembros, por tanto, por el camino de las reglas presupuestarias claras. Pero también hacia un mayor impulso de los mecanismos de transferencia de rentas entre países y regiones mediante un verdadero presupuesto comunitario y a la progresiva mutualización relativa de los riesgos, siempre a cambio de una fuerte condicionalidad, como así está siendo con el programa Next Generation EU aprobado por la Unión Europea en respuesta a la crisis sanitaria.

Existe, de este modo, una estrecha relación entre el rigor presupuestario, la estabilidad macroeconómica y el crecimiento, concluyendo que para que la interrelación sea positiva, el establecimiento de reglas presupuestarias sencillas, transparentes, de aplicación automática y con mecanismos de control preventivos para todas las Administraciones Públicas, debiera de ser primordial.[7] La experiencia demuestra que la consolidación presupuestaria no puede mantenerse en el medio plazo sin una correcta articulación de la institución presupuestaria. Todos estos elementos eran básicos para el diseño de una política presupuestaria que ayudara a recuperar la credibilidad que Europa necesitaba en su camino a una mayor integración para afrontar la crisis de deuda soberana.

Desde esta perspectiva teórica, la situación fiscal obligaba a replicar una política económica que ya había dado sus frutos a partir de mediados de los noventa en España y que estaba siendo impulsada en Europa, fundamentalmente por la Comisión Europea y también Alemania.

3.2. La reforma constitucional en España. El artículo 135

La integración de España en la Unión Económica y Monetaria supuso el compromiso con la sostenibilidad de las finanzas públicas. Creado el Banco Central Europeo y definida su responsabilidad en el diseño y ejecución de la política monetaria única, la política presupuestaria, sin olvidarnos de las reformas estructurales, se convierte en el instrumento fundamental de las políticas económicas para asegurar la compatibilidad de las estrategias nacionales en la estabilización económica, el crecimiento económico y la creación de empleo.

Por tanto, la interdependencia que se deriva de una Unión Monetaria aconsejaba la coordinación de las políticas fiscales y el establecimiento de una serie de normas, naciendo así las reglas fiscales contenidas en el Tratado de la Unión

7. Ver, a estos efectos, Acemoglu y Robinson (2012), una obra muy completa en donde se analiza con gran rigor, pero también con el detalle de muchas experiencias reales, el papel que las instituciones tienen en la evolución del nivel de desarrollo económico.

Europea completado con la aprobación del Pacto de Estabilidad y Crecimiento (PEC) en 1997, que así aclaraba la política presupuestaria necesaria tras la introducción del euro y reforzaba y endurecía los mecanismos de supervisión y sanción. La aplicación del Pacto se basa en dos pilares: el principio de supervisión multilateral de las situaciones presupuestarias y el procedimiento de déficit excesivo.

Años más tarde y como consecuencia de la crisis financiera, se abre en Europa, una vez más, el debate sobre la importancia de fortalecer adicionalmente el marco de relaciones presupuestarias. Así, en 2011 entró en vigor el primer conjunto de medidas de gobernanza económica (Six-Pack), que reforma y modifica las normas del PEC, estableciendo los principales instrumentos para la supervisión de las políticas presupuestarias de los Estados miembros y para la corrección del déficit excesivo. En esta misma línea la Comisión Europea crea en 2015 el Consejo Fiscal Europeo, como órgano consultivo independiente (European Fiscal Board, 2017).

La reforma del Pacto de Estabilidad y Crecimiento tuvo, por tanto, como finalidad muy relevante, prevenir la aparición de déficits presupuestarios excesivos en la zona euro, con el fin de generar confianza y reforzar el proceso de convergencia nominal de las economías de los Estados miembros, al tiempo que se mejora la coordinación de estas políticas y un mayor compromiso con el crecimiento y la competitividad. La institución presupuestaria se continuó por tanto reforzando a través de una serie de Directivas y del Pacto Fiscal Europeo, entre otras iniciativas.

En este marco, la literatura económica aconsejaba (FMI, 2009) para los países que se enfrentaran a un gran esfuerzo de consolidación fiscal en un marco de incertidumbre económica, diseñar y anunciar el establecimiento de una regla fiscal en un plazo razonable de tiempo que mejorara su credibilidad. En el caso español, este paso se dio con la reforma del artículo 135 de la Constitución, hecho histórico de especial relevancia política.[8] Esta reforma toma como referencia la reforma constitucional que tuvo lugar en Alemania en 2009, que asumía como objetivo

8. Un debate interesante sobre la reforma constitucional del artículo 135 que analiza la oportunidad o necesidad de constitucionalizar el equilibro presupuestario, el papel que debe jugar la Unión Europea y los criterios jurídicos y procedimentales desarrollados para su aprobación y futuro desarrollo a través de una Ley Orgánica, se produce en el marco de la Revista Española de Derecho Constitucional, n.º 93, de septiembre-diciembre (2011), en el que participan prestigiosos catedráticos de derecho constitucional, entre los que destacan: Francesc de Carreras, Jorge de Esteban y Manuel Aragón Reyes, entre otros.

nacional común la estabilidad y sostenibilidad financiera mediante el control de la deuda pública a través de la llamada *Schuldenbremse*.

Las implicaciones para la política económica del marco teórico se ven fortalecidas por la presencia de reglas que limitan la discrecionalidad de los gobiernos y mejoran la calidad y eficacia de dicha política. La gran ventaja de las políticas fiscales basadas en las reglas frente a la política discrecional es la consistencia temporal (Kydland y Prescott, 1977). Este elemento es crucial en países con un historial de elevados déficits públicos a los que siguen fuertes ajustes provocados por los mercados. Surge así el compromiso de los gobiernos en establecer límites permanentes para sus déficits y sus niveles de endeudamiento como fórmula para recuperar la confianza de los mercados financieros. De acuerdo con la teoría del ciclo político, estas situaciones se producen porque los gobiernos elegidos democráticamente tienen una tendencia intrínseca para crear déficit y, por tanto, redistribuir la renta desde las generaciones futuras a las actuales generaciones de votantes. A ello se le añade la ilusión fiscal de los votantes que sobrestiman los beneficios del gasto público y subestiman los costes de la tributación.

El diseño apropiado del proceso presupuestario permite contrarrestar la estructura de intereses individuales de los grupos de presión. En la medida en que este diseño (normativa, procesos, interacción entre actores presupuestarios y sistemas de votación en el Parlamento, en definitiva, la institución presupuestaria) promueva el interés colectivo de las decisiones presupuestarias en términos de eficiencia y orientación a largo plazo, se conseguirá un gasto público menor y un mayor equilibrio en el resultado final de las cuentas públicas.

La intensa actividad normativa desarrollada en este ámbito a nivel europeo tuvo, por tanto, también su rápida respuesta en España, con la reforma de nuestra Constitución para la plena incorporación del principio de estabilidad presupuestaria, en un contexto de profundo deterioro económico. Así, la constatación de la insuficiencia de los mecanismos de disciplina de la anterior Ley de Estabilidad Presupuestaria llevó en septiembre de 2011, con un amplio consenso, a reformar el artículo 135 de la Constitución española, introduciendo al máximo nivel normativo del ordenamiento jurídico español una regla fiscal que limitara el déficit público de carácter estructural y también la deuda pública al valor de referencia del Tratado de Funcionamiento de la Unión Europea.

El nuevo artículo 135 garantizaba el cumplimiento de los objetivos de deuda pública y de saldo presupuestario fijados en la Unión Europea, salvo causas de fuerza mayor (catástrofes naturales o situación de emergencia, como lo está siendo el caso en 2020 y 2021 con la crisis sanitaria derivada del covid-19). Se establecía también la prioridad de atender al servicio de la deuda en la liquidación presupuestaria, con el fin de trasladar a los prestamistas no solo del Estado sino de todas las Administraciones Públicas, una clara señal de credibilidad y mejora de la reputación de las cuentas públicas. Esta era de gran importancia, teniendo en cuenta el intenso debate del momento respecto de la sostenibilidad de la deuda griega y, en menor medida, de Irlanda y Portugal. De esta forma, se pretendía, entre otros, evitar el riesgo de contagio y reforzar al máximo nivel jurídico el compromiso de España en honrar sus obligaciones financieras.

También el nuevo artículo 135 fijaba el mandato de desarrollar su contenido en una ley orgánica antes del 30 de junio de 2012, que efectivamente se aprobó en el plazo establecido, configurándose como la Ley Orgánica de Estabilidad Presupuestaria y Sostenibilidad Financiera de las Administraciones Públicas.

Hasta 2011 el citado artículo 135 constaba únicamente de dos puntos:

1. «El Gobierno habrá de estar autorizado por Ley para emitir Deuda Pública o contraer crédito.
2. Los créditos para satisfacer el pago de intereses y capital de la Deuda Pública del Estado se entenderán siempre incluidos en el estado de gastos de los presupuestos y no podrán ser objeto de enmienda o modificación, mientras se ajusten a las condiciones de la Ley de emisión».

Tras la reforma, el artículo 135 incluyó principios y normas que velan por la estabilidad presupuestaria como instrumento de política económica y que consideran, y esta es una novedad muy relevante, a todas las Administraciones. Se definen límites al déficit, establecidos en la posterior Ley Orgánica de Estabilidad Presupuestaria y Sostenibilidad Financiera, y a la deuda pública, de acuerdo con lo establecido en el Tratado de Funcionamiento de la Unión Europea (60% del PIB). Y se diferenciaba claramente entre Administraciones; mientras que se establecían algunas muy contadas excepciones para el Estado y las Comunidades Autónomas, las Entidades Locales deberían presentar siempre equilibrio presupuestario.

Con el fin de coordinar el cálculo del déficit estructural y el reparto de los límites entre las diferentes Administraciones, la Constitución, se remite de nuevo a la aprobación de la posterior Ley Orgánica de Estabilidad Presupuestaria y Sostenibilidad Financiera. En esta Ley se establecieron también los mecanismos de reparto de las posibles sanciones como consecuencia del incumplimiento de los límites establecidos. Asimismo, y de acuerdo con la Disposición Adicional Única que se incorporó al texto, los límites de déficit estructural entrarían en vigor a partir del año 2020, lo cual tiene una explicación lógica en una situación de elevado desequilibrio de las cuentas públicas.[9]

Esta reforma supuso la segunda modificación de la Constitución Española en 33 años, lo que indica la importancia de la medida, tanto desde el punto de vista económico y financiero como desde el punto de vista político.

La propuesta de modificación constitucional tuvo un elevado respaldo parlamentario de las fuerzas mayoritarias, Partido Popular y PSOE, que se reflejó claramente en el sentido de su voto en el momento de la toma en consideración: frente a un total de 336 votos emitidos, la votación contó con 318 votos a favor, 16 en contra y 2 abstenciones.

3.3. La Ley Orgánica 2/2012 de Estabilidad Presupuestaria y Sostenibilidad Financiera

Con el fin de dar cumplimiento al artículo 135 de la Constitución, se aprobó la Ley Orgánica 2/2012, de 27 de abril, de Estabilidad Presupuestaria y Sostenibilidad Financiera. A pesar de que la Exposición de Motivos de la Ley no hace demasiado esfuerzo en detallar de modo coherente el diagnóstico de la situación económica, sí que refleja con extraordinaria claridad y contundencia los principios fundamentales de la política económica necesaria: la consolidación fiscal, es decir, la eliminación del déficit público estructural junto con la reducción de deuda pública y las reformas estructurales. Y para ello introduce de modo innovador el concepto de la sostenibilidad financiera como principio rector de la actuación económico-financiera en todas las Administraciones Públicas, tanto del Estado como de las Comunidades Autónomas, Corporaciones Locales y Seguridad Social. Ambos principios, la estabilidad presupuestaria y la sostenibilidad financiera del conjunto del sector público, se constituyen en nuestro ordenamiento jurídico en pilares fundamentales del crecimiento económico y bienestar social.

El texto normativo destaca en su introducción que la crisis económica había puesto muy rápido de manifiesto la fragilidad del entramado institucional, en España y en Europa; haciendo hincapié en la insuficiencia de los mecanismos de disciplina de la vigente Ley de Estabilidad y que en el marco de la citada

9. No obstante, prácticamente diez años después de la reforma, la evolución del saldo fiscal y el nivel de deuda pública, en este caso con un volumen cercano al 120% del PIB, son un claro reflejo del incumplimiento de los plazos previstos. Incumplimiento que también se habría producido antes de la respuesta extraordinaria de gasto público provocada por la crisis sanitaria.

Ley se había alcanzado el mayor déficit presupuestario de las Administraciones Públicas españolas.

Por tanto, con el fin de reforzar la institución presupuestaria y dar cumplimiento al mandato constitucional de la Disposición Adicional Única del artículo 135 de la Constitución, se aprueba la Ley Orgánica de Estabilidad Presupuestaria y Sostenibilidad Financiera de las Administraciones Públicas. La nueva ley se aplica de manera íntegra al conjunto de las Administraciones Públicas, incorporando para ello la recomendación del Consejo de Estado, que claramente justifica esta medida con fuerza normativa susceptible de incidir en las competencias autonómicas en materia financiera, siempre que aquella tenga una relación directa para la corrección de desviaciones. Este hecho es una gran novedad relevante, pues ya en la pionera Ley General de Estabilidad Presupuestaria de 2001 el Consejo de Estado aconsejó, y así fue remitido el texto por el Gobierno a las Cortes Generales, la división de la ley en dos, una orgánica y otra ordinaria, con el fin de evitar posibles problemas de constitucionalidad derivados del debate competencial entre el Estado y las Comunidades Autónomas.

El hecho de incluir a todas las Administraciones Públicas en el ámbito subjetivo de la ley implica un claro reforzamiento de la institución presupuestaria, con una mayor exigencia y coordinación hacia las Entidades Territoriales, las principales causantes de la crisis fiscal y que habían puesto de manifiesto unas elevadas dificultades para cumplir con los objetivos presupuestarios, materializados en elevados déficits e incapaces de hacer frente a sus compromisos financieros y de pagos a sus proveedores habituales.

La Ley Orgánica constituye la base jurídica y económica de la política presupuestaria del Gobierno, para lo cual es necesario contar con el compromiso de todas las Administraciones Públicas. De esta forma, era imprescindible que las Comunidades Autónomas lo respaldaran en el Consejo de Política Fiscal y Financiera y las Entidades Locales en la Comisión Nacional de Administración Local, como se hizo en esos primeros meses de 2012.

Y la Ley introduce como gran novedad ya desde el comienzo y en su propio título el concepto de sostenibilidad financiera, añadido y diferenciado del de estabilidad presupuestaria, reforzando así la idea de estabilidad no solo con carácter coyuntural, sino como principio permanente y de largo plazo. La sostenibilidad financiera se configura como el principio rector de la actuación de todas las Administraciones Públicas.

Así y según la Ley en su artículo 4.2 del texto publicado en el Boletín Oficial del Estado el 30 de abril de 2012, la sostenibilidad es la capacidad de financiación de los gastos, no solo presentes, sino también futuros, de acuerdo con los objetivos establecidos de déficit y deuda pública. Por ello, resulta fundamental el control de la deuda pública, ya que su aumento desmedido lastra el crecimiento económico, al suponer menores ingresos futuros.

A modo de reflexión debe señalarse que el nuevo concepto introducido de sostenibilidad financiera perfecciona y amplía el precepto de estabilidad presupuestaria; es un concepto medible, transparente, se refiere a un déficit y una deuda que no dificulte el crecimiento y sea además financiable en los mercados. Y más concretamente se refiere a un nivel de déficit y deuda, siempre relativizado con respecto a los datos medios de la Unión Europea, que pueda ser financiable con el crecimiento futuro y la generación de superávit primario, un principio básico de cualquier economía y también del mundo empresarial.

Los tres objetivos fundamentales de esta Ley son garantizar la sostenibilidad presupuestaria de todas las Administraciones Públicas, fortalecer la confianza en la estabilidad de la economía española y reforzar los compromisos de España con la Unión Europea. Para ello, los principios fundamentales de estabilidad, plurianualidad, transparencia y eficiencia en la asignación y utilización de recursos públicos se refuerzan con la incorporación de nuevos principios como los de sostenibilidad financiera, responsabilidad y lealtad institucional. Además, y muy relevante a nuestros efectos, la ley, inicialmente en su Disposición Adicional Primera, ya incorpora la idea de que las Administraciones deben hacer frente a las deudas comerciales, algo que ya en la Directiva de Morosidad de 2011 se consideró como un objetivo prioritario de política económica. De hecho, la definición de sostenibilidad financiera se completará posteriormente, añadiendo a la definición de sostenibilidad ya vista anteriormente también la necesaria sostenibilidad de la deuda comercial, entendiendo que existe sostenibilidad de la deuda comercial cuando el periodo medio de pago a los proveedores no supere el plazo máximo previsto en la normativa sobre morosidad.[10]

10. Para más información ver la Ley Orgánica 9/2013, de control de la deuda comercial en el sector público, y la modificación introducida en el artículo 4.2 de la Ley Orgánica de Estabilidad Presupuestaria y Sostenibilidad Financiera. De hecho, la Ley 9/2013 estructurada en dos artículos, introduce, en su primer artículo 16, apartados que modifican la Ley Orgánica de Estabilidad, fundamentalmente para introducir en todos sus preceptos, también en lo referido a los mecanismos preventivos, correctivos y coercitivos, el concepto de control de la morosidad y sostenibilidad de la deuda comercial y periodo medio de pago máximo y sus implicaciones.

De modo muy resumido, los principales requerimientos de la ley son los siguientes: la obligación, para todas las Administraciones Públicas, de no incurrir en déficit estructural, el sometimiento a la regla de gasto establecida en la normativa europea y al techo de gasto en la presupuestación de cada una de las Administraciones, el establecimiento de un límite de deuda como garantía de sostenibilidad financiera, la formulación de un marco presupuestario a medio plazo y la incorporación, con gran detalle y de manera gradual, de actuaciones preventivas y de alerta temprana, de corrección automática, coercitivas, de cumplimiento forzoso, y de elaboración forzosa de planes económico-financieros en caso de incumplimiento del objetivo de estabilidad presupuestaria. Y el refuerzo de los mecanismos sancionadores en los que se tendrán en cuenta, en línea con la normativa europea, la reincidencia y la gravedad de los incumplimientos.

De esta forma, ninguna Administración Pública podrá incurrir en déficit estructural y todas están obligadas a presentar equilibrio o superávit presupuestario en términos de Contabilidad Nacional (SEC). Desde el punto de vista del diseño de la política fiscal, la fijación del límite del déficit público en términos estructurales tiene la ventaja principal de que permite preservar su carácter estabilizador; no afecta, por tanto, a la evolución del componente cíclico del déficit, permite entonces el libre juego de los estabilizadores automáticos e, incluso, podría permitir una actuación discrecional anticíclica de la política fiscal.

La ley admite excepciones puntuales como es el caso de reformas estructurales con incidencia presupuestaria durante varios años, en cuyo caso se acepta un déficit estructural del 0,4% del PIB para el conjunto de las Administraciones Públicas, y en caso de situaciones excepcionales y únicamente para el Estado y las Comunidades Autónomas (catástrofes naturales, recesión económica o situación de emergencia extraordinaria) podrán incurrir en déficit estructural, con la obligación de aprobar un plan de reequilibrio.[11] En el caso de las Corporaciones Locales, tal y como se reflejaba ya en el artículo 135 de la Constitución, no se admiten excepciones y deberán cumplir, en todo momento, con el equilibrio o superávit presupuestario.

El principio de sostenibilidad financiera se instrumentaliza con unos objetivos claramente definidos en la ley y repartidos entre el Estado y las Entidades Territoriales

11. Esta es la excepción aplicable a la situación de crisis sanitaria actual; sobre la base de este precepto se ha interrumpido la aplicación de las reglas fiscales, se ha permitido una respuesta muy amplia de política fiscal discrecional, pero sin que, hasta estos momentos, se haya aprobado ningún plan de reequilibrio.

de acuerdo con unos porcentajes del PIB proporcionados. De esta forma, el límite conjunto máximo de deuda pública se eleva al 60% del PIB, de los cuales el 44% es el límite del Estado, el 13% el de las Comunidades Autónomas y el 3% el de las Corporaciones Locales. Además, el límite del 13% de las Comunidades Autónomas, aunque es conjunto, se particulariza también en cada una de ellas, es decir, ninguna puede superar el 13% de su PIB regional, y así se refleja en el artículo 13 de la Ley.

Con la entrada en vigor de esta Ley se inicia un periodo transitorio que habría durado hasta 2020, siguiendo también con lo establecido en la Constitución, y que está claramente incumplido.

Enmarcado en el principio de responsabilidad, la Ley de Estabilidad incorpora en su artículo 8.2 una cláusula de «no rescate», similar a la recogida en el artículo 125 del Tratado de la Unión Europea, con el fin de evitar incentivos por parte de las Administraciones regionales a gastar más de lo permitido. De esta forma se prohíbe de manera taxativa la asunción de deuda por parte de la Administración Central respecto a la deuda de Comunidades Autónomas (Hernández de Cos y Pérez, 2015).[12]

La referida cláusula 8.2, que refleja el principio del rechazo al *bail-out*, profundamente interiorizado en la Unión Europea, es una réplica del mismo principio utilizado en gran parte de los países descentralizados como Suiza, Canadá y Estados Unidos, entre otros. Así, se evita la posibilidad de que la deuda pública de una región o Administración Territorial pueda ser asumida por el Estado central, lo que permite limitar posibles incentivos perversos a gastar más de lo que se ingrese y se acabe generando una deuda insostenible. A pesar de ello, Feibelman (2011), después de repasar un conjunto de experiencias históricas de insolvencia de gobiernos regionales, ya señala que la reestructuración ordenada parcial o *bail-in* de la deuda regional ha venido típicamente acompañada, además, de procesos de rescate desde el Gobierno central más próximos a un *bail-out*.

No obstante, la creación de los Mecanismos Extraordinarios de Liquidez, que estaban diseñándose ya en paralelo, incluso aprobándose en Consejo de Ministros y ratificándose en el Parlamento al mismo tiempo que se producía la tramitación

12. En efecto, el artículo 8.2 establece que «El Estado no asumirá ni responderá de los compromisos de las Comunidades Autónomas, de las Corporaciones Locales y de los entes previstos en el artículo 2.2 de esta Ley vinculados o dependientes de aquellas, sin perjuicio de las garantías financieras mutuas para la realización conjunta de proyectos específicos. Las Comunidades Autónomas no asumirán ni responderán de los compromisos de las Corporaciones Locales ni de los entes vinculados o dependientes de estas, sin perjuicio de las garantías financieras mutuas para la realización conjunta de proyectos específicos».

parlamentaria de la Ley Orgánica de Estabilidad, supusieron la necesidad de exceptuarlos ya de este precepto, en esta misma Ley, a través de la Disposición Transitoria Cuarta.

Los objetivos de estabilidad y deuda se plantean en coherencia con las recomendaciones de la Unión Europea sobre el programa de Estabilidad. Así se establece la regla de gasto, consistente en que el gasto de las Administraciones Públicas no podrá aumentar por encima de la tasa de crecimiento de referencia del PIB, de acuerdo con la normativa europea. Y de cara a la presupuestación individualizada de cada una de las Administraciones se mantiene el principio del techo de gasto, introducido ya en la Ley de Estabilidad de 2001 siguiendo el modelo sueco, en esos momentos muy innovador, y que con esta nueva Ley se generaliza: todas las Administraciones deberán aprobar un techo de gasto consistente con el objetivo de estabilidad.

Muy relevante también como señal de compromiso firme frente a los mercados financieros y tal y como fija la Constitución, se reitera la prioridad absoluta de atender los intereses y el capital de la deuda pública frente a cualquier otro gasto. Por otra parte, la Ley refuerza los mecanismos preventivos y de seguimiento de los objetivos de estabilidad y de deuda. Asimismo, se establece un umbral de deuda de carácter preventivo, a partir del cual las únicas operaciones de endeudamiento que se permitirán serán las de tesorería.

La Ley Orgánica introduce un capítulo muy completo para reflejar las medidas preventivas, correctivas y coercitivas que aseguren el cumplimiento de los principios fundamentales de la Ley y que se convierten también en un eje básico para el cumplimiento de la normativa del periodo de pagos, como veremos en el apartado referido a la condicionalidad. Así, por ejemplo, el cumplimiento de los objetivos presupuestarios y de endeudamiento se tiene en cuenta para autorizar emisiones de deuda, conceder subvenciones y suscribir convenios. En caso de incumplimiento del objetivo de déficit o deuda se exige la presentación de un plan económico-financiero, cuyo contenido se describe de manera muy exhaustiva en los capítulos 21, 23 y 24 de ley, que permita la corrección de la desviación en unos plazos determinados. Dicho plan deberá explicar las causas de la desviación y las medidas que permitan retornar a los límites permitidos. En caso de incumplimiento del plan, la Administración responsable deberá aprobar automáticamente una no disponibilidad de créditos.

Las sanciones impuestas a España como consecuencia de incumplimientos en materia de estabilidad serán asumidas por la Administración responsable. La Ley traspone los mecanismos correctivos de la Unión Europea y zona euro. En caso de incumplimiento de un plan económico-financiero la Administración incumplidora deberá constituir un depósito retribuido que podrá convertirse en multa en caso de que se reitere. El Ministerio de Hacienda podrá enviar una delegación para valorar la situación de la Administración incumplidora. Y en caso de persistir en el incumplimiento el artículo 26 prevé, incluso, la intervención de la Entidad Territorial y la capacidad de dar instrucciones directas a su presidente y todas sus autoridades, en este caso siempre de conformidad con lo previsto en el artículo 155 de la Constitución española.

La Ley refuerza también el principio de transparencia al establecer la obligación a cada Administración de trasponer el presupuesto en términos de contabilidad nacional, así como suministrar toda la información necesaria para ello, información que se remite a Europa para verificar el cumplimiento de los compromisos nacionales en materia de estabilidad presupuestaria. Con carácter previo a su aprobación, cada Administración deberá dar información sobre las líneas fundamentales de su presupuesto, lo que permite reforzar los mecanismos para disponer de información *ex ante*. Además, se amplía la información que se debe suministrar, con objeto de mejorar la coordinación económica-financiera de todas las Administraciones Públicas.

Ya se ha mencionado que, en el momento de comenzar la tramitación parlamentaria de la ley, estaban aprobándose ya los primeros decretos leyes con los mecanismos de financiación para el pago de proveedores de Comunidades Autónomas y Entidades Locales, de modo que la Ley Orgánica de Estabilidad y Sostenibilidad Financiera, en su Disposición Adicional Primera, refleja, desde un inicio también, la posibilidad de que estas recurran a posibles ayudas financieras extraordinarias para apoyar situaciones de dificultades de tesorería. Y a continuación y en el mismo párrafo se recoge, también, de modo muy claro que a cambio será necesaria la aprobación de un plan de ajuste. Nuevamente la condicionalidad se convierte en un elemento muy evidente y necesario, desde el primer momento, ligado al acceso a estos nuevos fondos.

Este mayor compromiso de colaboración y apoyo financiero hace necesaria una gran excepción, como se pone de manifiesto en la Disposición Transitoria Cuarta, que excluye a estas medidas de apoyo a las Comunidades Autónomas y Corporaciones Locales de lo previsto en el ya mencionado apartado dos del artículo 8. Esto supone que el Estado abona las deudas contraídas por las Entidades Territoriales, y estas se convierten en deudoras financieras del Estado, en condiciones muy favorables, como consecuencia de estos nuevos Mecanismos Extraordinarios de Liquidez, y que, por tanto, se producirá algo tan relevante y extraordinario como una cierta mutualización de la deuda, inicialmente la deuda comercial. De ahí nuevamente también la justificación del término «mecanismos extraordinarios», que reflejan, asimismo, una idea de estricta transitoriedad; los términos pretenden reflejar que la excepción a la cláusula 8.2 de «no rescate» es también extraordinaria y transitoria.

Por tanto, la nueva Ley Orgánica de Estabilidad Presupuestaria y Sostenibilidad Financiera es una gran reforma estructural derivada del cumplimiento de los pactos políticos de agosto de 2011, en el que uno de los mensajes fundamentales, tal y como se pone de manifiesto en el Debate a la Totalidad (Congreso de los Diputados, 2012), es que refuerza el marco institucional presupuestario de todo el sector público, especialmente Comunidades Autónomas y Corporaciones Locales.

El hecho de que, por primera vez, se contemple la posibilidad de intervenir una Comunidad Autónoma o una Corporación Local es una clara muestra de compromiso con la estabilidad presupuestaria y sostenibilidad financiera, también con el cumplimiento de los plazos para el pago a los proveedores, y explica, en gran medida, la filosofía de estas reformas: la estabilidad presupuestaria, en un país tan descentralizado, depende de todas las Administraciones y exige un decidido reforzamiento del marco institucional, también de unos mecanismos correctivos, coercitivos y de cumplimiento forzoso, para lograr el máximo respeto a los principios fundamentales establecidos en esta ley. Este hecho servirá después para desarrollar con éxito los nuevos instrumentos de ayuda financiera a Entidades Territoriales ligados permanentemente y de modo muy rotundo con el principio de la condicionalidad.[13]

Durante el proceso de tramitación de esta (y todas) las propuestas de ley en el Congreso los resultados de la votación del debate a la totalidad son la muestra más representativa del apoyo político que una iniciativa de este calado tiene. De hecho, el debate a la totalidad puede ser considerado como el principal debate parlamentario, en el que se valora y decide en bloque sobre el texto general, sin entrar en enmiendas parciales. Hecha esta consideración, la ley recibió un elevado respaldo parlamentario que responde fundamentalmente a la mayoría absoluta del Grupo Popular en el Congreso. El Grupo Socialista no presentó una enmienda a la totalidad y se abstuvo, a pesar de haber pactado, en ese momento desde el Gobierno, el cambio constitucional del artículo 135. La justificación del Grupo

13. También la Ley Orgánica de Estabilidad Presupuestaria y Sostenibilidad Financiera, y en especial sus artículos 25, 26 y la Disposición Adicional Primera, junto con el Decreto Ley 17/2014, de sostenibilidad financiera de Comunidades Autónomas y Entidades Locales, se convertirán, como se verá más adelante, en las referencias jurídicas básicas para argumentar y desarrollar la Orden Ministerial HFP/878/2017, de intervención financiera en la Comunidad Autónoma de Cataluña.

Socialista para su abstención se basó en tres ideas (Congreso de los Diputados, 2012): «En primer lugar, porque no contribuye a la recuperación económica. En segundo lugar, porque introduce elementos ideológicos neoliberales que son inaceptables e inadecuados en este momento. Y, en tercer lugar, lo he dicho anteriormente, porque rompe ese pacto político Partido Socialista-Partido Popular y porque, además, es más restrictivo el proyecto de ley que el pacto fiscal europeo que España acaba de suscribir».

Los resultados de la votación del debate de totalidad supusieron un rechazo mayoritario de las enmiendas a la totalidad, fundamentalmente por los votos del Partido Popular, UPD y Coalición Canaria, mientras que en la votación definitiva los resultados fueron 192 votos a favor (se sumaron 10 votos positivos de CIU), 116 en contra, 4 abstenciones y 38 ausencias.

En desarrollos legales posteriores se amplía el concepto de deuda pública para mejorar la protección de todos los acreedores, no solo los financieros, al incorporar la deuda comercial dentro del principio de sostenibilidad, acorde con los mecanismos que estaban empezando a diseñarse. No obstante, conviene insistir en que la prioridad absoluta de pago de deuda pública que se prevé en el artículo 135.3 de la Constitución y artículo 14 de esta Ley resulta aplicable, en sentido estricto, únicamente a la deuda financiera.

En efecto, más tarde se modifica la Ley de Estabilidad con la Ley Orgánica 9/2013, de 20 de diciembre, de control de la deuda comercial en el sector público, que en su artículo primero introduce una nueva definición de Sostenibilidad Financiera incluyendo, como gran novedad, la deuda comercial. La sostenibilidad financiera se refiere, por tanto, no solo al control de la deuda pública financiera, sino también al control de la deuda comercial.

El artículo 4.2 de la Ley Orgánica 2/2012, de 27 de abril, de Estabilidad Presupuestaria y Sostenibilidad Financiera queda modificada en los siguientes términos, tal y como recoge el texto consolidado:

«Se entenderá por sostenibilidad financiera la capacidad para financiar compromisos de gasto presentes y futuros dentro de los límites de déficit, deuda pública y morosidad de deuda comercial conforme a lo establecido en esta Ley, la normativa sobre morosidad y en la normativa europea. Se entiende que existe sostenibilidad de la deuda comercial, cuando el periodo medio de pago a los proveedores no supere el plazo máximo previsto en la normativa sobre morosidad».

De esta forma se intenta evitar que, en un futuro, cuando están ya funcionando los nuevos mecanismos de pago a proveedores, en principio extraordinarios y excepcionales, no se repitan episodios de impagos similares. Se trata, por tanto, de buscar todas las vías posibles para tener un marco jurídico muy cerrado que, una vez puestos en marcha los mecanismos para resolver la morosidad de las deudas comerciales pendientes en ese momento, este problema no vuelva a repetirse en el futuro.

Y es que, así como la deuda financiera siempre ha gozado de una muy elevada protección, en cambio para el caso de los acreedores en el ámbito de la deuda comercial era, hasta esta nueva ley, mucho menor, tanto por tener menor capacidad de influencia sobre las Administraciones, como por estar más divididos, más atomizados. El montante total de la deuda comercial, por otra parte, es una información menos transparente, a diferencia de la deuda financiera, cuyos datos se publican en el Banco de España. Esta situación empieza a modificarse con estos cambios legales y se perfeccionará al instrumentar mecanismos de control de la deuda comercial como el Periodo Medio de Pago a proveedores, con el fin de hacer un seguimiento del grado de cumplimiento de los 30 días establecidos por ley.

Capítulo 3

EL PROGRAMA EXTRAORDINARIO DE PAGO A PROVEEDORES; EL FONDO DE PAGO A PROVEEDORES Y EL FONDO DE LIQUIDEZ AUTONÓMICO. LA CAPILARIDAD

1. LA OPORTUNIDAD QUE BRINDAN LAS NUEVAS MEDIDAS NO CONVENCIONALES DE LA POLÍTICA MONETARIA

Un hito remarcable para la posterior implementación de los Fondos de Pago a Proveedores tuvo lugar en el seno de la Unión Europea en el año 2011 en materia de política monetaria. Así, y puesto que las medidas adoptadas hasta el momento por parte de la autoridad monetaria no habían servido para disipar la percepción de riesgo asociada a los países periféricos ni tampoco para el saneamiento de sus sistemas financieros, el Banco Central, bajo el nuevo mandato de Mario Draghi (quien toma posesión de su cargo en noviembre de 2011) optó, por un lado, por la reducción de los tipos de interés (del 1,5% al 1,25%) y por el diseño de un paquete de medidas adicionales de liquidez no convencionales, por otro. El objetivo de ambas (como prolongación de los esfuerzos del Banco Central Europeo por estimular la liquidez en el mercado monetario y los préstamos bancarios, que, hasta el momento, habían resultado poco efectivos) era garantizar la efectividad de los mecanismos de transmisión de la política monetaria a la economía real. Antes de la crisis, tal y como señala Fernández Méndez de Andés (2014), las políticas monetarias implementadas por sus responsables eran predecibles y sistemáticas y su mecanismo de transmisión era entendido por todos los agentes económicos. No obstante, en aras de evitar la gran depresión había que saltarse «el manual tradicional de intervención monetaria».

De este modo, en diciembre de 2011, el Consejo de Gobierno del Banco Central Europeo (BCE, 2011) decidió llevar a cabo dos operaciones de refinanciación con un vencimiento mayor, al tiempo que amplió la lista de colaterales admitidos en las subastas. En cuanto a las primeras, se programaron dos operaciones de financiación no convencionales (una tuvo lugar en diciembre de 2011 y la otra se celebró en febrero de 2012) a un plazo más largo que las operaciones estándar. El plazo para este tipo de mecanismos, comúnmente conocidas en su término anglosajón como *Very Long-Term Refinancing Operations* (VLTROs), se fijó en 36 meses (frente al vencimiento, en general, de tres meses de las operaciones convencionales) y se determinó un tipo de interés fijo al 1% (mientras que en las operaciones convencionales el tipo de interés suele ser variable). Tal y como señala el Banco Central Europeo (BCE, 2000) en las orientaciones sobre los instrumentos y procedimientos de la política monetaria del Eurosistema las operaciones de financiación a plazo más largo son operaciones temporales de inyección de liquidez (ejecutadas por los bancos centrales nacionales mediante subastas de tipo estándar) que persiguen proveer a las entidades de contrapartida de financiación adicional a plazo más largo.[1]

Además de ampliar la oferta de operaciones de refinanciación, el Consejo de Gobierno decidió, con el fin de garantizar una transmisión fluida de la política monetaria, ampliar temporalmente la lista de garantías elegibles para las operaciones del Eurosistema, ya que el acceso de algunos bancos a las operaciones de refinanciación parecía estar restringido por la limitación impuesta por este tipo de exigencia. Según el Banco Central Europeo (2012), la expansión temporal de la lista de garantías elegibles consistió, en líneas generales, en la reducción, por un lado, del umbral de calificación de riesgo para determinados tipos de valores respaldados por activos admisibles y, por otro lado, en la aceptación de una mayor proporción de préstamos no titulizados (es decir, créditos) en garantía para las operaciones del Eurosistema cuya autorización correspondería a cada Banco

1. Para Bernanke (2012) la crisis financiera dejó patente que la responsabilidad de las autoridades monetarias para proteger la estabilidad financiera era, al menos, tan importante como la de utilizar la política monetaria en búsqueda de objetivos macroeconómicos. El autor, en consonancia con la conocida regla de Tinbergen (1952), apuntaba, no obstante, que la efectividad de tal combinación radica en la separación de las herramientas para la consecución de cada uno de los objetivos. Así, el BCE utilizó los tipos de interés para estabilizar los precios y las medidas no convencionales, en especial la gestión del balance del banco central, para tratar de normalizar los mercados de crédito.

Central Nacional. Este hecho, probablemente, contribuiría a incrementar la fragmentación del mercado a través del denominado «sesgo local» por el que optaron gran parte de los inversores. Así lo mencionaba el Banco Central Europeo en el año 2012 al advertir que, desde que se desató la crisis de deuda, se intensificó el uso de activos de garantía de carácter doméstico en detrimento de colaterales extranjeros pasando de representar, estos últimos, alrededor del 50% en el año 2006 al 20% en el año 2012.

Las medidas no convencionales de política monetaria se tradujeron en una inyección de liquidez en el mercado de dinero de 1.018.721 millones de euros, repartidos en 489.190,75 millones que correspondieron a la primera subasta celebrada a finales de diciembre de 2011 (proporcionando financiación a 523 entidades de crédito) y en 529.530,81 millones de euros captados por 800 bancos europeos en febrero de 2012. A pesar de que no existe información detallada sobre la cuantía captada por los bancos españoles en ambas operaciones, algunos estudios señalan a la banca española (junto con la italiana) como la gran beneficiada de estas dos operaciones y estiman que a las entidades de crédito españolas se les asignó entre el 20% y el 30% de los fondos totales (Santos, 2017). Si bien parece que las decisiones por parte de la autoridad monetaria tuvieron cierto efecto positivo sobre la confianza de los inversores (relajando la prima de riesgo de la deuda pública española), la repercusión sobre el nivel de préstamos concedidos al sector privado pareció ser más moderada. Así lo recoge el resultado del estudio de García-Posada y Marchetti (2015) sobre el impacto de las VLTROs en la oferta de crédito en la economía española. El análisis sitúa el incremento en la oferta de crédito con carácter temporal, en el rango comprendido entre el 0,8% y el 1%, doce meses después de la celebración de las dos operaciones de refinanciación no convencionales.

De hecho, algunas de las críticas recibidas por parte de políticos y académicos provenían de los incentivos que este tipo de medidas generaron sobre la toma de decisiones de las entidades de crédito con relación al destino de los fondos captados en este tipo de subastas, ya que se materializaban, en gran medida, en la adquisición de títulos de deuda pública de los países periféricos de la zona euro (en lugar de en la concesión de préstamos a hogares y empresas), retroalimentándose, por tanto, la estrecha relación entre crisis bancaria y crisis de la deuda soberana. Así, además de la perspectiva regulatoria, que animaba a los bancos a mantener los bonos del sector público en sus balances puesto que no consumía capital al ser tratados como activos libre de riesgo, surgía la posibilidad de llevar a cabo la denominada estrategia *carry trade*, a través de la cual los bancos tenían alicientes para pujar por la liquidez ofrecida por el Eurosistema (puesto que el tipo de interés era más bajo con relación al precio ofrecido por otro tipo de financiación) para invertir en activos con una rentabilidad más alta (como los títulos de deuda pública) al tiempo que estos últimos servían como colateral en nuevas subastas.

Algunos autores como Ongena *et al.* (2016) advierten incluso que, además de razones de índole regulatoria, de gestión, etc., existió cierto grado de «persuasión moral»[2] por parte de los gobiernos periféricos a los bancos nacionales para que adquiriesen títulos emitidos por los propios gobiernos cuando la demanda era relativamente baja. Los autores muestran, utilizando un conjunto de datos de frecuencia mensual sobre las tenencias de valores de sesenta bancos en Grecia, Irlanda, Italia, Portugal y España, que durante la crisis de deuda soberana de 2010-2012, la banca nacional, y en particular, los bancos estatales, fueron considerablemente más propensos que los bancos extranjeros a aumentar sus adquisiciones de deuda soberana nacional en aquellos meses en los que sus respectivos gobiernos necesitaban emitir una gran cantidad de deuda nueva o renovar deuda pendiente.

Con independencia de las causas que motivaron a gran parte de las instituciones financieras a adquirir títulos de deuda pública, los datos para el caso español constatan, por un lado, que, efectivamente, aumentó la tenencia de bonos y obligaciones del Estado por parte de las entidades de crédito tras la implementación de las medidas no convencionales de política monetaria por parte del Banco Central Europeo (**Gráfico 30**) y, por otro lado, que el aumento de la liquidez en el mercado monetario no se materializaba en un incremento del crédito al sector privado; según datos del Banco de España, en diciembre de 2011 el volumen de crédito nuevo concedido a hogares y a sociedades no financieras se contrajo un 15% con relación a diciembre de 2010 y la contracción en 2012 alcanzó el 24%.[3]

2. En el documento se menciona que el término «persuasión moral», originalmente, se refiere a una apelación a la «moralidad» o al «deber patriótico» para inducir determinadas conductas o decisiones que no necesariamente conllevan una maximización de los beneficios para la entidad persuadida. Dicha demanda puede combinarse con la amenaza de un régimen más represivo, como en el caso de una supervisión más estrecha de la banca, la revocación de la licencia de un banco o el acceso limitado a la financiación del Banco Central.

3. De hecho, la tendencia negativa de la evolución del crédito nuevo no se invierte hasta 2014 y no en todos los segmentos. Así, tal y como señala Zurita (2014), mientras que las nuevas operaciones otorgadas a los hogares y a las pequeñas empresas crecieron el 10% anual en el primer trimestre de 2014, las operaciones de crédito a las grandes empresas se redujeron en un 17% en el mismo periodo. El autor achaca este mal comportamiento a dos factores: al desapalancamiento que estaban llevando a cabo las empresas que operaban en sectores altamente endeudados y a la búsqueda de otras fuentes alternativas de financiación.

Gráfico 30. EVOLUCIÓN DE BONOS Y LETRAS DEL ESTADO EN MANOS DE ENTIDADES DE CRÉDITO

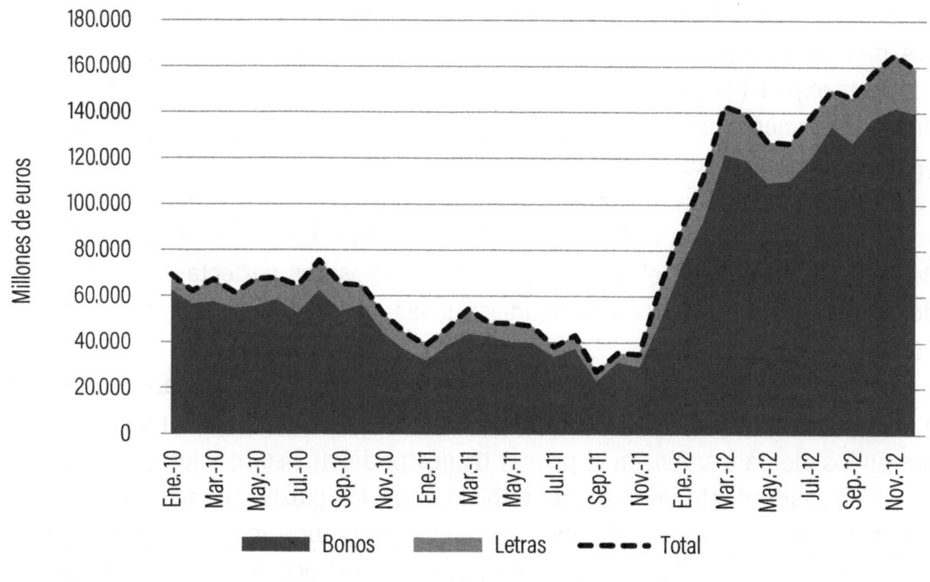

Fuente: Elaboración propia a partir de información suministrada por el Tesoro Público. Ministerio de Economía.

En este contexto se diseñan los Fondos para el Plan de Pago a Proveedores cuya materialización aprovecha las nuevas oportunidades que la política monetaria estaba brindando al sector público español para paliar las dificultades de financiación por las que atravesaban los niveles subcentrales de la Administración, en vista de la buena acogida que las subastas de liquidez estaban teniendo por parte del sistema financiero.

De este modo, la estrategia se fundamentó en la premisa de que el Estado podría emitir títulos de deuda pública (bajo la certeza de que los mismos serían adquiridos por las entidades de crédito con liquidez suficiente obtenida a través de las nuevas medidas no convencionales de la política monetaria), cuyos fondos serían transferidos directamente para atender las deudas de los proveedores de bienes y servicios de Comunidades Autónomas y Entidades Locales, convirtiéndose las Entidades Territoriales en deudores financieros del Estado, obligándose a importantes garantías y a una fuerte condicionalidad.

Así, y ante la inoperatividad de los mecanismos de transmisión de la política monetaria a la economía real, el Estado se erigiría como un nuevo agente canalizador de la liquidez proporcionada por el Eurosistema hacia los actores económicos, fundamentalmente las empresas españolas, muy necesitadas de liquidez. El mecanismo podría asemejarse, en cierto sentido, a las medidas de política monetaria referidas por Ben Bernanke (2002) basadas en la idea del helicóptero del dinero (planteadas con anterioridad por Friedman [1969]). Así, se trataba, en ambos casos, de coordinar elementos de la política fiscal y de la política monetaria en su vertiente expansiva y como una medida no convencional, sin utilizar a los intermediarios financieros (puesto que, por diversas circunstancias, estos no ejercían como canalizadores de crédito) para que la liquidez inyectada en el mercado monetario se transmitiese, de forma efectiva, al sector privado. Una diferencia significativa con el «helicóptero», sin embargo, radica en que, en el caso de los Fondos del Plan de Pago a Proveedores, el destino de su dotación estaba perfectamente delimitado, a saber, la liquidación de las deudas que las Administraciones Territoriales tenían con sus proveedores.

La prolongación de las medidas de carácter expansivo en materia monetaria a lo largo de todo el ejercicio 2012 contribuyó a la relajación inicial de las tensiones en los mercados. Así, en el primer trimestre del año se redujeron los diferenciales de rendimiento de la deuda pública entre los países que experimentaban más tensiones financieras. No obstante, fruto de algunos acontecimientos que se sucedieron a mitad del año, como las elecciones en Grecia en el mes de mayo o la rebaja de la calificación de la deuda soberana de España en el mes de junio por parte de la agencia de calificación Moody's, surgieron nuevas huidas de fondos hacia activos más seguros y se ampliaron los diferenciales de algunos valores de deuda pública de la zona del euro. En este contexto, a finales de julio de 2012, el Banco Central Europeo redujo los tipos de interés oficiales en 25 puntos básicos y ratificó la irreversibilidad del euro,[4] cuya declaración fue reforzada con el reconocimiento del Consejo de Gobierno de su disposición a realizar Operaciones Monetarias de Compraventa (OMC) en los mercados secundarios en lo que se refiere a la deuda soberana de los países de la zona del euro; lo que, en definitiva, permitió paliar el sentimiento de desconfianza de los inversores y reducir la segmentación de los mercados financieros.[5]

4. El 26 de julio de 2012 Draghi (2012) pronuncia en Londres su ya célebre discurso, en donde indica que el Banco Central Europeo «hará todo lo que sea necesario para salvar el euro. Y creedme, será suficiente».

5. No obstante, y, atendiendo al Banco Central Europeo (2012), los diferenciales de rendimiento de la deuda pública a diez años frente al bono alemán disminuyeron en los principales países de la zona del euro, salvo en España, donde aumentó en aproximadamente 70 puntos.

Muchas de las medidas adoptadas por el Banco Central Europeo tuvieron su reflejo en la evolución de la prima de riesgo. Muy recientemente Draghi (2018) resumía muy certeramente cómo la escalada de las tensiones financieras en la zona euro derivó, en gran parte, de las débiles posiciones fiscales y de la propia recesión económica, que redujeron la confianza económica. El miedo a posibles *defaults* tuvo un efecto perverso en el sector privado, ya que los mercados, incapaces de identificar entre bancos con deuda soberana o sin ella, provocaron que todos los activos, sin distinción, sufrieran las consecuencias de esta fuerte crisis fiscal con incrementos de los tipos de interés y de los diferenciales respecto al Bund alemán, que se convirtió en un activo refugio.

Al periodo posterior de relativa relajación de los mercados contribuyeron también, sin duda, otros acontecimientos como los progresos obtenidos con relación al diseño del Mecanismo Único de Supervisión a través de una Autoridad Bancaria Europea, los avances en la recapitalización de ciertas entidades del sistema financiero español, así como la decisión tajante y definitiva adoptada en el ECOFIN informal de septiembre de 2012 sobre la permanencia irreversible de Grecia en la unión monetaria.

Posteriormente, los principales hitos de la política monetaria en 2014 fueron la reducción de los tipos de interés oficiales del Banco Central Europeo hasta situarlos en su límite inferior efectivo, la introducción de una serie de operaciones de financiación a plazo más largo con objetivos específicos y cuantificables de incremento del crédito, conocidas como TLTRO, y la implementación, a partir de octubre de ese año, de dos programas de compras de determinados activos del sector privado (el programa de compras de bonos de titulización de activos y el programa de adquisiciones de bonos garantizados), con los que también el Banco Central Europeo, continuando con las medidas de política monetaria no estándar y del mismo modo que estaba realizando ya la Reserva Federal, comienza la denominada flexibilización cuantitativa (*Quantitative Easing* en terminología anglosajona).

En marzo de 2015 y profundizando en esta gran iniciativa, desarrolla un programa ampliado de compra de activos que abarcaba los programas de compra existentes para los valores respaldados por activos y los bonos garantizados, así como las compras de valores denominados en euros con grado de inversión emitidos por gobiernos, agencias e instituciones europeas de la zona del euro en el mercado secundario, a los que se añadirá, a partir de junio de 2016, el programa de compra de valores del sector corporativo. Las adquisiciones, que en el año 2015 alcanzaron un ritmo medio de 60.000 millones de euros mensuales, se prolongaron durante 2016 y comienzos de 2017, con ritmos medios mensuales superiores a los 80.000 millones de euros. El ritmo de compra de activos se vio paulatinamente reducido a medida que el Banco Central Europeo buscaba recuperar la normalización monetaria. Por ello, entre abril y diciembre de 2017 las compras mensuales medias fueron de 60.000 millones de euros, que se redujeron a la mitad entre enero y septiembre de 2018 y a 15.000 millones en los últimos tres meses del citado año.[6]

El Banco Central Europeo detuvo las compras netas de activos en enero de 2019, pese a que mantuvo la reinversión de los vencimientos de dichos activos. Sin embargo, el 12 de septiembre de 2019, el Consejo de Gobierno, en aras de reforzar el impacto acomodaticio de sus tipos de interés de referencia, decidió retomar el programa de compra de activos públicos (APP, por sus siglas en inglés) a partir del 1 de noviembre, con un ritmo medio mensual en el entorno de los 20.000 millones de euros. Ya en 2020, en el contexto de la crisis derivada de la pandemia del covid-19, no solo se ha reforzado con mucha intensidad el uso de los programas de compras de títulos públicos existentes, sino que, además, se han creado nuevos programas de compras de activos (el llamado *Pandemic Emergency Purchase Program*, o PEPP por sus siglas en inglés). A cierre de 2020, el BCE había comprado en torno a 2.930 miles de millones de euros del conjunto de estos programas; sobre este valor aproximadamente el 12% corresponde a títulos públicos españoles.

Si ya desde finales de la crisis el debate sobre el papel de la política monetaria ha sido muy intenso (Woodford, 2013), en términos de fijación de los objetivos de inflación, aproximación progresiva y flexible (Lowe, 2019), consideración del crecimiento y también el objetivo de estabilidad financiera, en un mundo como el actual, con menor crecimiento potencial, elevados niveles de ahorro y capital que circulan libremente, muy bajos tipos de interés reales y mayor estabilidad de precios, el esfuerzo desarrollado por los Bancos Centrales para la necesaria normalización de la política monetaria intensifica nuevamente el necesario debate sobre los objetivos (de precios y quizá también de crecimiento), la necesaria flexibilidad de los mismos, en especial permitiendo objetivos de inflación mayores que

6. A pesar de que el programa tenía desde sus comienzos un carácter excepcional, Reis (2016) esbozaba en su trabajo algunos argumentos sobre por qué la flexibilización cuantitativa podría constituir una herramienta para el futuro en los bancos centrales. Así, señala el autor que la gestión del tamaño y de la composición del balance del banco central podría evitar una crisis crediticia después de una crisis fiscal, al reducir las pérdidas sufridas por los bancos y proporcionar activos seguros que los mercados financieros pueden usar para promover la estabilidad financiera.

los necesarios en el medio plazo (The Economist, 2018b), así como las estrategias de política monetaria, sus instrumentos, tradicionales y no convencionales, y las prácticas eficaces de comunicación (Clarida, 2019).

2. DEFINICIONES Y PRINCIPIOS

2.1. Antecedentes

A finales de 2011 existían serias dudas sobre la sostenibilidad financiera de las Entidades Autonómicas y Locales. El crecimiento de su endeudamiento estaba siendo muy rápido y los mercados estaban penalizando sus emisiones de deuda hasta niveles que comprometían los objetivos generales de la política económica nacional. Por ello, una de las primeras medidas previa a los instrumentos de pago de la deuda comercial se diseñó a través del Instituto de Crédito Oficial (ICO) en apoyo de las Comunidades Autónomas y de la refinanciación de su deuda, a los pocos días de iniciarse la décima legislatura (desde diciembre de 2011 hasta enero de 2016).

El retraso en el pago a los proveedores, aunque agravado en 2011 como consecuencia del difícil acceso a la financiación, era, según se ha analizado en anteriores capítulos, un problema estructural en el que España se situaba a la cabeza entre los países europeos. Desde hacía tiempo se venían aprobando medidas con el fin de intentar resolver la falta de acceso a la financiación, así como los problemas de morosidad en las deudas comerciales contraídas por las entidades públicas. Los impagos preocupaban en el ámbito nacional, pero también a nivel europeo, que ya en abril de 2009, fecha en la que se aprueba en España el primer Real Decreto-ley para facilitar los pagos a empresas y autónomos por parte del sector público, la Comisión Europea presenta su propuesta de Directiva para reducir a 30 días el plazo máximo de pago en operaciones comerciales.

A continuación, se realiza un breve repaso de estas iniciativas que pueden considerarse como los antecedentes inmediatos de los Fondos para el Pago a Proveedores, aunque con efectos muy limitados hasta esos momentos.

En primer lugar, el Real Decreto-ley 5/2009, de 24 de abril, de medidas extraordinarias y urgentes para facilitar a las Entidades Locales el saneamiento de deudas pendientes de pago con empresas y autónomos, establecía la posibilidad de que las Entidades Locales concertasen una operación especial de endeudamiento para financiar remanentes de tesorería negativos o para financiar obligaciones vencidas y exigibles pendientes de aplicar al presupuesto. Esta financiación estaba sujeta a la necesidad de aprobar un plan de saneamiento por parte de los destinatarios de los fondos, que asegurase la capacidad de pago para cancelar la operación concertada en el plazo comprometido, que no podría ser superior a seis años y con la condición de aplicar los recursos obtenidos a pagar las obligaciones pendientes con empresas y autónomos en el plazo máximo de un mes.

Para ello, la Comisión Delegada del Gobierno para Asuntos Económicos instruyó al Instituto de Crédito Oficial para la puesta en funcionamiento de una línea de avales que garantizara los impagos de facturas endosadas por las empresas y autónomos correspondientes a obras y servicios prestados a Entidades Locales. Estas operaciones autorizadas por el ICO contaban con la garantía de la participación de las Entidades Locales en los tributos del Estado.

Como prolongación de la citada iniciativa, que pronto se consideró insuficiente, se aprobó el Real Decreto-ley 8/2011, de 1 de julio, de medidas de apoyo a los deudores hipotecarios, de control del gasto público y cancelación de deudas con empresas y autónomos contraídas por las Entidades Locales, de fomento de la actividad empresarial e impulso de la rehabilitación y de simplificación administrativa. Así, esta norma regulaba la posible concertación por las Entidades Locales de operaciones de crédito para dar cumplimiento a sus obligaciones comerciales, en el marco de una línea financiera que instrumentaría el Instituto de Crédito Oficial, previa instrucción que debería acordar la Comisión Delegada del Gobierno para Asuntos Económicos, y que permitiría que las entidades financieras colaboradoras satisficieran directamente a los proveedores las deudas pendientes de pago durante el año 2011. Este acuerdo desarrolló y concretó la ejecución de aquella línea estableciendo, en cualquier caso, la necesaria habilitación legal para que aquella línea financiera pudiera contar con la garantía de la participación de las Entidades Locales en los tributos del Estado.[7]

La realidad de las cifras, tal y como se ha puesto de manifiesto en capítulos anteriores, muestra que ambas iniciativas no tuvieron prácticamente efectos sobre

7. La necesidad de prolongar y ampliar este tipo de medidas surge, muy probablemente, de su falta de eficacia en la consecución de los objetivos para las que fueron aprobadas. Así se refleja en la Exposición de Motivos del Real Decreto-ley 4/2012 por el que se crea el primer Plan de Pagos a Proveedores, en donde se mencionan estos Reales Decretos Leyes y se constata su falta de eficacia. Así, se dice textualmente: «La escasa eficacia de aquellas medidas y la acuciante situación de falta de liquidez antes descrita aconsejan la adopción inmediata de medidas urgentes y de carácter extraordinario».

las obligaciones pendientes de pago de las Entidades Territoriales. Hay varios elementos que invitan a justificar el poco éxito de las medidas citadas, y que van desde la falta de dotación económica relevante, hasta la poca publicidad, la falta de exigencia de responsabilidades o la no obligatoriedad de los Ayuntamientos de sumarse al Plan.

Sí en cambio resultaron mucho más efectivas ciertas medidas extraordinarias en materia de política financiera adoptadas con el fin de adelantar en 2012 el 50% del importe estimado de las liquidaciones de los recursos del sistema de financiación a favor de las Comunidades Autónomas que así lo solicitaran, aplazando también hasta un máximo de 120 mensualidades el reintegro pendiente de las liquidaciones negativas del sistema de financiación correspondientes a los ejercicios 2008 y 2009 para las Comunidades Autónomas interesadas que así lo acordaran con el Ministerio de Hacienda en sus programas de ajuste.

El debate sobre las deudas comerciales de las Administraciones Públicas se producía también en Bruselas. Consciente del problema de morosidad en los países mediterráneos, la Comisión Europea aprueba la Directiva 2011/7/UE del Parlamento Europeo y del Consejo de 16 de febrero de 2011 por la que se establecen medidas de lucha contra la morosidad en las operaciones comerciales. Esta nueva Directiva, que entró en vigor el 15 de marzo de 2011, previó, entre otros aspectos, la reducción de los plazos de pago, el incremento de los intereses legales de demora, el reconocimiento expreso de una compensación mínima al acreedor por los costes de cobro y, en general, la exigencia de una mayor transparencia y sensibilización por parte de empresas y Administraciones Públicas. La Directiva regulaba todas las operaciones comerciales, tanto entre empresas como con la Administración.

Tal y como se relata en la propia Directiva, la morosidad constituía un incumplimiento de contrato que se había hecho económicamente provechoso para los deudores en la mayoría de los Estados miembros a causa de los bajos intereses aplicados o la no aplicación de intereses a los pagos que incurrían en demora o de la lentitud de los procedimientos de recurso.

Así, en las operaciones entre empresas y poderes públicos, la Directiva establecía que los Estados miembros de la UE se asegurasen de que, en las operaciones comerciales en las que el deudor fuera un poder público, el acreedor tuviera derecho a cobrar a un plazo que no supere los 30 días naturales después de la fecha en que la Administración Pública deudora hubiera recibido la factura. En caso de incumplimiento del plazo de pago el contratista tendría derecho a percibir intereses legales de demora, sin necesidad de aviso de vencimiento. En caso de que la fecha de recibo de la factura resultase dudosa, el plazo de pago sería de 30 días naturales después de la fecha de recepción de los bienes o de la prestación de los servicios. Los Estados miembros podrían ampliar los plazos de pago de 30 días, hasta un máximo de 60 días naturales en situaciones especiales. No obstante, los Estados miembros se asegurarían de que en los contratos no se fijasen plazos de pago más largos de 30 días, salvo acuerdo expreso en contrario recogido en el contrato y siempre que estuviera objetivamente justificado a la luz de la naturaleza o las características particulares del contrato, y que en ningún caso superarían los 60 días naturales.

2.2. Definiciones y características generales

Los Fondos para el Pago a Proveedores se definen como el conjunto de instrumentos creados a partir de principios de 2012 con el fin de financiar y saldar las deudas comerciales pendientes de pago por parte de las Entidades Territoriales a sus proveedores de bienes y servicios. Estos Fondos se materializaron en dos instrumentos financieros: el propio Fondo de Pago a Proveedores (que nace en marzo de 2012) y el Fondo de Liquidez Autonómico (julio de 2012) en la parte relativa a pago de deudas comerciales de Comunidades Autónomas.

Los Fondos de Pago a Proveedores forman parte de un concepto más amplio, los Mecanismos Extraordinarios de Liquidez, definidos como el conjunto de instrumentos financieros diseñados por el Gobierno para, inicialmente, financiar el pago de deudas comerciales de las Entidades Territoriales, autonómicas y locales y que, posteriormente, se amplió también para facilitar la refinanciación de la deuda financiera autonómica que llegaba a su vencimiento en unos momentos de graves dificultades para acceder a los mercados financieros. De hecho, los Fondos de Pago a los Proveedores nacieron, en primer lugar, para atender las deudas de los Ayuntamientos, aunque posteriormente se incorporaron las Comunidades Autónomas (a través del Fondo de Pago a Proveedores, primero, y de parte del Fondo de Liquidez Autonómico,[8] más tarde).

La iniciativa de hacer frente a las deudas pendientes con los proveedores aparece ya en los debates electorales para las elecciones del 20 de noviembre. Desde las primeras reuniones del nuevo Gobierno se ponen de manifiesto las dificultades de Ayuntamientos y Comunidades Autónomas para hacer frente a sus deudas

8. El Fondo de Liquidez Autonómico nació, fundamentalmente, para ayudar a las refinanciaciones de las Comunidades Autónomas, pero también destinó parte de sus recursos a financiar déficit y facturas comerciales de los ejercicios en curso.

con sus proveedores y, en el caso de las Comunidades Autónomas, también para refinanciar sus deudas financieras. En este contexto nacen los Fondos de Pago a Proveedores, una iniciativa que combina elementos fundamentales de la política fiscal y la política monetaria para combatir la falta de financiación y hacer frente a un grave problema de impagos de facturas en las Administraciones Territoriales, al mismo tiempo que permite una positiva transformación de la arquitectura presupuestaria pública, con los consiguientes efectos beneficiosos sobre el proceso de consolidación fiscal de todas las Administraciones y sobre la actividad económica.

Este libro se centra en el periodo 2012-2014, años fundamentales y centrales en el diseño y ejecución de los Fondos de Pago a Proveedores en sus diversas versiones y fases. En estos tres años, el Fondo de Pago a Proveedores y el Fondo de Liquidez Autonómico saldaron 65.852 millones de euros de deudas pendientes con los proveedores, en Corporaciones Locales y Comunidades Autónomas. Los Fondos de Pago a los Proveedores empezaron siendo unos instrumentos transitorios y «extraordinarios», que con el paso del tiempo pasarán a llamarse mecanismos «adicionales» de financiación y que al concluir el año 2014 se redefinen y que, en el caso del Fondo de Liquidez Autonómico, continúa utilizándose con cierta intensidad por parte de determinadas Comunidades Autónomas.

Tal y como se refleja en el **Gráfico 31**, los Fondos del Plan de Pago a Proveedores consisten en una titulización de activos en donde las deudas comerciales pendientes de pago por las Entidades Territoriales (deudoras) son asumidas directamente por el Estado, que se erige en prestador último de estas entidades públicas (acreedor financiero) con el fin de no seguir dilatando el pago a los proveedores privados (acreedores comerciales), aunque siempre bajo el principio de condicionalidad como factor de control de todo el proceso. La deuda pasa de tener un carácter comercial a ser de carácter financiero, ya que las Entidades Territoriales contraen un préstamo directamente con el Estado. Esto explica, como se ha visto también en anteriores apartados, parte del fuerte incremento de la deuda pública en estos años, aumento condicionado al cumplimiento de una serie de medidas presupuestarias y de gestión con el fin de no comprometer los objetivos fiscales marcados por el nuevo marco normativo.

Siendo que el incremento de la deuda pública es atribuible al Estado, las elevadas demandas de liquidez adicional en tan poco espacio de tiempo hicieron necesaria la participación de prácticamente la totalidad de las entidades financieras españolas para poder realizar las aportaciones requeridas de forma urgente. La agilidad con la que los bancos pudieron acudir a financiar al Estado es consecuencia directa de que el Banco Central ya había intensificado sus iniciativas financieras con el sector bancario. De hecho, las medidas no convencionales en el ámbito de la política monetaria ofrecían al sector público español una oportunidad para habilitar este mecanismo; puesto que bajo el diseño de las operaciones de refinanciación no convencionales a más largo plazo y la flexibilidad con relación a la admisibilidad de colaterales, las entidades de crédito nacionales disponían de liquidez y tenían incentivos a adquirir títulos de deuda pública del Estado, cuyos fondos serían transferidos directamente a los proveedores de bienes y servicios a Comunidades Autónomas y a Entidades Locales cuyas facturas estuvieran pendientes de pago. Las expectativas que generaron a comienzos de 2012 las inminentes nuevas emisiones de deuda ligadas al futuro Fondo de Pago a Proveedores sirvieron de estímulo para que las entidades financieras acudieran, sin excepciones e incluyendo también al ICO, a las inyecciones de liquidez

Gráfico 31. CONVERSIÓN DE LA DEUDA COMERCIAL DE LAS ENTIDADES TERRITORIALES CON LOS PROVEEDORES EN DEUDA FINANCIERA CON EL ESTADO

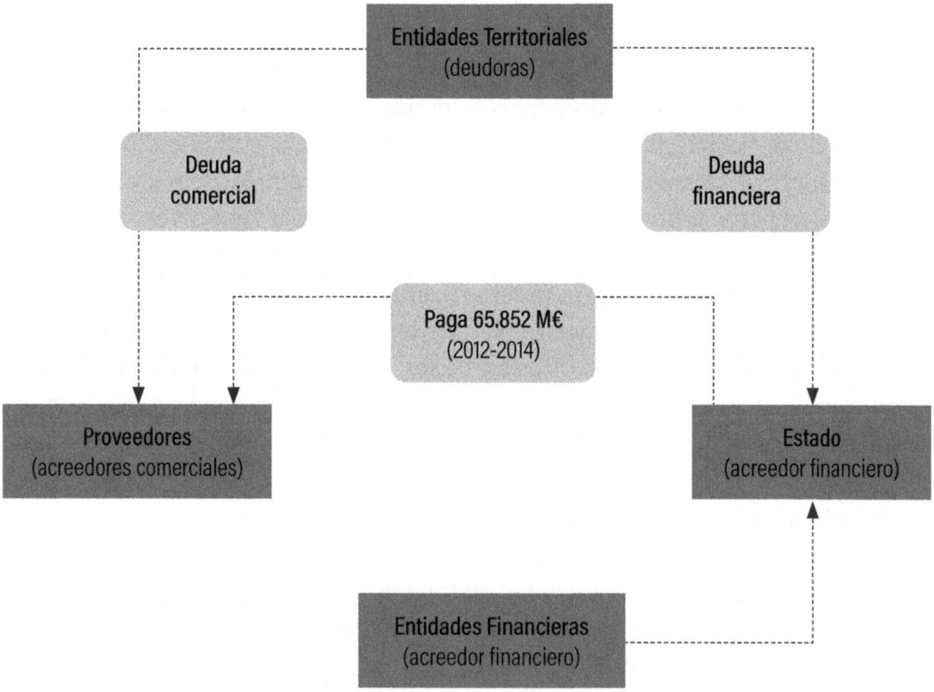

Fuente: Elaboración propia.

que estaba facilitando el Banco Central Europeo y que, hasta entonces, se veían con recelo por las propias instituciones financieras ante posibles malas interpretaciones del mercado y posibles daños reputacionales. Así, fue el propio Gobierno quien animó públicamente a los bancos a participar en las nuevas subastas de liquidez organizadas por el Banco Central Europeo, para poder disponer de esta liquidez pocas semanas después.

El Plan de Pago a Proveedores viene definido por una serie de características que lo hacen muy particular, una iniciativa extraordinaria: innovación, obligatoriedad para Corporaciones Locales y voluntariedad para las Comunidades Autónomas, dimensión, capilaridad, agilidad, efecto de choque, transparencia, eficiencia, protagonismo de la empresa, horizontalidad y cierta mutualización o mutualización parcial.

En efecto, en primer lugar, el plan de pagos supone una medida muy innovadora, tanto desde el punto de vista fiscal como monetario, y no constan a esa fecha casos similares, aunque posteriormente países como Italia y Portugal replicaran parcialmente el modelo.

Para el caso de las Corporaciones Locales el Plan de Pago a los Proveedores se constituyó de forma obligatoria. Es decir, todos los ayuntamientos estaban obligados a acogerse al plan y a reconocer las facturas en sus presupuestos. Este hecho fue fundamental para el éxito de la medida, que permitió hacer ver posteriormente a las Comunidades Autónomas las bondades de acogerse a ella. Por ello, aunque para las Comunidades Autónomas fue, inicialmente, de carácter voluntario, muchas estimaron la conveniencia de recurrir a los Fondos de Pago a Proveedores.

Otra de las características que definen este plan es su gran dimensión, tanto por el número de facturas tramitadas (agrupa un total de más de 9,3 millones de facturas), como por el número de proveedores (279.000), el elevado número de entidades públicas (Ayuntamientos, Comunidades Autónomas y demás entidades dependientes) y el importe, que solamente en el breve plazo de tiempo que transcurre desde el 30 de mayo hasta el 28 de junio de 2012 representó ya 27.303 millones de euros.[9] Con los mercados financieros cerrados, el Tesoro español fue capaz de captar la liquidez disponible en el balance de los bancos para movilizar los cuantiosos recursos necesarios para el éxito de la iniciativa.

9. Este importe se corresponde con los primeros pagos de 30-31 de mayo de 2012 en el caso de deudas de Corporaciones Locales (9.598 millones de euros), más el importe pagado el 27-28 de junio de 2012 a deudas de Comunidades Autónomas (17.705 millones de euros).

Fruto de la elevada participación de empresas, entes públicos, y el gran número de pymes, así como del elevado grado de dispersión territorial y efecto multiplicador de una primera inyección de liquidez y sus canales de trasmisión que generaron una larga cadena de pagos adicionales, puede decirse que la capilaridad es otro de los aspectos relevantes que define el Plan de Pago a Proveedores y que explica su efectividad. La agilidad es, sin duda, otro elemento a destacar, ya que, desde su diseño y aprobación normativa hasta su ejecución, materializada en los primeros pagos de finales de mayo, transcurren tres meses, lo que supone un tiempo récord para un proyecto de esta envergadura.

Como consecuencia de su dimensión, agilidad y concentración en un corto espacio de tiempo, el Plan de Pago a Proveedores puede considerarse como un plan de choque, cuya puesta muy inmediata en práctica supuso una sorpresa positiva para miles de pymes y empresas en general, así como profesionales, con consecuencias muy relevantes sobre la economía. La confianza de España en 2011 estaba en juego y este mecanismo es una inyección de confianza y de credibilidad.

La transparencia del proceso, por otra parte, fue fruto de la involucración de los técnicos municipales y de las Comunidades Autónomas, así como de los Ministerios económicos, ICO y Agencia Tributaria, ya que todas las facturas se controlaron bajo la supervisión de los Interventores Generales. Además, se realizó una posterior revisión de los planes de ajuste por parte del Ministerio de Hacienda.

La envergadura del proyecto no fue un obstáculo para que la eficiencia pueda considerarse otra gran característica. No se tiene constancia de errores en la ejecución del plan, y la coordinación entre el Ministerio de Hacienda (la Agencia Estatal de la Administración Tributaria, AEAT, coordina la relación de facturas y proveedores a través del registro de acreedores, elaborando, a su vez, los listados finales), ICO (pagador final a través de las entidades colaboradoras), Tesoro, entidades públicas y financieras requirió un desarrollo informático específico que permitió un perfecto funcionamiento.

Por otra parte, el protagonismo de la empresa refleja el compromiso último del Plan de Pago a Proveedores con la actividad privada. Es la empresa sobre la que gira el proyecto y la que determina la validez de las facturas, a no ser que el interventor dictamine lo contrario. De esta forma, el tradicional papel limitador de la Administración queda relegado a un segundo plano.

Igualmente, habría que destacar su carácter integral y horizontal, al afectar a todo tipo de sectores económicos, aunque haya un porcentaje elevado de facturas pendientes de empresas relacionadas con la sanidad, al ser una competencia transferida a las Comunidades Autónomas.

Y finalmente, este plan constituye el primer gran proceso de cierta mutualización o mutualización parcial de deuda territorial de la historia de nuestro país, algo que estaba prohibido en la Ley Orgánica de Estabilidad (artículo 8.2) y que requirió, como ya se ha analizado, la elaboración de una disposición transitoria para que este programa pudiera convertirse en una excepción. Es cierto que el Estado paga las facturas y las Entidades Territoriales se convierten en deudores financieros del Estado, otorgando avales y garantías y ligados a una fuerte condicionalidad. Pero para hacer frente a estos pagos, el Estado se ha tenido que endeudar adicionalmente, por lo que todos los contribuyentes también se ven afectados por estas decisiones financieras. Por otra parte, las Entidades Territoriales reciben importantes ventajas financieras en sus posiciones deudoras, en forma de tipos de interés privilegiados, periodos de carencia, largos periodos de tiempo para la devolución de la deuda, distribuyéndose, por tanto, también este coste entre todos los contribuyentes españoles.

Este conjunto de características define la peculiaridad del Plan de Pago a Proveedores y los Fondos que lo hacen posible, cuyo éxito contribuye a la regularización de las operaciones comerciales en el sector público territorial y a la recuperación del crédito de la Administración para resolver sus compromisos de pago con un gran número de empresas, muchas de ellas también multinacionales extranjeras, que habían desconfiado en los últimos años del comportamiento del sector público español. De hecho, durante años tuvieron que inyectar fondos desde sus matrices a las filiales españolas en concepto de anticipo con el fin de poder atender sus necesidades de liquidez. Estos fondos suponen un enorme alivio financiero, por tanto, y una vuelta a la normalidad en las relaciones comerciales entre la Administración y el ámbito privado.

El mecanismo de pago a proveedores se constituyó en un importante elemento de transparencia al regularizar unas deudas que, en muchas ocasiones, no estaban reflejadas adecuadamente en la contabilidad pública. Al mismo tiempo, suponía revertir una situación por la que los proveedores debían anticipar y pagar el Impuesto sobre el Valor Añadido (IVA) de unas facturas que no se habían cobrado. Es decir, los proveedores no solo financiaban a las Entidades Territoriales sino también al Estado.[10]

10. Este hecho motivó que algunos grupos políticos incluyeran en sus programas electorales de 2011 propuestas de reforma de la legislación tributaria para la devolución del IVA anticipado y pagado de aquellas facturas no cobradas. Con el tiempo, estas propuestas quedarían

2.3. Importes del Plan de Pago a Proveedores en el periodo 2012-2014

Tal y como se ha comentado anteriormente, los Fondos de Pago a Proveedores formaron parte de los denominados Mecanismos Extraordinarios de Liquidez. Durante el periodo 2012-2014 el Estado inyectó financiación a través de estas herramientas por valor de 104.588 millones de euros, de los que alrededor del 63% se canalizó a la economía real a través de los Fondos del Plan de Pago a Proveedores. A pesar de que la cuestión queda fuera del alcance del estudio, resulta llamativa su evolución temporal puesto que, lejos de responder a su carácter de excepcionalidad bajo el que fue diseñado, estos continúan, hoy en día, vigentes. Así, y tal y como se refleja en la **Tabla 10**, desde 2015 hasta 2020 los Mecanismos Extraordinarios de Liquidez alcanzan la cifra de 194.366 millones de euros adicionales; suponiendo así, desde el año 2012 hasta el año considerado de 2020, un total de 298.953 millones de euros.[11]

En la **Tabla 11** a continuación se reflejan, ya con detalle, las partidas de los Fondos para el Pago a Proveedores a disposición de las Comunidades Autónomas y Corporaciones Locales en el periodo 2012-2014. Así, el importe de los fondos derivados de los nuevos mecanismos de apoyo financiero a las Entidades Territoriales ascendió, entre 2012 y 2014, a 65.852 millones de euros,[12] un 2,12% del PIB español en términos anuales medios, lo que representó el mayor estímulo económico para las empresas de la historia española reciente.[13]

Este importe cobra especial relevancia por el momento en el que se hace: recesión económica y fuerte crisis del sistema financiero en Europa. De alguna

desnaturalizadas ante el pago de las deudas pendientes y la progresiva reducción temporal de los plazos de pago.

11. Cabe destacar que, a causa de la crisis derivada por el covid-19, el año 2020 supuso una apelación extraordinaria a los Mecanismos Extraordinarios; tan solo en ese ejercicio, los MEL aportaron 38.937 millones de euros a las Administraciones Territoriales, mientras que el promedio desde 2016 se situaba en torno a 28.000 millones de euros anuales.

12. Si a los Fondos de Pago a Proveedores, definidos en este trabajo con una finalidad exclusivamente de regularización de deuda comercial pendiente de pago, se le suman los importes recibidos por las Comunidades Autónomas para refinanciación de deuda, es decir, lo que hemos definido previamente como los Mecanismos Extraordinarios de Liquidez, el importe entre 2012 y 2014 asciende a los 104.588 millones de euros reflejados con anterioridad.

13. En este último año 2020 estas cuantías han sido superadas por el nivel de apoyo público (avales ICO, financiación privilegiada, ayudas públicas...), desplegado desde el presupuesto para apoyar al tejido empresarial en el marco de la crisis sanitaria.

Tabla 10. EVOLUCIÓN DE LOS MECANISMOS EXTRAORDINARIOS DE LIQUIDEZ AGRUPADOS EN DOS PERIODOS: 2012-2014 Y 2015-2020

Millones de euros

	AÑOS 2012-2014			AÑOS 2015-2020			TOTAL Mec. Extr. Liquidez
	FLA a CC. AA.	Plan de Proveedores		FLA a CC. AA.	Plan de Proveedores		
		CC. AA.	EE. LL.		CC. AA.	EE. LL.	
Andalucía	11.434	4.955	3.405	14.916	10.953	1.803	47.466
Aragón	0	513	227	4.385	2.786	135	8.046
Asturias	783	243	82	0	1.718	65	2.891
Baleares	2.607	1.274	450	2.314	4.004	87	10.736
C.-La Mancha	3.505	3.957	569	8.686	2.827	107	19.651
Canarias	2.565	315	502	0	5.321	9	8.712
Cantabria	808	327	51	1.872	1.003	1	4.062
Castilla y León	0	1.052	453	0	5.897	42	7.443
Cataluña	25.392	6.466	820	38.879	19.766	44	91.367
Extremadura	178	392	153	2.363	1.545	55	4.686
Galicia	0	0	220	0	8.079	28	8.327
La Rioja	0	71	7	0	1.052	0	1.130
Madrid	0	1.347	2.883	0	1.846	549	6.625
Murcia	2.495	1.789	419	8.758	0	180	13.641
C. Valenciana	13.006	7.519	1.271	41.910	0	380	64.086
CC. Forales y Ceuta	0	0	82	0	0	2	84
Totales (FF. AA. y FF. LL.)	62.774	30.219	11.595	124.082	66.797	3.487	298.953
Total global	104.588			194.366			

Fuente: Elaboración propia a partir de la información disponible en el Ministerio de Hacienda.

manera, el impacto que tuvieron en el corto plazo algunas de las reformas económicas (fundamentalmente recortes de gasto y subidas de impuestos) se habrían podido ver parcialmente contrarrestadas por este nuevo mecanismo de inyección de liquidez en la economía.

Según queda reflejado en la **Tabla 11**, de los 65.852 millones de fondos movilizados entre 2012 y 2014, 24.037 millones (36,5%) corresponden al Fondo de Liquidez Autonómico para el pago de facturas comerciales, 30.219 millones (45,9%) al Fondo de Pago a Proveedores de Comunidades Autónomas y 11.595 millones (17,6%) al Fondo de Pago a Proveedores de Corporaciones Locales. Es destacable que la mayor inyección monetaria se produce entre el 30 de mayo y 28 de junio de 2012, ya que en escasamente un mes se inyectaron 27.303 millones de euros a la economía (el 41,4% de los fondos de pago a los proveedores entre 2012 y 2014).

Tabla 11. PARTIDAS DE LOS FONDOS PARA EL PAGO A PROVEEDORES A DISPOSICIÓN DE LAS COMUNIDADES AUTÓNOMAS Y CORPORACIONES LOCALES EN EL PERIODO 2012-2014

Millones de euros

	CC. AA.			CC. LL.	FLA TOTAL	FFPP TOTAL	TOTAL Fondo Pago Proveedores
	FLA	FFPP	TOTAL	FFPP			
Total	24.037	30.219	54.256	11.595	24.037	41.815	65.852
% sobre total	37%	46%	82%	18%	37%	64%	100%

Fuente: Elaboración propia a partir de la información suministrada por el Ministerio de Hacienda.

En las fases posteriores el volumen de financiación resulta, del mismo modo, significativo, aunque en cuantías inferiores. Así, mientras en 2012 el importe de los Fondos de Pagos a Proveedores asciende a 33.600 millones, en 2013 son 13.500 millones y en 2014 se elevan a 18.751 millones de euros.

2.4. Principios económicos

Los Fondos del Plan de Pago a Proveedores surgen como mecanismo de financiación alternativo al mercado con el objeto de neutralizar el efecto negativo sobre el crecimiento económico derivados de los problemas de liquidez que enfrentaban los niveles subcentrales de la administración. Si bien el impacto de dicho mecanismo a corto plazo tratará de aproximarse en capítulos posteriores, tanto su motivación como su aplicación no han estado exentas de debate en el ámbito de la política económica por los posibles efectos que su implementación puede tener sobre la estabilidad económica en el largo plazo. Así, para el presente trabajo se ha considerado oportuno analizar, desde el punto de vista teórico, algunos de los aspectos más recurrentes en la literatura que manan en torno a la aplicación de este tipo de medidas, como son los que se detallan a continuación. De este modo, resulta conveniente revisar los factores que pudieron limitar el acceso a los mercados financieros de los Entes Territoriales (como las reglas fiscales vigentes, su cumplimiento, la existencia o la ausencia de una cláusula de rescate o la credibilidad en su cumplimiento). Del mismo modo, ha sido objeto de un profundo debate el papel de la disciplina de mercado, que genera considerables dudas sobre su eficacia como mecanismo prudencial. Surge, asimismo, la polémica sobre si las Comunidades Autónomas y las Corporaciones Locales tenían, únicamente, un problema de escasez de liquidez o si dicha escasez escondía, en realidad, un problema de solvencia. Por otro lado, y al clamor de la crisis, emergió en el seno de la Unión, un intenso debate sobre la conveniencia de respetar la cláusula de no rescate puesto que su incumplimiento podía introducir incentivos perversos (riesgo moral) en los agentes, sobre los efectos de la condicionalidad exigida para acceder a los fondos, o sobre las derivaciones de la mutualización de la deuda.

Tal y como se ha puesto de manifiesto en capítulos anteriores, la crisis económica tuvo un impacto significativo en el presupuesto de los distintos subsectores de las Administraciones Públicas. El deterioro, por un lado, de la recaudación impositiva, fruto de la caída de la actividad, junto con el incremento de los gastos presupuestarios derivó en un aumento de las necesidades de financiación. Si bien en el pasado el mercado había proporcionado al sector público mecanismos alternativos a la financiación a través de recursos propios para compensar sus desequilibrios presupuestarios, la crisis financiera, y posteriormente la crisis de deuda, restringieron el acceso a la financiación a través de este tipo de instrumentos, especialmente por parte de las Comunidades Autónomas y las Corporaciones Locales (Delgado-Téllez y Pérez, 2016).[14]

---

14. Delgado-Téllez y Pérez (2016) señalan, atendiendo a la experiencia internacional, que en etapas de crisis económicas prolongadas y severas las finanzas públicas subcentrales pueden verse expuestas a un considerable grado de estrés fiscal. Los autores señalan que, en estos casos, el acceso parcial o completo a los mercados nacionales e internacionales de capitales de los entes subcentrales se ve comprometido debido a factores como el menor tamaño relativo de los gobiernos en relación con los soberanos o por la menor disponibilidad de herramientas de respuesta a las crisis, puesto que esta situación puede generar dudas en los inversores sobre su capacidad para sostener niveles elevados de deuda en el medio plazo.

Las nocivas consecuencias para el tejido productivo, y para la economía en su conjunto, del retraso en el pago (o el impago) de los distintos niveles de la Administración, provocó una nueva intervención por parte del Estado en aras de ofrecer alternativas de liquidez a las proporcionadas por el mercado financiero a las Comunidades Autónomas. Así, los Mecanismos Extraordinarios de Liquidez constituían instrumentos de financiación alternativos a los que proporcionaba el mercado, materializados en diferentes productos financieros (créditos, fondos...) garantizados por el Estado a los que podían acceder los niveles subcentrales de la Administración bajo el cumplimiento, por parte de estas últimas, de importantes condiciones. El papel del Estado como captador de fondos (para su posterior canalización hacia los acreedores comerciales) pretendía relajar las reservas de los prestamistas sobre la capacidad de pago de este tipo de organismos. No obstante, y tal y como señalan Delgado-Téllez *et al.*, 2016a, el grado de acceso a los mercados financieros por parte de los niveles subcentrales de la Administración no solo depende de las garantías que pueda proporcionar el Estado, sino también de las reglas fiscales[15] vigentes (cuyo grado de cumplimiento influiría en las expectativas e incentivos de los distintos agentes), así como de la existencia o ausencia de una cláusula de no rescate explícita (que permita al mercado discriminar entre el riesgo de la deuda de las distintas Administraciones).

Siguiendo a Sutherland *et al.* (2005), las reglas fiscales aplicadas, especialmente al presupuesto de los niveles subcentrales de la Administración, persiguen diversos objetivos. Por un lado, persiguen mejorar la eficiencia en términos agregados y pretenden optimizar la eficiencia asignativa del gasto público. Por otro lado, pretenden garantizar la estabilidad económica en el corto plazo y la sostenibilidad presupuestaria a largo plazo, puesto que su existencia desincentivaría las actuaciones discrecionales en materia fiscal. El cumplimiento, por lo tanto, de las reglas fiscales permitiría reducir la incertidumbre sobre la dirección de la política fiscal permitiendo a los agentes formarse unas expectativas adecuadas.

No obstante, si las reglas fiscales no están cuidadosamente diseñadas, pueden introducir incentivos perversos en las decisiones de los responsables de su cumplimiento. Así, en la medida en la que, en sistemas económicos más descentralizados, la estabilidad presupuestaria del país depende de las contribuciones individuales

15. Las reglas fiscales son un conjunto de normas (generalmente restricciones legislativas) que se imponen sobre una o varias de las variables que componen el presupuesto público (como la capacidad o la necesidad de financiación, el nivel de gasto, etc.), y que forman parte de la institución presupuestaria.

de los niveles inferiores de la Administración, estos pueden tener incentivos a explotar los beneficios derivados de la disciplina de otros sin cumplir con las reglas. Este tipo de comportamientos de los agentes, denominados como *free-rider*, surgen, generalmente, en la provisión de bienes públicos y podría asimilarse a los beneficios derivados del cumplimiento de las reglas fiscales.

Como ejemplo de incumplimiento de las reglas fiscales, Delgado-Téllez *et al.* (2016b) analizan el grado de compromiso con los objetivos de déficit público en las Comunidades Autónomas en el periodo 2002-2015. Sus resultados muestran que, si bien la desviación de déficit público con respecto al objetivo tiene una relación positiva tanto con los errores en las predicciones de crecimiento económico como con el grado de exigencia del objetivo marcado, la proximidad de periodos electorales y los reducidos costes de financiación repercuten, del mismo modo, en el incumplimiento de los objetivos establecidos. De este modo, los autores consideran que el refuerzo del marco regulatorio en un contexto fiscal descentralizado contribuiría a mejorar la convergencia del déficit hacia los límites establecidos. No obstante, y puesto que el incumplimiento también obedece a factores de carácter institucional, resultaría conveniente revisar el nivel de corresponsabilidad fiscal y el marco de gobernanza de la política fiscal. En la misma línea, el estudio de Poterba (1993), realizado para los Estados de Estados Unidos a finales de los años 80, señala que tanto las instituciones fiscales como los factores políticos tienen influencia en la dinámica de déficit a corto plazo. Los Estados que imponen reglas constitucionales o estatutarias relativamente estrictas en sus ramas legislativa y ejecutiva, hacen que sea más difícil generar situaciones deficitarias.

Existen, no obstante, mecanismos adicionales que podrían desincentivar las conductas negligentes en materia fiscal, a saber, la regulación o la disciplina inducida por el mercado. En este caso, sería este último el que asumiría la función supervisora penalizando a aquellos niveles subcentrales de la Administración que no han asumido sus compromisos fiscales con unos costes financieros más altos. La disciplina de mercado es un mecanismo que surge para limitar el riesgo de impago de los prestatarios. Así, cuando este comienza a incurrir en deudas a las que no puede hacer frente, el prestamista exige tipos de interés más altos para compensar el aumento del riesgo de impago y excluirle, temporalmente, de la nueva financiación privándole del acceso al mercado financiero.

Sin embargo y tomando como referencia el ámbito bancario, la crisis financiera mundial ha revelado importantes limitaciones sobre el papel de la disciplina de mercado y ha generado dudas sobre su eficacia como mecanismo prudencial. De hecho, han sido comunes las voces que han expresado su consternación ante la incapacidad del mercado para identificar (*ex ante*) y castigar, posteriormente, a aquellos bancos que asumieron riesgos excesivos y tuvieron que ser rescatados con el consecuente coste para los contribuyentes.

En el ámbito de las finanzas públicas la evidencia empírica pone de manifiesto la relativa debilidad del mercado como garante único del cumplimiento de las reglas fiscales. Así, Ter-Minassian y Craig (1997) concluyen, tras diversos casos de estudio, que la dependencia exclusiva de la disciplina del mercado para frenar el endeudamiento subnacional probablemente no sea exitosa. Pérez (2017)[16] destaca en este sentido que, en España, la apelación continuada a los Mecanismos Extraordinarios de Liquidez (con la garantía del Estado) por los Entes Territoriales estaría distorsionando el funcionamiento del mecanismo disciplinador que ejercen los prestamistas externos.

Lane (1993) advertía ya en una publicación realizada a principios de los años 90 sobre la supeditación de la eficacia del mercado en materia de disciplina fiscal a la concurrencia de diferentes circunstancias. Así, señala el autor que, entre otras condiciones, debería producirse el hecho de que ningún organismo tenga acceso privilegiado al mismo, que el mercado tenga acceso a la información sobre la solvencia del prestatario (en el caso de los niveles subcentrales de la Administración Pública esto implicaría que cada organismo contase con su respectiva prima de riesgo), los agentes deberían reaccionar a las señales del mercado y no debería permitirse rescatar a los prestatarios con problemas.

No obstante, la credibilidad de la aplicación de la cláusula de no rescate,[17] puede resultar frágil, especialmente en aquellos países donde el sector público desempeña un papel importante en la provisión de servicios y bienes públicos,[18] (Balassone *et al.*, 2003). En este caso, los gobiernos centrales se encontrarían en un *trade-off*

16. El autor identifica otros mecanismos de control alternativos al mercado, como los controles de carácter administrativo por parte del Gobierno central (es decir, predeterminar el nivel de préstamos a través de limitaciones o prohibiciones) o el control basado en reglas fiscales.

17. Un rescate generalmente describe una situación en la que se provee de un volumen de fondos a una institución, empresa o país con dificultades financieras que se consideraría viable tras la recapitalización. Generalmente, el rescate se realiza con fondos públicos y su coste corre a cargo de los contribuyentes (*bail-out*).

18. Las respuestas contenidas en el cuestionario distribuido a los componentes del Network on Fiscal Relations across Level of Government de la OCDE que forman parte del trabajo de Sutherland *et al.* (2005), apuntan a la misma línea. Así, los encuestados consideraban que, si bien la legislación que incorpora cláusulas permitiendo la bancarrota de los niveles subcentrales de la Administración como penalización al incumplimiento de las reglas fiscales garantizaría

entre los beneficios derivados de las intervenciones en el corto plazo y los perjuicios en términos de incentivos y de reputación en el largo plazo.

Si bien parece que la expectativa de ser rescatado se ha revelado como un determinante adicional de los déficits públicos de las Administraciones subcentrales, parecen existir otros factores que afectarían tanto a las expectativas como al comportamiento real de todos los agentes involucrados. Lago-Peñas (2005) realiza un análisis exhaustivo del caso español entre 1984 y 1999. La conclusión principal es que el déficit parece estar más bien motivado por el resultado de las renegociaciones periódicas del sistema de financiación y de las subvenciones discrecionales (que provocaron que se relajasen las restricciones presupuestarias) que por las expectativas de rescate.

Más allá de los incentivos perversos que genera el sistema actual sobre el cumplimiento con los objetivos de déficit y sobre los posibles comportamientos discrecionales por parte de las Administraciones subcentrales, el papel actual del Estado como avalista a través de este tipo de mecanismos podría estar disuadiendo a muchas Comunidades Autónomas de acudir al mercado para financiarse. Cantalapiedra y Jiménez (2017) señalan que, en la actualidad, el Tesoro debería limitarse a auxiliar únicamente a aquellas Entidades Territoriales que exhiban verdaderos problemas puesto que el distanciamiento de los inversores implicaría costes de reentrada en el mercado en un futuro.

Desde el punto de vista histórico, conviene recordar y comparar los debates americanos de 1789 y finales de 1830 con el caso de la Unión Europea de 2011, asimilable, por otra parte, al debate español sobre el posible rescate de las Comunidades Autónomas.

Sargent (2014) en su discurso «Antes Estados Unidos, ahora Europa», comparó los problemas a los que se enfrentaba en aquel momento la Unión Europea y las dudas en torno al posible rescate de los países con mayores problemas financieros, con las decisiones constitucionales que hubieron de adoptarse en EE. UU. en dos momentos históricos muy concretos.

En primer lugar, lo compara con la formación del nuevo gobierno en 1789, cuando estaba sobre la mesa el pago de la deuda generada por los Estados en rebelión, Estados confederados, Estados independientes y Colonias durante la Revolución. El gobierno de Estados Unidos, a través del Departamento del Tesoro, emitió títulos

la eficacia del mercado financiero en su papel de supervisor, la escasa probabilidad de que se activaran, dejarían sin efecto esa función.

de deuda ofreciéndoselos a los acreedores de las deudas contraídas por los Estados, al 100% de su valor nominal y manteniendo los tipos de interés acordados inicialmente por los Estados endeudados. En segundo lugar, durante la recesión de finales de los años 1830 muchos Estados se declararon insolventes. El Congreso desestimó las propuestas del gobierno federal de pagar esas deudas estatales; si bien el rescate de Hamilton en 1790 era consecuencia de deudas incurridas para una «gloriosa causa nacional», las deudas de los años 1830 provenían de financiación de proyectos locales, por lo que el rescate fue denegado.

El propio Tratado de Maastricht en su artículo 125 ya contemplaba, entre sus reglas fiscales, la imposibilidad de asumir, por parte de otro Estado miembro, las deudas contraídas por algunos de los Estados miembros en aras de evitar reacciones adversas en los mercados de deuda e inducir presiones políticas sobre las autoridades monetarias poniendo en peligro, en definitiva, el funcionamiento de la Unión Monetaria. Al clamor de la crisis se abrió, en el seno de la Unión, un intenso debate sobre la conveniencia de respetar la cláusula de no rescate. Quedaban enfrentadas, por un lado, la postura de los países del norte de Europa, que abogaban por la determinación *ex ante* de un marco establecido de normas y su cumplimiento *ex post*, frente al punto de vista de los países mediterráneos, quienes se postulaban a favor de una interpretación flexible y más discrecional de las normas. En el caso de Europa, la balanza se inclinó hacia la postura discrecional cuando en 2010, los representantes de la eurozona deciden rescatar a Grecia, incumpliendo de este modo el artículo 125 del tratado de Maastricht.

Existe un extraordinario paralelismo entre este debate teórico a nivel europeo y la crisis económica y fiscal que ha afectado a España y a sus distintas Administraciones Públicas. En un contexto de estrangulamiento de la liquidez y colapso total de los flujos financieros, las relaciones económicas y financieras entre las Comunidades Autónomas y el Estado han estado enormemente influidas por las mismas cuestiones; y así ha ocurrido con la implementación de los Mecanismos Extraordinarios de Liquidez. De este modo, su formulación planteaba determinados interrogantes: si la incapacidad de los niveles subcentrales de la Administración obedecía, únicamente, a problemas de liquidez o si dichos estrangulamientos en la tesorería de las Administraciones escondían problemas de solvencia; sobre las consecuencias derivadas de la intervención del Estado o las implicaciones de la mutualización parcial de la deuda.

En términos generales, las condiciones financieras de un gobierno pueden definirse como la suficiencia de recursos de este último para dar cumplimiento a sus obligaciones. Existen, no obstante, algunos autores (Kioko, 2013)[19] que matizan y distinguen entre: la capacidad del gobierno de cumplir con sus obligaciones en cada ejercicio presupuestario, a lo que se refieren como solvencia presupuestaria; a la capacidad del gobierno de pagar sus facturas a medida que se aproximan sus vencimientos (o solvencia de efectivo). Atendiendo a esta clasificación, el diseño de los Mecanismos Extraordinarios de Liquidez pretendería garantizar la solvencia de efectivo o, de forma similar, paliar los problemas de liquidez a los que se enfrentaban los Entes Territoriales. No obstante, y en la medida en la que la apelación a la financiación por parte de los niveles subcentrales de la Administración a través de estos mecanismos ha sido recurrente, cabe plantearse la existencia de insolvencia en otro tipo de nivel presupuestario más allá de la insolvencia de efectivo.

La determinación de si la Administración concreta (o la institución en el ámbito financiero) atraviesa por una fase transitoria de escasez de liquidez o si, en realidad, se trata de un problema de insolvencia, no resulta, *a priori*, sencillo de determinar. Se considera que una entidad es solvente si el valor presente descontado de su gasto primario es inferior al valor presente descontado de sus ingresos, neto de cualquier endeudamiento inicial. Una entidad presentaría un estrangulamiento de liquidez si con sus activos y con su financiación no puede satisfacer los vencimientos de los pasivos (con independencia de si es solvente o no). En la medida en que los problemas de liquidez, a menudo, se traducen en incrementos de los tipos de interés y, en casos extremos en los que no existe financiación disponible, dicha tasa tiende a infinito, la solvencia de la entidad podría ser cuestionable. Esta situación podría derivar en el cuestionamiento de la solvencia de la entidad.

Nuevamente Brunnermeier *et al.* (2016) se refieren a este hecho a través de lo que denominan el multiplicador del rescate. Cuando se suministra financiación a un Estado y los fondos adicionales se utilizan, principalmente, para pagar a los acreedores existentes en lugar de alimentar los flujos de efectivo futuros, el país se enfrentaría a un problema de solvencia y el multiplicador resultaría menor que la unidad. Mencionan los autores que el multiplicador puede incluso ser negativo, ya que un rescate puede contaminar el comportamiento futuro de los

19. Kioko (2013) analiza la condición financiera de las haciendas estatales y locales en Estados Unidos en el periodo 2002-2010. El resultado del análisis desvela que, si bien la mayoría de los Estados experimentaron dificultades en materia de liquidez durante los años 2009 y 2010 (a lo que el gobierno federal respondió con un paquete de estímulos), los niveles de deuda parecían compatibles con la sostenibilidad en el largo plazo.

participantes en el mercado incentivando la aparición de los problemas derivados del riesgo moral. Por el contrario, el multiplicador del rescate resultaría positivo si el país lo que exhibe es un problema de liquidez.

En este contexto, la decisión sobre la conveniencia de inyectar financiación no resulta baladí puesto que, por un lado, si se hace caso omiso a los problemas de liquidez y no se suministran los fondos, esto puede derivar en problemas de solvencia. Por el contrario, si se retrasa el diagnóstico a la hora de determinar un posible caso de insolvencia, la acumulación de deuda pudiera resultar más costosa para los contribuyentes. En el extremo, dicho retraso puede modificar las expectativas sobre futuros comportamientos y desencadenar futuras crisis.

En el seno de la Unión y al albor de la crisis de deuda soberana, el debate se abrió en torno a las distintas partes afectadas en el proceso de mutualización (entendiendo como tal el «desahogo» en los niveles de endeudamiento de un organismo tras ser asumida su deuda, en parte, por ejemplo, a través de préstamos a precios por debajo del mercado, por un tercero), a saber, entre aquellos Estados endeudados y aquellos a los que se les debería transferir parte de los pasivos. De nuevo Alemania, el país cuyos contribuyentes financiarían gran parte de los costes en cualquier esquema de asunción de deuda, mostró la oposición más rígida ante la posibilidad de rescates exigiendo una estricta condicionalidad. Entre los argumentos que subyacen entre los defensores y los detractores de la mutualización se encuentran la equidad y los incentivos.

En definitiva, los Fondos para el Pago a Proveedores como medida extraordinaria de liquidez es un mecanismo cuya aplicación plantea diversos y profundos debates en materia económica. Si bien fueron diseñados en aras de frenar la destrucción del tejido productivo español y, por ende, estimular el crecimiento económico a corto plazo, y muy estrictamente ligados a una fuerte condicionalidad, sus efectos a largo plazo pueden resultar controvertidos.

3. EL PLAN DE PAGO A PROVEEDORES

3.1. El marco regulatorio del Plan de Pago a Proveedores

Febrero de 2012 de la X legislatura resultó un mes crucial en materia de grandes reformas estructurales, aprobándose en diversos Consejos de Ministros de ese mismo mes tres Decretos Ley, el primero de ellos en el ámbito del saneamiento financiero (Decreto Ley 2/2012), Decreto Ley 3/2012 relativo a la reforma laboral y, en tercer lugar, el primer Decreto Ley para la aprobación del Plan de Pago a Proveedores, Decreto Ley 4/2012. Este Decreto Ley se constituye como el punto de partida de este novedoso Plan; es también un reflejo del debate que debió generarse en el seno del propio equipo económico del Gobierno, ya que, si bien en este primer texto normativo se introduce este mecanismo extraordinario de política económica, no sería hasta dos semanas después y mediante el Decreto Ley 7/2012, cuando se definen los mecanismos financieros para hacerlo posible. Posteriormente se aprobarían nuevas fases de este Plan, hasta completar un total de tres, la segunda en febrero de 2013 y la tercera en junio de 2013.

En paralelo se desarrolló el Fondo de Liquidez Autonómico, que surgió originariamente como un mecanismo de apoyo a la refinanciación de las Comunidades Autónomas, pero que se usó también para la financiación del déficit y, por tanto, el pago de deudas comerciales corrientes de las Entidades Territoriales, especialmente deudas de carácter social.

Antes incluso que los procedimientos de pago de deuda comercial y, por tanto, de la aprobación del Decreto Ley 4/2012 de 24 de febrero, se creó, tras la primera reunión del Consejo de Política Fiscal y Financiera que evidenció los problemas de refinanciación de las Comunidades Autónomas en los mercados, la línea de financiación directa ICO-Comunidades Autónomas 2012. Así, se puso en marcha el primer mecanismo a través del ICO para respaldar y reducir la presión sobre la deuda autonómica. Era el llamado ICO-vencimientos, que aportó un total de 5.450 millones, y sirvió como referente para el posterior desarrollo de los Fondos del Plan de Pago a Proveedores y el Fondo de Liquidez Autonómico.[20]

La primera fase del Plan de Pago a Proveedores se regula a través del Real Decreto-ley 4/2012, de 24 de febrero, por el que se determinan obligaciones de información y procedimientos necesarios para establecer un mecanismo de financiación para el pago a los proveedores de las Entidades Locales, cuyo objetivo es atender las facturas pendientes de pago de los proveedores con las Entidades Locales. Para ello, uno de los elementos que dotan de mayor eficacia al instrumento es confiar al proveedor la capacidad de iniciar el procedimiento para el pago de sus facturas vencidas, al tiempo que se constituye en una iniciativa de obligado cumplimiento para las Entidades Locales.

20. Tal y como señala Vicente González (2013), esta línea tenía ciertos inconvenientes, ya que la función originaria del ICO era prestar apoyo financiero al tejido productivo, y siendo su capacidad para obtener financiación en los mercados de capitales más limitada, las condiciones financieras de los préstamos eran peores que las del Estado. Además, no resolvía el pago de facturas pendientes a los acreedores comerciales ni permitía la financiación del déficit público.

Claramente se define que el público objetivo que puede acogerse a este procedimiento son aquellos proveedores que tienen obligaciones pendientes de cobro con Entidades Locales u organismos dependientes. Se excluyen las obligaciones contraídas por las Entidades Locales con el Estado, Comunidades Autónomas y Seguridad Social, incluidas otras Entidades Locales y todos sus Organismos y Entidades dependientes. Quedaban fuera del Real Decreto-ley todas aquellas Entidades Locales que no tuvieran derecho a la percepción de fondos con cargo a la participación en los tributos del Estado. Este hecho es relevante porque los citados fondos se constituyen en la garantía fundamental para asegurar el pago de los préstamos contraídos con el Estado.

Se establecieron una serie de requisitos muy definidos de las obligaciones pendientes de pago: que fueran vencidas, líquidas y exigibles, que estuvieran registradas las facturas o solicitud de pago equivalente antes del 1 de enero de 2012 y que fueran relativas a contratos incluidos en la Ley de Contratos del Sector Público. Como bien se recoge en López de la Riva *et al.* (2012), de este modo queda aclarada la diferencia entre deudas reconocidas antes de 1 de enero de 2012 y deuda no reconocida (las llamadas comúnmente como «facturas en los cajones»).

Inicialmente se establecieron como criterios de reparto: la antigüedad, tener la naturaleza de pyme o autónomo, y haberse reclamado la factura ante los Tribunales de Justicia antes del 1 de enero de 2012. También, y de acuerdo con el artículo 8 del Real Decreto-ley 4/2012, se estableció la posibilidad de quita como criterio para definir la prioridad en el pago de las facturas, cuestión que fue muy debatida y que generó una gran controversia, y que, por esos motivos, al final no fueron tenidos en cuenta. Adicionalmente se insiste, en todo momento, en el carácter transitorio y extraordinario de la iniciativa, cuyo límite temporal no debería exceder del año 2012.

El importe incluía el principal, y excluía los intereses de demora, costas judiciales y cualesquiera otros gastos accesorios, a los que se renunciaba tras su abono.

El procedimiento establecido comenzaba con la remisión antes del 15 de marzo de 2012 por parte de las Entidades Locales, de la relación certificada de todas las obligaciones de pago. Posteriormente las Entidades Locales debían permitir a los contratistas consultar su inclusión en la relación certificada. Los contratistas que no constaran en ella podían solicitar a la entidad local deudora la emisión de un certificado, que se debía expedir por el Interventor. Si no se rechazaba la solicitud, se entendía reconocido el derecho de cobro por silencio positivo. La expedición de estos certificados conllevaba la contabilización de las obligaciones pendientes de pago con cargo al ejercicio 2012.

El mecanismo estaba estrictamente ligado a la obligación, por parte de las Entidades Locales, de aprobar un plan de ajuste. Después de enviar la relación certificada, y si no se había efectuado el pago de las facturas pendientes, el Interventor debía elevar al Pleno de la Entidad Local un plan de ajuste, en el que se recogían toda una serie de previsiones de ingresos y gastos que garantizaran la sostenibilidad financiera de la operación, para su aprobación antes del 31 de marzo de 2012. Este Plan debía remitirse al día siguiente de su aprobación al Ministerio de Hacienda y en 30 días debía obtener una respuesta. Una vez valorado favorablemente el Plan de Ajuste por el Ministerio se entendía autorizada la operación de endeudamiento.

El abono de las facturas por parte del Ministerio de Hacienda, tramitado por la Agencia Tributaria y gestionado en su fase final a través del ICO, se llevó a cabo a partir del día 30 de mayo, por tanto 3 meses después de la aprobación del Decreto Ley, y suponía la sustitución de la deuda comercial por deuda financiera con el Estado. Las Entidades Locales financiaban las obligaciones de pago mediante la concertación de una operación de endeudamiento a diez años con dos de carencia. En garantía del pago se cedía la Participación de Ingresos del Estado, es decir, las transferencias recibidas por las Entidades Locales del Estado para la financiación de sus servicios. Por tanto, en caso de impago por parte de las Entidades Locales, podría retenerse la parte correspondiente de las transferencias con cargo a la participación de ingresos del Estado.

Dada la urgencia con la que el Plan quería atajar los graves problemas descritos, se optó por su tramitación como Real Decreto-ley, cuyo procedimiento requería de una convalidación posterior por el Congreso antes de transcurridos 15 días desde su aprobación por el Consejo de Ministros. Desde el punto de vista parlamentario la propuesta obtendría un fuerte respaldo en el debate de convalidación del Real Decreto-ley 4/2012, mostrando la votación 301 votos favorables y únicamente 14 en contra.

La amplia mayoría que aprueba el mecanismo es una clara muestra del respaldo a una iniciativa que actúa directamente sobre las fuertes necesidades de liquidez por parte de las empresas, especialmente las pymes, y de la clara conciencia de que la economía necesitaba un impulso por la vía de una inyección monetaria directa.

Y si uno de los principales objetivos era la reactivación económica y hacer frente al impago generalizado de facturas por parte de las Entidades Territoriales, las Comunidades Autónomas no podían quedar al margen. Así, habiéndose aprobado en el Consejo de Política Fiscal y Financiera los objetivos de déficit público y aceptado para las Comunidades Autónomas el proyecto de Ley Orgánica de Estabilidad Presupuestaria y Sostenibilidad Financiera, adicionalmente se aprobó la ampliación y puesta en marcha del mecanismo de financiación para el pago a los proveedores también para las Comunidades Autónomas,[21] que posteriormente sería completado y perfeccionado por la Comisión Delegada del Gobierno para Asuntos Económicos en su reunión del día 22 de marzo de 2012.[22]

A diferencia de las Corporaciones Locales, el plan de pagos tiene carácter voluntario para las Comunidades Autónomas de régimen común, ya que se trata de evitar posibles riesgos de inconstitucionalidad derivados de la fuerte condicionalidad exigida como contrapartida a la puesta en marcha del Plan, que pudiera además demorar la tramitación de los fondos. No obstante, las características del procedimiento y el funcionamiento del instrumento son similares, tanto con relación al importe a pagar, como a las certificaciones, el orden de prioridad de las facturas o los plazos de endeudamiento para la devolución de las ayudas.

Igual que para las Corporaciones Locales, el Ministerio de Hacienda, a través de la Agencia Tributaria, remite telemáticamente al ICO el importe máximo de financiación para cada Comunidad Autónoma, así como la relación definitiva, revisada por la Intervención general de la Comunidad, de los contratistas y quienes hayan suscrito conciertos e importes que deban atenderse.

El acceso a este mecanismo extraordinario de financiación estuvo sujeto también a condicionalidad fiscal, por lo que la Comunidad Autónoma que deseara acceder al mecanismo previsto en el presente Acuerdo debía de contar con un informe favorable del Ministerio de Hacienda. Las Comunidades Autónomas se comprometieron a remitir, antes del 30 de abril, un plan de ajuste al Ministerio de Hacienda cuya duración debía de comprender el periodo de amortización previsto para la operación de endeudamiento derivada de este mecanismo. El Ministerio de

---

21. También en ese mismo Consejo de Política Fiscal y Financiera de 6 de marzo se aprueba el Acuerdo por el que se fijan las líneas generales de un mecanismo extraordinario de financiación para el pago a los proveedores de las Comunidades Autónomas. Para una revisión con detalle del citado acuerdo puede analizarse la Resolución de 13 de abril de 2012, de la Secretaría General de Coordinación Autonómica y Local, por la que se publica el Acuerdo 6/2012, de 6 de marzo, del Consejo de Política Fiscal y Financiera.

22. Para un análisis más detallado ver la Orden PRE/774/2012, de 16 de abril, por la que se publica el Acuerdo de la Comisión Delegada del Gobierno para Asuntos Económicos de 22 de marzo de 2012. En este Acuerdo se determinan las características de las obligaciones pendientes susceptibles de ser abonadas, se especifican las condiciones fundamentales de los planes de ajuste y se establecen también las condiciones financieras de la operación.

Hacienda debía evacuar su informe sobre condicionalidad fiscal en el plazo máximo de 15 días hábiles a contar desde la recepción en el mismo de la documentación que, en su caso, hubiera solicitado a la Comunidad Autónoma.

Aunque la vigencia estaba prevista hasta cuando se agotara el importe máximo de financiación previsto y en todo caso antes del 31 de diciembre de 2012, el plan contaría con nuevas fases posteriormente.

También y con posterioridad, a través de la Disposición Adicional segunda, incluida en el Decreto Ley 21/2012 de creación del Fondo de Liquidez Autonómico, esta iniciativa de Pago a Proveedores se ampliaría a las Entidades Locales de las Comunidades Autónomas del País Vasco y Navarra.

3.2. La constitución del Fondo para el Pago a Proveedores

El Fondo para la Financiación de los Pagos a Proveedores se crea dos semanas más tarde mediante el Real Decreto-ley 7/2012, de 9 de marzo de 2012, en esta ocasión a través del Ministerio de Economía, como mecanismo para dotar financieramente y poder ejecutar así el Plan de Pago a Proveedores creado en el Real Decreto-ley 4/2012, de 24 de febrero. El citado Fondo se constituye como entidad de Derecho Público, con personalidad jurídica propia y habilitada para la concertación en los mercados de capitales de toda clase de operaciones de endeudamiento, que cuentan con la garantía del Estado. El pago de las facturas se instrumentaliza a través de este fondo (FPPP).

Además, el Fondo responde de las obligaciones pendientes de pago directamente y se subroga en el derecho de crédito frente a la Administración Territorial deudora.

Uno de los principales retos del Fondo era la obtención de en torno a 35.000 millones de euros, que era el importe estimado necesario para cubrir las deudas comerciales pendientes de las Entidades Territoriales. El recurso a los mercados suponía un fuerte incremento de las necesidades de financiación, difícil de asumir en tan poco espacio de tiempo, en un muy complicado 2012 con unas previsiones de emisiones del Tesoro para ese año ya elevadas, en torno a los 85.900 millones, y con las dificultades de acceso a los mercados financieros ya descritas. Por ello se recurrió a un préstamo sindicado, con la participación de la gran mayoría de las entidades financieras, por 30.000 millones de euros, ampliable por 5.000 millones de euros adicionales,[23] a los que habría que añadir la aportación de un importe de

23. Ver, a estos efectos, el trabajo pormenorizado describiendo el instrumento financiero de Vicente González (2013).

hasta 6.000 millones de euros con cargo a los Presupuestos Generales del Estado. La liquidez obtenida por los principales bancos españoles en la subasta extraordinaria de VTLROs de febrero de 2012 fue, así, un elemento clave para hacer posible el programa. En esa subasta, y según se deduce de una respuesta escrita dada por el Gobierno a determinadas preguntas parlamentarias, el ICO habría captado 20.000 millones de euros de financiación a tres años. Al mismo tiempo la posibilidad de conversión del préstamo en títulos valor, en concreto en bonos, permitía un mejor tratamiento por parte del Banco Central Europeo y el acceso a un mercado secundario más líquido y profundo.

El ICO realizó también la gestión y administración de las operaciones del Fondo y se convierte en agente con la colaboración de las entidades de crédito que decidieron adherirse; estas debían de contar con capacidad de gestión e implantación territorial suficiente para la prestación de los servicios de formalización, pago y gestión. Para ello se aprueba un crédito sindicado bancario de 35.000 millones de euros, lo que supone, hasta ese momento, la mayor operación de refinanciación realizada en España. Como bien se refleja en Navarro (2013), el crédito sindicado estaba avalado por el Tesoro Público, que contaba con la contragarantía de la Participación en los Ingresos del Estado de los Ayuntamientos y de los recursos de la financiación autonómica de las Comunidades Autónomas.

El Fondo para la Financiación de las Administraciones Territoriales fue también el encargado de canalizar el préstamo sindicado hacia los Ayuntamientos. El préstamo se fijó con una duración de cinco años con dos de carencia, durante los cuales las Entidades Locales solo pagaban los intereses. Sin embargo, el plazo de que disponían los Ayuntamientos para devolverlo será de diez años, con dos de carencia, mediante un mecanismo de refinanciación que realizará el Fondo. El coste del crédito se fijó en el equivalente al de otras operaciones avaladas por el Estado, con un recargo máximo de 115 puntos básicos sobre Tesoro.

El Ministro de Economía y Competitividad, en su intervención para la convalidación del Real Decreto-ley, insistió claramente en que la constitución del Fondo tenía como finalidad ser un instrumento para resolver un problema financiero, no para relajar el control sobre el cumplimiento de los objetivos presupuestarios y estaba sujeto a la exigencia de una fuerte disciplina fiscal. De hecho, el propio texto legal recoge obligaciones de información adicionales referidas a los planes de ajuste de las Entidades Locales.

El Fondo efectuaba el pago directo a los proveedores, subrogándose en los derechos que a dicho proveedor correspondieran frente a dichas Administraciones por el importe efectivamente satisfecho. Los proveedores podían voluntariamente hacer efectivo el pago mediante la presentación a cobro en las entidades de crédito. El abono conllevaba la extinción de la deuda contraída por la Administración Territorial correspondiente con el proveedor por el principal, intereses, costas judiciales y cualesquiera otros gastos accesorios.

El volumen de dicha cuantía facilitada determinaba, por tanto, la deuda que el conjunto de Administraciones Territoriales tenía con el Fondo y que debían atender en un plazo de diez años con dos de carencia.

Para el cumplimiento de su objetivo, el Fondo captó financiación en los mercados de capitales, para lo cual se contemplaron un conjunto muy completo de garantías en caso de impago de las deudas por el propio Fondo, las Comunidades Autónomas y las Corporaciones Locales:

- Garantía del Estado frente a terceros (entidades financieras): El Real Decreto-ley 7/2012 establece que las deudas y obligaciones que contraiga el Fondo para la captación de financiación gozarán frente a terceros de la garantía del Estado, la cual tendrá el carácter de explícita, irrevocable, incondicional y directa.
- Retención de la Participación en los Tributos del Estado. Las operaciones de crédito que concierten las Entidades Locales con el Fondo cuentan con la garantía de la retención de la participación en los tributos del Estado.
- Recursos del sistema de financiación: si bien el Real Decreto-ley 7/2012 no especificaba mecanismo alguno de garantía para las operaciones de crédito formalizadas entre las Comunidades Autónomas y el Fondo, el ya citado Acuerdo 6/2012 del Consejo de Política Fiscal y Financiera señaló, en su apartado 13, que los recursos del sistema de financiación de las Comunidades Autónomas de régimen común responderían de las obligaciones contraídas con las entidades de crédito a las que sus proveedores hubieran cedido sus derechos de cobro. Este mecanismo de garantía se condicionaba, sin embargo, a la Ley Orgánica de Estabilidad Presupuestaria y Sostenibilidad Financiera, una vez que entrara en vigor, en relación fundamentalmente al cumplimiento de objetivos y planes de ajuste.
- Garantía adicional del Estado, lo que permitía su mutualización parcial. El Acuerdo del Consejo de Política Fiscal y Financiera preveía, como garantía adicional para las entidades financieras que participaran en el mecanismo de financiación de Comunidades Autónomas, que el Estado avalara determinadas deudas asumidas por aquéllas. La puesta en marcha de esta garantía requirió la aprobación de la Ley Orgánica 1/2012, de modificación de la Disposición Adicional de la Ley Orgánica 3/2006, que impedía al Estado

asumir o responder de los compromisos de las Comunidades Autónomas y de los entes vinculados o dependientes de ellas, sin perjuicio de las garantías financieras mutuas para la realización conjunta de proyectos específicos.

El ICO se convirtió en el principal partícipe en el Sindicato Bancario con 7.000 millones de euros y además en Agente del Ente Público. En la operación del Sindicado participaron 24 Entidades, incluido el ICO, todas ellas nacionales, más implícitamente 69 Cajas Rurales.[24] Por su parte, los préstamos con las Entidades Locales se articularon a través de 11 grupos bancarios (**Tabla 12**), que incluyeron:

- 9 entidades financieras junto al ICO.
- Grupo Cooperativo, que agrupa a las Cajas Rurales incluida también Cajamar, sumando un total de 69 entidades.
- CECA, que agrupa a Caja Pollensa, Nova Caixa Galicia, Liberbank, Unicaja, Mare Nostrum, Caja Onteniente, Caja España Caja Duero, Ibercaja y Catalunya Caixa, en total nueve.

La necesaria colaboración de los bancos en la operación de financiación tuvo beneficios para ellos por una triple vía. En primer lugar, porque permitió a las entidades financieras invertir la liquidez obtenida en las subastas de VLTROs a tipos del 1% en deuda del Tesoro con un diferencial de tipos muy positivo (el coste financiero estuvo, de hecho, próximo al 6%) y con garantías muy completas, reconvertir, en segundo lugar, títulos de deuda en bonos descontables en el Banco Central Europeo, y tercero, porque cobraron una comisión por la participación en el sindicado y su servicio en el Fronting.

El Fondo se aprobó con un elevado número de votos a favor (196 en concreto), aunque hay que tener en cuenta que solo los votos del Grupo Parlamentario Popular supusieron 181. CiU aportó también 13 votos favorables, y otros dos el Grupo Mixto, a través de FAC y UPN. El Grupo Socialista, por su parte, se abstuvo.

Por último, en la Disposición Adicional quinta del Decreto Ley 7/2012, se recogió explícitamente que aquellas Comunidades Autónomas que se acogieran a estos mecanismos extraordinarios de financiación, estaban obligadas a aprobar un acuerdo de su Consejo de Gobierno en donde constara expresamente la aceptación del ya descrito Acuerdo del Consejo de Política Fiscal y Financiera aprobado el 6 de marzo de 2012.

---

24. Ver, a estos efectos, el Informe del mecanismo de financiación de pago a proveedores 2012 para las Entidades Locales. Informe del 31 de mayo (Instituto de Crédito Oficial, 2012). Dirección General de Negocios. Subdirección de Política Económica, Departamento de Financiación Territorial área Comunidades Autónomas y Entidades Locales.

Tabla 12. PARTICIPACIÓN EN PRÉSTAMO SINDICADO Y ASIGNACIÓN A ENTIDADES FINANCIERAS DEL FRONTING

EECC	Participación en M€ sindicado	% participación en sindicado	% de reparto como entidad de Fronting
ICO	7.000	23,3	-
BBVA	3.067	10,2	13,6
BFA Bankia	3.067	10,2	13,6
Caixa	3.067	10,2	13,6
Santander	3.067	10,2	13,6
CECA	2.592	8,6	11,5
Banco Popular	2.340	7,8	10,4
Banesto	1.300	4,3	5,8
Sabadell	1.100	3,7	4,9
CAM	1.000	3,3	4,4
Bankinter	1.000	3,3	4,4
Cooperativo	1.000	3,3	4,4
TOTAL	29.600	98,6	100

Fuente: Elaboración propia a partir de información suministrada por el Instituto de Crédito Oficial.

A modo de resumen cronológico, se identifican algunas de las fechas fundamentales en la ejecución de la primera fase del Plan de Pago a Proveedores:

- El 24 de febrero se aprueba el Real Decreto-ley 4/2012, que establece la obligación de remitir, por parte de las Entidades Locales al Ministerio de Hacienda, una relación certificada de todas las obligaciones pendientes de pago.
- El 9 de marzo se aprueba el Real Decreto-ley 7/2012, de 9 de marzo, por el cual se crea el Fondo de Financiación de Pago a Proveedores (FFPP) como Entidad de derecho público, y el ICO es nombrado el agente de pagos encargado de la administración y gestión de las operaciones.
- Esa misma fecha se permite la adscripción de las Comunidades Autónomas al mecanismo de financiación previsto en el Real Decreto-ley 4/2012.

- El 8 de mayo se constituye el Fondo, que firma un Convenio de Colaboración con el ICO para la instrumentación del mecanismo de financiación de pago a proveedores.
- El 10 de mayo el ICO y las Entidades del Fronting firman los Contratos de Prestación de Servicios.
- El 16 de mayo se firma el Préstamo Sindicado.
- Entre el 16 y el 25 de mayo se firman los Contratos de Préstamo entre las entidades financieras (Fronting) y las Entidades Locales.
- El 28 de mayo se comunican al ICO las operaciones firmadas por las entidades financieras del Fronting.
- Y finalmente, entre el 30 y el 31 de mayo se realiza el primer pago, básicamente a las Entidades Locales, por importe de 9.598 millones de euros.

3.3. Nuevas fases de desarrollo del Plan de Pagos y extinción del Fondo

La segunda fase del Plan de Pago a Proveedores fue una réplica a menor escala de la primera, aunque incorporó entidades y conceptos nuevos. Así, el Consejo de Ministros aprobó el Real Decreto-ley 4/2013 de 22 de febrero, de medidas de apoyo al emprendedor y de estímulo del crecimiento y de la creación de empleo en el que se reguló la ampliación del Plan de Pago a Proveedores de Corporaciones Locales y Comunidades Autónomas. A través de esta fase se realizaron pagos entre el 5 y el 9 de agosto de 2013 por 1.142 millones de euros (939 millones a Comunidades Autónomas y 203 millones de euros a Corporaciones Locales), incluyendo facturas anteriores al 1 de enero de 2012 de obligaciones pendientes de pago contabilizadas y aplicadas al presupuesto.

Esta ampliación del plan de pagos puede entenderse como un mecanismo «escoba», ya que supuso una ampliación del anterior e incluía entidades y conceptos que se habían quedado fuera del ámbito de aplicación. Así, por ejemplo, las Mancomunidades de Municipios y los municipios del País Vasco y Navarra se incorporaron también en esta ocasión.

Con respecto al ámbito objetivo de aplicación, se incluyeron, entre otras, las obligaciones pendientes de pago derivadas de: convenios, concesiones administrativas, encomiendas de gestión en las que la entidad tuviera atribuida la condición de medio propio y servicio técnico de la Administración, de los contratos de arrendamiento sobre bienes inmuebles, de los contratos en los sectores del agua, la energía, los transportes y los servicios postales, de los contratos de concesión de obras públicas, y de colaboración mediante concesión en los que se hubiere pactado una subvención a cargo de las Entidades Locales o Comunidades Autónomas.

El respaldo parlamentario de este segundo Real Decreto-ley fue bastante menor que el anterior, ya que, en esta ocasión, el Grupo Socialista y CiU se abstuvieron. Así, el Real Decreto-ley obtuvo 180 votos a favor, al obtener el voto favorable del Grupo Popular, UPN y FAC (Foro de Ciudadanos o Foro Asturias).

Finalmente, el Real Decreto-ley 8/2013, de 28 de junio, de medidas urgentes contra la morosidad de las Administraciones Públicas y de apoyo a Entidades Locales con problemas financieros, puede ser considerado como la tercera y última fase del mecanismo de financiación para el pago a proveedores, dentro del Plan de lucha contra la morosidad,[25] y se desarrolló en dos tramos. En el primero, que alcanzó un importe de 5.368 millones (3.606 millones de euros para Comunidades Autónomas y 1.762 millones de euros para Corporaciones Locales), se aceptaron facturas hasta el 31 de mayo de 2013 de Corporaciones Locales y determinados conceptos en Comunidades Autónomas (conciertos suscritos en materia sanitaria, educativa y de servicios sociales, convenios de colaboración, transferencias a asociaciones e instituciones sin fines de lucro y con fines sociales, subvenciones para la realización de actividades de investigación, desarrollo e innovación, transferencias de las Comunidades Autónomas a Entidades Locales y universidades). Hay un segundo grupo de conceptos (concesiones, expropiaciones y obras, fundamentalmente) que se incorporaron en un segundo tramo revisado y aprobado por la Comisión Delegada de Asuntos Económicos y que sumó 8.002 millones (7.970 millones para Comunidades Autónomas y 32 millones de euros para Corporaciones Locales). El objeto de esta nueva fase fue permitir la cancelación de aquellas obligaciones pendientes de pago también de Comunidades Autónomas con sus proveedores que fuesen líquidas, vencidas y exigibles con anterioridad a 31 de mayo de 2013.

En un apartado específico y como complemento de las medidas descritas anteriormente, este Decreto Ley introdujo una serie de medidas extraordinarias y de apoyo a la liquidez a determinados municipios en situación de especial dificultad financiera.

---

25. Este Plan trata de poner el contador de la deuda comercial de Comunidades Autónomas y Corporaciones Locales a cero de forma previa a la implantación de la factura electrónica y de las diferentes medidas que resuelvan, de forma estructural, el problema de la morosidad en las Administraciones Públicas, con el fin de limitar el periodo medio de pago a 30 días.

Desde el punto de vista parlamentario se observó un mayor número de votos favorables respecto al anterior, ya que CiU se sumó al apoyo a la medida. Así, 196 diputados apoyaron la convalidación del Real Decreto-ley, mientras que el Grupo Socialista se abstuvo.

Con el final del año 2014 se extinguió el Fondo para el Pago a Proveedores y se simplificaron las ayudas financieras a Entidades Territoriales mediante la puesta en marcha de nuevos mecanismos, mientras que se sigue apoyando financieramente a las Administraciones con mayores dificultades de financiación.[26]

3.4. El Fondo de Liquidez Autonómico para el Pago a Proveedores

El Fondo de Liquidez Autonómico (FLA) nace originariamente con el objetivo de contribuir a facilitar la refinanciación de vencimientos de las Comunidades Autónomas, dado el grave problema de acceso a la financiación de muchas de ellas. Sin embargo, desde el comienzo, una parte del mismo también se destinó al pago de determinadas facturas pendientes de pago a proveedores de estas Administraciones en el ejercicio corriente, de forma similar al Fondo para el Pago de Proveedores.

La primera referencia al Fondo de Liquidez Autonómico corresponde nuevamente a la Ley Orgánica 2/2012, de 27 de abril, de Estabilidad Presupuestaria y Sostenibilidad Financiera, que prevé en su Disposición Adicional Primera, que las Comunidades Autónomas y Corporaciones Locales puedan solicitar al Estado el acceso a medidas extraordinarias de apoyo a la liquidez.

En el marco de esta disposición, el Real Decreto-ley 21/2012, de 13 de julio, de medidas de liquidez de las Administraciones Públicas y en el ámbito financiero, crea un mecanismo de apoyo a la liquidez a las Comunidades Autónomas, de carácter temporal y voluntario. Efectivamente, a diferencia del Fondo de Pago a

---

26. El Real Decreto-ley 17/2014, de 26 de diciembre, de medidas de sostenibilidad financiera de las Comunidades Autónomas y Entidades Locales y otras de carácter económico, creó el Fondo de Financiación a Comunidades Autónomas, estructurado en cuatro partes: Facilidad Financiera, Fondo de Liquidez Autonómico, Fondo Social y Fondo en liquidación para la financiación de los Pagos a Proveedores, al que se adscriben las operaciones de crédito vigentes formalizadas con Comunidades Autónomas con cargo al extinto Fondo para la Financiación del Pago a Proveedores. A partir de este momento al nuevo Fondo de Liquidez Autonómico se adherirán, de modo obligatorio, también las Comunidades Autónomas que incumplan el periodo medio de pago a proveedores. Para el caso de las Corporaciones Locales se creó el Fondo de Financiación a Entidades Locales, dividido en tres compartimentos: Fondo de Ordenación, Fondo de Impulso Económico y Fondo en liquidación para la Financiación de los Pagos a Proveedores.

Proveedores, que tenía carácter obligatorio para las Entidades Locales, en el caso del Fondo de Liquidez Autonómico, igual que el Fondo de Pago a Proveedores para Comunidades Autónomas, rige el principio de voluntariedad con el fin de respetar el principio de autonomía financiera, dado que la pertenencia al Fondo de Liquidez Autonómico suponía una serie de importantes obligaciones. De esta forma se acogen en 2012 nueve Comunidades Autónomas: Cataluña, Valencia, Baleares, Murcia, Castilla-La Mancha, Canarias, Andalucía, Asturias y Cantabria. En 2014 Asturias deja de acudir al Fondo mientras que Extremadura se suma a las Comunidades Autónomas adheridas.

El objetivo del fondo era doble. Por una parte, facilitar a las Comunidades Autónomas hacer frente al vencimiento de sus deudas y, también, la financiación de sus déficits públicos y, por tanto, el pago de las facturas pendientes a proveedores generadas en el ejercicio de su actividad corriente, para aquellas Comunidades en déficit presupuestario. De este modo se evitaría una nueva acumulación de impagos comerciales. Por otra, permitir al Gobierno utilizar este instrumento requiriendo como contrapartida un plan de ajuste, como mecanismo de control de las políticas presupuestarias y poder así cumplir con los compromisos de déficit adquiridos con Bruselas.

De esta forma, en septiembre de 2012 se pone en funcionamiento el Fondo de Liquidez Autonómico 2012, dotado inicialmente con 18.000 millones de euros, que se amplió en 2013 bajo el marco regulatorio del mismo Real Decreto-ley y una dotación inicial de 23.000 millones de euros. A diferencia del Fondo de Pago a Proveedores, el Fondo de Liquidez Autonómico no tiene ni personalidad jurídica ni balance propio y sus necesidades financieras aparecen directamente en los Presupuestos Generales del Estado. De hecho, estas necesidades financieras son atendidas directamente por el Tesoro, sin la intervención de intermediarios financieros, abaratando así sensiblemente el coste de los recursos. La financiación directa del Tesoro es el instrumento financiero más económico, lo que permite instaurar un mecanismo mutualizado y coordinado de acceso a los mercados financieros para captar los recursos financieros necesarios para el Estado y las Comunidades Autónomas adheridas. Vicente González (2013) refleja muy acertadamente que su menor coste se debe a «la sustitución del riesgo de crédito de las Comunidades Autónomas por el riesgo del Estado, a la garantía de recobro que supone la posibilidad de retener recursos del sistema de financiación autonómica y, sobre todo, por la centralización de las emisiones por parte del Estado».

Para el periodo 2012-2014 el importe total del Fondo de Liquidez Autonómico ascendió a 62.774 millones de euros (**Tabla 10**). Sin embargo, hay que tener en cuenta que parte de ese importe corresponde a refinanciaciones; considerando exclusivamente la cuantía correspondiente al pago de facturas de proveedores, el Fondo de Liquidez Autonómico destinado a proveedores totalizará 24.037 millones de euros entre 2012 y 2014. Este dinero comienza a desembolsarse en octubre de 2012 y, en este caso, se va asignando a las Comunidades Autónomas mensualmente, actuando siempre el ICO como agente directo de pagos de las operaciones del Fondo.[27]

Es importante señalar que, en el ámbito del pago a proveedores, se atiende especialmente a los servicios públicos fundamentales, educación, sanidad y servicios sociales. En lo relativo a las subvenciones, se incluyen las transferencias a asociaciones e instituciones sin fines de lucro o ayudas a familias en el desarrollo de la Ley de dependencia y las subvenciones a Entidades Locales y universidades.

De modo muy taxativo se refleja que la entrada en vigor requiere que la Comunidad Autónoma que se acoja al Fondo de Liquidez lo apruebe previamente en su Consejo de Gobierno. Su adhesión implica la aceptación de las condiciones establecidas en la Ley Orgánica de Estabilidad y en este Real Decreto-ley de medidas de liquidez, especialmente con relación al cumplimiento de los objetivos de déficit.

Así, la Comunidad Autónoma que se adhiera a este mecanismo debe presentar en 15 días naturales desde la aprobación en su Consejo de Gobierno un plan de ajuste; en muchas de ellas estos planes ya estaban en marcha al haberse acogido también a los Fondos del Plan de Pago a Proveedores. El propio plan de ajuste ya anticipa un control de las deudas comerciales al obligar a realizar un seguimiento de la evolución de las obligaciones pendientes de pago e información sobre el cumplimiento de la Ley de Morosidad.

Como parte del plan de ajuste, se presentará un plan de tesorería y el detalle de las operaciones de deuda viva. Por otra parte, además de las medidas de ingreso y gasto, se debe incluir un compromiso de reducción del sector público autonómico, y se deberá suministrar información sobre su dimensión y estructura, sobre los

---

27. A diferencia del Fondo para el Pago de Proveedores que se extingue prácticamente al concluir el año 2014, el Fondo de Liquidez Autonómico continúa vigente en la actualidad. El importe acumulado del total de los Mecanismos Extraordinarios de Liquidez entre 2012 y 2020, ha ascendido a 298.953 millones de euros, lo que da una idea de la magnitud del apoyo financiero y de su prolongación en el tiempo, a pesar de estar concebidos inicialmente como instrumentos transitorios y extraordinarios. Por otra parte, las medidas adicionales de política monetaria introducidas por Draghi en la segunda parte de 2012 contribuirán, en un primer momento, de manera muy decisiva al abaratamiento del coste de las emisiones y disponibilidad de fondos en los mercados para hacer cada vez más interesante la utilización del Fondo de Liquidación Autonómico.

efectos previstos con las medidas adoptadas en los procesos de reestructuración, la supresión de barreras o trabas al mercado interior y la eliminación de cargas administrativas para empresas, así como cualquier otra reforma estructural destinada a aumentar la competitividad y flexibilidad económica.

Y nuevamente y con el fin de garantizar el cobro de las deudas, los recursos del sistema de financiación responden de las obligaciones contraídas con el Estado. Es decir, el Estado, a través del ICO, paga directamente las facturas a los proveedores, lo que genera una deuda de la Comunidad Autónoma hacia el Estado. Si la Comunidad Autónoma incumple sus pagos, el Estado podrá descontar el importe impagado de las transferencias que mensualmente envía a la Comunidad Autónoma como parte del sistema de financiación autonómica, la llamada Participación en los Ingresos del Estado. De esta forma, se convierte en un poderoso instrumento para dirigir y monitorizar no solo la política presupuestaria y los objetivos de déficit y deuda, sino también la agenda de reformas que mejoren el funcionamiento del mercado interior, así como la unidad de mercado.

Una vez que la Comunidad se adhiere al Fondo y ha aprobado su plan de ajuste con el visto bueno del Ministerio de Hacienda, se inicia todos los procedimientos previstos descritos en el Real Decreto-ley.

Las Comunidades Autónomas, dentro del proceso de aumento de la transparencia, deberán presentar al Ministerio de Hacienda en los 10 primeros días naturales de cada mes, una relación certificada por el interventor general de las facturas que conforman la propuesta de pago del tramo, así como la totalidad de las facturas existentes en el momento de la remisión y susceptibles de ser atendidas por este mecanismo y que no vayan a ser atendidas a través de la Tesorería de la Comunidad Autónoma.

El Ministerio de Hacienda remite antes de fin de mes la relación de facturas al ICO para que ejecute su abono directo. Las Comunidades Autónomas facilitan a los acreedores por medios electrónicos el listado de las obligaciones que vayan a pagarse a través de este mecanismo. Por tanto, el Estado interviene en nombre y por cuenta de la Comunidad Autónoma y solo gestiona el pago de estas obligaciones con cargo al crédito concedido y queda exenta de cualquier responsabilidad.

Se determina que las operaciones presentadas al cobro deben ser obligaciones vencidas, líquidas y exigibles, y su factura debe haber sido presentada en el registro administrativo de la Comunidad Autónoma antes del último día de fin de mes anterior al del correspondiente tramo. Al mismo tiempo, deben ser facturas devengadas en el año en curso o en años anteriores y encontrarse consignadas en los presupuestos de la entidad, lo que fuerza un reconocimiento previo de la obligación.

Este instrumento contó con menor respaldo parlamentario, ya que el partido mayoritario de la oposición, el Grupo Socialista, votó en contra.

4. Los Fondos para el Pago a Proveedores en cifras

4.1. Reparto de los Fondos por Comunidades Autónomas y Corporaciones Locales

El importe global de los Fondos de Pago a Proveedores ascendió, entre 2012 y 2014, a 65.852 millones de euros, de los cuales 41.815 millones correspondieron al Fondo para la Financiación del Plan de Pago a Proveedores y 24.037 millones al Fondo de Liquidez Autonómico, tal y como puede observarse en la **Tabla 13**.

Es decir, al analizar los mecanismos según el instrumento se observa que, mientras el Fondo de Financiación para el Plan de Pago a Proveedores aglutinó un 63,5% del total de los Mecanismos de Ayuda Financiera, el Fondo de Liquidez en este mismo periodo (2012-2014) representó el 36,5%. No obstante, y según avanzan los diferentes ejercicios, el Fondo para Proveedores va perdiendo peso relativo a medida que las Entidades Territoriales van haciendo frente a las obligaciones de pago acumuladas contraídas con los proveedores en periodos anteriores. De este modo, el Fondo de Financiación para el Plan de Pago a Proveedores se extingue básicamente en diciembre de 2014, obedeciendo a su naturaleza de mecanismo extraordinario.

Desde el punto de vista territorial, el volumen de fondos captados por las Comunidades Autónomas ascendió, entre los dos instrumentos, a 54.256 millones de euros, representando el 82,3% del total de los instrumentos de apoyo financiero. De ese total, 30.219 millones correspondieron al Fondo de Financiación del Plan de Pago a Proveedores, mientras que 24.037 millones son del Fondo de Liquidez Autonómico.

Por su parte, las Corporaciones Locales reciben un total de 11.595 millones de euros entre 2012 y 2014, lo que representa el 17,7% del total de los fondos para ese periodo y el 27,2% de los 41.815 millones del total del Fondo para el Pago a Proveedores de estos tres años.

En este periodo 2012-2014 analizado, el reparto regional de los Fondos del Plan de Pago a Proveedores en su conjunto resultó bastante desigual, pudiendo distinguirse cuatro grupos de Comunidades. Por un lado, aquellas Comunidades que acapararon un porcentaje significativo de los fondos, en concreto el 63,3% del total: Cataluña (21,7%), Andalucía (20,9%) y la Comunidad Valenciana (20,7%). A pesar de que dichas Entidades Territoriales partían de niveles de déficit públicos

Tabla 13. FONDOS DE PAGOS A PROVEEDORES DE LAS COMUNIDADES AUTÓNOMAS Y CORPORACIONES LOCALES EN EL PERIODO 2012-2014

Millones de euros

	CC. AA			CC. LL.	FLA TOTAL	FFPP TOTAL	TOTAL Fondo Pago Proveedores	% sobre total
	FLA	FFPP	TOTAL	FFPP				
Andalucía	5.414	4.955	10.369	3.405	5.414	8.360	13.774	20,9
Aragón	-	513	513	227	-	740	740	1,1
C.-La Mancha	1.310	3.957	5.266	569	1.310	4.526	5.836	8,9
Castilla y León	-	1.052	1.052	453	-	1.506	1.506	2,3
Cataluña	7.014	6.466	13.480	820	7.014	7.286	14.301	21,7
Canarias	1.439	315	1.754	502	1.439	817	2.256	3,4
Extremadura	178	392	570	153	178	153	153	0,2
Galicia	-	-	-	220	-	612	790	1,2
Valencia	4.842	7.519	12.362	1.271	4.842	8.790	13.632	20,7
Asturias	586	243	830	82	586	326	912	1,4
Baleares	1.427	1.274	2.701	450	1.427	1.724	3.151	4,8
Cantabria	590	327	917	51	590	378	968	1,5
Madrid	-	1.347	1.347	2.882	-	4.229	4.229	6,4
Murcia	1.235	1.789	3.025	419	1.235	2.208	3.444	5,2
La Rioja	-	71	71	7	-	78	78	0,1
País Vasco	-	-	-	-	-	-	-	-
Navarra	-	-	-	1	-	1	1	0,0
Ceuta	-	-	-	82	-	82	82	0,1
Melilla	-	-	-	-	-	-	-	-
TOTAL	24.037	30.219	54.256	11.595	24.037	41.815	65.852	100,0

Fuente: Elaboración propia a partir de datos suministrados por el Ministerio de Hacienda.

similares al del resto de Comunidades Autónomas, mostraron mayores dificultades para obtener recursos en los mercados financieros y/o habían acumulado mayores importes de facturas no pagadas. Se encuentra luego un segundo grupo con un volumen de financiación ligeramente inferior, al que accedieron Castilla-La

Mancha (8,9%), la Comunidad de Madrid (6,4%), la Región de Murcia (5,2%), Baleares (4,8%), Canarias (3,4%), y Castilla y León (2,3%) y que supuso el 31,0% de los fondos totales. En los niveles más bajos del *ranking*, puesto que ninguna de ellas accedió a un volumen de fondos superior al 2% de la financiación total, se situaron 7 Comunidades Autónomas: Cantabria (1,5%), Asturias (1,4%), Extremadura (0,2%), Aragón (1,1%), Galicia (1,2%), Ceuta (0,1%) y La Rioja (0,1%). Por último, Navarra, el País Vasco y Melilla no reciben prácticamente ningún apoyo financiero, ya que solo los ayuntamientos navarros acuden en su segunda fase al Plan por importe de un millón de euros.

Si bien es cierto que, en términos generales, las cuentas de los niveles subcentrales de la Administración Pública exhibían problemas de liquidez, los gestores de algunas Entidades Territoriales optaron por no acogerse a alguno de los mecanismos que estaba proporcionando el Estado. Ya fuera porque sus saldos presupuestarios y de tesorería estaban suficientemente saneados y con financiación adecuada, por motivos reputacionales (para evitar la «estigmatización» que pudiera asociarse al acceso a los fondos) o en aras de evitar la condicionalidad ligada a los mencionados mecanismos, Aragón, Castilla y León, Galicia, Madrid, La Rioja, País Vasco y Navarra decidieron no adherirse a los mecanismos previstos en el Fondo de Liquidez Autonómico.

En la **Tabla 14** se muestra la evolución de los pagos realizados en las diferentes fases y tramos del Fondo de Pago para Proveedores. En el caso del Fondo de Liquidez Autonómico los importes se han agregado puesto que son desembolsos mensuales. Como puede apreciarse, el mayor impacto se produjo en los primeros meses tras la aprobación del Fondo de Pagos a Proveedores, cuando las Entidades Locales recibieron 9.598 millones a finales de mayo de 2012 y las Comunidades

Tabla 14. SECUENCIA DE FASES Y TRAMOS DE LOS FONDOS PARA EL PAGO A PROVEEDORES

	2012			2013				2014		TOTAL Fondo Pago Prov.
	FFPP I		FLA	FFPP II	FFPP III tramo 1		FLA	FFPP III tramo 2	FLA	
	30 - 31 de may.	27 - 28 de jun.	oct. - dic.	5 - 9 ago.	19 - 22 nov.	9 - 10 dic.	2013	18 - 20 feb.	2014	
CC. AA.	-	17.705	6.297	939	3.606	-	6.991	7.970	10.749	**54.256**
EE. LL.	9.598	-	-	203	-	1.762	-	32	-	**11.595**

Fuente: Elaboración propia a partir de la información suministrada por el Ministerio de Hacienda.

Tabla 15. PARTIDAS DE LOS FONDOS DE PAGOS A PROVEEDORES DE LAS COMUNIDADES AUTÓNOMAS Y CORPORACIONES LOCALES EN 2012

Millones de euros

	CC. AA.			CC. LL.	FLA TOTAL	FFPP TOTAL	TOTAL Fondo Pago Proveedores	% sobre total 2012
	FLA	FFPP I	TOTAL	FFPP I				
Andalucía	1.729	2.694	4.423	2.814	1.729	5.508	7.237	21,5
Aragón	-	429	429	225	-	654	654	1,9
C.-La Mancha	254	2.918	3.172	451	254	3.370	3.624	10,8
Castilla y León	-	1.052	1.052	427	-	1.479	1.479	4,4
Cataluña	1.821	2.020	3.841	646	1.821	2.666	4.487	13,4
Canarias	406	231	637	443	406	674	1.079	3,2
Extremadura	-	228	228	121	-	121	121	0,4
Galicia	-	-	-	197	-	425	425	1,3
Valencia	1.153	4.355	5.508	1.114	1.153	5.469	6.622	19,7
Asturias	234	243	477	76	234	320	553	1,6
Baleares	343	842	1.184	300	343	1.141	1.484	4,4
Cantabria	117	327	443	50	117	377	494	1,5
Madrid	-	1.257	1.257	2.278	-	3.535	3.535	10,5
Murcia	241	1.038	1.279	367	241	1.405	1.646	4,9
La Rioja	-	71	71	7	-	78	78	0,2
País Vasco	-	-	-	-	-	-	-	-
Navarra	-	-	-	-	-	-	-	-
Ceuta	-	-	-	82	-	82	82	0,2
Melilla	-	-	-	-	-	-	-	-
TOTAL	6.297	17.705	24.002	9.598	6.297	27.303	33.600	100,0

Fuente: Elaboración propia a partir de la información suministrada por el Ministerio de Hacienda.

Autónomas 17.705 millones en junio de 2012. Es decir, 27.303 millones de euros en apenas tres meses desde su constitución (desembolsándose en un periodo de tiempo prácticamente de un mes), lo que probablemente constituyera uno de los impactos monetarios y fiscales más elevados de nuestra historia económica reciente, tanto por la magnitud como por el breve espacio de tiempo en el que se realizó.

Si se analizan estos mismos datos de manera individualizada para cada ejercicio, en la **Tabla 15**, se observa que para 2012 el importe global, sumando el Fondo Financiero del Plan de Pago a Proveedores y el Fondo de Liquidez Autonómico, ascendió a 33.600 millones de euros, es decir, el 51,02% de los fondos totales entre 2012 y 2014. Obviamente, fue en el primer año de constitución del Fondo de Pago a Proveedores en el que se hizo un uso más intensivo del mismo (27.303 millones de euros en 2012, el 65,29% del *stock* del Fondo utilizado en el periodo 2012-2014) puesto que el importe de las deudas acumuladas era más significativo. Por otro lado, la captación de fondos a través del Fondo de Liquidez Autonómico supuso en 2012 un 26,19%, puesto que su implementación fue más tardía y se fue ampliando gradualmente.

El análisis por Comunidades Autónomas de nuevo sitúa, en el año 2012, a Andalucía (21,5%), a la Comunidad Valenciana (19,7%) y Cataluña (13,4%) como las que más uso hacen de los programas de apoyo financiero. Sin embargo, es esta última la que más fondos dispone del Fondo de Liquidez Autonómico, concentra el 28,92% lo que, sumado a los 2.020 millones recibidos a través del Fondo de Pago a Proveedores, supuso que la Generalitat catalana recibiera en total el 16,0% de los fondos destinados a Comunidades Autónomas. Frente a ello, los ayuntamientos catalanes recibieron tan solo el 6,7% del total destinado a las Corporaciones Locales.

En sentido contrario, la Comunidad de Madrid no acudió al Fondo de Liquidez Autonómico en el año 2012, mientras que el Fondo para el Pago a Proveedores generó un volumen de financiación por un importe de 1.257 millones de euros en el caso de la Comunidad y de 2.278 millones en el caso de los ayuntamientos madrileños, algunos de los cuales se encontraban entre los más beneficiados de los mecanismos de apoyo financiero, especialmente la ciudad de Madrid.

Según la **Tabla 16** en 2013 el importe global de los Fondos se elevó a 13.500 millones de euros, un importe sensiblemente inferior al del año anterior, fundamentalmente por la reducción de los recursos del Fondo de Pago a Proveedores. En efecto, este Fondo se dotó con 27.303 en 2012 y pasó a suponer 6.509 millones de euros en 2013. Por otro lado, el Fondo de Liquidez Autonómico partió con unos recursos de 6.297 millones de euros en 2012 y estos se incrementaron ligeramente hasta alcanzar los 6.991 millones en 2013.

Tabla 16. PARTIDAS DE LOS FONDOS DE PAGOS A PROVEEDORES DE LAS COMUNIDADES AUTÓNOMAS Y CORPORACIONES LOCALES EN 2013

Millones de euros

	CC. AA.					CC. LL.	FLA TOTAL	FFPP TOTAL	TOTAL Fondo Pago Prov.	% sobre total 2013
	FLA	FFPP II	FFPP III tramo I	Total FFPP	TOTAL	FFPP II 5-9 ago.				
		5-9 ago.	19-22 nov. & 12 dic.			FFPP III (trm. I): 9-10 dic.				
Andalucía	1.661	3	631	634	2.294	591	1.661	1.225	2.885	21,4
Aragón	-	-	10	10	10	2	-	12	12	0,1
C.-La Mancha	430	61	278	339	770	118	430	457	888	6,6
Castilla y León	-	-	-	-	-	26	-	26	26	0,2
Cataluña	1.872	738	1.431	2.169	4.041	143	1.872	2.312	4.184	31,0
Canarias	473	0	24	24	498	59	473	84	557	4,1
Extremadura	-	7	-	7	7	31	-	31	31	0,2
Galicia	-	-	-	-	-	23	-	30	30	0,2
Valencia	1.124	70	864	934	2.058	157	1.124	1.091	2.215	16,4
Asturias	353	-	-	-	353	6	353	6	359	2,7
Baleares	527	38	47	85	612	150	527	235	762	5,6
Cantabria	233	-	-	-	233	0	233	0	233	1,7
Madrid	-	-	89	89	89	604	-	693	693	5,1
Murcia	318	23	231	253	571	52	318	305	623	4,6
La Rioja	-	-	-	-	-	0	-	0	0	0,0
País Vasco	-	-	-	-	-	-	-	-	-	-
Navarra	-	-	-	-	-	1	-	1	1	0,0
Ceuta	-	-	-	-	-	-	-	-	-	-
Melilla	-	-	-	-	-	-	-	-	-	-
Total	6.991	939	3.606	4.544	11.535	1.965	6.991	6.509	13.500	100,0

Fuente: Elaboración propia a partir de la información suministrada por el Ministerio de Hacienda.

Básicamente se observa que, en 2013, las Comunidades Autónomas continuaron recurriendo a los mecanismos extraordinarios en cuantías elevadas, mientras que las Corporaciones Locales reducen su apelación a estos instrumentos, algo coherente con su progresivo saneamiento financiero. Cataluña pasó a ser la principal beneficiaria del apoyo financiero, concentrando prácticamente un tercio de los Fondos de Pago a Proveedores. En segundo lugar, se situó Andalucía, con 2.885 millones de euros.

En relación con los datos de 2014, los recursos totales ascendieron a 18.751 millones, de los cuales 10.749 millones correspondieron al Fondo de Liquidez Autonómico y 8.002 millones al Fondo de Pago a Proveedores. En este ejercicio se incrementó el Fondo destinado al Plan de Pago a Proveedores, ya que se incorporaron facturas hasta 31 de mayo de 2013, lo que hizo que muchas Comunidades Autónomas recurriesen de nuevo al apoyo financiero y elevaron su demanda de fondos hasta los 7.970 millones, como puede observarse en la **Tabla 17**. En este caso, Extremadura se sumó ese año como beneficiaria del Fondo de Liquidez Autonómico, mientras que Asturias dejó de reclamar el apoyo de este Fondo.

La apelación a este tipo de financiación por parte de las Corporaciones Locales adquirió ya, en ese año, un carácter residual, con tan solo 32 millones de euros por parte de Cataluña. Por tanto, los fondos de esta tercera fase fueron destinados casi en su totalidad a las Comunidades Autónomas, cuyos presupuestos continuaban sufriendo los efectos de la crisis.

El reparto de los fondos desde el punto de vista territorial continúa con el proceso de concentración señalado en los ejercicios anteriores. Así, Cataluña, la Comunidad Valenciana y Andalucía siguen captando el grueso de los fondos, recibiendo en 2014 el 75,07% de todas las ayudas financieras otorgadas a las Entidades Territoriales. Destaca ya, por tanto, la reducida absorción de fondos por parte del resto de Administraciones subcentrales lo que pone de manifiesto, en la mayor parte de los casos, la progresiva reducción de las obligaciones pendientes de pago de estas últimas con sus proveedores y la vuelta progresiva a la normalización financiera.

A pesar de que la falta de pago a proveedores fue un problema bastante generalizado en los niveles subcentrales de la Administración, en el caso de las Entidades Locales los problemas de liquidez se concentraron en una serie de Ayuntamientos.[28]

---

28. De hecho, gracias en parte a la mejora financiera entre 2012 y 2014, solo 101 ayuntamientos requirieron medidas extraordinarias de apoyo financiero en 2014.

Tabla 17. PARTIDAS DE LOS FONDOS DE PAGOS A PROVEEDORES DE LAS COMUNIDADES AUTÓNOMAS Y CORPORACIONES LOCALES EN 2014

Millones de euros

	CC. AA.			CC. LL.	FLA TOTAL	FFPP TOTAL	TOTAL Fondo Pago Proveedores	% sobre total 2014
	FLA	FFPP III tramo II	TOTAL	FFPP III tramo II				
Andalucía	2.024	1.628	3.652	-	2.024	1.628	3.652	19
Aragón	-	74	74	-	-	74	74	0
C.-La Mancha	625	699	1.324	-	625	699	1.324	7
Castilla y León	-	-	-	-	-	-	-	-
Cataluña	3.321	2.277	5.598	32	3.321	2.309	5.630	30
Canarias	560	59	619	-	560	59	619	3
Extremadura	178	157	335	-	178	-	-	-
Galicia	-	-	-	-	-	157	335	2
Valencia	2.566	2.230	4.796	-	2.566	2.230	4.796	26
Asturias	-	-	-	-	-	-	-	-
Baleares	557	347	905	-	557	347	905	5
Cantabria	241	-	241	-	241	-	241	1
Madrid	-	-	0	-	-	-	-	-
Murcia	676	499	1.175	-	676	499	1.175	6
La Rioja	-	-	-	-	-	-	-	-
País Vasco	-	-	-	-	-	-	-	-
Navarra	-	-	-	-	-	-	-	-
Ceuta	-	-	-	-	-	-	-	-
Melilla	-	-	-	-	-	-	-	-
Total	10.749	7.970	18.719	32	10.749	8.002	18.751	100,0

Fuente: Elaboración propia a partir de la información suministrada por el Ministerio de Hacienda.

Así, durante el periodo 2012-2014, los fondos requeridos por 20 Ayuntamientos representaron el 37,7%. En concreto, representan el 36,2% del Fondo de Pago a Proveedores de 2012 y el 45,2% del Fondo en 2013.

De hecho, los cien Ayuntamientos que recibieron un volumen más significativo de recursos procedentes de los fondos totales destinados a las Entidades Territoriales a través de los diferentes Planes de Pago a Proveedores concentraron más del 52% del total durante el periodo 2012-2014, lo que supuso alrededor de 6.043 millones de euros. El grueso de la financiación fue captado en el primer año de implementación del Plan, en la que los cien Ayuntamientos anteriormente citados recibieron alrededor del 80% de la dotación y cuyo importe se tradujo en 4.851,4 millones de euros. Fruto de la progresiva reducción de las obligaciones pendientes de pago de las Corporaciones Locales con sus proveedores, la apelación al mencionado Fondo en 2013 fue de 1.191,7 millones de euros, lo que representó algo menos del 20% de la dotación total. Resulta llamativo que en 2014 ya ninguno de estos cien Ayuntamientos acudiese al mecanismo de financiación, consecuencia, probablemente, de la normalización y saneamiento de las condiciones de liquidez presupuestaria de dichos organismos.

Dado el amplio número de Ayuntamientos, en concreto 8.177, existió bastante heterogeneidad con relación al recurso a los Fondos del Plan de Pago a Proveedores. De este modo no existe un patrón que permita extraer conclusiones concretas desde el punto de vista regional. No obstante, muchos de los Ayuntamientos que más necesidades de financiación exhibieron durante 2012 y 2013 pertenecían a la Comunidad de Madrid y a Andalucía. En términos absolutos, tal y como refleja en la **Tabla 18**, el primer ayuntamiento que aparece con la cifra más elevada es Madrid, con 1.016,7 millones en 2012 y 334,1 millones en 2013, hasta un total (en 2014 no acudió al fondo) de 1.350,8 millones de euros.

4.2. Número de facturas y proveedores

El volumen de facturas pagadas tanto por el Fondo para el Pago a Proveedores como por el Fondo de Liquidez Autonómico se elevó a 9.300.496, afectando a 279.703 proveedores para los ejercicios 2012, 2013 y 2014, tal y como se refleja en la **Tabla 19**. En el ámbito de las Comunidades Autónomas se abonaron un total de 5.919.154 facturas, de 67.129 proveedores, mientras que en el ámbito de las Entidades Locales fueron 2.097.357 facturas correspondientes a 123.733 proveedores.

Tabla 18. VEINTE PRINCIPALES AYUNTAMIENTOS QUE RECIBEN AYUDA FINANCIERA A TRAVÉS DEL PLAN DE PAGO A PROVEEDORES

Millones de euros

	Corporaciones Locales: Mecanismos Extraordinarios de Liquidez destinados al Pago a Proveedores por ayuntamiento				
	Provincia	FFPP 2012	FFPP 2013	FFPP 2014	TOTAL FFPP
Madrid	Madrid	1.016,7	334,1	-	1.350,8
Jerez de la Frontera	Cádiz	325,6	74,0	-	399,6
Parla	Madrid	249,8	48,5	-	298,3
Jaén	Jaén	208,0	39,8	-	247,8
Palma de Mallorca	Baleares	101,1	108,2	-	209,3
Valencia	Valencia	183,2	6,8	-	190,0
Alcorcón	Madrid	156,2	22,4	-	178,6
León	León	164,7	9,9	-	174,6
Zaragoza	Zaragoza	171,2	0,0	-	171,2
Granada	Granada	108,0	53,3	-	161,3
Huelva	Huelva	81,9	35,2	-	117,0
Ejido (El)	Almería	115,5	-	-	115,5
Alcalá de Henares	Madrid	97,0	17,8	-	114,8
Torrejón de Ardoz	Madrid	68,7	31,0	-	99,7
Algeciras	Cádiz	91,9	5,8	-	97,7
Cádiz	Cádiz	70,9	19,0	-	89,9
Telde	Las Palmas	71,6	17,8	-	89,4
Puerto de Santa María	Cádiz	65,8	23,3	-	89,1
Valdemoro	Madrid	69,9	17,2	-	87,1
Arganda del Rey	Madrid	60,2	24,5	-	84,7
Total 100 primeros		4.851	1.191,7	-	6.043,2

Fuente: Elaboración propia a partir de la información suministrada por el Ministerio de Hacienda.

Tabla 19. FACTURAS PAGADAS A TRAVÉS DEL FONDO DE PAGO A PROVEEDORES EN SUS TRES FASES

FFPP	Importe	Facturas	Proveedores
Comunidades Autónomas	30.219	5.919.154	67.129
Corporaciones Locales	11.596	2.097.357	123.733
Fondo de Liquidez Autonómico			
Comunidades Autónomas	24.037	1.283.985	88.841
TOTAL	65.852	9.300.496	279.703

* Importe en millones de euros.
Fuente: Elaboración propia a partir de información suministrada por el Ministerio de Hacienda.

Atendiendo al tamaño de la empresa, y consecuentemente con que el tejido productivo de la economía española está constituido fundamentalmente por pymes, fue a este tipo de empresas a los que estos mecanismos abonaron un número de facturas más significativo. Así, y según se refleja en la **Tabla 20**, en el periodo 2012 a 2014, en las Comunidades Autónomas se pagaron 3.561.124 facturas de pequeñas y medianas empresas, cuyo importe ascendió a 25.641 millones de euros saldando, de este modo, las cuentas pendientes de pago con 92.458 proveedores de estas características, lo que representó el 54,9% del total. En la misma línea, con los recursos provenientes de estos mecanismos se abonaron 204.216 facturas por valor de 584 millones de euros a 66.685 proveedores constituidos como personas físicas. De este modo, el 94,5% de las empresas retribuidas a través de estos fondos fueron empresas de reducida dimensión. No obstante, fueron las grandes empresas las que recibieron facturas por mayores importes cuyo valor acumulado en esos tres años alcanzó los 26.811 millones de euros emitidos en 3.407.486 facturas.

Por otro lado, y según la información disponible en el Ministerio de Hacienda, de los 11.563 millones de euros transferidos por estos mecanismos a las empresas con facturas adeudadas por parte de las Corporaciones Locales, 437 millones correspondieron a personas físicas, 5.574 millones a pymes y 5.551 millones a grandes empresas.

Si se analizan estos datos en función del importe cobrado por los proveedores, tal y como se refleja en la **Tabla 21** se obtiene que, para el total de las facturas atendidas por los Fondos de Pago a Proveedores, el importe medio cobrado ascendió a 322.177 euros. Esta cuantía es más elevada conforme aumenta el tamaño

Tabla 20. FONDOS DE PAGOS A PROVEEDORES EN COMUNIDADES AUTÓNOMAS POR TAMAÑO DE EMPRESA

Importes en millones de euros. Importes en % del total

		2012			2013					2014			2012-2014		
		FFPP I (junio)	FLA	TOTAL	FFPP II	FFPP III (tramo I; agosto)	TOTAL FFPP	FLA	TOTAL	FFPP III (tramo II, febrero)	FLA	TOTAL	FFPP	FLA	TOTAL
Importe	Persona física	273	51	324	3	33	36	82	119	67	75	142	376	208	584
		1,5	0,8	1,3	0,4	0,9	0,8	1,2	1,0	0,8	0,7	0,8	1,2	0,9	1,1
	Pyme	6.425	3.278	9.702	259	2.452	2.711	4.230	6.941	3.304	5.694	8.997	12.439	13.201	25.641
		36,3	52,0	40,4	27,6	68,0	59,7	60,5	60,2	41,5	53,0	48,4	41,2	54,9	47,5
	Gran empresa	11.007	2.854	13.861	676	1.121	1.797	2.003	3.800	4.600	4.550	9.150	17.404	9.407	26.811
		62,2	45,3	57,7	72,1	31,1	39,5	28,7	32,8	57,7	42,3	48,4	57,6	39,2	49,1
	EE. LL.	-	115	115	-	-	-	676	676	-	430	430	-	1.220	1.220
			1,8	0,5				9,7	5,9		4,0	2,4		5,1	2,3
	Total	17.705	6.297	24.002	939	3.606	4.544	6.991	11.629	7.970	10.749	18.719	30.219	24.037	54.256

Tabla 20. FONDOS DE PAGOS A PROVEEDORES EN COMUNIDADES AUTÓNOMAS POR TAMAÑO DE EMPRESA (continuación)

Importes en millones de euros. Importes en % del total

		2012			2013					2014			2012-2014		
		FFPP I (junio)	FLA	TOTAL	FFPP II	FFPP III (tramo I; agosto)	TOTAL FFPP	FLA	TOTAL	FFPP III (tramo II, febrero)	FLA	TOTAL	FFPP	FLA	TOTAL
Nº de facturas	Persona física	89.519	8.036	97.555	4.188	25.824	30.012	38.586	68.598	22.850	15.213	38.063	142.381	61.835	204.216
		2,4	4,7	2,5	20,0	15,5	16,0	9,5	11,5	1,2	2,2	1,4	2,4	4,8	2,8
	Pyme	1.739.944	148.376	1.888.320	8.657	108.574	117.231	194.542	311.773	988.241	372.790	1.361.031	2.845.416	715.708	3.561.124
		45,9	86,5	47,6	41,3	65,3	62,6	47,8	52,5	50,9	52,8	51,4	48,1	55,7	49,4
	Gran empresa	1.962.188	12.230	1.974.418	8.133	31.895	40.028	154.987	195.015	929.231	308.822	1.238.053	2.931.447	476.039	3.407.486
		51,8	7,1	49,8	38,8	19,2	21,4	38,1	32,8	47,9	43,8	46,8	49,5	37,1	47,3
	EE. LL.	-	2.954	2.954	-	-	-	18.556	18.556	-	8.893	8.893	-	30.403	30.403
			1,7	0,1				4,6	3,1		1,3	0,3		2,4	0,4
	Total	3.791.651	171.596	3.963.247	20.978	166.293	187.271	406.671	593.942	1.940.322	705.718	2.646.040	5.919.244	1.283.985	7.203.229

Tabla 20. FONDOS DE PAGOS A PROVEEDORES EN COMUNIDADES AUTÓNOMAS POR TAMAÑO DE EMPRESA (continuación)

Importes en millones de euros. Importes en % del total

		2012			2013					2014			2012-2014		
		FFPP I (junio)	FLA	TOTAL	FFPP II	FFPP III (tramo I; agosto)	TOTAL FFPP	FLA	TOTAL	FFPP III (tramo II, febrero)	FLA	TOTAL	FFPP	FLA	TOTAL
N.º proveedores	Persona física	7.595	3.229	10.824	1.797	19.978	21.775	24.178	45.953	4.750	5.158	9.908	34.120	32.565	66.685
		26,1	16,4	22,2	52,7	69,1	67,3	55,4	60,5	26,2	20,3	22,7	42,9	36,7	39,6
	Pyme	20.925	15.064	35.989	1.462	8.695	10.157	15.195	25.352	12.935	18.182	31.117	44.017	48.441	92.458
		71,9	76,4	73,8	42,9	30,1	31,4	34,8	33,4	71,3	71,4	71,4	55,3	54,5	54,9
	Gran empresa	564	464	1.028	151	255	406	429	835	457	465	922	1.427	1.358	2.785
		1,9	2,4	2,1	4,4	0,9	1,3	1,0	1,1	2,5	1,8	2,1	1,8	1,5	1,7
	EE. LL.	-	953	953	-	-	-	3.862	3.862	-	1.662	1.662	-	6.477	6.477
			4,8	2,0				8,8	5,1		6,5	3,8		7,3	3,8
	Total	29.084	19.710	48.794	3.410	28.928	32.338	43.664	76.002	18.142	25.467	43.609	79.564	88.841	168.405

Fuente: Elaboración propia a partir de la información suministrada por el Ministerio de Hacienda.

medio de la empresa; así, para las personas físicas el importe medio cobrado fue de 8.761, para las pymes la cifra alcanzó los 277.323 euros y para las grandes empresas totalizó los 9.626.877 euros.

Tabla 21. IMPORTE MEDIO RECIBIDO POR PROVEEDOR EN FUNCIÓN DEL TAMAÑO DE LA EMPRESA. 2012-2014

Euros

	FFPP	FLA	Total
Persona física	11.020	6.394	8.761
Pyme	282.607	272.522	277.323
Gran empresa	12.195.987	6.927.232	9.626.877
EE. LL.	-	188.419	188.419
Total	379.809	270.562	322.177

Fuente: Elaboración propia a partir de la información suministrada por el Ministerio de Hacienda.

Puesto que Sanidad y Educación constituyen unas de las partidas más significativas en los presupuestos de las Comunidades Autónomas, fueron a estos sectores a los que se destinó una cuantía más ingente de los fondos captados a través de estos mecanismos, tal y como se refleja en la Tabla 22.

Tabla 22. FONDOS DE PAGO A PROVEEDORES, POR SECTOR BENEFICIARIO

	2012		2013			2014		TOTAL	
	FFPP I	FLA	FFPP II	FFPP III (tramo 1)	FLA	FFPP III (tramo 2)	FLA	FFPP	FLA
Sanidad	62,4%	52,4%	6,3%	72,7%	58,2%	61,4%	69,7%	61,6%	60,1%
Educación	0,4%	9,4%	0,1%	8,5%	8,8%	2,8%	7,3%	2,0%	8,5%
Servicios Sociales	0,7%	8,1%	0,0%	11,3%	10,8%	1,8%	7,1%	2,3%	8,7%
Resto	36,5%	30,0%	93,5%	7,5%	22,1%	33,9%	15,9%	34,1%	22,7%

Fuente: Elaboración propia a partir de la información suministrada por el Ministerio de Hacienda.

Para el caso de las Corporaciones Locales, el sector que aglutinó un mayor importe es el tratamiento de residuos, con un 19,5%, seguido de la construcción, con el 18,7%, y de la actividad financiera y crediticia, con el 12,8% en el conjunto del periodo objeto de análisis.

4.3. Fondos recibidos por las Comunidades Autónomas con relación a sus ingresos corrientes y su deuda

El peso de los Fondos para el Pago a Proveedores, 54.256 millones de euros distribuidos entre las Comunidades Autónomas, sobre los ingresos corrientes, puede resultar un indicador útil para valorar la capacidad de generar recursos por parte de las Comunidades Autónomas para hacer frente a las deudas contraídas. Tal y como se aprecia en la **Tabla 23**, la Comunidad Valenciana y Castilla-La Mancha fueron las dos Comunidades con un porcentaje de fondos en relación con sus ingresos corrientes más elevados, con porcentajes del 27,7%, y del 27,4% respectivamente. En tercer lugar, con un 23,1% de fondos recibidos con relación a sus ingresos, se encuentra la Región de Murcia, mientras que en Baleares representaron un 21,8% del total de ingresos. En Cataluña, con unos ingresos no financieros de 78.874 millones de euros acumulados en el periodo entre 2012 y 2014, este porcentaje ascendió al 17,1%, y en Andalucía del 13,8%, similar a la Comunidad Autónoma de Cantabria, donde este porcentaje representa el 13,5%. Por el contrario, los fondos derivados de los mecanismos de liquidez representaron menos de un 10% de los recursos propios de Canarias, Asturias, Extremadura, Castilla y León, Aragón, Madrid y La Rioja. Por último, estarían aquellas Comunidades que no han necesitado del acceso a los Fondos de Pago a Proveedores, es decir, Galicia y las Comunidades forales del País Vasco y Navarra, estas dos últimas no se han incluido en la **Tabla 23**.

Como no podía ser de otra forma, el endeudamiento de las Comunidades Autónomas se vio afectado como consecuencia de la implementación de los Fondos del Plan de Pago a Proveedores. Según los datos reflejados en el **Gráfico 32**, el año 2011 cerró con un nivel de deuda autonómica que se situaba en el 13,6% del PIB representando, tres años después, el 22,9% del PIB, hasta superar los 237.900 millones de euros en el año 2014. Si bien el endeudamiento creció en todas las autonomías, y año tras año, la evolución de esta variable en cada una de ellas resulta dispar. Del mismo modo, no existe una clara correlación positiva entre la ratio de deuda sobre PIB y la captación de fondos a través de los mecanismos de liquidez en los primeros años de implementación de los mismos. Así, no siempre las

Tabla 23. PESO DE LOS FONDOS DE PAGOS A PROVEEDORES DE LAS CC. AA. SOBRE LOS INGRESOS CORRIENTES ENTRE 2012 Y 2014

Millones de € y porcentajes

	FPPP CC. AA.	Ingresos corrientes	% FPPP/ ingresos corrientes
Galicia	-	28.358	-
La Rioja	71	3.472	2,0
Madrid	1.347	64.421	2,1
Aragón	513	13.346	3,8
C. y León	1.052	25.667	4,1
Extremadura	570	12.560	4,5
Asturias	830	11.583	7,2
Canarias	1.754	19.562	9,0
Cantabria	917	6.816	13,5
Andalucía	10.369	75.066	13,8
Cataluña	13.480	78.874	17,1
Baleares	2.701	12.367	21,8
Murcia	3.025	13.095	23,1
C.-La Mancha	5.266	19.184	27,4
C. Valenciana	12.362	44.694	27,7
Total CC. AA.(1)	54.256	429.065	12,6

Fuente: Elaboración propia a partir de información suministrada por el Ministerio de Hacienda. (1) Comunidades Autónomas de Régimen Común.

Comunidades más endeudadas recurrieron de forma más intensa a los Fondos: este fue el caso de Andalucía que, a pesar de terminar el ejercicio 2011 con un porcentaje de deuda sobre PIB por debajo del total de la media, accedió al 18,4% de la financiación puesta a disposición a través de los Fondos en el año 2012. En el otro extremo destaca el caso de la Comunidad Valenciana cuya ratio de deuda sobre PIB se situaba en el 21,7% en 2011 y al año siguiente captó el 22,9% de la financiación.

Gráfico 32. EVOLUCIÓN DE LA DEUDA PÚBLICA DE LAS COMUNIDADES AUTÓNOMAS COMO PORCENTAJE (SEGÚN EL PDE)[29] DEL PIB DURANTE EL PERIODO 2011 Y 2014

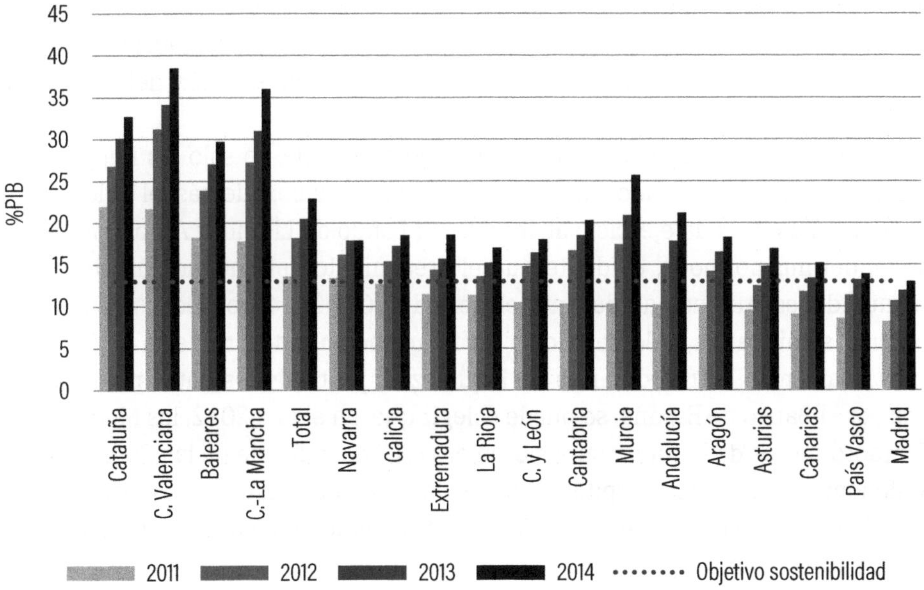

Fuente: Elaboración propia a partir de información suministrada por el Banco de España.

En la misma línea y para entender el alcance de estos instrumentos financieros, la **Tabla 24** muestra el porcentaje que las disposiciones de los Fondos de Pago a Proveedores representaron sobre el total de la deuda de las Comunidades Autónomas. En 2012, el peso de los Fondos para el Pago a Proveedores se elevó al 21% en el caso de Andalucía, al 18,3% en la Comunidad Valenciana y alcanzó en Cataluña el 7,3%. Dichos porcentajes fueron incrementándose rápidamente hasta el año 2014. Por tanto, y a la vista de esta evolución, a pesar de que los fondos se crearon con carácter extraordinario, los mecanismos se constituyen en la columna vertebral de la financiación para algunas Comunidades Autónomas. Así,

29. Según la metodología del Banco de España, la deuda pública calculada siguiendo los criterios del Protocolo de Déficit Excesivo está constituida por los pasivos de las Administraciones Públicas, valores representativos de deuda y préstamos, todos ellos valorados a su valor nominal, y en términos consolidados, es decir, excluidos los pasivos que son activos de otras Administraciones Públicas.

según los datos del Ministerio de Hacienda, los Fondos para el Pago a Proveedores fueron ganando peso hasta superar, en muchas de ellas, el 30% de la deuda en 2014, como fue el caso de la Región de Murcia (44,2%), Castilla-La Mancha (41,0%) Cantabria (37,8%), Andalucía (35,3%) o Baleares (34,6%). Frente a ello destacan los casos de Galicia, que no apeló a este tipo de financiación, o Madrid, donde los Fondos de Pago a Proveedores representaron únicamente el 5,3% del total de su endeudamiento financiero.

En términos agregados, es decir, teniendo en cuenta no solo los importes correspondientes a los Fondos de Pago a Proveedores sino, además, el valor de los vencimientos de cada ejercicio atribuibles al Fondo de Liquidez Autonómico[30] resulta, del mismo modo, evidente que el crecimiento del endeudamiento de las Comunidades Autónomas durante el periodo 2012-2014 obedeció, en una proporción significativa, a la captación de financiación extraordinaria a través de los Mecanismos Extraordinarios de Liquidez. A partir de los datos proporcionados por el Banco de España, se puede colegir que, en el año 2012, los Mecanismos Extraordinarios de Liquidez supusieron el 18,1% de la deuda de las Comunidades Autónomas y, dos años después, el valor del *stock* de préstamos proporcionados por el Fondo de Liquidez Autonómico y por el Fondo de Financiación de Pago de Proveedores representó el 37%.

A pesar de que el análisis va más allá del periodo que nos ocupa, resulta llamativo observar cómo el peso de estos instrumentos con relación a la deuda de las Comunidades Autónomas ha continuado incrementándose hasta alcanzar al cierre del ejercicio de 2019 el 61,1%[31] situándose, por lo tanto, los Mecanismos Extraordinarios de Liquidez como la principal fuente de financiación del conjunto de las Comunidades Autónomas. Este elevado nivel de endeudamiento de las Comunidades Autónomas con el Estado reaviva el debate sobre la necesaria revisión del modelo de financiación autonómica; pero, mientras esta reforma no se produce, se refuerza la necesidad de un mayor control sobre el citado endeudamiento, sugiriéndose, entre otras, medidas tales como la mejora de los procedimientos en la planificación presupuestaria, la elaboración de previsiones macroeconómicas por instituciones independientes, el establecimiento de porcentajes máximos de

30. Los vencimientos incluyen las amortizaciones de deuda más los intereses y pueden ser obtenidos en la información disponible en el Banco de España.

31. En el caso de las Corporaciones Locales (según los datos del Banco de España) la deuda con el Estado derivada del Fondo de Financiación a Corporaciones Locales pasó de representar el 21% del total de la deuda en 2012 al 27,2% al concluir el año 2019.

Tabla 24. FONDOS PARA EL PAGO A PROVEEDORES COMO PORCENTAJE DEL TOTAL DE LA DEUDA PDE DE LAS COMUNIDADES AUTÓNOMAS

% Fondos de Pago a Proveedores/Deuda PDE

	2012	2013	2014
Murcia	27,6	33,4	44,2
Castilla-La Mancha	31,1	34,8	41,0
Cantabria	21,8	31,0	37,8
Andalucía	21,0	27,5	35,3
Baleares	19,3	26,1	34,6
Valencia	18,3	23,3	33,0
Canarias	13,6	21,5	29,1
Asturias	17,8	27,2	23,8
Cataluña	7,3	13,5	20,9
Extremadura	9,4	8,9	18,4
Castilla y León	13,3	12,3	11,2
Aragón	9,3	8,2	8,5
La Rioja	6,8	6,2	5,5
Madrid	6,0	5,9	5,3
Galicia	0,0	0,0	0,0
Total 15 CC. AA.	13,4	17,8	24,0

Fuente: Elaboración propia a partir de la información suministrada por el Banco de España.

carga de la deuda y la publicación también de estadísticas oficiales sobre tipos de interés y primas de riesgo de las Comunidades Autónomas (Fernández Llera, 2016).

Como consecuencia de la aprobación en 2012 de la Ley Orgánica 1/2012 para la modificación de la Ley General de Estabilidad Presupuestaria, el Estado pudo asumir excepcionalmente la deuda de las Entidades Territoriales. En términos financieros, este hecho supuso el incremento de los activos financieros de la Administración Central frente al resto de Administraciones. En el **Gráfico 33**, se puede apreciar la evolución de los activos financieros de la Administración Central frente a otras Administraciones Públicas, junto con la evolución del *stock* de deuda acumulada en los Fondos de Financiación a Comunidades Autónomas y Corporaciones Locales. El Gráfico muestra cómo el nivel de activos del Estado frente a otras Administraciones Públicas, que había permanecido estable en los años previos al lanzamiento de los Fondos de Pago a Proveedores, empieza a evolucionar de forma creciente, y prácticamente en su totalidad, como consecuencia de la introducción de los Mecanismos Extraordinarios de Liquidez. Así, desde la puesta en marcha de estos últimos, ambas variables han evolucionado de forma paralela y su diferencia obedece al valor del préstamo del Estado a la Administración de la Seguridad Social.

Los Mecanismos Extraordinarios de Liquidez, de los que una parte muy destacada son los Fondos de Pagos a Proveedores, amplían de una forma muy considerable los activos del Estado frente al resto de Entidades Territoriales. Este Gráfico es, por tanto, un fiel reflejo del fuerte incremento del balance del Estado como consecuencia de las iniciativas de financiación a las Entidades Territoriales y, en este caso, con una repercusión muy directa sobre la economía productiva.

Gráfico 33. ACTIVOS FINANCIEROS DEL ESTADO FRENTE A OTRAS ADMINISTRACIONES PÚBLICAS

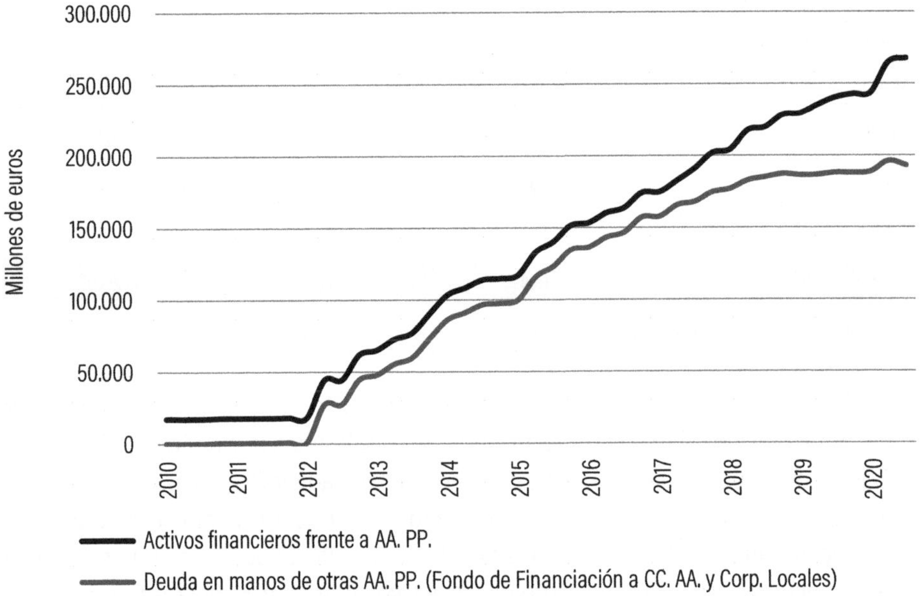

Fuente: Elaboración propia a partir de información suministrada por el Banco de España.

De este modo, el efecto de la inyección de liquidez a través de los MEL sobre el balance del Estado, como plan de choque e instrumento extraordinario de política económica, se asemejaría al efecto que las decisiones de política monetaria no convencional del Banco Central Europeo tienen sobre el balance agregado del Eurosistema, al subastar líneas de liquidez a corto y largo plazo y comprar diversos títulos de deuda inyectando también, a través de este procedimiento, liquidez en la economía, y que se refleja de modo conjunto en el **Gráfico 34**.

De hecho, mientras el Tesoro español empezó a facilitar financiación a las Entidades Territoriales en marzo de 2012 hasta alcanzar los más de 242.721 millones de euros acumulados hasta diciembre de 2019, el Banco Central Europeo reforzó su programa de compras de activos, iniciado en octubre de 2014, en marzo de 2015, con un decalaje temporal de exactamente 3 años, elevándose las mismas por un valor superior a los 2,65 billones de euros hasta finales de 2019. Con estas adquisiciones el balance total del Eurosistema alcanzaba, a cierre de 2019, una cifra aproximada de 4,7 billones de euros, un 41,4% del PIB de la zona euro.

Gráfico 34. EVOLUCIÓN DE LOS ACTIVOS EN EL BALANCE DEL EUROSISTEMA Y ACTIVOS FINANCIEROS DEL ESTADO FRENTE A OTRAS ADMINISTRACIONES PÚBLICAS

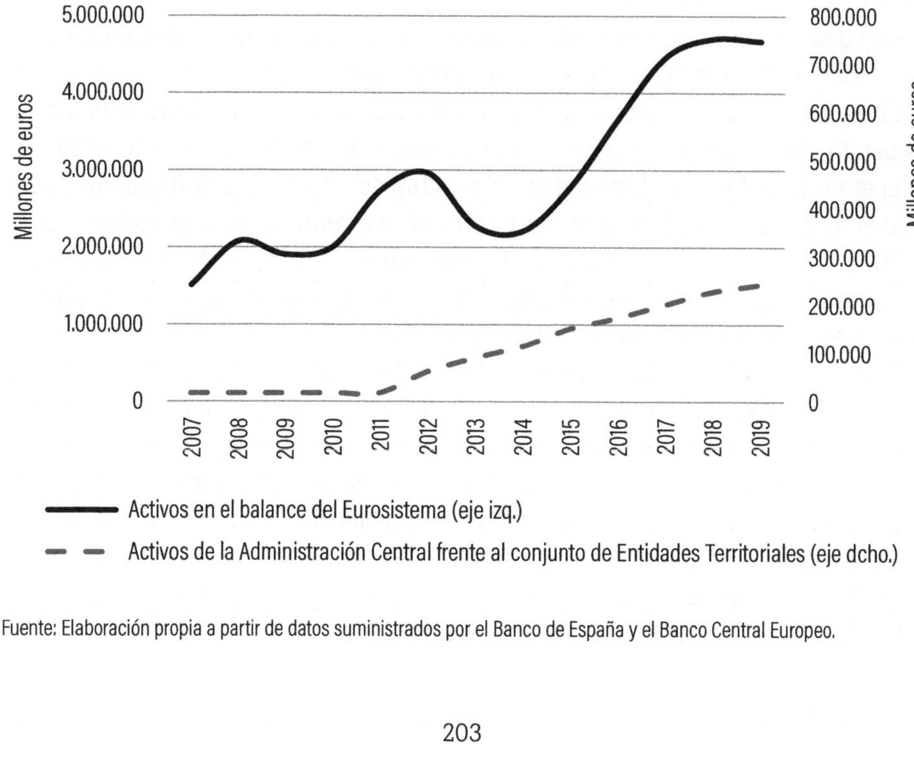

Fuente: Elaboración propia a partir de datos suministrados por el Banco de España y el Banco Central Europeo.

4.4. Experiencias internacionales similares: casos italiano y portugués

Recordemos que países como Italia, Portugal y Grecia, junto con España, exhibían dificultades similares a la hora de hacer frente a sus obligaciones de pago con sus proveedores de bienes y servicios. Así, tanto la encuesta realizada por Intrum Justitia, como la encuesta Access to Finance (SAFE) del Banco Central Europeo o el propio Eurostat eran un claro reflejo de que estos cuatro países citados se situaban a nivel europeo con los peores índices de cumplimiento con respecto a sus proveedores.

En estos países los retrasos en los pagos a los proveedores se elevaban muy por encima de los plazos legales de 30 días. Así, por ejemplo, Grecia mostraba en 2012 una media de 114 días de pago a proveedores por parte del sector público, Italia 90 días y Portugal 79 días. Italia y Portugal son dos casos muy claros en donde se introdujeron iniciativas similares al plan español de pago a proveedores con el fin de intentar atajar un problema que limitaba enormemente las posibilidades de financiación de las empresas, y especialmente de las pymes.

En Italia se llevó a cabo un plan de pagos similar al introducido en España, que empezó en abril de 2013, por un importe máximo disponible que llegó a alcanzar los 46.400 millones de euros en dos años, lo que implicó una inyección de fondos equivalente al 1,09% del PIB de media anual. Se trata, por tanto, ya de un momento muy distinto en los mercados financieros europeos y de intensidad de las políticas monetarias no convencionales del Banco Central Europeo.

Entre los países europeos con mayores desequilibrios en términos de las cuentas pendientes de pago de las Administraciones Públicas frente al sector privado, Italia era uno de los más destacados. Esto no fue debido a su *stock* de cuentas pendientes de pago de las Administraciones Públicas frente a sus proveedores (5,6% en 2011 muy cerca del promedio de la zona euro del 5,4%, según Eurostat), sino por la magnitud del retraso en el pago (media de 90 días de retraso en el pago a los proveedores en 2011, según Intrum Justitia).

Además, entre enero de 2011 y abril de 2013, Italia se situaba también en un contexto de difícil acceso a los mercados de financiación, reflejado en una prima de riesgo promedio de 358 puntos, con máximos de 519 puntos en noviembre de 2011 y 476 puntos en julio de 2012. Ante la falta de estadísticas oficiales, en 2013, el Gobierno italiano realizó una estimación de la deuda del total de las Administraciones Públicas con sus proveedores. Así, se señaló que existían alrededor de 90.000 millones de euros de deuda frente a los proveedores, un 5,8% del PIB en esos momentos. Por tanto, a través del Decreto Ley n.º 35, del 8 de abril de 2013 se creó un fondo de liquidez denominado *Fondo per assicurare la liquidità per pagamenti dei debiti certi, liquidi ed esigibili* destinado a los organismos regionales y locales, así como para el Sistema Nacional de Salud (SSN). Este Fondo tuvo como único objetivo liquidar facturas pasadas. Para este objetivo se destinaron 14.000 millones de euros al SSN, 3.600 millones de euros para Entes Locales, 8.000 millones de euros para Administraciones Regionales y otros 14.000 millones de euros adicionales destinados al pago de facturas emitidas por proveedores de bienes y servicios sanitarios.

Tras un año de actividad del Fondo, el Gobierno Italiano decidió dotar de liquidez adicional al citado Fondo para el pago de facturas de proveedores a través del Decreto Ley n.º 66, del 24 de abril de 2014. Con ello, se dotó de 6.000 millones de euros a un Fondo de Liquidez compartido por Entes Locales y Administraciones Regionales y 800 millones de euros adicionales al fondo de liquidez del SSN. Esta liquidez adicional permitió considerar también como fecha máxima de emisión de la factura para su aceptación hasta el 31 de diciembre de 2013.

Agregando las dos dotaciones de recursos, el total de liquidez puesta a disposición por parte del Estado italiano se muestra en la **Tabla 25**:

Tabla 25. LIQUIDEZ TOTAL CONTEMPLADA POR EL FONDO PARA EL PAGO DE DEUDAS FRENTE A PROVEEDORES CREADO POR EL ESTADO ITALIANO

Millones de euros

	2013	2014	Total
SSN	5.000	9.000 + 800	14.800
Entes locales	1.800	1.800	3.600
Adm. Regional	3.000	5.000	8.000
Fondos extra (2014)	-	6.000	6.000
Deudas con entidades de servicios sanitarios		14.000	
Total asignado		46.400	
Dispuesto finalmente		35.300	

Fuente: Elaboración propia a partir de la información suministrada por la Gazzetta Ufficiale Della Repubblica Italiana.

En la Tabla se hace referencia a la cantidad finalmente dispuesta del total de fondos dotados. En este sentido, el plan se percibió como una herramienta extraordinaria y coyuntural, por lo que en 2015 se cerró el acceso al Fondo, tal y como estaba dispuesto en el momento de su lanzamiento. A pesar de que la liquidez facilitada por los mecanismos diseñados por el Estado no fue utilizada en su totalidad, debido a la escasa necesidad de liquidar facturas previas a 2013 a cierre de 2014, el Banco de Italia estimó que el lanzamiento del Fondo de Financiación a Entes Territoriales y al SSN tuvo un efecto sobre PIB de entre el 0,5% y el 0,7% en términos acumulados de 2013 y 2014 (Banca D'Italia, 2013).

En el caso portugués, y debido a la difícil situación económico-financiera al inicio de la crisis de deuda soberana europea, en junio del año 2011 el Gobierno de Portugal pidió formalmente asistencia financiera al Fondo Monetario Internacional (FMI, 2011). Como garantía a los fondos a recibir por el Fondo Monetario Internacional, Portugal estableció un programa de reformas y objetivos para poder plantear un marco de condicionalidad y monitorización a la citada institución internacional a lo largo del proceso de seguimiento. Entre el listado de reformas propuestas, se reflejó el desarrollo de la institución presupuestaria, en la que se detalló también la implementación de un sistema de monitorización de los retrasos en los pagos de la deuda. En este sentido, el Fondo Monetario Internacional planteó, un objetivo de crecimiento cero del *stock* de deudas contraídas por la Administración Pública con retraso en su pago. Además, se requirieron acciones previas, *ex ante*, a la concesión de fondos del Fondo Monetario Internacional en cuanto al avance de una institución presupuestaria que dotase de controles automáticos a las deudas con retraso en su pago, así como la comunicación continua de la situación del *stock* de deudas al propio Fondo Monetario Internacional. Con todo ello, finalmente se aprobó la concesión de 78.000 millones de euros (el 45% en términos del PIB portugués de 2011) dividido en diferentes tramos que se condicionarían al cumplimiento de determinados objetivos financieros. Tal y como se señala en Flynn y Pessoa (2014), el Gobierno de Portugal estimó que su *stock* de deudas frente al sector privado con retrasos en sus pagos a mediados de 2011 era de 5.300 millones de euros, lo que suponía el 3,1% del PIB. Si bien dicha cifra no parece muy significativa, cabe señalar que en ella solo se contabilizaron las deudas con un retraso superior al prefijado por el Fondo Monetario Internacional, mientras que la cifra acumulada utilizada para el caso español contempla la totalidad de las deudas pendientes de pago. Con datos homogéneos, esta cifra, para el caso portugués, llegó a alcanzar el 11,3% del PIB en 2011, cuando en 2007 estaba situada en el 5,9%, muy cerca de la media de la zona del euro del 5%. Del total de pagos con retraso estimados por el Gobierno portugués, más del 96% se localizó en las Administraciones Regionales y Locales, además de en el Servicio Nacional de Salud.

A cierre del ejercicio 2014, el total de pasivos pendientes de pago con un retraso mayor a 90 días se redujo gracias a la utilización de los fondos concedidos. Concretamente, se cerró el año con un *stock* de 1.900 millones de euros, lo que suponía un 1,1% del PIB. No obstante, ello no implicó el cumplimiento de los objetivos marcados, puesto que el crecimiento bruto de este tipo de pasivos no fue cero en ninguno de los periodos examinados por el FMI entre 2011 y 2014. Este hecho se refleja también en la circunstancia de que en 2014 el nivel total de créditos comerciales se había reducido tan solo en 1,0 puntos porcentuales, hasta el 10,3% del PIB de Portugal. A diferencia del programa italiano, el plan de acción portugués para liquidar facturas pendientes de pago de la Administración Pública tuvo dos ejes relevantes de acción. En primer lugar, se dispuso de una inyección de liquidez extraordinaria que se utilizó, en parte, para hacer frente a los pagos de dichas deudas comerciales. En segundo lugar, esta inyección de liquidez vino acompañada, al igual que en el caso español, de una serie de reformas estructurales, buscando mejorar la institución presupuestaria y su control sobre la gestión de los recursos en las Administraciones subnacionales. En este sentido, la condicionalidad sujeta a la concesión de estos fondos jugó nuevamente un papel muy relevante en el saneamiento presupuestario de los distintos niveles de las Administraciones portuguesas y en la progresiva reducción del *stock* de créditos comerciales impagados.

Capítulo 4

LA CONDICIONALIDAD COMO FACTOR DE ESTABILIZACIÓN, SOSTENIBILIDAD DE LAS CUENTAS PÚBLICAS Y COLABORACIÓN ENTRE ADMINISTRACIONES

1. EL PAPEL DE LA CONDICIONALIDAD EN PERSPECTIVA HISTÓRICA

Define la Real Academia de la Lengua el término condición como el «acontecimiento futuro e incierto del que por determinación legal o convencional dependen la eficacia inicial o la resolución posterior de ciertos actos». Atendiendo a dicha acepción y en el contexto que nos ocupa en el presente libro, un acuerdo que incluya condiciones, es decir, un acuerdo condicional, habría de contener una batería de acontecimientos futuros establecidos para afectar a una de las partes cuyo cumplimiento (*a priori* o *a posteriori*) supeditaría el apoyo (financiero, en este caso) ofrecido por la otra parte.

En perspectiva histórica, la condicionalidad tuvo especial relevancia en el ámbito internacional puesto que fue una de las herramientas más utilizadas (y también una de las más criticadas) tanto por el Banco Mundial como por el Fondo Monetario Internacional (FMI) si bien, no fue hasta el año 1952 cuando el Fondo Monetario Internacional[1] la incorpora en sus estatutos. El tema, no obstante, re-

1. Se han cumplido recientemente 75 años desde que en la conferencia de Bretton Woods (1944) se acordaran los convenios constitutivos del Fondo Monetario Internacional (FMI) y del Banco Mundial. Ese año se funda también el Acuerdo General sobre Aranceles Aduaneros y Comercio. El objetivo de combatir los déficits de balanza de pagos y las devaluaciones competitivas, la creación para ello de nuevas instituciones (FMI y Banco Mundial), el papel central del dólar en el naciente nuevo orden económico internacional, la muy diferente posición de partida de los

surge con fuerza en Europa en los años centrales de la crisis financiera a medida que la financiación del sector privado se agotaba y se intensificaba el debate sobre la posible intervención con recursos públicos y, en especial, de las instituciones financieras internacionales, para paliar la escasez de recursos financieros y presupuestarios.[2]

En España, el diseño y la regulación de los Fondos del Plan de Pago a Proveedores en el año 2012 incorporaba el compromiso muy firme por parte de las Comunidades Autónomas y de las Corporaciones Locales de cumplir con una serie de exigencias de distinta naturaleza como requisito para acceder a la financiación proporcionada por este tipo de mecanismo; de hecho, regulación de los nuevos Fondos y establecimiento de condiciones aparecen en todo momento íntimamente ligadas. También en el marco de las relaciones de España con Bruselas, la condicionalidad aparecía ya reflejada en el Programa de Estabilidad de 2012 como parte integrante de los mecanismos de apoyo financiero a las Entidades Territoriales. Al mismo tiempo que se coordinaba la política económica con el resto de las Administraciones, se rendía cuentas a Bruselas sobre el cumplimiento de los objetivos presupuestarios y sobre los planes de reforma para los cuatro años siguientes.

En la actualización del Programa de Estabilidad 2012-2015 se insistía de forma rotunda en la importancia de la condicionalidad como garantía del cumplimiento de objetivos: «Asimismo, se han adoptado medidas de apoyo financiero a las Comunidades Autónomas. En concreto, se ha creado el Fondo de Financiación del Pago a Proveedores dirigido a cancelar las deudas de las Administraciones Territoriales frente a proveedores y solucionar así el volumen de atrasos acumulados... Ambos mecanismos van ligados a una estricta condicionalidad económica,

---

nuevos acreedores financieros mundiales (principalmente los Estados Unidos) y los deudores (básicamente el Reino Unido), y el protagonismo y debates liderados por White y Keynes, constituyen el objeto de un minucioso y muy completo trabajo realizado por Steil (2013).

2. En mayo de 2010 Grecia recibe ayuda financiera por valor de 110.000 millones euros a través de un acuerdo con la UE y el Fondo Monetario Internacional a cambio de aplicar una férrea política de austeridad fiscal. En la misma línea, Irlanda tuvo que aplicar determinados ajustes presupuestarios unos meses después (en noviembre de 2010) a cambio de un préstamo valorado en 67.500 millones de euros proporcionado por los mismos organismos. En abril de 2011, Portugal solicitó un rescate (por valor de 78.000 millones de euros) lo que requirió el compromiso de aplicar determinadas reformas. Más tarde, España en 2012 y Chipre en 2013 se sumarían a la solicitud de ayudas similares adquiriendo una serie de importantes obligaciones para con los prestamistas.

dirigida a garantizar que se adoptan las medidas de ajuste necesarias para cumplir los objetivos de déficit».

Tal y como señala Serra (2003) la condicionalidad, en el marco de los acuerdos de préstamo llevados a cabo entre un país con dificultades financieras y una institución internacional (como el Fondo Monetario Internacional) plasmada, generalmente, en términos de objetivos cuantitativos y de reformas estructurales, impone dos clases de obligaciones al suscriptor del préstamo. Por un lado, se establece el compromiso de reembolsar el préstamo (con sus correspondientes intereses) y, por otro lado, se asume la responsabilidad de aplicar y cumplir con las condiciones incorporadas en el programa, en cuyo caso la condicionalidad operaría, en ausencia de un colateral financiero, como el aval de compromisos vinculado a la utilización de los recursos proporcionados por la institución.

No resulta extraño que la mayor parte de los prestamistas, ya sean de origen nacional o internacional y con independencia de si estos son de naturaleza pública o privada, estipulen condiciones para que sus préstamos sean reembolsados puesto que, a lo largo de la historia, los incumplimientos han sido recurrentes,[3] de hecho, es también lo habitual en el tráfico mercantil.

Pero la condicionalidad persigue, además del propio reintegro del préstamo, varios objetivos[4]. Atendiendo a la literatura económica, la imposición de condiciones trataría de garantizar, entre otras, la credibilidad en materia del cumplimiento de los futuros acontecimientos acordados (en general medidas de política económica) evitando de este modo los problemas de inconsistencia temporal que puedan derivar de las distintas preferencias que, sobre esta materia, pudieran surgir entre las distintas partes involucradas en el acuerdo. Señala Dhonte (1997) que las condiciones impuestas (en este caso por el Fondo Monetario Internacional) se-

---

3. Reinhart y Rogoff (2009), en uno de los primeros estudios de referencia publicados a raíz de la crisis financiera, realizan un exhaustivo análisis de las sucesivas crisis financieras (quiebras soberanas, crisis bancarias, cambiarias o inflacionarias) a lo largo de la historia desde el medievo hasta la reciente crisis *subprime*, para concluir que la excesiva acumulación de deuda es el factor recurrente en todas las crisis financieras.

4. Dreher (2009) recoge en su artículo mucha de la literatura surgida con relación a la condicionalidad. Si bien la mayor parte se refiere a esta herramienta aplicada por el Fondo Monetario Internacional, no obstante, muchos de los argumentos que sustentan la descripción de los objetivos resultarían igual de válidos para los acuerdos con condiciones entre el Gobierno (en su papel prestamista de último recurso) y las Comunidades Autónomas y las Entidades Locales (como prestatarias) como consecuencia de la implementación de los Fondos del Plan de Pago a Proveedores.

rían un instrumento útil para corregir el riesgo asociado a la discrecionalidad en la aplicación de políticas (el autor se refiere en su artículo a políticas coherentes con la economía de mercado) por parte de los gobiernos suscriptores del préstamo puesto que, en ausencia de condicionalidad, este tipo de políticas podrían ser fácilmente reversibles, lo que, en definitiva, tendría efectos negativos sobre la inversión privada.

En segundo lugar, las condiciones contractuales pretenden, en ocasiones, actuar como una herramienta para paliar los problemas de selección adversa derivados de la presencia de información asimétrica. De este modo, la condicionalidad actuaría como señal para el resto de los agentes, especialmente para futuros acreedores o para la contraparte si existen expectativas de seguir prolongado las ayudas, sobre el tipo (la calidad) del organismo receptor de los fondos. Berlinschi (2010) menciona que la reputación es una cuestión que afectaría tanto a los donantes de los fondos como a los receptores de los mismos, pudiendo servir como un dispositivo que induciría a ambos a respetar sus compromisos en los contratos condicionales.

Otro de los objetivos identificados por la literatura, atribuibles a la condicionalidad, está relacionado con los problemas derivados del riesgo moral. En el ámbito que nos ocupa, los préstamos o las ayudas otorgados por determinados organismos podrían asemejarse a una garantía que protegería a los tomadores de los fondos de posibles contingencias de carácter externo. Los países u organismos beneficiarios de las ayudas, sabedores de la disponibilidad de crédito o de los fondos, podrían tener incentivos a adoptar políticas económicas con finalidades distintas a la corrección de los posibles desequilibrios que generaron la vulnerabilidad frente a dichos *shocks* o, en el extremo, a agravar la situación de crisis para captar más fondos. Pueden identificarse algunos instrumentos que permitirían reducir el riesgo moral: así, además del encarecimiento del coste de oportunidad de los préstamos otorgados a los organismos o la limitación del periodo temporal en el que un país podría tener acceso a los fondos, la condicionalidad *ex ante* (es decir, cuando la recepción de préstamos estuviera sujeta a la promesa de futuros comportamientos) puede ser útil para desincentivar las conductas menos deseables por parte de los agentes destinatarios de la financiación.

Por último, la literatura alude a la existencia del carácter paternalista de algunas instituciones al imponer condiciones de modo que, estas últimas, vayan dirigidas a aumentar el bienestar de los países u organismos receptores de los fondos.

La amplitud en la naturaleza de las condiciones asociadas a los Fondos del Plan de Pago a Proveedores sugiere que los propósitos perseguidos por la Administración

Central (quien proporcionaba la financiación y establecía las condiciones) comprendiesen más de uno de los objetivos arriba mencionados. Por un lado, el hecho de que el acceso al Fondo estuviese supeditado a la presentación (y aprobación) *ex ante* de un plan de ajuste fiscal (en el que se registraban las previsiones de los ingresos y los gastos de Comunidades Autónomas y Corporaciones Locales durante los años de vigencia de los préstamos y que tenían que ser acordes con los objetivos presupuestarios) mejoraría la credibilidad del cumplimiento de los compromisos adquiridos a cambio de financiación por parte de los prestatarios. Por otra parte, las obligaciones de suministro de información (por ejemplo, el hecho de que los planes de ajuste fuesen públicos) permitirían reducir los problemas de selección adversa puesto que la transparencia serviría como señal para distinguir entre «buenos» y «malos» deudores. Al mismo tiempo, el otorgamiento de financiación a los niveles subcentrales de la Administración para que pudieran saldarse sus deudas pendientes de pago con sus proveedores (evitando, de este modo, una mayor pérdida de bienestar social) podría identificarse con el carácter paternalista del Estado.

No obstante, los objetivos, el alcance de las obligaciones plasmadas en los acuerdos de ayuda financiera, los incentivos para su cumplimiento o las consecuencias dependen de distintos factores.

Diversos autores señalan que son varias las dimensiones de la condicionalidad, que incluyen desde el ámbito en el que operan los agentes que la imponen, la naturaleza de los requisitos exigidos o el tipo de instrumentos utilizados para su imposición. Así, mientras que las condiciones introducidas en los acuerdos por parte de los prestamistas de carácter privado estarían diseñadas para, fundamentalmente, asegurarse el reembolso del préstamo, las cláusulas introducidas por organismos oficiales perseguirían también la consecución de objetivos mucho más ambiciosos, y a más largo plazo, que afectarían a más de una variable en materia de política económica. De este modo resultan frecuentes, por un lado, las exigencias de tipo financiero (instrumentalizadas a través del tipo de interés) que, a juicio de los autores, resultan menos intrusivas y menos costosas puesto que no requieren la supervisión o el seguimiento del cumplimiento por parte del prestatario. Así, el diseño de los Fondos del Plan de Pago a Proveedores incluyó restricciones de carácter financiero puesto que se estableció un límite superior para el coste total del endeudamiento de las Comunidades Autónomas y de las Entidades Locales acogidas a estos mecanismos de financiación.

Pero, por otro lado, existen condiciones cuyo objetivo es influir sobre una o más variables económicas en términos agregados (como puede ser el nivel de deuda o el déficit público) en cuyo caso, la relación de condicionalidad se establece en un plazo más largo y requiere, en general, una tarea de monitorización más estrecha. Por último, está la denominada condicionalidad de carácter estructural que contempla reformas que afectarían a los fundamentales económicos. En España, la condicionalidad asociada a los Fondos del Plan de Pago a Proveedores además de perseguir la devolución de los préstamos (puesto que la regularización de facturas supuso un fuerte incremento de la deuda financiera) se utilizó para reforzar el marco presupuestario y mejorar de modo muy considerable su eficacia, tratando de evitar así que en un Estado tan descentralizado como es España pudiera repetirse esta problemática de nuevo.

Otra de las dimensiones importantes de la condicionalidad radica en el componente temporal. Así, existen diferencias en materia de cumplimiento en función de si las condiciones son impuestas *ex ante* o *ex post*. En el primer caso, la aplicación de las condiciones pactadas habría de ser previa a la recepción de la ayuda (como ocurre en muchas ocasiones con los fondos europeos), mientras que la condición *ex post* exigiría el cumplimiento de las obligaciones establecidas por el acreedor tras la aceptación de la ayuda.

Tal y como se ha comentado con anterioridad, la condicionalidad ha vuelto a cobrar relevancia, especialmente al albor de la crisis financiera y, más recientemente con los nuevos fondos europeos, para convertirse en una herramienta de aplicación de uso frecuente que atañe no solo a países en vías de desarrollo sino también a países industrializados. Alguno de los ejemplos más recientes lo constituye, en el seno de la Unión Europea, el Acuerdo Marco de la Facilidad Europea de Estabilización Financiera, en el que se estipulaban las condiciones en las que se podría conceder préstamos (en conjunto con el Fondo Monetario Internacional) a los Estados miembros de la zona del euro que exhibiesen dificultades suscitadas por circunstancias excepcionales. En este contexto, el Gobierno español solicitó asistencia financiera externa a la Facilidad Europa de Estabilización Financiera (FEEF) para la reestructuración y recapitalización del sector bancario en junio de 2012. De este modo, las autoridades españolas se comprometían a adoptar una serie de medidas que asegurasen la implementación del programa plasmado en el Memorando de Entendimiento sobre condiciones de política sectorial financiera a cambio de un préstamo que podía alcanzar hasta los 100.000 millones de euros. En este caso, la condicionalidad atañía fundamentalmente al sector financiero, aunque, de forma paralela, España debía cumplir con sus compromisos adquiridos derivados del Procedimiento de Déficit Excesivo, así como las recomendaciones para corregir los desequilibrios macroeconómicos.

Durante años la condicionalidad ha sido objeto de críticas abordando, en la mayoría de los debates públicos y académicos, dos cuestiones principales, a saber, su legitimidad y su efectividad. Con relación a la primera, la polémica surgió, fundamentalmente, por el activismo de los Organismos Internacionales (como el Banco Mundial o el Fondo Monetario Internacional) en el diseño de la política económica (o incluso su participación en reformas judiciales, política ambiental, gobierno corporativo [Chang, 2005]), como parte de los planes de condicionalidad plasmados en los contratos de asistencia financiera delimitando, de este modo, la soberanía nacional de los países receptores de los préstamos.[5]

En el contexto de los Fondos para el Plan de Pago a Proveedores, el hecho de que el mecanismo fuera diseñado como medida extraordinaria y coyuntural y que la apelación a la financiación proporcionada a través de los mismos fuera voluntaria en determinados casos y en especial para las Comunidades Autónomas, habría alejado (temporalmente) el debate sobre la pérdida de autonomía en la gestión de las políticas públicas por parte de los Entes Territoriales fruto del cumplimiento de la condicionalidad. No obstante, los Mecanismos Extraordinarios de Liquidez continúan constituyendo en la actualidad una de las principales fuentes de financiación de las entidades acogidas a este tipo de mecanismo y a partir del año 2015 la incorporación al Fondo de Liquidez Autonómico resulta obligatoria para aquellas Comunidades Autónomas que no cumplen con determinadas condiciones exigidas en la regulación.[6]

En este contexto, algunos autores abogan por la progresiva desaparición de este tipo de instrumentos (respondiendo al carácter extraordinario con el que fueron creados) entre cuyos argumentos se esgrime este último, a saber, que la fuerte condicionalidad que acompaña a los mecanismos estaría afectando a la conducción autónoma de la política fiscal por parte de las Comunidades Autónomas. No

5. Tal y como recoge Mold (2009) en su estudio, este tipo de condicionalidad (de carácter estructural) cobra especial relevancia en el contexto de la crisis de deuda de los años 80 y estuvo influida por el Tesoro de los Estados Unidos (bajo el influjo de las nuevas prioridades de la revolución intelectual liderada por Thatcher y Reagan), cuyo secretario (James Baker), solicitó ayuda al Banco Mundial y al Fondo Monetario Internacional para llevar a cabo la liberalización de las instituciones del mercado y para fortalecer al sector privado. El Fondo Monetario Internacional apoyó la iniciativa Baker, que incluía disposiciones para la condicionalidad estructural y una mayor colaboración entre el Fondo Monetario Internacional y el Banco.

6. Desde comienzos de 2015, según lo previsto en el Real Decreto-ley 17/2014 de 26 de diciembre, la adhesión al Fondo de Liquidez Autonómico resultaba forzosa para las Comunidades Autónomas que incumplieran, fundamentalmente, el Periodo Medio de Pago.

obstante, la mayor parte de los instrumentos de la condicionalidad tuvieron su origen en la Ley Orgánica de Estabilidad y Sostenibilidad Financiera cuyo carácter precisamente orgánico permitiría cobrar fuerza normativa ante posibles debates sobre la legitimidad y constitucionalidad de determinadas medidas.

En la línea de la legitimidad, algunas de las críticas (de carácter pragmático) se han focalizado en la idoneidad de las condiciones impuestas por parte de las instituciones financieras. Así señalan Babb y Carruthers (2008) que la reputación del Fondo Monetario Internacional como organismo neutral y experto en el asesoramiento en materia de política económica quedó fuertemente dañada a raíz de la crisis financiera asiática de 1997-1998, puesto que el Fondo Monetario Internacional no solo no consiguió prevenirla, sino que la empeoró. Desde entonces fueron muchas las voces que alertaban del peligro de aplicar la condicionalidad de forma estandarizada, impuesta a los países receptores de los préstamos obviando, de este modo, la estructura y las circunstancias individuales de cada prestamista (Stiglitz, 2002). El propio Banco Mundial (2005) reconoció en el documento en el que se establecía una revisión de la condicionalidad asociada a sus políticas, que las lecciones de los años 90 constituyeron un ejemplo de los fallos derivados de las prescripciones de forma generalizada y reconocía que no existía un modelo único de desarrollo. El debate sobre la legitimidad de la condicionalidad derivó en una serie de reformas por parte del Fondo Monetario Internacional que incluían la concesión de una mayor importancia a las pretensiones particulares de cada país (es decir, que las reformas contenidas en el programa fueran similares a las que el país hubiera llevado a cabo sin la ayuda financiera) y a una mayor transparencia de las operaciones de los préstamos.

En este sentido, la obligatoriedad de suministrar información en aras de mejorar la transparencia (regulada también en la Ley Orgánica de Estabilidad Presupuestaria y Sostenibilidad Financiera), además de constituirse como uno de los criterios rectores que configuraron la batería de medidas en materia de condicionalidad asociada a los Fondos de Plan de Pago a Proveedores, implicaba no solo a los niveles subcentrales de la Administración sino también al conjunto de las Administraciones Públicas, incluida por tanto también la Administración Central, es decir, la que proporcionaba los recursos.

Por otro lado, existe un volumen ingente de literatura económica que ha tratado de analizar, desde diversas perspectivas, el grado de consecución de los objetivos (medidos a partir de variables macroeconómicas como PIB, deuda pública...) pretendidos en los contratos de ayuda financiera instrumentalizados a través de la condicionalidad. El resultado de muchos de los estudios originados sobre la materia ha establecido que la condicionalidad ha resultado ineficaz, aunque parece existir, no obstante, discrepancia sobre la naturaleza de dicha ineficacia. Así, por un lado, algunas investigaciones aluden a la ineficacia de la condicionalidad como consecuencia de un diseño inadecuado de la misma, mientras que el resultado de otros estudios apunta a la laxitud en el cumplimiento de las obligaciones establecidas como la principal causa de su escaso éxito.[7] En este contexto, parece que la condicionalidad del Fondo Monetario Internacional no procuró el crecimiento económico ni promovió el bienestar social en muchos de los países que la aplicaron. Sin embargo, tal y como señalan los autores, esta tuvo un impacto positivo en la estimulación de reformas estructurales favorables al mercado en términos de desregulación, privatización e independencia de los bancos centrales. En relación con el grado de cumplimiento, son varios los motivos que la literatura económica ha identificado para explicar las desviaciones en la asunción de las obligaciones establecidas en los programas de ayuda. Así, además de motivaciones políticas y sociales (proximidad de periodos electorales u oposición por parte de la sociedad a las reformas), la existencia de asimetría de poder entre las partes que participan en el acuerdo puede determinar el grado de cumplimiento.

2. INSTRUMENTOS PARA LA CONDICIONALIDAD

La condicionalidad unida a los Fondos del Plan de Pago a Proveedores estaba, generalmente, asociada a las medidas de ajuste para el cumplimiento de los objetivos marcados en la política presupuestaria. Existían, para ello, mecanismos que se reforzaban o introducían como novedad en las relaciones entre el Estado (como otorgante de los recursos financieros) y las Entidades Territoriales.

En este caso, el acceso a los Fondos exigía a los destinatarios, además de la elaboración de un plan de ajuste, el compromiso de adoptar determinadas obligaciones de información durante el periodo en el que se estableciese el acuerdo en aras de garantizar la transparencia. Todo ello se complementaba con algunas medidas de carácter preventivo y coercitivo con el objeto de incentivar su cumplimiento. No obstante, no pueden entenderse estos instrumentos de condicionalidad

7. Los autores recogen las conclusiones de algunos estudios relacionados con las ayudas que las Instituciones Financieras Internacionales proporcionaron a países de América Latina y del África subsahariana. En ambos casos, las políticas establecidas a través de la condicionalidad provocaron el estancamiento económico o, incluso, la contracción de las economías.

sin la Ley Orgánica de Estabilidad Presupuestaria y Sostenibilidad Financiera que constituye el gran eje normativo sobre el que gira este principio.

2.1. La condicionalidad en la Ley Orgánica de Estabilidad Presupuestaria y Sostenibilidad Financiera

La Ley Orgánica de Estabilidad Presupuestaria y Sostenibilidad Financiera de las Administraciones Públicas formaba parte de un gran paquete de medidas de carácter presupuestario, fiscal, financiero, laboral y regulatorio que pretendía recuperar la confianza y la actividad económica. La normativa concebía una arquitectura financiera de la España de las autonomías rigurosa y eficiente, y aprovechó la condicionalidad asociada a los mecanismos de apoyo financiero (incluidos los Fondos de Pago a Proveedores) y mutualización parcial de la deuda para reforzar su eficacia.

De este modo, la condicionalidad aparece en la Ley desde el primer momento, en su Disposición Adicional primera, donde se establece que las Comunidades Autónomas y Corporaciones Locales que solicitaran al Estado el acceso a medidas extraordinarias de apoyo a la liquidez estarían obligadas a acordar con el Ministerio de Hacienda un plan de ajuste. En dicho plan debían de definirse las medidas necesarias para la devolución de los préstamos vinculados al crédito concedido a través de los Fondos de Pago a Proveedores, al mismo tiempo que se garantizara el cumplimiento de los objetivos de estabilidad presupuestaria, de deuda pública y el cumplimiento con determinados compromisos de pago a proveedores.

El anteriormente citado plan de ajuste que las Entidades Territoriales debían presentar tiene su antecedente en los denominados planes económico-financieros, profusamente regulados en la Ley de Estabilidad en el Capítulo IV del texto legal, referido a las medidas preventivas, correctivas y coercitivas, y que, además de otorgar una visión a largo plazo sobre la orientación de la política fiscal, pretendían reconducir situaciones de desequilibrio fiscal, a saber, el incumplimiento del objetivo de estabilidad presupuestaria, el incremento de deuda por encima del límite previsto o incrementos de gasto por encima del PIB nominal. Estos planes debían ser aprobados en el Consejo de Política Fiscal y Financiera, en coordinación con el conjunto de las Comunidades Autónomas, ya que, por su naturaleza, afectaban a la política económica general y tenían, por tanto, carácter multilateral. Más tarde se incorporaría el Periodo Medio de Pago como objetivo de seguimiento presupuestario.

En el caso de las Comunidades Autónomas, y desde la entrada en vigor de la nueva Ley Orgánica de Estabilidad Presupuestaria, se han aprobado diversos planes económico-financieros, que fueron especialmente numerosos en el primer año de aplicación de la ley (2012), puesto que, como puede apreciarse en la **Tabla 26**, todas las Comunidades Autónomas tuvieron que presentar un plan. Por otra parte, Cataluña ha sido la única Comunidad Autónoma que ha debido presentar un plan en todos los ejercicios desde 2012 hasta 2019.

Tabla 26. PLANES ECONÓMICO-FINANCIEROS PUBLICADOS Y APROBADOS EN EL CONSEJO DE POLÍTICA FISCAL Y FINANCIERA

2012	Andalucía	Aragón	Asturias	Baleares	C.-La Mancha
	C. Valenciana	C. y León	Canarias	Cantabria	Cataluña
	Extremadura	Galicia	La Rioja	Madrid	Murcia
	Navarra	País Vasco			
2013	Andalucía	Baleares	C.-La Mancha	C. Valenciana	Cataluña
	Murcia	Navarra			
2014-2015	Aragón	C.-La Mancha	C. Valenciana	Cantabria	Cataluña
	Murcia	Navarra			
2015-2016	Cataluña				
2017-2018	Andalucía	Aragón	C. Valenciana	Canarias	Cantabria
	Cataluña	Extremadura	Galicia	Murcia	País Vasco
2018-2019	Aragón	Asturias	C. y León	C.-La Mancha	Cataluña
	Extremadura	Madrid	Murcia	La Rioja	C. Valenciana
	País Vasco				

Fuente: Elaboración propia a partir de información suministrada por el Ministerio de Hacienda.

Los desequilibrios presupuestarios que arrastraban las Comunidades Autónomas son más que evidentes si se analiza la información suministrada en los planes económicos que presentaron en el año 2012. Tal y como se aprecia en la **Tabla 27**, la reducción de los gastos que las Comunidades Autónomas debían practicar ascendía a 13.129 millones de euros, lo que representaba cerca del 9,53% de los gastos no financieros de las Comunidades Autónomas en régimen común en ese ejercicio.

Tabla 27. CUANTIFICACIÓN DE LAS MEDIDAS DE AJUSTE POR LA VÍA DEL GASTO Y DE LOS INGRESOS DE LOS PLANES ECONÓMICO-FINANCIEROS

Millones de euros

	Ajustes de reducción del gasto	Ajustes de aumento de los ingresos	Total medidas
Asturias	456	78	534
Aragón	465	29	494
Cantabria	205	32	237
Canarias	565	253	818
C.-La Mancha	1.582	194	1.776
Baleares	263	143	406
Valencia	1.392	1.032	2.424
P. Vasco	452	507	959
Andalucía	2.504	1.027	3.531
Cataluña	2.802	1.385	4.187
Madrid	691	8	699
La Rioja	45	4	49
Extremadura	417	36	453
C. y León	454	225	679
Murcia	474	226	700
Navarra	53	50	103
Galicia	309	68	377
Total	13.129	5.296	18.425

Fuente: Elaboración propia a partir de información suministrada por el Ministerio de Hacienda.

Destacan los importes de Cataluña (2.802 millones de euros) y Andalucía (2.504 millones), aunque debido a su menor tamaño, los 1.582 millones de Castilla-La Mancha tienen mayor peso relativo respecto a su presupuesto. Por su parte, el aumento de los ingresos previstos por parte de todas las Comunidades Autónomas debía ascender, en el año 2012, a 5.296 millones (cerca del 5% de los ingresos no financieros del conjunto de las Comunidades Autónomas en Régimen Común), lo que, junto con los 13.129 millones de reducción de gasto anteriores, habría supuesto un ajuste de 18.425 millones en un año. Cataluña (1.385 millones), Comunidad Valenciana (1.032 millones) y Andalucía (1.027 millones de euros) exhibieron los importes sobre ingresos previstos más elevados, tal y como se muestra en la citada **Tabla 27**.

De acuerdo con lo establecido en los artículos 21, 23 y 24 de la Ley de Estabilidad Presupuestaria el seguimiento de estos planes económico-financieros debía ser llevado a cabo tanto por el propio Ministerio de Hacienda[8] como por la Autoridad Independiente de Responsabilidad Fiscal (la AIReF),[9] de forma trimestral. De este modo, los planes debían permitir controlar el cumplimiento de los objetivos de déficit (el nivel máximo que las necesidades de financiación de la Administración correspondiente podía alcanzar en cada ejercicio con relación a su PIB), de deuda (el grado de endeudamiento con relación al valor de su producción) y la regla de gasto (que establecía que la variación del gasto computable de la Administración Central, Comunidades Autónomas y Corporaciones Locales, no podría superar la tasa de referencia de crecimiento del PIB a medio plazo de la economía española), cuyos límites se reflejan en la **Tabla 28**.

El incumplimiento o la falta de presentación o aprobación del plan económico financiero, así como el retraso en el Periodo Medio de Pago a los proveedores establecido en la legislación, tenían como consecuencia la aplicación de las medidas coercitivas correspondientes, descritas en el artículo 25 de la Ley de Estabilidad. A modo de ejemplo, en la **Tabla 29** se muestra el resultado del seguimiento de los Planes Económico-Financieros (PEF) de las Comunidades Autónomas en 2016,[10]

8. Pueden analizarse con más detalle en los Informes de seguimiento de los planes económico-financieros (PEF) que lleva a cabo (y que publica) el Ministerio de Hacienda.

9. La Autoridad Independiente de Responsabilidad Fiscal se creó en el año 2013 como organismo independiente, con el objeto de supervisar el cumplimiento de los principios de estabilidad presupuestaria y de sostenibilidad financiera mediante la evaluación continua del ciclo presupuestario, del endeudamiento público y del análisis de las previsiones económicas. Tal y como contempla su ley de creación, la Ley Orgánica 6/2013, de 14 de noviembre, la Autoridad Independiente de Responsabilidad Fiscal debía detectar de forma temprana las posibles desviaciones en los objetivos perseguidos; el organismo debía valorar así las previsiones macroeconómicas que se incorporasen a los proyectos de presupuestos y los escenarios a medio plazo, así como analizar la implementación y la ejecución de las políticas fiscales. En su página web se pueden consultar sus informes de seguimiento de los Planes Económico-Financieros.

10. Los datos del Ministerio de Hacienda muestran el seguimiento de los incumplimientos desde 2015 y se exponen en su web, a través de las cartas enviadas a los correspondientes Consejeros de Hacienda.

Tabla 28. OBJETIVOS DE ESTABILIDAD PRESUPUESTARIA (EP), DEUDA PÚBLICA Y REGLA DE GASTO DE LAS COMUNIDADES AUTÓNOMAS Y CORPORACIONES LOCALES. 2012-2020

% PIB y % var. anual (regla de gasto)

	Comunidades Autónomas			Corporaciones Locales		
Ejercicio	Saldo presupuestario	Deuda Pública	Regla de Gasto	Saldo presupuestario	Deuda Pública	Regla de Gasto
2012	-1,5%	-	-	-0,3%	-	-
2013	-1,3%	19,1%	1,7%	0,0%	4,0%	1,7%
2014	-1,0%	21,1%	1,5%	0,0%	4,0%	1,5%
2015	-0,7%	21,5%	1,3%	0,0%	3,9%	1,3%
2016	-0,7%	24,4%	1,8%	0,0%	3,0%	1,8%
2017	-0,6%	24,1%	2,1%	0,0%	2,9%	2,1%
2018	-0,4%	24,1%	2,4%	0,0%	2,7%	2,4%
2019	-0,1%	23,3%	2,7%	0,0%	2,6%	2,7%
2020	0,0%	22,4%	2,8%	0,0%	2,5%	2,8%

Fuente: Elaboración propia a partir de información suministrada por el Ministerio de Hacienda.

distinguiéndose, en el caso de que lo hubiera, el motivo del incumplimiento. De las diecisiete Comunidades Autónomas, once de ellas incumplieron algún criterio, y en el caso de la Región de Murcia, los dos, déficit y regla de gasto.

Por su parte, el primer informe de la Autoridad Independiente de Responsabilidad Fiscal (AIReF) es de julio de 2014, y en sus comentarios de carácter general se incluían diferentes observaciones y recomendaciones, entre las que destacaban que en los planes económico-financieros remitidos en ese ejercicio la fundamentación económica era superficial, tanto en lo que se refería a la evolución de los ingresos y gastos, como a las previsiones económicas y análisis de sensibilidad que debían formar parte del contenido obligatorio regulado en el artículo 21 de la Ley de Estabilidad. En el mismo informe se ponía de manifiesto también que las referencias a la metodología y supuestos utilizados eran escasas y, por todo ello, se recomendaba que se desarrollaran de forma más explícita. La Autoridad Independiente de Responsabilidad Fiscal señalaba, asimismo, que en los PEF no se disponía de cálculos concretos y detallados para la valoración del impacto económico de las medidas previstas, por lo que se consideraba necesario incorporar

Tabla 29. SEGUIMIENTO DE LOS PLANES ECONÓMICO-FINANCIEROS POR PARTE DEL MINISTERIO DE HACIENDA. EJERCICIO 2016

	Ejercicio 2016 - Incumplimiento de:
Andalucía	Regla de gasto
Aragón	Déficit
Asturias	-
Baleares	-
Canarias	Regla de gasto
Cantabria	Déficit
C. y León	-
C.-La Mancha	Déficit
Cataluña	Déficit
Extremadura	Déficit
Galicia	Regla de gasto
Madrid	-
Murcia	Déficit, Regla de gasto
Navarra	-
País Vasco	Regla de gasto
La Rioja	-
C. Valenciana	Déficit

Fuente: Elaboración propia a partir de información suministrada por el Ministerio de Hacienda.

tanto los cálculos como los supuestos en los que se basaba la cuantificación. Del mismo modo, la Autoridad Fiscal mencionaba que no se ponían de manifiesto los objetivos individuales definitivos de estabilidad presupuestaria y de deuda pública para cada una de las Comunidades Autónomas una vez adaptados los objetivos conjuntos en el Programa de Estabilidad, por lo que se instaba a que, dentro de los plazos fijados por la Ley de Estabilidad, se presentaran tales objetivos individuales para cada una de las Comunidades Autónomas. En relación con los mecanismos extraordinarios de financiación la Autoridad Independiente de Responsabilidad

Fiscal manifestaba que incrementaban el objetivo de deuda inicialmente fijado. Así, se estimaba que el peso de estas operaciones podía alcanzar entre el 40% al 70% del incremento del endeudamiento neto de las Comunidades Autónomas consideradas, por lo que los mismos deberían computar en su totalidad dentro del límite de endeudamiento inicial fijado.

Es decir, tanto los planes económico-financieros como los planes de seguimiento constituyeron un verdadero reflejo programático documentado de las iniciativas propuestas por las Comunidades Autónomas para el cumplimiento de los objetivos presupuestarios predeterminados, así como un termómetro de la calidad informativa, de la transparencia y de la capacidad de control de las Comunidades Autónomas por parte del Ministerio de Hacienda, y también de la Autoridad Fiscal Independiente. Este hecho facilitó un mejor conocimiento de las cuentas públicas y la posibilidad, por parte de los agentes económicos y financieros, de valorar convenientemente su sostenibilidad o el riesgo financiero de estas entidades, de acuerdo con su situación presupuestaria.

Por otra parte y por lo que se refiere a los planes económico-financieros elaborados por las Corporaciones Locales, estos debían estar aprobados por el Pleno de la Corporación, y en el caso de las Corporaciones más grandes[11] debían ser remitidos al Ministerio de Hacienda para su aprobación definitiva y seguimiento, salvo en el caso de que la tutela financiera dependiera de la Comunidad Autónoma correspondiente, en cuyo caso esta era la responsable de su aprobación y seguimiento (aunque, no obstante, debía remitir información al Ministerio de Hacienda sobre los planes).

A este respecto, resulta relevante mencionar el cambio normativo que experimentó la Ley de racionalización y sostenibilidad de la Administración Local al incorporar un nuevo artículo por el que se fortalecía la habilitación con carácter nacional a los interventores de las Haciendas Locales, reforzando su figura[12] con el objeto de incrementar el control interno de las Corporaciones Locales. Así, sus

11. Aquellas incluidas en el ámbito subjetivo definido en los artículos 111 y 135 del Texto Refundido de la Ley Reguladora de las Haciendas Locales.

12. En toda la legislación referida existe ya una regulación destacada para reforzar el protagonismo, papel y responsabilidad de los interventores locales en la interacción con el Ministerio de Hacienda, en el intercambio de información, certificación, elaboración y ejecución de los planes, etc. También en la Ley Orgánica 9/2013 de control de la deuda comercial se insiste en este papel reforzado de los interventores en el control de la sostenibilidad local en garantía de los proveedores.

funciones abarcaban, además de la fiscalización y la auditoría en el ámbito económico y presupuestarios (en los términos y sobre la base de los procedimientos establecidos por la Administración Central), la certificación de las obligaciones de pago y la transmisión, con sistemas de control homogéneos, de la información a la Intervención General del Estado, con los principales resultados obtenidos en su tarea de monitorización. Se reforzaba así su papel como agente delegado de la Administración del Estado para el cumplimiento de todas las nuevas obligaciones presupuestarias por parte de las Corporaciones Locales.

2.2. Obligaciones de suministro de información

Tal y como se ha puesto de manifiesto anteriormente, la falta de transparencia de las finanzas de las Entidades Territoriales fue uno de los principales problemas del sector público puesto que, este hecho, se tradujo en elevados niveles de facturas impagadas y pendientes de reconocimiento, en la falta de control sobre los procedimientos de contratación, en la ausencia de estadísticas claras sobre inventarios y, en definitiva, en la dificultad de ejercer el control presupuestario sobre las Entidades Territoriales, que, a su vez, redundaba negativamente en la credibilidad de las cifras. Puesto que los países con mayores niveles en materia de transparencia y normas de buen gobierno cuentan con instituciones más fuertes, y ya que en ese entorno los ciudadanos pueden juzgar mejor la capacidad de sus responsables públicos y tomar decisiones con más criterio, se consideró que, permitiendo una mejor fiscalización de la actividad pública, se contribuía a la necesaria regeneración democrática, se promovía la eficiencia y eficacia del Estado en la utilización de los recursos públicos y se favorecía el crecimiento económico.[13]

De este modo, el principio de transparencia se constituyó como uno de los principales pilares que regiría el funcionamiento de las Administraciones Públicas teniendo su reflejo en diferentes normas vinculadas, muchas de ellas, a la introducción de los Fondos de Pago a Proveedores.

El principio de transparencia, recogido en el artículo 6 de la Ley Orgánica de Estabilidad Presupuestaria y Sostenibilidad Financiera, estableció la obligación de las Administraciones Públicas de suministrar toda la información necesaria para

13. Una revisión filosófica, profunda y muy crítica referida a la transparencia en las sociedades modernas y fundamentalmente en el ámbito de la acción política la encontramos en la obra del filósofo alemán de origen coreano Han (2013). El libro empieza precisamente con la frase: «Ningún otro lema domina hoy tanto el discurso público como la transparencia».

el cumplimiento de las leyes,[14] con el fin de «poder verificar su situación financiera, el cumplimiento de los objetivos de estabilidad presupuestaria y de sostenibilidad financiera y la observancia de los requerimientos acordados en la normativa europea en esta materia». Además de la información suministrada en los planes económico-financieros, también durante la vigencia del plan de ajuste, la Administración responsable debería remitir al Ministerio de Hacienda información, con una periodicidad trimestral, sobre: avales públicos recibidos y líneas de crédito contratadas, deuda comercial contraída, operaciones con derivados y cualquier otro pasivo contingente.

De la misma forma en el Real Decreto-ley 4/2012 se establecía que, con el fin de poder hacer un seguimiento de la deuda comercial de las Entidades Territoriales, estas debían remitir una relación certificada de todas las obligaciones pendientes de pago (tanto las de la propia Entidad Local como las de sus organismos autónomos y demás entidades de ella dependientes) que reunieran una serie de requisitos antes del día 15 de marzo de 2012; un informe en el que se reflejaran los vencimientos de aquellas deudas para las que la Entidad Local hubiere acordado con el o los acreedores una cancelación fraccionada; y una relación mensual de las solicitudes de certificados individuales presentados por contratistas, los certificados expedidos, los rechazados y las solicitudes no contestadas, correspondientes al mes anterior, dentro de los cinco primeros días hábiles de cada mes.

Del mismo modo, la ampliación de las obligaciones impuestas en materia de transparencia afectó también a la contabilidad pública puesto que desde el año 2015 el Ministerio de Hacienda comenzó a publicar el saldo de la cuenta 413, «Acreedores por operaciones pendientes de aplicar a presupuesto» en aras de estimular el control de todas las entidades públicas, también aquellas entidades de las Administraciones Públicas no sujetas a auditoría, y evitar situaciones similares a las del año 2012. Así, en el pasado, algunas de las prácticas recurrentes consistieron en utilizar esta cuenta para aplazar por periodos significativos de tiempo un volumen cuantioso de facturas dejando fuera de la contabilidad presupuestaria una parte del gasto corriente correspondiente a cada ejercicio. El resultado era el elevado retraso en el cobro por parte de los proveedores, así como la falta de control contable y presupuestario. El problema se puso de manifiesto en el año 2012

14. Ver a estos efectos la Orden HAP/2105/2012, de 1 de octubre, por la que se desarrollan las obligaciones de suministro de información previstas en la Ley Orgánica 2/2012, de 27 de abril, de Estabilidad Presupuestaria y Sostenibilidad Financiera, en donde estas obligaciones quedan regladas con gran detalle y profusión.

con la implementación de los Fondos del Plan de Pago a Proveedores puesto que el acceso al mismo exigía la contabilización de las facturas pendientes de pago. De este modo, el gasto contabilizado en 2012 incluía los importes de las facturas atrasadas que correspondían a años anteriores.[15]

En la **Tabla 30** se incluyen los saldos pendientes de aplicar al presupuesto, es decir, la cuenta 413, diferenciando entre el importe total para todos aquellos Ayuntamientos de los que se dispone de información, y las Diputaciones Provinciales. Así, se observa una tendencia decreciente desde el inicio de su publicación hasta 2017, ya que, mientras en 2015 la liquidación mostraba un importe de 1.346 millones para los Ayuntamientos, en 2016 este importe se redujo a 1.299 millones y en 2017 a 1.145,6 millones. En el caso de las Diputaciones también hay una reducción, al pasar de 55,3 millones en 2015 a 53,2 millones en 2016 y 45,8 millones en 2017. Sin embargo, el saldo de la cuenta 413 exhibe crecimientos con saldos crecientes en ambos niveles de la Administración Local tanto en 2018 como en 2019. De este modo, en 2019 la liquidación en el caso de las Diputaciones arrojaba un saldo de 69,3 millones de euros y de 1.465 millones de euros en el caso de los Ayuntamientos.

En definitiva, con las reformas estructurales orientadas a la mejora de la calidad de la información se pretendía incrementar y reforzar la transparencia en la actividad pública (a través de obligaciones de publicidad activa para todas las Administraciones y entidades públicas), se reconocía y garantizaba el acceso a la información (regulado como un derecho de amplio ámbito subjetivo y objetivo) y se establecían las obligaciones de buen gobierno que debían cumplir los responsables públicos, así como las consecuencias jurídicas derivadas de su incumplimiento. Por tanto, el suministro de información pasó a un primer plano en la política presupuestaria y la creación de los Fondos se consideró una buena oportunidad adicional para reforzar este principio de transparencia.

15. Puesto que en Contabilidad Nacional estos gastos se contabilizan con criterio de devengo y en Ejecución Presupuestaria se contabilizan en los años en que se reconocen, las normas de contabilidad nacional exigen un ajuste. Tal y como señala De la Fuente (2016), dicho ajuste consiste en aumentar (reducir) el gasto presupuestario del ejercicio en un importe igual al incremento (reducción) del saldo de la cuenta 413 entre el comienzo y el cierre del mismo. El autor señala que la variación del saldo de la cuenta 413 en el año 2012 ascendió a los -6.968 millones de euros y el signo negativo de la variación estaría indicando la reducción del gasto del año por el importe de las facturas de años anteriores que se «sacan del cajón» durante el mismo.

Tabla 30. SALDO DE OBLIGACIONES PENDIENTES DE APLICAR AL PRESUPUESTO A ÚLTIMO DÍA DEL PERIODO DE REFERENCIA

Millones de euros

		Diputaciones	Ayuntamientos
2015	Liquidación	55,3	1.346,2
2016	I TRIM	39,5	1.834,2
	II TRIM	9,3	944,5
	III TRIM	4,6	938,8
	IV TRIM	34,8	1.112,5
	Liquidación	53,2	1.299,6
2017	I TRIM	22,4	1.166,1
	II TRIM	10,9	969,8
	III TRIM	11,0	889,7
	IV TRIM	30,7	1.143,3
	Liquidación	45,8	1.145,6
2018	I TRIM	24,6	1.049,9
	II TRIM	14,8	1.110,7
	III TRIM	10,2	1.050,2
	IV TRIM	61,9	1.153,1
	Liquidación	66,0	1.459,3
2019	I TRIM	43,7	903,7
	II TRIM	52,9	1.059,8
	III TRIM	46,5	1.056,6
	IV TRIM	55,4	1.261,0
	Liquidación	69,3	1.465,6

Fuente: Elaboración propia a partir de información suministrada por el Ministerio de Hacienda.

2.3. Los planes de ajuste

Los planes de ajuste se convirtieron en uno de los mecanismos principales para instrumentalizar la condicionalidad, puesto que la presentación de los mismos por parte de las Entidades Territoriales era un requisito indispensable para acceder a los Fondos del Plan de Pago a Proveedores. Estos se configuraron con un carácter extraordinario y perseguían, por una parte, garantizar la devolución de los préstamos derivados de los Fondos de Pago a Proveedores y, por otra, reforzar la institución presupuestaria a través del compromiso con las medidas de ajuste. De este modo, los niveles subcentrales de la Administración debían elaborar un documento en el que se plasmase tanto su compromiso con la disciplina fiscal (de acuerdo con la previsión de ingresos y gastos), así como la definición de la política presupuestaria necesaria para honrar los requisitos necesarios para la devolución del préstamo.

Aunque estos instrumentos se regularon en el Real Decreto-ley 4/2012 y en el Real Decreto-ley 7/2012, tuvieron su primera aparición normativa en la Disposición Adicional Primera del proyecto de Ley Orgánica de Estabilidad Presupuestaria y Sostenibilidad Financiera aprobado por el Consejo de Ministros y trasladado al Congreso para su tramitación parlamentaria. El marco de la Ley de Estabilidad suponía reforzar la idea de compromiso con las cuentas públicas y era el texto adecuado para su concreción posterior en los Reales Decretos Leyes.

Debido a que la tramitación parlamentaria de la Ley de Estabilidad requería de varios meses, de hecho, finalizó en abril, la incorporación de los planes de ajuste en los Reales Decretos Leyes garantizaba su entrada en vigor en el mismo momento de su aprobación en el Consejo de Ministros[16] y evidenciaba la estrecha relación entre el acceso a los Fondos y el cumplimiento de una estricta condicionalidad.

Puesto que la asunción de la deuda suponía el incremento del saldo acreedor y el aumento en la tenencia de activos financieros por parte del Estado frente a las Entidades Territoriales, el interés de este último estaba no solo en la devolución de estos créditos, sino también en el cumplimiento con los objetivos de estabilidad presupuestaria y de deuda pública previsto en la normativa presupuestaria. Por

16. Los Reales Decretos Leyes entran en vigor en el momento de su publicación en el Boletín Oficial del Estado, aunque deben ser convalidados por el Congreso de los Diputados antes de transcurridos 15 días desde su aprobación. Además de su convalidación, pueden ser tramitados o no como proyectos de ley. En el caso del Real Decreto-ley 4/2012 y del Real Decreto-ley 7/2012, no se tramitaron como proyectos de ley.

ello, el plan de ajuste debía ser valorado favorablemente *ex ante* por el Ministerio de Hacienda para que quedara autorizada la concertación de la operación de endeudamiento. De este modo, los Planes de Ajuste, a diferencia de los Planes Económico-Financieros de las Comunidades Autónomas que se elaboran con una perspectiva temporal más larga, se desvinculan desde el principio del Consejo de Política Fiscal y Financiera y se establecen como una relación bilateral entre cada una de ellas y el Ministerio de Hacienda.

En el caso de las Corporaciones Locales, remitida la relación certificada de obligaciones pendientes de pago, el plan de ajuste debía trasladarse por la entidad local el día siguiente de su aprobación por el Pleno y antes del 30 de abril en el caso de las Comunidades Autónomas, al órgano competente del Ministerio de Hacienda, por vía telemática y con firma electrónica. Desde ese momento el Ministerio contaba con un plazo de 30 días naturales a contar desde la recepción del plan para comunicar el resultado. Si se estimaba que el plan se adaptaba a las exigencias establecidas se entendía autorizada la operación de endeudamiento. Si el Ministerio de Hacienda no aprobaba el plan de ajuste o si operaba el silencio administrativo negativo (transcurrido el plazo establecido) la entidad local no podía concertar la operación de endeudamiento y se efectuaba la retención de los fondos de la Entidad local con cargo a la participación en los tributos del Estado.

Con el objetivo de cumplir con los requisitos de transparencia, el plan de ajuste era de carácter público y debía incluir un calendario de aprobación, puesta en marcha y supervisión de las medidas acordadas. No obstante, mientras los planes de ajuste de las Comunidades Autónomas se publicaron en la página web del Ministerio, los de las Entidades Locales no fueron de tan fácil acceso, ya que, aunque algunas optaron por su publicación en la propia web del Ayuntamiento, no fue la práctica habitual.

Para el control de los planes de ajuste existían obligaciones de seguimiento en función del tamaño de los Entes Territoriales. Así, mientras las Comunidades Autónomas y las Corporaciones Locales de mayor tamaño debían remitir un informe del Interventor sobre la ejecución de los planes de ajuste con periodicidad trimestral, las Corporaciones Locales menores debían hacerlo con periodicidad anual. De esta forma, nuevamente, quedaba reforzada la figura de los Interventores como habilitados nacionales, adquiriendo un papel protagonista en la elaboración y seguimiento de los planes de ajuste.

El Ministerio de Hacienda realizaba el seguimiento de los planes de ajuste y debía informar posteriormente del resultado al Ministerio de Economía. Con la finalidad de garantizar el reembolso de las cantidades derivadas de las operaciones de endeudamiento concertadas, y en función del riesgo que se derivaba de los informes de seguimiento de los planes de ajuste, se podía acordar su sometimiento a actuaciones de control por parte de la Intervención General de la Administración del Estado, quien, a su vez, podía solicitar la colaboración de otros órganos públicos y, en el caso de actuaciones de control en Comunidades Autónomas, concertar convenios con sus Intervenciones Generales.

En el caso de actuaciones de control en Corporaciones Locales, la Intervención General de la Administración del Estado podía contar con la colaboración de empresas privadas de auditoría, que deberían ajustarse a las normas e instrucciones que aquella determinara. Y para su elaboración, aquellas que encontraban posibles dificultades técnicas recibieron el apoyo de la Federación Española de Municipios y Provincias, que puso en marcha una Oficina de Atención a los municipios.

El plan de ajuste aprobado debía extenderse durante el periodo de amortización previsto para la operación de endeudamiento, que era de dos años de carencia más diez de plazo, y los presupuestos generales anuales que se aprobaran durante ese periodo debían ser coherentes con el plan de ajuste. Esto suponía la aprobación de medidas tanto por el lado de los recursos como de los empleos públicos con el fin de restablecer la suficiencia financiera, que permitiese afrontar tanto los gastos corrientes como la anualidad de amortización derivada de la operación de endeudamiento. Además, el plan de ajuste podía incluir la modificación de las estructuras organizativas de la corporación local. En el caso de las Comunidades Autónomas, se recoge además la obligación de reducción del Periodo Medio de Pago a contratistas, así como el de aplicación de su plan de reestructuración del sector público autonómico.

Al objeto de posibilitar el mejor ejercicio de la tutela financiera de las Entidades Locales por parte de las Comunidades Autónomas que tenían atribuida aquella competencia en sus Estatutos de Autonomía, el Ministerio de Hacienda, conforme al principio de lealtad institucional, les suministraba información de los planes de ajuste que hubiera valorado, así como de las operaciones de endeudamiento concertadas.

De acuerdo con la información disponible en el Ministerio de Hacienda, en la primera fase del Plan de Pago a Proveedores se presentaron 2.639 planes de ajuste (para un total de 8.124 Ayuntamientos), de los cuales recibieron informe favorable del Ministerio 2.325, mientras que 296 fueron desfavorables y 18 no se aceptaron. Hay que tener en cuenta que, además, 1.478 Entidades Locales no enviaron planes de ajuste para su valoración al Ministerio (o fueron valorados negativamente), por lo que hubo una segunda repesca en la que remitieron los planes

240 entidades, de las cuales 178 se consideraron favorables y 62 desfavorables. Resulta relevante el hecho de que, tras haber transcurrido los dos primeros años desde el inicio de los Fondos de Pagos a Proveedores, y como consecuencia de la mejora de la situación financiera, las Entidades Locales encontraron mayores facilidades de acceso a los mercados financieros. Esta circunstancia se quiso aprovechar por el Gobierno y de esta forma, el Real Decreto-ley 8/2014, de 4 de julio, en su artículo tercero, permitió las operaciones de refinanciación o sustitución de los préstamos formalizados con el Fondo de Pago a Proveedores en mejores condiciones financieras. Este hecho supuso una excepción en la normativa vigente, ya que el endeudamiento a largo plazo solo era posible para operaciones de inversión, mientras que los pagos a proveedores eran gasto corriente. Para la formalización de estas operaciones de refinanciación era necesaria la autorización del Ministerio de Hacienda, y en relación con los planes de ajuste, mantendrían su vigencia hasta la total amortización de la nueva operación de endeudamiento.

Los requisitos para la anulación del plan de ajuste era la cancelación total de los préstamos con el Fondo para la Financiación de los Pagos a Proveedores y haber cumplido en el ejercicio 2013 con el límite de deuda del 75% de los ingresos corrientes liquidados, con el objetivo de estabilidad presupuestaria y con la regla de gasto. Además, su Periodo Medio de Pago a Proveedores no debía exceder el plazo máximo de 30 días establecido en la normativa sobre la morosidad. Si la entidad local no cumplía alguno de los límites, podía concertar la nueva operación de endeudamiento, pero el plan de ajuste aprobado mantenía su vigencia, aun cuando se cancelaran totalmente los préstamos formalizados con el Fondo para la Financiación de los Pagos a Proveedores. Por tanto, se facilitó la refinanciación del préstamo en mejores condiciones, pero siempre condicionado a unos requisitos que, en caso de no cumplirse, exigían el mantenimiento del plan de ajuste.

En el caso de las Comunidades Autónomas, para quienes el acceso a los Fondos de Pago a Proveedores fue inicialmente voluntario de acuerdo con los principios constitucionales, el hecho de someterse a un plan de ajuste podría haberse interpretado como una injerencia o una pérdida de autonomía financiera. Pero era precisamente esa voluntariedad lo que reforzaba el principio de condicionalidad. Se accedía a financiación en una situación de dificultad, pero a cambio de fuertes medidas de compromiso fiscal.

De este modo, aunque el Fondo de Liquidez Autonómico surge como mecanismo voluntario al que inicialmente se adhieren nueve Comunidades Autónomas (Andalucía, Principado de Asturias, Islas Baleares, Canarias, Cantabria, Castilla-La Mancha, Cataluña, Región de Murcia y Comunidad Valenciana), posteriormente

Tabla 31. SEGUIMIENTO DE LOS PLANES DE AJUSTE POR PARTE DEL MINISTERIO DE HACIENDA. CARTAS REMITIDAS EN CASO DE INCUMPLIMIENTO. EJERCICIO 2016

	Incumplimiento del plan de Ajuste
Andalucía	No
Aragón	Dos cartas
Asturias	No
Baleares	No
Canarias	No
Cantabria	Dos cartas
C. y León	No
C.-La Mancha	Dos cartas
Cataluña	Dos cartas
Extremadura	Dos cartas
Galicia	No
Madrid	No
Murcia	Dos cartas
Navarra	No
País Vasco	No
La Rioja	No
C. Valenciana	Dos cartas

Fuente: Elaboración propia a partir de información suministrada por el Ministerio de Hacienda.

la Ley 9/2013, de control de la deuda comercial del sector público,[17] establece, además de los mecanismos para la reducción de la deuda y el Periodo Medio de

17. La obligatoriedad de la adhesión al Fondo de Liquidez Autonómico se estableció a partir de la Ley 9/2013 al incluir el concepto de sostenibilidad comercial dentro de la idea de sostenibilidad financiera, así como la obligatoriedad de cumplir con el PMP. Así, por ejemplo, Aragón y Extremadura, habiendo incumplido previamente los plazos del PMP, fueron obligados en 2016 a incorporarse al Fondo de Liquidez Autonómico. Galicia, por su parte, se incorporó a la Facilidad Financiera de forma voluntaria en 2015 y en la actualidad, un 32,9% de su deuda procede de los Mecanismos Extraordinarios de Liquidez.

Pago, la obligatoriedad de adhesión forzosa al Fondo de Liquidez Autonómico para aquellas Comunidades Autónomas que lo incumplieran. Este principio se materializó desde comienzos de 2015 (a partir del RD Ley 17/2014) con la reestructuración y nueva denominación de los Fondos de Financiación a las Comunidades Autónomas, desglosado en Fondo de Liquidación Autonómico (de adhesión ahora forzosa para las Comunidades Autónomas que incumplieran el Periodo Medio de Pago, básicamente), y el Fondo de Facilidad Financiera, dirigido fundamentalmente a aquellas Administraciones cumplidoras que querían beneficiarse de los menores costes financieros al obtener la financiación del Tesoro, con menores exigencias de condicionalidad y sin requerir un Plan de Ajuste.

En caso de incumplimiento del plan de ajuste, el Ministerio comenzó a publicar, desde el año 2016, las cartas remitidas a los responsables de las finanzas autonómicas. En la **Tabla 31** se aprecia que, de las 17 Comunidades Autónomas, siete reciben comunicación por incumplimiento del plan de ajuste.

2.4. El Periodo Medio de Pago

Los problemas de liquidez que exhibían las Entidades Territoriales impidieron que las mismas atendiesen a sus obligaciones de pago con los proveedores en los plazos establecidos incumpliendo, de este modo, la normativa contenida en la Ley de Morosidad (según la cual el plazo máximo de pago era de treinta días). Por ello, una vez que se había llevado a cabo con éxito el Plan de Pago a Proveedores, era necesario adoptar medidas para que una solución provisional y extraordinaria deviniera en definitiva. Así, tal y como preveía la Ley Orgánica de Estabilidad, se aprobó la iniciativa del Periodo Medio de Pago, definido como el promedio de los días que se tardaba en pagar a los prestadores de servicios y suministradores de las entidades públicas, en aras de controlar los retrasos en el pago de las deudas comerciales a los proveedores.

En los trabajos desarrollados por la Comisión para la Reforma de las Administraciones Públicas (Ministerio de Hacienda, 2013) se había analizado la necesidad de controlar la deuda comercial y combatir la morosidad de las Administraciones Públicas. Para ello la Comisión propuso en el informe presentado al Consejo de Ministros, el 21 de junio de 2013, la creación de un «instrumento, automático y de fácil aplicación, para que su seguimiento permita un control generalizado y eficaz, que sea comprensible tanto para las Administraciones Públicas como para los ciudadanos y, sobre todo, que sea público de acuerdo con el principio de transparencia recogido en el artículo 6 de la Ley Orgánica 2/2012, de 27 de abril».

Esta iniciativa se desarrolló en la Ley Orgánica 9/2013, de 20 de diciembre, de control de la deuda comercial en el sector público que, a su vez, modificó la Ley Orgánica de Estabilidad para vincular la deuda comercial y su medición a través del Periodo Medio de Pago con el concepto de sostenibilidad comercial, en vista del riesgo que suponía el aumento de la deuda comercial para la garantía del equilibrio financiero. Con la Ley de Control de Deuda Comercial nació, además, la obligación de las Administraciones Públicas de hacer público su Periodo Medio de Pago a Proveedores, generándose una herramienta de seguimiento de la deuda comercial, de fácil comprensión, que permitía seguir su evolución. Al mismo tiempo, las Administraciones debían incluir en sus planes de tesorería información relativa al pago a proveedores, para mejorar su protección. Por otra parte, nuevamente en el caso de las Corporaciones Locales, se estableció que el órgano interventor sería el encargado de controlar el cumplimiento del periodo medio de pago, lo que reforzaba su protagonismo en el control de la sostenibilidad local en garantía de los proveedores.

Posteriormente, se desarrolló la metodología de cálculo del Periodo Medio de Pago,[18] que medía el retraso en el pago de la deuda comercial en términos económicos. Este indicador tomaba como fecha de referencia de inicio el momento de registro de la factura, a partir de la cual empezaba a contar 30 días. De este modo, el Periodo Medio de Pago podía tomar valores negativos si la Administración pagaba antes de que hubieran transcurrido 30 días naturales desde la presentación de las facturas o certificaciones de obra.[19]

Para el cálculo económico del Periodo Medio de Pago a Proveedores, tanto global como de cada una de las Administraciones, se tenían en cuenta las facturas expedidas desde el 1 de enero de 2014 que constaban en el registro contable de facturas y las certificaciones mensuales de obra aprobadas a partir de la misma fecha.

18. Para más información ver el Real Decreto 635/2014, de 25 de julio, que desarrolla la metodología de cálculo del Periodo Medio de Pago a Proveedores de las Administraciones Públicas y las condiciones y el procedimiento de retención de recursos de los regímenes de financiación, previstos en la Ley Orgánica 2/2012, de 27 de abril, de Estabilidad Presupuestaria y Sostenibilidad Financiera.

19. A finales de 2017, con la aprobación del RD 1040/2017, se modificó la fecha de referencia, que pasó a ser el momento de reconocimiento de la obligación. La nueva metodología aprobada ha entrado en vigor en abril de 2018.

El Periodo Medio de Pago global a Proveedores, válido para cada una de las distintas Administraciones, al realizar el cálculo de modo ponderado, resultaba del siguiente cociente:

$$\text{Periodo Medio de Pago global a Proveedores} = \frac{\sum (\text{Periodo Medio de Pago de cada entidad * importe operaciones de la entidad})}{\sum \text{importe operaciones de las entidades}}$$

Se entendía por importe de las operaciones de la entidad el importe total de pagos realizados y de pagos pendientes de acuerdo con la siguiente fórmula:

$$\text{Periodo medio de pago de cada entidad} = \frac{\text{ratio de operaciones pagadas * importe total de pagos realizados + ratio de operaciones pendientes de pago * importe total pagos pendientes}}{\text{importe total de pagos realizados + importe total de pagos pendientes}}$$

Para conocer los pagos realizados en el mes, se calculaba la ratio de las operaciones pagadas de acuerdo con la siguiente fórmula:

$$\text{Ratio de operaciones pagadas} = \frac{\sum (\text{número de días de pago * importe de la operación pagada})}{\text{importe total de pagos realizados}}$$

Se entendía por número de días de pago, los días naturales transcurridos desde los treinta posteriores a la fecha de entrada de la factura en el registro administrativo, según constara en el registro contable de facturas o sistema equivalente, o desde la fecha de aprobación de la certificación mensual de obra, según correspondiera, hasta la fecha de pago material por parte de la Administración. Si no había obligación de disponer de registro administrativo, se tomaba la fecha de recepción de la factura.

Para las operaciones pendientes de pago al final del mes se calculaba la ratio de operaciones pendientes de pago de acuerdo con la siguiente fórmula:

$$\text{Ratio de operaciones pendientes de pago} = \frac{\sum (\text{número de días pendientes de pago * importe de las operaciones pendientes de pago})}{\text{importe total de pagos pendientes}}$$

Se entendía por número de días pendientes de pago los días naturales transcurridos desde los treinta posteriores a la fecha de anotación de la factura en el registro administrativo, según constaba en el registro contable de facturas o sistema equivalente, o desde la fecha de aprobación de la certificación mensual de obra, según correspondía, hasta el último día del periodo al que se refieran los datos publicados.

Para el caso de las Corporaciones Locales la obligación de información del Periodo Medio de Pago dependía de si era Ayuntamiento de gran tamaño (más de 75.000 habitantes o capital de provincia), en cuyo caso se debía trasladar la información mensualmente, o el resto de Entidades Locales, de menor tamaño, en las que la obligación de información se limitaba al trimestre.

En la **Tabla 32** mostrada a continuación, elaborada a partir de la información mensual publicada por el Ministerio de Hacienda desde su inicio, en octubre de 2014, y referida a los datos del mes de septiembre de 2014 hasta diciembre de 2019, se muestra la evolución del Periodo Medio de Pago para las Comunidades Autónomas en promedio anual, siguiendo un criterio de asignación de tonalidades en función de la duración del PMP. Así, resulta bastante evidente la convergencia del PMP de las Administraciones analizadas hacia tonalidades menos oscuras, es decir, hacia los plazos más reducidos establecidos en la nueva legislación.

Según la intensidad de las tonalidades de la Tabla se puede apreciar al inicio de la serie cómo Aragón, Extremadura, Región de Murcia, Islas Baleares y Comunidad Valenciana se encontraban muy por encima de la media nacional de 51 días en el promedio de 2014, frente a aquellas Comunidades Autónomas que mostraban un mejor comportamiento, como son Navarra y el País Vasco. No obstante, la media de pagos de las Comunidades Autónomas se ha ido reduciendo, hasta alcanzar los 37 días de promedio en 2019, aunque la bajada realmente comienza a ponerse manifiesto a partir de la mitad de 2016, ya que, hasta entonces, el PMP se mantiene entre los 40 y 60 días.[20] En la Tabla es posible identificar claramente a las Comunidades Autónomas que mostraron mayores dificultades para cumplir con el plazo máximo de 30 días. En el promedio del ejercicio 2017, únicamente tres comunidades, Murcia, Valencia y Cantabria, superaban el PMP establecido en la legislación. Mientras que, a cierre de 2018, y derivado de sus respectivos

20. La reducción del Periodo Medio de Pago se hizo más evidente los meses previos al cambio metodológico (del RD 1040/2017 ya descrito) en marzo de 2018, cuando el Periodo Medio de Pago promedio del conjunto de las Comunidades Autónomas se situaba entre enero y marzo de 2018 en 16 días.

incumplimientos en los meses pasados, tan solo Murcia y Valencia se encontraban sujetas a diversas fases del procedimiento preventivo.

Tabla 32. EVOLUCIÓN DESDE SU APROBACIÓN DEL PERIODO MEDIO DE PAGO DE LAS COMUNIDADES AUTÓNOMAS*

Días	2014	2015	2016	2017	2018	2019
R. de Murcia	65	65	64	51	31	59
Galicia	12	22	22	8	14	19
Cantabria	25	33	39	42	56	67
País Vasco	(2)	(0)	(0)	(5)	21	21
Andalucía	46	53	21	2	21	21
Canarias	12	14	14	14	23	24
Extremadura	79	106	60	15	41	33
La Rioja	26	20	22	19	37	40
Castilla-La Mancha	37	30	22	12	38	48
Valencia	83	74	65	49	51	47
C. F. de Navarra	**(7)**	**(4)**	**(4)**	**(3)**	**27**	**25**
Total CC. AA.	51	52	41	23	35	37
Castilla y León	34	29	57	6	28	27
Asturias	20	18	16	7	26	25
Aragón	84	94	52	16	32	32
Islas Baleares	60	60	64	25	40	47
Madrid	54	48	46	21	25	34
Cataluña	48	49	32	26	44	42

* Esta tabla recoge la metodología aplicada establecida en el Real Decreto 635/2014 hasta marzo de 2018, y a partir de ese momento los criterios establecidos en el Real Decreto 1040/2017, con la nueva metodología ya descrita.
Fuente: Elaboración propia a partir de los datos suministrados por el Ministerio de Hacienda.

Resultan relevantes los casos de Extremadura y Aragón, cuyo plazo medio de pago a sus proveedores se situaba en el promedio de 2017 en los 15 y 16 días respectivamente, muy por debajo de lo que demostraba la serie histórica; esto es debido a que en la primavera de 2016 el Ministerio de Hacienda procedió a intervenir las cuentas de ambas Administraciones por incumplir reiteradamente el plazo legal de pago y no adoptar medidas para su corrección. Por ello se procedió a retenerles fondos del sistema de financiación para abonar las facturas pendientes. Entre junio y septiembre de 2016 el Periodo Medio de Pago se reduce, en el caso de Aragón, de 66 a 17 días, y para Extremadura, de 88 a 19 días.

Para el caso de las Corporaciones Locales y puesto que la serie oficial del Ministerio de Hacienda no comienza a publicarse hasta octubre de 2014, una aproximación previa que permitiría evaluar el alcance de la condicionalidad vinculada al Plan de Pago a Proveedores sobre el Periodo Medio de Pago de las Corporaciones Locales podría realizarse a partir de los datos relacionados con las obligaciones pendientes de pago y las obligaciones reconocidas de estos niveles de la Administración subcentral proporcionados por el Banco de España. Así, el Periodo Medio de Pago teórico podría obtenerse a partir del siguiente cociente:

$$\text{PMP (días)} = \frac{\text{Obligaciones pendientes de pago} * 365}{\text{Obligaciones reconocidas (capítulos II y VI)}}$$

que en el año 2011 alcanzó, tal y como se refleja en la **Tabla 33**, los 289 días (el máximo de la serie) para ir reduciéndose progresivamente hasta alcanzar los 182 días en el año 2017. Según los últimos datos disponibles en formato de avance, se aprecia un ligero repunte hasta los 188 días; no obstante, la cifra constata la tendencia a la baja del periodo medio de pago teórico de las Corporaciones Locales.

También a partir de la información oficial disponible sobre el Periodo Medio de Pago elaborada por el Ministerio de Hacienda desde septiembre de 2014 para todos los subsectores, González (2018) construye un indicador agregado para el conjunto de las Administraciones Públicas, ponderando el periodo medio de pago de cada Administración subcentral. Los resultados muestran cómo el periodo medio de pago del conjunto de las Administraciones Públicas descendió desde que existe información al respecto, a saber, 2014 (cuyo indicador situaba el PMP en los 37,13 días registrado con datos de septiembre de 2014) hasta los 17,57 registrados en diciembre de 2017.

Tabla 33. OBLIGACIONES PENDIENTES DE PAGO, OBLIGACIONES RECONOCIDAS Y PERIODO MEDIO DE PAGO TEÓRICO DE ENTIDADES LOCALES

Mil. de euros / Días

	Obligaciones pendientes de pago	Obligaciones reconocidas	PMP teórico de las EE. LL.
2007	19.348,0	31.792,0	222
2008	21.496,0	32.487,0	242
2009	22.375,0	37.659,0	217
2010	23.216,0	34.305,0	247
2011	22.779,0	28.814,0	289
2012	16.470,0	25.389,0	237
2013	14.741,0	21.891,0	246
2014	14.126,0	23.029,0	224
2015	14.448,0	25.270,0	209
2016	12.788,3	23.879,2	195
2017	13.053,6	26.229,4	182
2018	14.545,0	28.272,0	188

Fuente: Elaboración propia a partir de datos suministrados por el Ministerio de Hacienda.

Como complemento para la erradicación de la morosidad de las Administraciones Públicas se aprobó la Ley 25/2013, de 27 de diciembre, de impulso de la Factura Electrónica y creación del registro contable de facturas en el Sector Público, que regulaba aspectos muy relevantes puesto que establecía la obligatoriedad para los proveedores (a partir del año 2015) de presentar y tramitar electrónicamente las facturas en un punto general de entrada con el fin no solo de reforzar su protección, al dejar constancia de la fecha a efectos de devengo de intereses en caso de retrasos en el pago, sino también agilizar su tramitación, al tiempo que esta herramienta permitía el control y el seguimiento de las facturas. En caso de no contar con medios suficientes, determinadas Entidades Locales podían adherirse a la utilización del punto general que proporcionaba su Diputación, Comunidad Autónoma o Estado, y las Comunidades Autónomas podían adherirse al que proporcionaba el Estado. La legislación contemplaba la creación de un registro contable, aunque la anotación de la factura no implicaba su reconocimiento, sino que daba lugar a la asignación del correspondiente código de identificación de dicha factura en el citado registro. Desde la prestación del servicio o la entrega de bienes a la Administración, el proveedor disponía de 30 días para la presentación de la factura. Por su parte, desde la prestación del servicio o la entrega del bien, la Administración tenía 30 días para el reconocimiento de la obligación siendo este último el momento a partir del cual empezaba a contar el plazo legal máximo de 30 días para el pago al proveedor.

En este caso, la transparencia proporcionada por la publicación del PMP y los planes económico-financieros resultaba novedosa y muy relevante, no solo desde el punto de vista de control presupuestario y el cumplimiento de los objetivos fiscales previstos, sino también para el conjunto de *stakeholders* o grupos de interés. Así, la información proporcionada sobre el destino de los gastos públicos y el origen de los recursos para su financiación o los datos relacionados con los días que las distintas Administraciones cumplían con sus obligaciones de pago estaría reflejando las posibilidades de continuidad con las acciones de cada Administración y su compromiso con las mismas. De este modo, esta información se constituía en un indicador de la calidad no solo financiera sino además en la prestación de servicios. La reducción de la información asimétrica asociada a la mayor transparencia, fruto de la condicionalidad, comienza así a contribuir positivamente a la formación de expectativas de los grupos de interés que interactúan con las entidades públicas mejorando, de este modo, la toma de decisiones tanto de los proveedores (que pueden analizar mejor su riesgo a la hora de contratar con las entidades públicas), también los analistas económicos, así como de las entidades financieras que, con la normalización de la situación financiera, comenzaron a interesarse por posibles operaciones con el sector público a través de distintos instrumentos financieros. Además, como también comienza a ser visible, la menor opacidad y mayor transparencia en las actuaciones de las Entidades Territoriales está introduciendo un factor de competencia en la gestión pública que podría conducir a un aumento de la eficiencia y una mejora evidente del marco económico en el que se desarrollan con mayor facilidad y dinamismo las iniciativas empresariales.

Más recientemente, la Ley 9/2017 de Contratos del Sector Público, introduce importantes novedades regulatorias, de entre las que destacan iniciativas para hacer también más transparentes todas las diversas fases de la contratación del sector público y mejorar la eficiencia y calidad de los procesos de adjudicación, incorporando la referencia al periodo medio de pago por parte de las empresas y comprobando también los poderes públicos el cumplimiento de los plazos de pago de contratistas a subcontratistas (Martínez Rico, 2018).

2.5. Medidas preventivas y coercitivas

En aras de garantizar el cumplimiento efectivo de los compromisos asumidos por las Entidades Territoriales, la Ley Orgánica de Estabilidad Presupuestaria y Sostenibilidad Financiera, en sus artículos 18 y 19, definía una serie de instrumentos y mecanismos de prevención y control (de cara a advertir inicialmente de forma temprana los posibles desvíos de las obligaciones establecidas) y de medidas correctoras en caso de incumplimiento, en los artículos 20 a 26.

Las medidas preventivas y coercitivas en política presupuestaria habían sido utilizadas a nivel nacional en caso de incumplimiento de objetivos fiscales, en gran medida dentro del marco presupuestario marcado desde Bruselas. En el caso de los Fondos de Pago a Proveedores y, por lo tanto, con el objetivo también de cumplimiento del PMP, tal y como se muestra en el **Gráfico 35**. el elemento principal de prevención en el caso de las Comunidades Autónomas consistía en el envío por parte del órgano competente a la entidad correspondiente de una alerta con el procedimiento a seguir para la corrección del desvío del objetivo establecido. Por su parte, el principal elemento correctivo (cuando las Entidades Territoriales no concertaban la operación de endeudamiento para saldar las deudas con los proveedores, o en el caso de que, habiéndola concertado, incumpliesen reiteradamente con el plazo máximo de pago) consistía en la retención de los ingresos del Sistema de Financiación Autonómica.

En el caso de falta de eficacia de los mecanismos anteriores en la corrección del desvío, se procedía a aprobar la no disponibilidad de créditos y si, finalmente, la aplicación de las medidas coercitivas resultaba infructuosa se ponían en marcha las medidas de cumplimiento forzoso que, fundamentalmente, derivaría en la intervención de las cuentas públicas del ente territorial por parte del Gobierno.

En el caso de las Comunidades Autónomas, el procedimiento de aplicación de las medidas de prevención, corrección y coercitivas (cuando así resultase oportuno) dependía del grado de incumplimiento con el PMP establecido en la legislación,[21] así como de su dilación en el tiempo. De este modo, si el Periodo Medio de Pago superaba los 30 días se debía incluir en la actualización de su plan de tesorería

21. Hay que tener en cuenta que estas fases se definían en base al Periodo Medio de Pago (ratio que incluye la media de pago para un conjunto amplio de facturas), por lo que no podía aplicarse directamente al caso de una empresa concreta. Es decir, los plazos de cobro de un proveedor concreto podrían ser incluso superiores a los determinados por la Ley, que no eran, en tanto que medias, plazos individualizados vinculados a un expediente singular.

Gráfico 35. MEDIDAS PREVENTIVAS, CORRECTIVAS Y COERCITIVAS APLICABLES A LAS COMUNIDADES AUTÓNOMAS ASOCIADAS A LOS FONDOS DEL PLAN DE PAGO A PROVEEDORES

1.ª FASE: MEDIDAS PREVENTIVAS

Si PMP supera en más de 30 días el plazo máximo legal (30 días) durante 2 meses consecutivos:

- El MINHAFP le comunicará a la Comunidad Autónoma el importe que deberá dedicar mensualmente al pago a proveedores, así como las medidas de reducción de gasto o de aumento de ingresos u otras medidas necesarias para reducir su PMP.

↓

2.ª FASE: MEDIDAS CORRECTIVAS

En caso de no adoptarse medidas preventivas suficientes para corregir el PMP durante los dos meses siguientes:

- Las modificaciones presupuestarias que conllevan un aumento neto del gasto no financiero sin cargo al fondo de contingencia o con baja en otros créditos, requerirán la adopción de un acuerdo de no disponibilidad de igual cuantía.
- Las operaciones de endeudamiento a L/P requerirán la autorización del Estado.
- El MINHAFP podrá obligar a adherirse a mecanismos adicionales de financiación.

↓

3.ª FASE: MEDIDAS COERCITIVAS

En caso de no adoptarse medidas correctivas suficientes para corregir el PMP durante los dos meses siguientes:

- La Comunidad Autónoma deberá aprobar, en un plazo de 15 días desde el incumplimiento, la no disponibilidad de créditos y efectuar la correspondiente retención de los mismos.
- La Comunidad Autónoma deberá distribuir un depósito con intereses al Banco de España equivalente al 0,2% de su PIB, que será devuelto una vez que se apliquen las medidas necesarias.

↓

4.ª FASE: MEDIDAS DE CUMPLIMIENTO FORZOSO

En caso de no adoptarse medidas coercitivas suficientes para corregir el PMP durante los dos meses siguientes:

- El Gobierno, de conformidad con lo dispuesto en el artículo 155 de la Constitución, requerirá al presidente de la Comunidad Autónoma que lleve a cabo, en el plazo indicado, la adopción del acuerdo de no disponibilidad, la constitución del depósito obligatorio, o la ejecución de las medidas propuestas para los expertos.
- En caso de no atenderse a los requerimientos, el Gobierno, con la aprobación por mayoría absoluta del Senado, adoptará las medidas necesarias para obligar a la Comunidad Autónoma a su ejecución forzosa.

Fuente: Elaboración propia a partir del articulado de la Ley Orgánica de Estabilidad Presupuestaria y Sostenibilidad Financiera.

inmediatamente posterior el importe de los recursos que iba a dedicar mensualmente al pago de proveedores para reducir la mora, así como el compromiso de adoptar medidas para generar la tesorería necesaria para cumplir con el plazo legal. Si el incumplimiento se prolongaba en el tiempo se ponían en marcha las medidas de prevención, y el Ministerio de Hacienda procedía a señalar el importe que mensualmente debía dedicar a pagar a proveedores, así como las medidas cuantificadas a adoptar para generar la tesorería necesaria para reducir los plazos de pago. Las medidas de corrección se aplicaban cuando el PMP superaba en más de 30 días el plazo legal durante cuatro meses consecutivos desde la actualización del plan de tesorería descrito en la fase anterior. A partir de ese momento todas las modificaciones presupuestarias que conllevaran un aumento neto del gasto no financiero de la Comunidad Autónoma requerían un acuerdo de no disponibilidad de igual cuantía y todas sus operaciones de endeudamiento a largo plazo precisaban de autorización del Estado. Si las medidas anteriores no hubieren conseguido reconducir el Periodo Medio de Pago en dos meses desde la última actualización del Plan de tesorería, el Ministerio de Hacienda procedería a la retención de los importes de la Participación de Ingresos del Estado, y pagaría directamente a los proveedores. A partir de ahí se solicitaba a la entidad pública la información necesaria, que era certificada por el Interventor General, para cuantificar y determinar la parte de la deuda comercial que se debía pagar con cargo a sus recursos del sistema de financiación sujetos a liquidación. Cuando la Administración volviera a cumplir con el plazo máximo de pago previsto en la normativa de morosidad durante seis meses consecutivos, finalizaba el procedimiento de retención.

Finalmente, si la Comunidad Autónoma persistía en el incumplimiento con el PMP se efectuaría la correspondiente retención de créditos. Asimismo, cuando resultara necesario para dar cumplimiento a los compromisos de consolidación fiscal con la Unión Europea, las competencias normativas que se atribuyeran a las Comunidades Autónomas en relación con los tributos cedidos pasarían a ser ejercidas por el Estado. Además, debía constituirse, cuando se solicitase por el Ministerio de Hacienda, un depósito con intereses en el Banco de España equivalente al 0,2% de su Producto Interior Bruto nominal. El depósito sería cancelado en el momento en que se aplicaran las medidas que garantizaran el cumplimiento de los objetivos. Si en el plazo de 3 meses desde la constitución del depósito no se hubiera presentado o aprobado el plan, o no se hubieran aplicado las medidas, el depósito no devengaría intereses. Si transcurrido un nuevo plazo de 3 meses persistiera el incumplimiento el depósito se podría convertir en multa coercitiva. A partir de la aplicación de las medidas de corrección anteriores, el Ministerio de

Hacienda podía determinar el acceso obligatorio de las Comunidades Autónomas en los mecanismos adicionales de financiación vigentes.

Tabla 34. VALORACIÓN DE LOS INCUMPLIMIENTOS DE LA REGLA DE GASTO POR 14 COMUNIDADES AUTÓNOMAS. EJERCICIO 2015

	Exceso de gasto						
	Total	Operaciones *one-off*					Variación de gasto por otras causas
		APPs*	Hepatitis C	Recuperación Paga extra	Sentencias, avales y otros gastos	Total *one-off*	
Cataluña	2.196	1.948	190	92	-	2.230	-34
Andalucía	98	-	208	22	-	230	-132
Asturias	148	114	27	37	-	178	-30
Cantabria	107	-	24	10	-	34	73
La Rioja	32	-	10	6	-	16	16
Murcia	199	-	29	26	-	55	144
Valencia	690	-	182	150	200	532	158
Aragón	179	-	25	20	-	45	134
C.-La Mancha	328	-	40	65	98	203	125
Navarra	37	-	11	14	-	25	12
Extremadura	189	-	21	29	74	124	65
Baleares	307	121	34	25	-	180	127
Madrid	547	-	242	158	174	574	-27
C. y León	292	-	57	120	-	177	115

Fuente: Elaboración propia a partir de datos suministrados por el Ministerio de Hacienda. *APPs se refiere a los contratos de Asociaciones público-privadas.

Además de por el incumplimiento con el PMP, las medidas coercitivas y de cumplimiento forzoso se podrían aplicar como represalias ante la comisión de otro tipo de negligencias por parte de las Entidades Territoriales, como bien se recoge en los artículos 25 y 26 de la Ley Orgánica de Estabilidad refiriéndose al incumplimiento del objetivo de estabilidad presupuestaria, del objetivo de deuda pública o de la regla de gasto de las Comunidades Autónomas o de las Corporaciones Locales.[22] En el año 2015, catorce Comunidades Autónomas incumplieron la regla de gasto establecida, lo que motivó la retención del crédito. El Consejo de Política Fiscal y Financiera envió la correspondiente comunicación a las Entidades Territoriales que no habían cumplido con la regla de gasto identificando el importe del exceso de gasto que obedecía a desembolsos de carácter extraordinario y, por lo tanto, no recurrentes en posteriores ejercicios (denominados gasto *one-off*). Como puede observarse en la **Tabla 34** la Comunidad Autónoma que más se desvió de lo establecido en la regla de gasto fue Cataluña, con un total de 2.196 millones de euros seguida por la Comunidad Valenciana, con 690 millones y, en tercer lugar, Madrid, con 547 millones, si bien es cierto que la gran mayoría de los desvíos correspondieron a importes relativos a conceptos considerados como *one-off*.

Y en una última fase y ya en referencia a las medidas de cumplimiento forzoso recogidas en el artículo 26 de la Ley Orgánica de Estabilidad, si una Comunidad Autónoma no adoptaba las medidas anteriores (acuerdo de no disponibilidad, no constitución del depósito, o no implementación de las medidas propuestas por la comisión de expertos), el Gobierno, de acuerdo al artículo 155 de la Constitución Española, podía requerir al Presidente de la Comunidad Autónoma para llevarlas a cabo y si no era atendido el requerimiento, el Gobierno, con la aprobación por mayoría absoluta del Senado, podía adoptar las medidas necesarias para obligar a la Comunidad Autónoma a su ejecución forzosa.

Uno de los ejemplos recientes de las consecuencias del nuevo marco presupuestario en las relaciones entre el Estado y las Entidades Territoriales y, más concretamente, del anteriormente citado artículo 26, lo encontramos en el Acuerdo de la Comisión Delegada de 15 de septiembre de 2017[23] por el que se

---

22. La Comunidad Valenciana fue autorizada el 19 de enero de 2018 a formalizar operaciones de deuda a largo plazo hasta un importe máximo de 184,60 millones de euros, destinadas a reestructurar, mediante novación o refinanciación, operaciones a largo plazo formalizadas con anterioridad para reducir los costes financieros, no superando en ningún caso los plazos residuales de los préstamos los diez años. La Comunidad Valenciana había incumplido el objetivo de estabilidad presupuestaria del ejercicio 2016. Por tanto, la autorización a la Comunidad Valenciana fue necesaria por aplicación, tanto del artículo 14 de la Ley Orgánica de Financiación de las Comunidades Autónomas, como de los artículos 20 y 20.5 de la Ley Orgánica de Estabilidad Presupuestaria y Sostenibilidad Financiera.

23. Para más detalle ver la Orden HFP/878/2017, de 15 de septiembre, por la que se publica el Acuerdo de la Comisión Delegada del Gobierno para Asuntos Económicos de 15 de septiembre de 2017 (y su antecedente en la Orden PRE/2454/2015 de 20 de noviembre), por el que se

intervinieron los pagos de los servicios públicos esenciales (sueldos, educación, sanidad y servicios sociales) de la Comunidad Autónoma de Cataluña ante el incumplimiento de remisión de información, y que obligaba a la aplicación de un acuerdo de no disponibilidad con el fin de evitar que parte del presupuesto se destinara a otros fines.

Tal y como se refleja de manera muy exhaustiva en la citada Orden, la intervención estaba justificada sobre la base de tres normas fundamentales, la Constitución y su artículo 135, la Ley Orgánica de Estabilidad Presupuestaria y Sostenibilidad Financiera y el Real Decreto-ley 17/2014, de 26 de diciembre, de medidas de sostenibilidad financiera de las Comunidades Autónomas y Entidades Locales y otras de carácter económico. Así, a pesar de que la Constitución establece el principio de autonomía financiera a partir del cual las Comunidades Autónomas pueden determinar los ingresos y los gastos para ejercer sus funciones (limitada, eso sí, por los principios de coordinación con el Estado y la solidaridad con el resto de la sociedad española), la obligatoriedad en el cumplimiento con el principio de estabilidad presupuestaria (establecido en el artículo 135 de la Constitución) estaría poniendo unos condicionantes constitucionales a la autonomía financiera. En este caso, es el Estado el que tiene atribuida las competencias para preservar el equilibrio general y limitar las decisiones unilaterales que pudieran repercutir sobre el resto de Administraciones.[24] De este modo, el principio de responsabilidad desarrollado en la Ley Orgánica de Estabilidad Presupuestaria y Sostenibilidad Financiera obligaba al Estado a actuar en defensa del interés

adoptan medidas en defensa del interés general y en garantía de los servicios públicos fundamentales en la Comunidad Autónoma de Cataluña. La citada Orden fue recurrida por los servicios jurídicos de la Generalitat de Cataluña, pero, en una sentencia dictada el 17 de octubre de 2018, este recurso ha sido desestimado por el Tribunal Supremo, ya que considera el alto Tribunal adecuada la base legal de su justificación, sin necesitar para ello el «paraguas» adicional del artículo 155 de la Constitución.

24. Tal y como refleja con gran profusión la Exposición de Motivos del Acuerdo de la Comisión Delegada de septiembre de 2017 referido a la intervención de las cuentas de la Comunidad Autónoma de Cataluña, la adhesión con carácter voluntario por parte de Cataluña (y de cualquier Comunidad Autónoma) al Fondo de Liquidez Autonómico establecía un claro compromiso de cumplimiento (artículo 22 del Real Decreto-ley 17/2014) por parte de la entidad territorial con cualquier disposición desarrollada por el mecanismo de financiación, como es en este caso la de remisión de información. Así lo recogía tanto la Ley de Estabilidad Presupuestaria y Sostenibilidad Financiera en su Disposición Adicional Primera, como el citado Real Decreto-ley 17/2014.

general y garantizar la igualdad de todos los españoles en el ejercicio de sus derechos y el acceso a los servicios mínimos.

En el marco de los Mecanismos de Apoyo Financiero han sido varias las ocasiones en las que, en el caso de Cataluña, el Estado ha tenido que recurrir a dichas normas para salvaguardar el cumplimiento de los principios presupuestarios (coordinación, estabilidad y sostenibilidad). Como medida de control se solicitó la remisión de información semanal que fue incumplida por la Generalitat, lo que suponía perjudicar de forma grave la confianza sobre la situación financiera de Cataluña y se entendía que afectaba negativamente a la imagen de estabilidad de la situación económica del conjunto de España,[25] e incidía sobre los principales indicadores económicos como la prima de riesgo, la calificación crediticia y el acceso a los mercados financieros, de ahí también la justificación de la necesaria intervención de sus cuentas. Además, se consideraba que la Comunidad Autónoma incumplía las condiciones aceptadas para poder beneficiarse de los mecanismos de financiación, así como incumplía también su plan de ajuste.

En el caso de las Corporaciones Locales también se fijaron unos mecanismos similares, aunque con un gradualismo algo mayor. Bajo la rúbrica de medidas preventivas, la legislación contemplaba que, cuando el órgano interventor detectaba que el Periodo Medio de Pago de la Corporación Local superaba en más de 30 días el plazo legal de pago durante dos meses (60 días), se debían establecer medidas de reducción de gasto o incremento de ingresos destinados a reducir el periodo de pago. En el caso de las Corporaciones Locales capitales de provincia o con más de 75.000 habitantes, se podía proceder a la retención de recursos derivados de la participación en tributos del Estado para satisfacer las obligaciones pendientes de pago.

Así, por ejemplo, en diciembre de 2017 el Ministerio de Hacienda envió cartas a 22 grandes Ayuntamientos al estar pagando a sus proveedores a más de 30 días de forma reiterada (hay que recordar que, en esos momentos, en septiembre 2017, había 1.099 Entidades Locales pagando a más de 30 días, aunque algunas

25. Debe recordarse que Cataluña es, con 59.665 millones de euros, según la información disponible en el Banco de España a diciembre de 2019, la Comunidad Autónoma con mayor deuda con el Estado en valores absolutos, como consecuencia de su intensa utilización de los Mecanismos Extraordinarios de Liquidez. Estos Fondos representaban en la fecha mencionada algo más del 75% de su endeudamiento total. Adicionalmente, la deuda total de Cataluña, 79.054 millones de euros a 31 de diciembre de 2019, representa un 26% del endeudamiento total del conjunto de las Comunidades Autónomas.

podrían ser de forma puntual). Entre estos municipios se encontraban Sevilla, Cádiz, Granada, Jaén y Huelva, Parla, Telde (Las Palmas), Algeciras o la diputación de Cádiz. En estas cartas se comunicaba a los alcaldes la necesidad de reelaborar un plan de tesorería con medidas que garantizaran la reducción a menos de 30 días del pago a proveedores. En caso de no llevarlo a cabo se le podrían retener sus ingresos procedentes de la financiación local para abonar directamente sus facturas.

No obstante, la falta de cumplimiento con el plan de reequilibrio por parte de las Corporaciones Locales activaría la aplicación de las medidas coercitivas oportunas. Así, el Gobierno o la Comunidad Autónoma con tutela financiera, podía requerir al Ayuntamiento para su cumplimiento y en caso de no atenderse el requerimiento, adoptar los ajustes necesarios para reconducir la situación presupuestaria. Si la Comunidad Autónoma que tenía atribuida la tutela financiera no daba cumplimiento a sus funciones, el Gobierno podía atribuírselas para hacer cumplir los objetivos fiscales. Si se persistía en el incumplimiento de las obligaciones requeridas y se consideraba que se ponía en peligro el objetivo de estabilidad presupuestaria, el de deuda pública o la regla de gasto, el Gobierno podía proceder a la disolución de los órganos de la Corporación Local[26] al considerarlo como gestión gravemente dañosa para los intereses generales.

En este caso, uno de los ejemplos recientes y de mayor repercusión, fue la intervención del Ayuntamiento de Madrid, ya que, tras dos años de incumplimiento de la regla de gasto prevista en la Ley de Estabilidad Presupuestaria, y el rechazo por tres veces de su plan económico-financiero, el Ministerio de Hacienda le envió una resolución en la que le anunciaba un mayor control de sus cuentas. De este modo todas las operaciones financieras del Ayuntamiento pasarían a ser supervisadas semanalmente por los técnicos del Ministerio de Hacienda. El caso del Ayuntamiento de Madrid fue muy significativo y permitió demostrar que el nuevo marco legal era muy útil para el control presupuestario permanente y la disciplina presupuestaria. En la carta enviada por el Ministerio de Hacienda, de acuerdo al artículo 26 de la Ley Orgánica de Estabilidad, se motiva al Ayuntamiento que «dado que no ha reconducido su senda de gasto, comprometiendo de forma reiterada el cumplimiento de la regla de gasto, y a la vista de la presente denegación, esa Administración deberá informar a esta Secretaría General, como órgano en el que recae el ejercicio de la Tutela Financiera y con el objeto de tomar las decisiones

26. Tal y como se pone de manifiesto en el Artículo 26.3 de la Ley de Estabilidad Presupuestaria y Sostenibilidad financiera y su referencia al artículo 61 de la Ley 7/1985, de 2 de abril, Reguladora de las Bases de Régimen Local.

que correspondan en el ejercicio de las competencias que la legislación le tiene atribuidas, con periodicidad semanal, a través del órgano de control interno, acerca de las medidas adoptadas o a adoptar por la Corporación para reconducir su senda al límite legal». El Ayuntamiento debía, de esta manera, corregir su presupuesto en 238.025.715,53 euros en 2017 y 243.586.509,71 en 2018 con el objetivo de que la Administración madrileña se situara en la regla legal de gasto; y así hizo tras el requerimiento recibido del Ministerio de Hacienda.

Capítulo 5

EFECTOS E IMPACTO SOBRE EL NIVEL DE ACTIVIDAD ECONÓMICA

1. IMPACTO DEL PLAN DE PAGO A PROVEEDORES SOBRE LA SITUACIÓN FINANCIERA DEL SECTOR PÚBLICO Y PRIVADO

1.1. La situación financiera de las empresas desde un punto de vista cualitativo

Resulta complejo aislar el efecto que tuvo la implementación de los Fondos de Pago a Proveedores puesto que de forma paralela se aprobaron diversas iniciativas en materia de política económica, como las medidas de ajuste presupuestario y de consolidación fiscal, reformas estructurales para fomentar la competitividad –como la reforma del mercado laboral y la reforma del sector financiero–, y también se intensificaron las iniciativas de política monetaria no convencional en el ámbito europeo. Sin embargo, sí parece evidente el impacto directo que tuvo sobre aquellas variables estrechamente relacionadas con el retraso de pago a los proveedores, como la liquidez de las empresas fruto de la reducción de las obligaciones pendientes de pago, el endeudamiento comercial, el plazo en el que las Administraciones hacían frente a los pagos con sus proveedores y, en definitiva, sobre el conjunto de la actividad económica.

La mejoría que experimentó la liquidez de las empresas como consecuencia de la implementación de los Mecanismos Extraordinarios de Liquidez y, con ella, su situación financiera, quedó reflejada en indicadores de carácter cualitativo. Estos ponían de manifiesto cómo el acceso a la financiación, si bien seguía situándose entre los principales problemas de las unidades productivas, no eran tantas las empresas que lo percibían como tal. De este modo y, de acuerdo a los datos de la base de datos SAFE, del Banco Central Europeo (2017), y tal y como se refleja en el **Gráfico 25** recogido en el capítulo 2, antes de la entrada en funcionamiento de los Mecanismos Extraordinarios de Liquidez, una media del 29,3% de las empresas españolas consideraba la financiación como su principal problema (porcentaje que se situaba en 11,6 puntos por encima de la media de la zona euro y más que duplicaba la media alemana o la francesa). Tras la implementación del Programa de Pago a Proveedores, dicho porcentaje se redujo al 13,1% en 2014 hasta converger hacia la media europea en 2015. A pesar de que la mejor percepción de la situación financiera por parte de las empresas obedeció también, en gran medida, a la intervención del Banco Central Europeo a partir del segundo semestre de 2012, existe un elemento diferencial, a saber, los nuevos Fondos de Pago a Proveedores que junto con las reformas económicas permitieron reducir el periodo medio de pago a proveedores del sector público y, por ende, permitieron un mejor aprovechamiento de esta política monetaria expansiva.

Por otro lado, la encuesta realizada por el Centro de Investigaciones Sociológicas incorporó en julio de 2012 algunas preguntas en relación con el Programa de Pago a Proveedores. Los resultados del cuestionario sugieren un alto grado de aceptación y un profundo conocimiento de la medida por parte de los encuestados al poco tiempo de su implementación (recuérdese que el Fondo, en su primera fase, había sido abonado apenas unos días antes)[1] lo que parece avalar la elevada capilaridad de la iniciativa. Así, mientras los préstamos ICO eran conocidos por el 45,4% de los encuestados, y la prestación en cobro único por el 43,1%, siendo que ambas medidas llevaban varios años en funcionamiento, el Plan de Pago a Proveedores alcanzó el 43,7% de conocimiento entre los encuestados.

Adicionalmente, el 76,8% de los encuestados consideraba que el Plan de Pago a Proveedores resultaría positivo para apoyar a las personas emprendedoras y pymes. De hecho, el 45,6% estaba muy o bastante de acuerdo en que fomentaría el consumo, el 40,9% en que crearía empleo, el 40,6% que impulsaría la creación de empresas y el emprendimiento, y el 65,3% lo veía como una medida para evitar el cierre de empresas y negocios.

Con relación al Periodo Medio de Pago, también se analizó en un capítulo segundo la evolución de la encuesta Intrum Justitia, que mide, entre otros, la percepción de los proveedores respecto a los retrasos en los pagos por parte del sector público, en términos medios. En este caso los datos, por lo menos en el corto plazo, no muestran una mejora muy significativa, puesto que el retraso en los pagos en España se situaba en 2012 en 80 días y dos años después, las respuestas

1. La encuesta se realiza entre el 10 y el 23 de julio de 2012 sobre una muestra de 2.471 entrevistas a población mayor de 18 años. Es decir, no son necesariamente empresarios.

de las encuestados apuntaban a que este se situaba en 79 días. No es hasta 2018 cuando los resultados de la encuesta (Intrum Justitia, 2018) muestran una reducción más significativa y sitúan la duración media de los pagos G2B (de gobierno a empresa) para la economía española en 56 días.

1.2. La evolución de las deudas pendientes de pago

Uno de los efectos más inmediatos de la implementación de los Fondos del Plan fue la reducción de la deuda que la Administración tenía con las empresas, lo que supuso un estímulo para la liquidez de las mismas. De hecho, la magnitud de los importes que la Administración adeudaba a las empresas privadas se convierte, en 2011, en un factor adicional a los elevados costes operativos, la acumulación de inventarios o los costes que provocaron un estrangulamiento importante en la liquidez de las empresas.

Como ya se ha mencionado con anterioridad, el importe de la deuda pendiente de pago del conjunto de las Administraciones Públicas en términos consolidados llegó a representar, en la serie que comienza en 1995, su cota más alta en el año 2011 con un 8,6% del PIB. Sin embargo, esta variable experimenta una contracción significativa con la entrada en vigor de los Fondos del Plan de Pago a Proveedores. En concreto, se situó en el 6,3% del PIB en el año 2012 y se redujo hasta representar el 5,8% del PIB y el 5,6% del PIB, respectivamente, durante los dos años siguientes en los que estuvo activa la medida, tal y como se refleja en el **Gráfico 27**.

De este modo, la Administración comenzó a hacer efectivo el pago a sus proveedores dando lugar al inicio de una etapa marcada por la minoración del saldo de la cuenta de las operaciones pendientes de pago. Así, y tal y como se refleja en el **Gráfico 36** en el año 2012, coincidiendo con el momento en el que el Estado realizó una mayor aportación al programa del Plan de Pago a Proveedores (en concreto de 33.600 millones de euros), la cuenta consolidada de las operaciones pendientes de pago se redujo en 19.967 millones de euros (lo que supuso una contracción del 30% en relación con el año anterior). La tesorería de las empresas no financieras creció, tres meses después, el 3,4%. El mismo patrón se repite en los años posteriores en los que se reiteraron las dotaciones a los Fondos destinados a satisfacer las obligaciones de pago que las Entidades Territoriales tenían con sus proveedores. Así, durante 2013 y 2014 los importes relacionados con los créditos comerciales y el resto de las cuentas pendientes de pago cayeron el 5,2% y el 7,5% respectivamente, mientras que el efectivo y los depósitos transferibles de las empresas crecieron a un ritmo interanual del 10,5% y del 9,4%, respectivamente.

Gráfico 36. VARIACIÓN DE LOS CRÉDITOS COMERCIALES Y OTRAS CUENTAS PENDIENTES DE PAGO DE LAS AA. PP. FRENTE A SOCIEDADES NO FINANCIERAS (SNF) Y VARIACIÓN DEL EFECTIVO Y DEPÓSITOS TRANSFERIBLES DE LAS SOCIEDADES NO FINANCIERAS, PERIODO 2007-2015

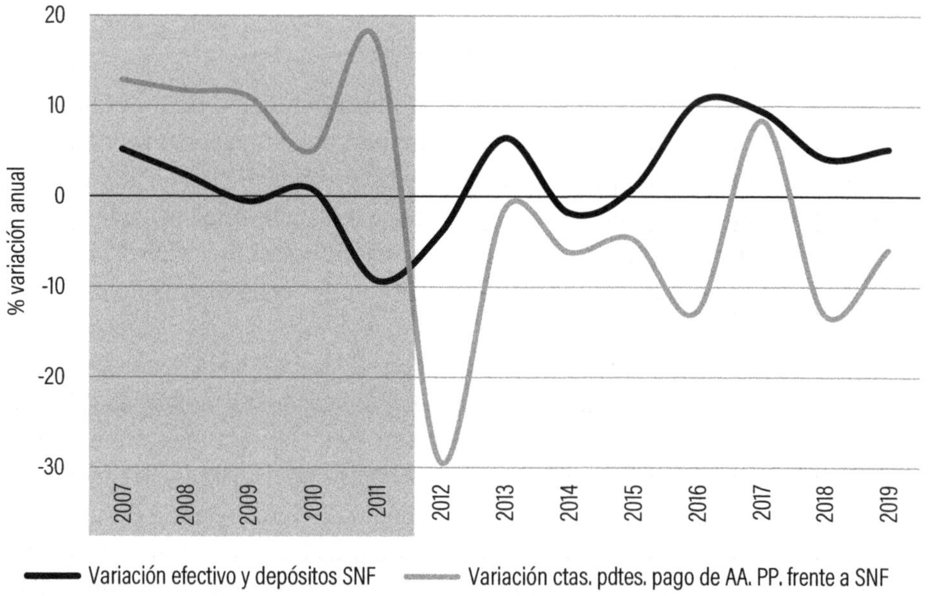

Nota: Las tasas de variación de los créditos comerciales y otras cuentas pendientes de pago de las AA. PP. frente a sociedades no financieras han sido calculadas atendiendo a los datos correspondientes con el último trimestre del año. Sin embargo, las tasas de variación relacionadas con el efectivo y depósitos de las sociedades no financieras corresponden al primer trimestre del año inmediatamente posterior, puesto que se ha considerado que el efecto de las demoras en los pagos sobre la liquidez de las empresas no tiene un efecto inmediato.
Fuente: Elaboración propia a partir de datos suministrados por el Banco de España.

Los Fondos del Plan de Pago a Proveedores fueron diseñados para satisfacer los compromisos de pago de las Entidades Territoriales con sus proveedores. De este modo, desde la constitución de los Fondos, fueron las cuentas en las que se registraban las deudas pendientes de las Comunidades Autónomas y de las Corporaciones Locales las que registraron una contracción más significativa. Tal y como muestra el **Gráfico 29**, la deuda comercial de las Comunidades Autónomas, que en el primer trimestre de 2012 representaba el 3,4% del PIB, cayó hasta el 2,2% tan solo tres meses después y se situó en el 1,7% al final del mencionado ejercicio. En el caso de las Corporaciones Locales, las deudas pendientes de pago descendieron desde el 2,0% del PIB en el primer trimestre de 2012 al 1,4% en el segundo trimestre de ese mismo año. Esta reducción de la deuda comercial por parte de las Entidades Territoriales se prolongó en los años posteriores hasta el 0,5% del PIB en 2017 en el caso de las Comunidades Autónomas y el 1,4% de ese mismo año en el caso de las Corporaciones Locales.

El crecimiento de los créditos comerciales en 2011 en el conjunto de las Administraciones Públicas (**Gráfico 37**) obedeció, fundamentalmente, al incremento de esta variable en las Comunidades Autónomas puesto que de los -13,4 puntos porcentuales de incremento que experimentó la cuenta en la que se recogen las cuentas pendientes en 2011 en relación con el año anterior, cerca de 12 puntos se debieron al aumento de este tipo de pasivos en las Comunidades Autónomas.

Gráfico 37. CONTRIBUCIÓN AL CRECIMIENTO DE LOS CRÉDITOS COMERCIALES Y OTRAS CUENTAS PENDIENTES DE PAGO CONSOLIDADO DEL TOTAL DE LAS ADMINISTRACIONES PÚBLICAS POR TIPO DE ADMINISTRACIÓN

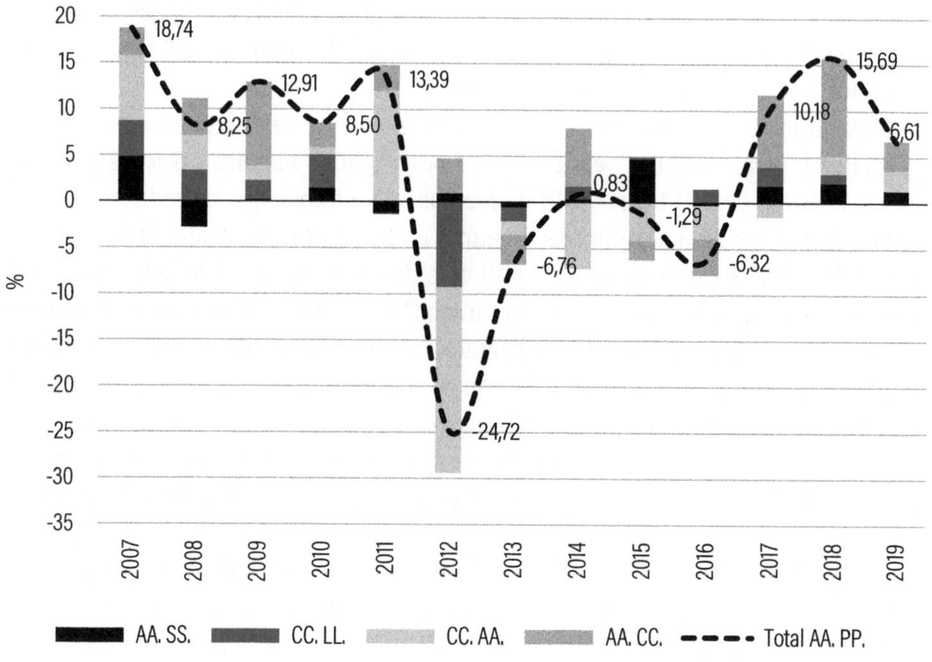

Fuente: Elaboración propia a partir de datos suministrados por el Banco de España.

Del mismo modo, con la implementación de los Fondos del Plan de Pago a Proveedores, el volumen de créditos comerciales y otras cuentas pendientes de pago del sector público se contrajo en 2012 el -24,7 (puesto que el saldo de la cuenta pasó de 91.303 millones de euros a 68.737 millones de euros) debido, exclusivamente, a la caída experimentada por las deudas pendientes de pago en Comunidades Autónomas (que restaron 20,2 puntos de crecimiento) y en las Corporaciones Locales (con una contribución negativa de 9,2 puntos porcentuales). Dicho patrón se mantuvo, aunque de forma menos intensa, durante los años posteriores en los que estuvo vigente el Programa.

Pero los Mecanismos Extraordinarios de Liquidez tuvieron, además, un efecto sobre la composición de los pasivos de los niveles subcentrales de la Administración. Según los datos proporcionados por el Banco de España, el volumen de los créditos comerciales y otras cuentas pendientes de pago total de las Comunidades Autónomas alcanzó 61.259 millones a finales de 2011, representando el 30% del total de pasivos. Dicho importe fue reduciéndose progresivamente mientras que crecían los préstamos. Y es que se llevó a cabo un proceso de sustitución de deuda comercial por deuda financiera (a través de los préstamos) situándose la primera en el 10,5% del total de los pasivos a finales de 2014, frente al 66% que representaban los préstamos en el mismo periodo.

Siguiendo un análisis similar en el caso de los ayuntamientos, los créditos comerciales y otras cuentas pendientes de pago totales alcanzaron los 28.185 millones de euros en 2011 (un 43,4% de los pasivos totales), que se reduce de forma notable hasta los 18.850 millones de euros en 2012 (alrededor del 30% de los pasivos totales) y se sitúa en 17.558 millones de euros en 2014 (el 31,3%). En este caso ocurre lo mismo que en el caso de las Comunidades Autónomas, la sustitución de deuda comercial por deuda financiera, de acuerdo con el proceso de transparencia y regularización producido con el nuevo marco normativo presupuestario y el Programa de Pago a Proveedores.

Y ya, por último, considerando la perspectiva internacional y atendiendo a los datos de Eurostat, España se situaba en 2011 muy por encima de la media europea (cuya ratio de deudas comerciales de las Administraciones Públicas sobre PIB del conjunto de los 28 alcanzó el 5,5% en 2011) siendo superado, únicamente, por Francia y Portugal. Tal y como se aprecia en el **Gráfico 28**, a partir del año 2014, este indicador se situaba por debajo de la media de sus socios europeos aproximándose, a finales de 2017, a niveles cercanos a los alcanzados al comienzo de la crisis.

2. EL IMPACTO SOBRE EL NIVEL DE ENDEUDAMIENTO Y EL DÉFICIT

2.1. Impacto sobre el nivel de endeudamiento y el déficit de las Administraciones Públicas; Estado, Comunidades Autónomas y Corporaciones locales

El diseño y la puesta en práctica de los Fondos del Plan de Pago a Proveedores implicaba la captación de recursos en el mercado financiero por parte de la Administración Central del Estado, recursos con los que hizo frente a las obligaciones de pago de las Administraciones Territoriales con sus proveedores. De este modo, el propio funcionamiento de los Fondos del Plan de Pago a Proveedores implicaba un aumento del endeudamiento público.

Así, y atendiendo a la información proporcionada por la **Tabla 35**, el crecimiento de la ratio de la deuda del conjunto de las Administraciones Públicas sobre el Producto Interior Bruto pasó del 69,5 al 100,4 desde 2011 hasta 2014. Parte de este incremento, del 16,2%; 9,8% y el 4,9% en cada uno de los años del mencionado periodo obedeció, en un porcentaje importante, a la implementación de las nuevas medidas de financiación aprobadas por el Estado.

Sin embargo, gran parte del aumento de la ratio de la deuda sobre el PIB durante el periodo 2012-2014 respondió al incremento de las necesidades de financiación del sector público, es decir, por el déficit y el pago de intereses (aportando 6,8; 6,7 y 5,9 puntos al incremento de la deuda, respectivamente). Por su parte, fueron los intereses de la deuda los que cobraron una mayor importancia a partir del año 2012 dado, por un lado, el proceso de corrección del déficit público acometido por los distintos niveles de la Administración que permitió reducir la aportación del déficit primario y, debido, por otro lado, a los elevados tipos de interés que aún se exigían para la deuda española.

Además, los Mecanismos Extraordinarios de Liquidez contribuyeron a este crecimiento del nivel de endeudamiento, explicando, en el año 2012, 4,3 puntos del crecimiento total de la deuda del conjunto de las Administraciones Públicas y rebajándose ligeramente hasta los 3,1 y 3 puntos porcentuales durante los dos años siguientes. En particular, y tal y como se ha estimado y reflejado en la **Tabla 35**, el Programa de Pago a Proveedores, específicamente, ha contribuido en 6,3 puntos porcentuales en el aumento del nivel de endeudamiento del sector público en el periodo 2012-2014.

La contracción que experimentó el PIB durante los años 2012 y 2013 contribuyó, del mismo modo, a incrementar la ratio de deuda hasta que el crecimiento económico registrado en 2014 permitió compensar en 1 punto porcentual el aumento de la ratio.

Puesto que los recursos captados a través de la deuda emitida en el mercado por parte de la Administración Central se utilizaron para financiar a las Comunidades

Tabla 35. EVOLUCIÓN DE LOS DETERMINANTES DE LA VARIACIÓN DE LA RATIO DE LA DEUDA PDE SOBRE EL PIB

		2011	2012	2013	2014	2012-14	2015	2016	2012-16
Nec. de financiación	Déficit primario	6,8	3,8	3,2	2,4	9,4	2,0	1,5	12,9
	Intereses	2,5	3,0	3,5	3,5	10,0	3,1	2,8	15,8
Otros conceptos	Ayudas para la recapitalización del sector financiero	0,3	3,7	0,3	0,1	4,1	0,0	0,2	4,4
	Mecanismos extraordinarios a liquidez	0,0	4,3	3,1	3,0	10,4	3,7	2,9	17,0
	- de los cuales destinados a proveedores	0,0	3,2	1,3	1,8	6,3	1,8	1,0	9,1
	Fondo de amortización del Déficit Eléctrico	0,9	0,5	0,7	-0,1	1,1	-0,2	-0,1	0,8
	MEDE	0,0	1,5	0,5	0,1	2,1	-0,1	0,0	2,0
	Variación PIB	0,6	2,1	1,2	-1,0	2,3	-3,6	-3,4	-4,8
	Otros	-1,7	-2,7	-2,7	-3,0	-8,4	-5,5	-4,3	-18,9
Deuda Pública		9,4	16,2	9,7	5,0	31,0	-0,6	-0,4	30,0
Total Deuda PDE		69,5	85,7	95,5	100,4	-	99,8	99,4	-

Fuente: Elaboración propia a partir de datos del Ministerio de Hacienda (2017) incluidos en el Libro Amarillo de Presentación del Proyecto de Presupuestos Generales del Estado de 2017.

Autónomas y a las Corporaciones Locales el pago de sus facturas pendientes resulta conveniente analizar las operaciones de endeudamiento que tuvieron lugar entre los distintos subsectores de la Administración. Así, atendiendo a los datos proporcionados por el Banco de España, del crecimiento interanual del 19,8% que experimentó el *stock* de deuda pública del conjunto de las Administraciones Públicas en el año 2012 (al pasar de 743.042 millones de euros en el año 2011 a 889.909 millones de euros al año siguiente), los Fondos de Financiación dirigidos a las Comunidades Autónomas (FFCCAA) y los Fondos de Financiación a las Corporaciones Locales (FFCCLL)[2] contribuyeron con 5,9 puntos porcentuales al

2. Los Fondos de Financiación de las Comunidades Autónomas y de las Corporaciones Locales es el título de la rúbrica determinada por el Banco de España en la que, a partir del año 2015, se

Gráfico 38. APORTACIÓN AL CRECIMIENTO DEL CONJUNTO DE LA DEUDA (PDE) DE LAS ADMINISTRACIONES PÚBLICAS DE LOS DISTINTOS SUBNIVELES DE LA ADMINISTRACIÓN Y DE LOS FONDOS DE FINANCIACIÓN (INCLUYENDO LOS FONDOS PARA EL PAGO DE PROVEEDORES)

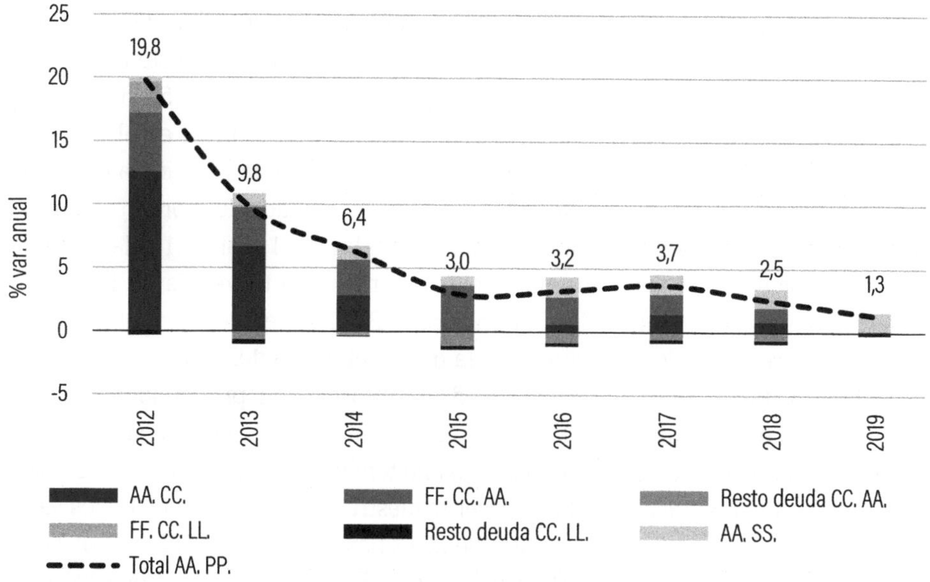

Fuente: Elaboración propia a partir de datos suministrados por el Banco de España.

mencionado incremento. A pesar de que la tasa de crecimiento interanual de la deuda durante 2013 y 2014 se moderó, situándose en el 9,8% y en el 6,4% respectivamente, la contribución al crecimiento de los mencionados mecanismos continuó siendo relevante (del orden de 3,2 puntos porcentuales y de los 2,4 puntos porcentuales en 2013 y 2014, respectivamente), tal y como se refleja en el **Gráfico 38**. Es más, resulta significativo el hecho de que la deuda pública de Comunidades Autónomas y Corporaciones Locales derivada del endeudamiento por otros conceptos permaneciese estancada (o incluso retrocediese ligeramente) siendo atribuible, por lo tanto, el aumento del *stock* de la deuda de las Entidades Territoriales, únicamente, a los Fondos de Financiación a las Comunidades Autónomas (FFCCAA) y a los Fondos de Financiación de las Corporaciones Locales (FFCCLL).

asume la deuda tanto del Fondo de Liquidez Autonómico como del Fondo para la Financiación del Pago a Proveedores, siguiendo la clasificación establecida en el Real Decreto-Ley 17/2014.

Desde el punto de vista de las Entidades Territoriales la evolución de la apelación a los Fondos de Financiación en Comunidades Autónomas y Corporaciones Locales, con el consecuente impacto en el crecimiento de la deuda, ha sido divergente. De este modo, la disposición de los Fondos de Financiación en las Comunidades Autónomas (FFCCAA) fue ganando peso sobre la deuda regional a lo largo de todo el periodo analizado. Así, y según la información disponible en el Banco de España, mientras que el endeudamiento a través de este tipo de instrumento fue de 34.330 millones de euros, representando el 18,15% del total de la deuda autonómica en el último trimestre de 2012 (y situándose en el 18,2% del PIB), esta ratio alcanzó el 37,3% a finales de 2014 (dejando la ratio de la deuda sobre el PIB en el 22,9%). Y en estos últimos años es destacable, por su magnitud, el progreso de dicha variable puesto que, al concluir 2019, el 61,1% de la deuda contraída por parte de las Comunidades Autónomas es a través de los Fondos de Financiación a las Comunidades Autónomas (FFCCAA), es decir, es el Estado el acreedor, representando el conjunto de la deuda el 24,3% del PIB.

Si bien, y tal y como se desprende de la información proporcionada por el **Gráfico 39**, el endeudamiento a través de esta financiación privilegiada del Estado por parte de las Corporaciones Locales tuvo una tendencia progresivamente creciente desde su implementación hasta el tercer trimestre de 2014 (pasando de los 9.435 millones de euros en el cuarto trimestre de 2012 hasta los 10.403 millones de euros en el citado tercer trimestre de 2014), el Fondo de Financiación a las Corporaciones Locales (FFCCLL) cierra el ejercicio 2014 con un saldo de 7.536 millones de euros. De este modo, la composición de la deuda de las Corporaciones Locales se mantuvo relativamente estable puesto que el peso del endeudamiento a través de este tipo de instrumentos permaneció en el entorno del 22% (en media durante el periodo 2012-2014). En este sentido, destaca cómo desde el año 2012, las Corporaciones Locales comienzan a reducir su endeudamiento total desde los 44.003 millones de euros (el 4,2% del PIB) hasta los 38.329 millones de euros (el 3,7% del PIB) en el año 2014, situándose, por último, en 2019 en 23.231 millones de euros, el 2,1% del PIB.[3]

3. La Comisión de Expertos (Ministerio de Hacienda, 2017b) en su informe sobre la revisión del modelo de la financiación local atribuía la positiva evolución del endeudamiento tanto a las medidas adoptadas desde la Administración General del Estado y las actuaciones de control y condicionalidad fiscal, como a la buena evolución de los recursos tributarios municipales, aumento de la recaudación y generación de superávits fiscales, así como a la mejora de la gestión de las Entidades Locales con relación a la aplicación posible de la normativa de estabilidad presupuestaria, y, concretamente, de la regla de gasto.

Gráfico 39. EVOLUCIÓN DE LA DEUDA PÚBLICA (PDE) DE LAS COMUNIDADES AUTÓNOMAS Y LAS CORPORACIONES LOCALES POR TIPO DE CONCEPTO

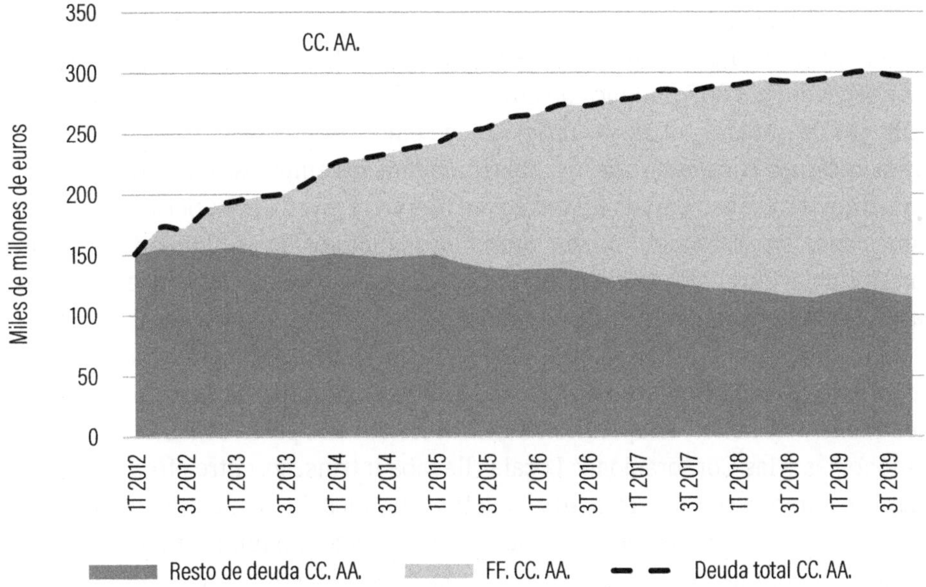

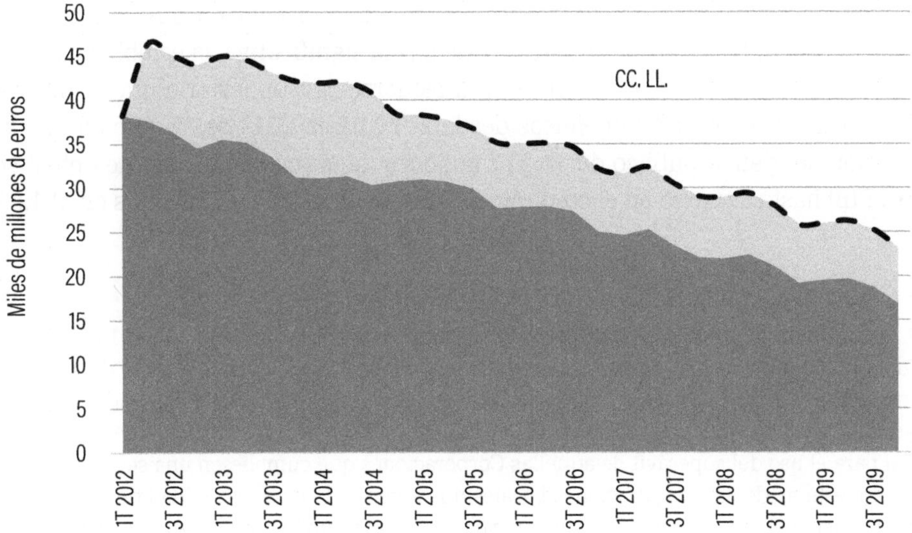

Fuente: Elaboración propia a partir de datos suministrados por el Banco de España.

Obviamente, la reducción del endeudamiento de las Corporaciones Locales fue consecuencia del saneamiento que experimentaron las finanzas públicas, lo que permitió amortizar parte de la deuda acumulada en años anteriores.[4] Así, el saldo presupuestario de las Corporaciones Locales se convirtió en superavitario ya en el ejercicio 2012 en el que la capacidad de financiación de estos organismos ascendió a 3.307 millones de euros (el 0,3% del PIB) frente al déficit de 8.507 millones de euros en el año anterior. Desde entonces, los recursos propios de las Corporaciones Locales cubrieron, holgadamente, los empleos, lo que derivó en un aumento de la capacidad de financiación, que en el año 2014 superó los 5.472 millones de euros (0,5% del PIB), mejorando los objetivos de estabilidad presupuestaria establecidos hasta la fecha y que imponían el equilibrio presupuestario para las Corporaciones Locales desde el año 2013.

Sin embargo, y a pesar de que el efecto inmediato de la implementación de los Fondos de Financiación a las Entidades Territoriales supuso un crecimiento del endeudamiento público, la apelación a dichos fondos por parte de las Comunidades Autónomas y las Corporaciones Locales llevaba intrínseco, entre otros, el compromiso de cumplir con determinados objetivos fiscales, lo que, en definitiva, introdujo cierta disciplina presupuestaria, contribuyendo a equilibrar (de forma progresiva) el volumen de empleos con los recursos públicos. Tal y como se aprecia en el **Gráfico 40**, la necesidad de financiación de los empleos de las Comunidades Autónomas en el año 2011 se situaba (en media del conjunto de la Administración regional) en el 5,2% del PIB superando, de forma significativa, la establecida como objetivo (del orden del 1,3% del PIB). El esfuerzo presupuestario que realizaron las Administraciones Autonómicas desde 2011 hasta 2014 se tradujo en una reducción del déficit público de 36.311 millones de euros (3,4 puntos de déficit sobre PIB) hasta situarse en el conjunto de las Comunidades Autónomas en el 1,8%.

---

4. En este sentido, y para el caso de las Corporaciones Locales, desde el año 2014 no todo el superávit público ha sido destinado a reducir el nivel de endeudamiento a pesar de que así lo contempla el artículo 32 de la Ley de Estabilidad Presupuestaria y Sostenibilidad Financiera. Así, la disposición adicional sexta de la Ley Orgánica de Estabilidad introdujo una regla especial para el uso del superávit de aquellas Corporaciones que cumpliesen una serie de requisitos. De este modo, las Corporaciones Locales que además de tener capacidad de financiación y un remanente de tesorería positivo, un *stock* de deuda pública por debajo del cual no estaría permitido el recurso al endeudamiento, así como un periodo medio de pago a proveedores acorde a lo establecido en la normativa, podría dedicar el superávit a financiar determinados proyectos de inversión que fueran sostenibles en términos financieros.

Gráfico 40. CONSOLIDACIÓN FISCAL DE LAS COMUNIDADES AUTÓNOMAS ENTRE LOS AÑOS 2011 Y 2014

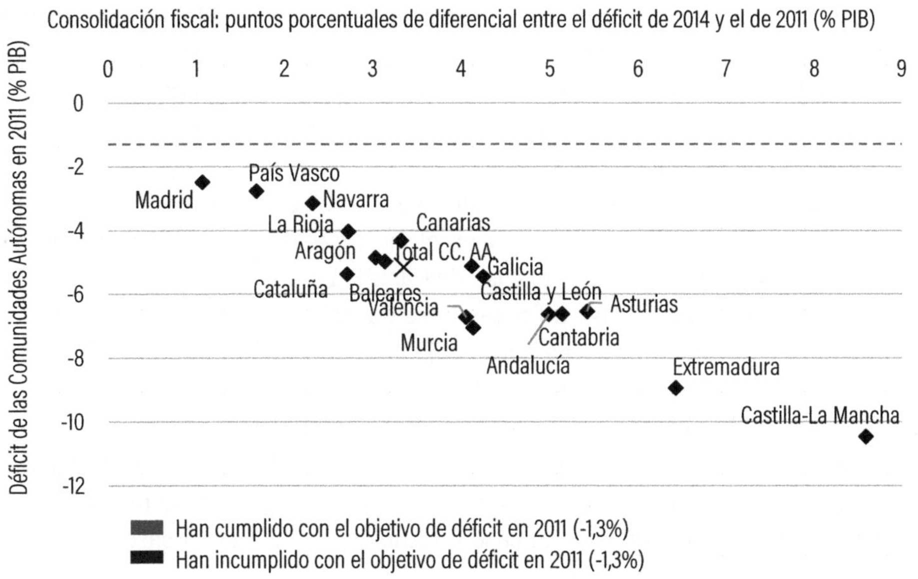

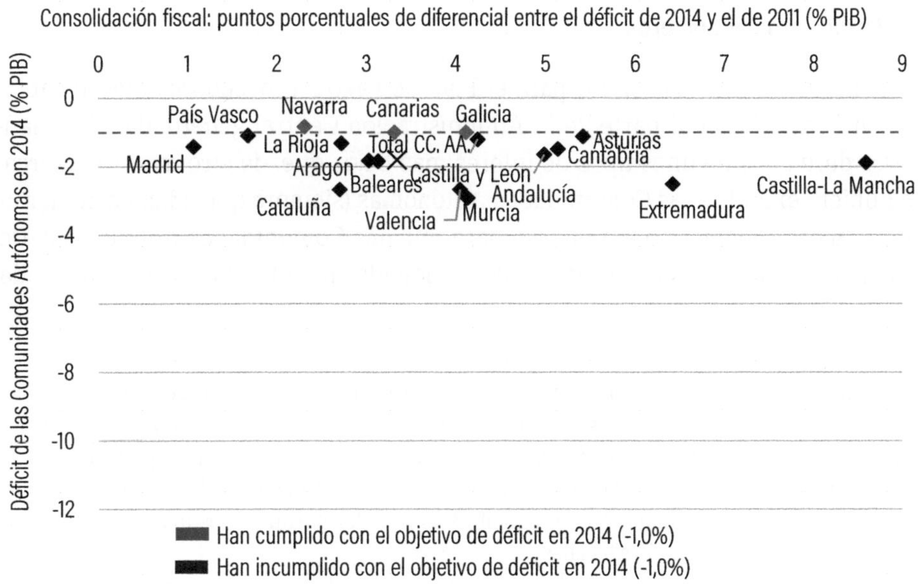

Fuente: Elaboración propia a partir de datos suministrados por el Ministerio de Hacienda.

Si bien el desequilibrio presupuestario del grueso de las Comunidades se situó por encima del 1% marcado para 2014, todas ellas redujeron, en mayor o menor medida, sus necesidades de financiación cumpliendo, incluso, en algunos casos (como Canarias, Galicia y Navarra), con el objetivo establecido. A pesar de que, nuevamente, no se puede atribuir el grueso de la corrección del déficit público que acometieron las Entidades Territoriales a la condicionalidad que implicaba la apelación a los Fondos para el Plan de Pago a Proveedores,[5] sí parece existir cierta correlación entre ambas variables.

Así, algunas de las Comunidades Autónomas que acudieron de forma más intensa a dichos fondos llevaron a cabo, en el mencionado periodo, un proceso de consolidación importante. Tal es el caso de Castilla-La Mancha (que captó el 9,7% de los Fondos del Plan de Pago a Proveedores durante los años 2012 hasta 2014) y que redujo su déficit público en porcentaje del PIB en 8,4 puntos básicos en ese mismo periodo. En la misma línea, la Comunidad Valenciana (que concentró el 22,8% de los fondos) contrajo sus necesidades de financiación en 4,05 puntos, así como Andalucía, Murcia y Cataluña (que captaron el 19,1%, 5,57% y 24,8% del conjunto de los Fondos del Plan de Pago a Proveedores,[6] respectivamente) y redujeron su déficit en 5,02 puntos en el caso de Andalucía, 4,13 en el caso de Murcia y 2,7 puntos en el caso de Cataluña.

2.2. Los ahorros financieros

El hecho de que los Fondos para el Plan de Pago a Proveedores fuesen captados en el mercado por parte de la Administración Central generó ahorros financieros derivados de unos tipos de interés más bajos que, de otro modo, el mercado hubiera exigido a las Comunidades Autónomas (siempre que además hubieran tenido acceso, lo cual no era el caso para muchas Comunidades Autónomas). De este modo y atendiendo a los datos proporcionados por el Ministerio de Hacienda

5. La condicionalidad imponía el cumplimiento con determinados objetivos, como el relacionado con la ratio de déficit público sobre PIB. Puesto que el objetivo está compuesto por dos variables, incluyendo también el crecimiento del PIB, el cumplimiento o el incumplimiento con lo establecido no solo obedecería al comportamiento de las necesidades de financiación, las que, a su vez, podrían estar influidas por la magnitud de aquellas partidas presupuestarias ajenas a la gestión de las Entidades Territoriales.

6. El porcentaje de los fondos obedece única y exclusivamente a la apelación al Fondo de Liquidez Autonómico y a los Fondos para el Plan de Pago a Proveedores de las Comunidades Autónomas.

(Tabla 36), la diferencia entre los tipos proporcionados por los Fondos del Plan de Pago a Proveedores y los de mercado se situaba en el entorno del 7,2% en el caso del Fondo para el Plan de Pago a Proveedores y del 6% en el caso del Fondo de Liquidez Autonómico.

Tabla 36. TIPOS DE INTERÉS (PROMEDIO) DE MERCADO Y DE LAS OPERACIONES CON CARGO AL FONDO DE PAGO A PROVEEDORES (FFPP) Y AL FONDO DE LIQUIDEZ AUTONÓMICO (FLA)

Mecanismo de financiación extraordinario a CC. AA.	Tipos de interés de mercado[2]	Tipos medios operaciones financiación	Diferencia
FFPP fase 1	12,6	5,4	7,2
FFPP fase 2	6,4	3,7	2,7
FFPP fase 3[1]	4,6	3,2	1,4
FLA 2012	11,2	5,2	6
FLA 2013	7,4	3,9	3,5
FLA 2014	4,9	2	2,9

Nota: El coste al que se repercutió la financiación de los Fondos de Pago a Proveedores se descomponía en el coste de financiación del Estado español más el coste por riesgo de crédito de cada Comunidad Autónoma, que en el caso del FFPP fue el mismo para todas las Comunidades Autónomas. De esta forma, los tipos de interés medios de las operaciones formalizadas con cargo al Fondo de Pago a Proveedores fueron del 5,25% más Euribor a tres meses de la primera fase, del 3,95% más el Euribor a tres meses para el año 2013 y del 3,34% de la tercera fase más el Euribor a tres meses.

1) Los tipos de interés de la fase 3 se han calculado como la media de los tipos de interés de las dos subfases en las que el Ministerio de Hacienda divide la financiación en ese periodo.

2) Según la información del Ministerio de Hacienda, el coste de financiación en los mercados financieros se estimó de acuerdo con las cotizaciones en el mercado secundario de deuda pública. En el caso de Aragón, Principado de Asturias, Cantabria, Extremadura y La Rioja se hizo, por falta de información, según los datos obtenidos de otras Comunidades Autónomas en una situación financiera similar.

Fuente: Elaboración propia a partir de datos suministrados por el Ministerio de Hacienda.

Durante los años posteriores, en los que se fueron aplacando las turbulencias financieras, los diferenciales de tipos se fueron estrechando y, por tanto, también, los ahorros financieros. Sin embargo, en 2013 el mercado aún exigía a las Entidades Territoriales tipos de interés (en media) por encima del 6% frente al 3,7%-3,9% de los fondos canalizados por la Administración Central. En el año 2014, el diferencial se situó en el 1,4% en el caso del Fondo para el Plan de Pago a Proveedores y en el 2,9% en el caso del Fondo de Liquidez Autonómico.

Como era de esperar, aquellas Comunidades Autónomas que captaron un mayor volumen de recursos a través de estos mecanismos obtuvieron unos ahorros, en términos de intereses, más significativos también. Tal es el caso de Cataluña, Andalucía y Valencia que, como se observa en la **Tabla 37**, obtuvieron unos ahorros en el periodo 2012-2014 de 2.287 millones de euros; 1.151 millones de euros y 1.883 millones de euros, respectivamente. En términos agregados, y atendiendo a los datos del Ministerio de Hacienda, los ahorros financieros derivados de la introducción de los Mecanismos Extraordinarios de Liquidez para el conjunto de Comunidades Autónomas ascendieron, desde su implementación hasta el ejercicio 2014, a 7.437 millones de euros, mientras que este importe alcanzó los 28.483 millones de euros si el análisis se extiende a 2017.

Tabla 37. AHORROS FINANCIEROS DE LOS MECANISMOS EXTRAORDINARIOS DE LIQUIDEZ POR COMUNIDADES AUTÓNOMAS

Millones de euros

	2012	2013	2014	2012-2014	2015	2016	2017	2012-2017
Andalucía	117,4	392,3	641,7	**1.151,4**	1.238,8	1.166,1	975,7	**4.532,0**
Aragón	16,7	32,2	27,7	**76,6**	11,9	21,7	27,8	**138,0**
Asturias	8,2	30,4	53,0	**91,6**	91,1	88,7	71,0	**342,4**
Baleares	27,8	102,4	173,3	**303,5**	314,4	300,0	255,4	**1.173,3**
Canarias	11,3	69,1	107,0	**187,4**	192,4	192,4	172,2	**744,4**
Cantabria	10,5	31,3	48,1	**89,9**	85,2	78,2	64,0	**317,3**
C.-La Mancha	82,4	236,7	344,7	**663,8**	617,1	576,4	462,3	**2.319,6**
C. y León	35,5	68,6	58,1	**162,2**	85,5	20,8	21,9	**290,4**
Cataluña	164,6	762,9	1.360,3	**2.287,8**	2.616,1	2.605,2	2.535,5	**10.044,6**
Extremadura	8,1	15,6	15,4	**39,1**	14,0	20,3	21,5	**94,9**
Galicia	0,0	0,0	0,0	**0,0**	95,8	25,0	43,1	**163,9**
La Rioja	2,2	4,3	0,0	**6,5**	11,4	3,0	3,0	**23,9**
Madrid	31,0	59,9	53,4	**144,3**	10,8	32,6	32,9	**220,6**
Murcia	37,1	122,4	191,2	**350,7**	345,2	329,0	275,0	**1.299,9**
Valencia	222,4	679,1	981,5	**1.883,0**	1.763,6	1.674,1	1.457,1	**6.777,8**
Total CC. AA.	775,2	2.607,2	4.055,4	7.437,8	7.493,3	7.133,5	6.418,4	28.483,0

Fuente: Elaboración propia a partir de datos suministrados por el Ministerio de Hacienda.

Frente a los ahorros calculados por el Ministerio de Hacienda para el periodo 2012-2014 que se elevaban a 7.437 millones de euros, las estimaciones de De la Fuente (2017) cifraban, del mismo modo, el valor de los ahorros financieros de las Comunidades Autónomas en términos de intereses de los mecanismos adicionales de financiación, en 5.459 millones de euros en el periodo 2012-2014. A diferencia del Ministerio de Hacienda, para su cálculo, introdujo el supuesto de que los tipos a los que se financiaban las Entidades Territoriales habrían ido descendiendo a lo largo del tiempo, bien porque las Comunidades Autónomas habrían renegociado las condiciones de sus préstamos en vista de las mejores condiciones de mercado, o bien porque habrían recurrido a tipos de interés variable (que, a su vez, mostraron una tendencia descendente en el periodo analizado).

Tabla 38. CÁLCULO DE AHORROS FINANCIEROS DE LAS COMUNIDADES AUTÓNOMAS DERIVADOS DEL ACCESO A INSTRUMENTOS RELACIONADOS CON EL PAGO DE DEUDA COMERCIAL

	CC. AA.	2012	2013	2014	Total 12-14
Disposiciones del FLA	Total (A)	16.638,0	22.920,0	23.215,0	62.773,0
	Comercial (B)[1]	6.297,0	6.991,0	10.749,0	24.037,0
	Peso relativo del FLA comercial (B/A) en %	37,8	30,5	46,3	38,2
Ahorros financieros	Total FLA[2]	113,6	1.311,1	2.495,5	3.920,2
	- atribuibles al FLA comercial[3]	43,0	399,9	1.155,5	1.598,4
	FFPP[4]	660,9	1.295,1	1.558,8	3.514,8
Total ahorros financieros FLA comercial + FFPP		703,9	1.695,0	2.714,3	5.113,2

Notas: (1) Las disposiciones del FLA denominado comercial son el resultado de detraer al valor de las disposiciones totales los importes que responden a las refinanciaciones. (2) Los ahorros asociados al FLA total derivados de los menores intereses corresponden a los cálculos elaborados por el Ministerio de Hacienda (2017a). (3) El valor del ahorro financiero correspondiente al FLA comercial ha sido aproximado a partir de la asignación a los ahorros del FLA total de la proporción correspondiente a la parte comercial. (4) Atendiendo a la información proporcionada por el Ministerio, los importes financiados por las CC. AA. con cargo al FFPP utilizados para calcular los ahorros financieros incluían los préstamos dispuestos por las CC. AA. para atender sus deudas con Entidades Locales mediante el pago directo a proveedores de dichas Entidades Locales.

Fuente: Elaboración propia a partir de datos suministrados por el Ministerio de Hacienda.

No obstante, y de cara a aproximar el efecto sobre los ahorros financieros que tuvieron exclusivamente los importes de los Fondos de Pago a Proveedores aquí analizados durante el periodo 2012-2014, se ha considerado oportuno valorar, en el caso del Fondo de Liquidez Autonómico, únicamente aquellos importes relacionados con la deuda comercial descontando, de este modo, la proporción correspondiente a las refinanciaciones. Así, el resultado de aplicar un porcentaje similar al que el importe del Fondo de Liquidez Autonómico destinado a financiar deuda comercial representó en el conjunto del Fondo (más del 30% en cualquiera de los años analizados) sobre los ahorros financieros originados por el mismo arrojaría un importe de 1.598,4 millones (desde el año 2012 hasta el año 2014). A ello habría que agregarle el ahorro derivado de intereses relativos al Fondo para el Plan de Pago a Proveedores que, atendiendo a los cálculos del Ministerio de Hacienda, ascendió a 3.514 millones.

De este modo, los Fondos para el Plan de Pago a Proveedores permitieron a las Comunidades Autónomas un ahorro financiero de 5.113,2 millones de euros, que sería la diferencia entre los gastos financieros derivados del Plan de Pago a Proveedores con el coste financiero de haber acudido hipotéticamente al mercado (ver, a estos efectos, la **Tabla 38** donde se reflejan resumidos estos cálculos).

3. EL IMPACTO DE LA POLÍTICA DE PAGO A PROVEEDORES SOBRE EL CRECIMIENTO ECONÓMICO

La evidencia empírica recogida en la literatura que ha abordado el estudio del impacto económico del retraso en los pagos comerciales identifica distintos canales a través de los cuales la demora en el pago a los proveedores por parte del sector público (G2B) se traslada a los distintos sectores económicos y, por ende, al crecimiento de la producción agregada. Así, Checherita-Westphal *et al.* (2015) aludían a la merma de los beneficios empresariales como consecuencia de los retrasos inesperados, puesto que estos últimos modificarían el valor presente descontado de los pagos. Por otro lado, la merma de la liquidez de las empresas (ante el retraso en el cobro de las facturas) podría inducir a su quiebra (especialmente si se trata de pymes) reduciendo, de este modo, el tamaño del tejido productivo. A este respecto, podrían producirse, además, efectos de segunda ronda, ya que el aumento de la ratio de quiebra podría incrementar el coste del capital, incluso para las empresas que no tienen limitado el acceso al crédito. Al mismo tiempo, el coste para el sector público de la provisión de los bienes y servicios podría encarecerse puesto que las empresas proveedoras pueden incorporar en el precio los costes financieros anticipados derivados de la incertidumbre asociada a los pagos. Por último, las decisiones de inversión empresarial podrían reducirse o aplazarse dadas las restricciones de liquidez, lo que redundaría en una reducción de la demanda agregada y con ello el crecimiento económico.

Por lo tanto, los autores analizaron el impacto a corto plazo sobre el crecimiento real del PIB, sobre la rentabilidad y sobre la liquidez como *proxy* de la probabilidad de quiebra empresarial para los países de la Unión Europea durante el periodo 1992-2012. En este caso, los resultados apuntaban a que un cambio de una desviación estándar en la ratio de los créditos comerciales sobre el PIB reduciría el crecimiento económico entre el 0,8% y el 1,5%, contraería el incremento de los beneficios empresariales entre el 1,3% y el 3,4% y aumentaría la probabilidad de quiebra empresarial. Para el caso concreto de países como Italia, Portugal o España, los autores obtienen como resultado de la investigación que los retrasos en los pagos por parte del sector público afectaron a la economía a través de la liquidez, aunque, en términos agregados, el crecimiento no se vio afectado de manera inmediata. En este sentido, aludían los autores, que la cantidad de liquidez absorbida por el gobierno central afectó a las tasas de interés a muy corto plazo.

En la misma línea, Connell (2014) esgrime que las demoras en los pagos en las transacciones comerciales (en este caso el autor contempla los retrasos tanto si estos se ocasionan entre las corporaciones privadas como entre el gobierno y la empresa) tienen, generalmente, un efecto adverso sobre el flujo de caja de una empresa y pueden hacer que las compañías, particularmente las pequeñas, tengan que ampliar su endeudamiento. Desde una perspectiva simplista, el autor esgrime que la falta de liquidez fruto de la demora en los pagos por parte de las Administraciones Públicas obligaría a las empresas a recurrir al mercado financiero para cumplir con sus compromisos de gasto, teniendo que hacer frente al consecuente gasto financiero. Para aquellas empresas con liquidez suficiente para hacer frente a la demora en el pago, Connell afirma que el retraso en los pagos podría interpretarse como el coste de oportunidad de no invertir y obtener un rendimiento seguro. La descomposición de los costes financieros a corto plazo debido al retraso de los pagos realizada en el estudio entre 2011 y 2012 revela importantes diferencias por partidas entre países de la Unión Europea. Así, para España, Italia, Grecia y Portugal el aumento de este coste obedeció a la dilación en los pagos de las respectivas Administraciones Públicas (medido como el retraso medio de los pagos del sector público) a pesar de la reducción en los tipos de interés en Italia y en España.

Las estimaciones realizadas por Connell sobre el deterioro que se produjo en los plazos de pago por parte de las Administraciones Públicas entre 2008 y 2012 en los países mediterráneos como Italia, Grecia, Portugal y España, apuntan a que una reducción de un punto en la relación de demora en los pagos de la Administración Pública al sector privado conduciría a una disminución en las tasas de salida del mercado de las empresas de aproximadamente entre el 1,7% y el 2%.

Por su parte Chiades *et al.* (2015), quienes analizan los efectos de las restricciones exógenas presupuestarias sobre el incremento de los retrasos en los pagos a proveedores de inversiones públicas, advierten que este fenómeno generaría inestabilidad macroeconómica como consecuencia del incremento de la desconfianza, puesto que la demora en los pagos a los proveedores reduciría la transparencia de las cuentas públicas (al no poder conocer la deuda pública real) y se limitaría la efectividad de la política fiscal. El estudio se basó en cierta información presupuestaria, en concreto, sobre las transferencias del gobierno central a 6.700 municipios italianos (de un total de 8.100), los que gestionaban más de la mitad de los fondos destinados a inversión y, por ende, gestionaban gran parte de la contratación con el sector privado, durante el periodo 2003-2010. En el mismo se estimaba que una reducción del 1% en las transferencias per cápita por parte del Estado provocaría un aumento de alrededor del 0,6% en los atrasos en los pagos por parte del gobierno municipal.

Para el caso de la economía española, (Delgado-Téllez *et al.*, 2017)[7] cuantificaron el impacto que los distintos planes de pago a proveedores generaron en el PIB real (a través de la reducción del volumen de créditos comerciales o por el aumento de las transferencias desde el sector público al tejido productivo), en una coyuntura caracterizada por una elevada morosidad de las Administraciones Públicas y unas severas restricciones de crédito (o a un alto coste), que dificultaba la búsqueda de financiación alternativa por parte de las empresas acreedoras. Así, señalan los autores que, en este contexto, la dilación en los plazos de pago a los proveedores afectaría negativamente, no solo a la rentabilidad de las empresas y al volumen de inversiones, sino también al cumplimiento con el pago a los empleados.

En la investigación se asume que el retraso en el cobro por el suministro de bienes o la prestación de servicios podría limitar la financiación de las actividades de la empresa acreedora, lo que obligaría a la empresa a recurrir a vías de financiación alternativas. En un contexto de restricción financiera como la vivida durante la crisis, estas alternativas podían o no estar disponibles o su coste podía ser muy elevado, reduciendo la rentabilidad de las empresas, por un lado,

---

7. La investigación es una actualización del estudio que los autores publicaron en 2015 (Delgado-Téllez *et al.,* 2015).

y dificultando su situación de liquidez, lo que, en definitiva, acabaría generando una reducción de sus inversiones, un aplazamiento en los pagos a la fuerza laboral y, en casos extremos, el cierre de la empresa. Por ello, el estudio señalaba que las medidas dirigidas a disminuir la deuda comercial habrían supuesto una inyección de liquidez al sector privado y habría normalizado los plazos de pago de las Administraciones Públicas hacia sus proveedores que, en el contexto de fragilidad del crecimiento económico, de consolidación fiscal y en vista de las dificultades de acceso al crédito, habrían podido tener un impacto significativo sobre la actividad económica, supeditado, por otro lado, al destino al que las empresas dirigieran los fondos.

Como resultado del estudio se cuantificó el impacto del Plan de Pago a Proveedores en el entorno del 0,3% del PIB en términos acumulados (desde su implementación hasta el año 2014) y del 0,4% en términos de empleo. No obstante, si en el modelo se tiene en cuenta el carácter inesperado de la medida, el impacto sobre el crecimiento económico se elevaría entre el 0,6% y el 0,7% en términos de empleo.

BBVA Research (2012) estimaba que la inyección de liquidez generada a través del Plan de Pago a Proveedores habría tenido un impacto sobre el crecimiento de la economía española durante el primer año de su implementación (en 2012) de entre el 0,4% y el 1%, en función de los supuestos considerados en relación con la propensión a gastar por parte de los beneficiarios del programa. También añadía que resultaba probable que el titular último de la deuda con la Administración no fuera la empresa, sino una entidad financiera, en cuyo caso la inyección de los fondos contribuiría a mejorar la posición de liquidez de dichas entidades, aunque probablemente tardaría en traducirse en una mejora del crédito y, por lo tanto, de la actividad.

El sector público también trató de aproximar el impacto sobre el crecimiento económico del programa del Plan de Pago a Proveedores.[8] Según este análisis, el incremento del PIB fruto de la implementación de la medida habría sido del 2,8% en términos acumulados desde el año 2012 hasta el año 2014 (0,48 en el año t, 1,41 en t+1 y 2,89 en t+2).

En la misma línea, Abad y Bermejo (2015) estudiaron el efecto sobre las decisiones empresariales, en materia de inversión a largo plazo y deuda financiera a corto plazo, que pudo tener el desembolso en el año 2012 de cerca de 30.000

8. La estimación está contenida en el Programa Nacional de Reformas de España del año 2014 del Ministerio de Economía (2014).

millones de euros a través del Plan de Pago a Proveedores. El resultado de la investigación, basado en las reacciones de más de 6.000 empresas (para este trabajo se excluyeron los trabajadores autónomos) apunta a que una inyección gubernamental de liquidez durante una recesión aumenta significativamente la inversión corporativa. Los autores señalan que, en promedio, las empresas usaron el 4% de las transferencias de efectivo para destinarlas a proyectos de inversión, siendo, como era previsible, este efecto más intenso en el caso de aquellas empresas con menor riesgo de quiebra y mayores oportunidades de inversión. Por otro lado, las empresas con mayor riesgo de quiebra se mostraron más propensas a pagar la deuda financiera; según los autores, un 8% de las mismas.

Abad *et al.* (2015) se plantean, también, la cuestión de cómo una inyección repentina e inesperada de liquidez al sector privado no financiero afectaría al empleo. Para ello, utilizan como *proxy* de liquidez los Mecanismos Extraordinarios de Liquidez dada la magnitud de los fondos y lo inesperado de la medida. Los autores muestran que la provisión de liquidez, por parte del sector público español en el año 2013, tuvo efectos significativos sobre el desempleo y el empleo. Así, los resultados mostraban que las respuestas del mercado laboral se detectaron tanto en el municipio donde se produjo la inyección de liquidez como en el municipio donde se ubicaban las empresas. En su estudio, encontraron evidencia de que el efecto sobre el desempleo es más fuerte donde se origina la inyección de liquidez, mientras que el efecto sobre el empleo fue más significativo allí donde se ubicaban las empresas.[9] Adicionalmente, los autores identificaron que, en los municipios receptores de los fondos, el efecto sobre el empleo se prolongó hasta el año 2014.

Martínez Rico (2020), por su parte, trató también de cuantificar el impacto sobre el crecimiento económico de la inyección de liquidez al tejido productivo a través de los Fondos del Plan de Pago a Proveedores, después de que el incumplimiento en los pagos por parte de los Entes Territoriales coartó, considerablemente, la liquidez de las empresas.

9. *A sensu contrario* existen numerosos estudios que han analizado el impacto de la gran recesión y la interrupción del flujo de crédito en la destrucción de empleo. Destacamos la aportación de Bentolila *et al.* (2015), quienes, a partir de los registros de información de crédito confidenciales disponibles en el Banco de España (la CIR), encuentran una relación directa y cuantificable en el mayor empleo perdido en las empresas con una fuerte vinculación a instituciones financieras débiles, con relación a empresas comparables no dependientes de esas mismas instituciones financieras. Entre otros factores se explica por la alta dependencia de la empresa española del crédito bancario, su tamaño pequeño o mediano y su elevado endeudamiento.

Según el autor, son varias las vías a través de las cuales la demora en los pagos afectaba al crecimiento económico. Así, el retraso en los pagos en las transacciones comerciales impactaría negativamente en la liquidez de las empresas con el consecuente incremento de las necesidades de financiación. Las dificultades para acceder a los fondos redundarían en una merma de la inversión, una reducción de la actividad empresarial o incluso, en casos extremos, la quiebra empresarial. El deterioro del tejido productivo se traduciría, inevitablemente, en un aumento de la destrucción del empleo con la consecuente caída de la producción agregada.

Por lo tanto, la captación de fondos por parte del Tesoro en las dos subastas extraordinarias de liquidez introducidas por el Banco Central Europeo en 2011 y 2012 y su inyección directa, a través de los Fondos para el Plan de Pago a Proveedores, a los acreedores privados reduciría no solo la deuda de las Administraciones para con el sector privado sino también las necesidades de financiación de las empresas afectadas por las demoras en los pagos del sector público. De este modo, gran parte de las empresas beneficiarias habrían destinado dichos fondos a atender, a su vez, sus deudas pendientes con sus proveedores, a materializar sus proyectos de inversión aplazados, a retomar o a incrementar la actividad productiva, o a abonar salarios aplazados o impagados a los trabajadores, como consecuencia del estrangulamiento financiero, y contribuyendo todas estas decisiones alternativas a potenciar, con un multiplicador adicional, la elevada capilaridad de esta iniciativa de política económica.

Incluso si las empresas hubieran optado por saldar sus deudas pendientes con las entidades financieras o hubieran materializado la transferencia de caja recibida en forma de aumento de su posición de tesorería y ahorro, el resultado sobre la producción agregada habría sido positivo, fruto de la liberación de recursos con el consecuente aumento del crédito disponible asociado a la cancelación del endeudamiento, aunque el impacto en el crecimiento económico habría sido indirecto a través de esta vía y, posiblemente, más moderado.

Por lo tanto, gran parte de estos recursos acabaría materializándose en consumo o en inversión, lo que, en definitiva, habría estimulado la actividad económica. De hecho, Delgado-Téllez *et al.* (2015) estimaban que algo más del 82% de los Pagos a Proveedores habría supuesto una transferencia de renta a las empresas y a los hogares con el consecuente efecto multiplicador sobre la actividad, mientras que cerca del 18% de los fondos habría sido destinado a saldar las deudas con las entidades financieras, en cuyo caso el efecto sobre el crecimiento económico habría sido más moderado.

El ya mencionado Martínez Rico (2020) recalca la necesidad de insistir en que la inyección de liquidez proporcionada por el Banco Central Europeo y canalizada por el Tesoro público español a través de los Fondos de Pagos a Proveedores, habría sorteado los canales tradicionales intermedios de transmisión de la política monetaria, a través de los instrumentos tanto convencionales como los no convencionales, para actuar directamente sobre la economía real, puesto que los recursos recibidos por las empresas a través de esta vía se habrían traducido en un aumento automático de la tesorería o, en menor medida, en una reducción del endeudamiento con las entidades de crédito. Atendiendo al mismo razonamiento, el efecto sobre las variables reales habría sido inmediato, a diferencia del retardo que incorporan las medidas (todas, las convencionales y no convencionales) de política monetaria.

Por lo tanto, el impacto positivo de los Fondos del Plan de Pago a Proveedores durante el periodo 2012-2014 provendría de la relajación de las restricciones de liquidez que el retraso en los pagos por parte de las Administraciones Públicas estaba imponiendo a las empresas. Esto, a su vez, habría producido, en mayor o menor medida, la liberación de recursos, los que se habrían materializado, al menos en parte, en proyectos de inversión o en el empleo con el consecuente efecto positivo sobre el volumen de actividad en un momento marcado por graves restricciones crediticias y un severo proceso de consolidación fiscal.

Tabla 39. EFECTOS ACUMULADOS SOBRE EL PIB DE LAS INYECCIONES DE LIQUIDEZ

Impulso VAR		Impulso real		Efecto real en PIB 2014	
Mill. €	% PIB	Mill. €	% PIB	Mill. €	% PIB
8.922	0,9	33.600	3,2	7.317	0,7
8.983	0,9	13.500	1,3	1.175	0,1
9.297	0,9	18.750	1,8	1.231	0,1
27.202	2,7	65.850	6,3	9.723	0,9

Fuente: Martínez Rico (2020).

Los resultados del análisis señalan que el efecto acumulado sobre el PIB se fue amortiguando, siendo la primera inyección de liquidez la que estimuló de forma más significativa el crecimiento económico. Así, y tal y como se refleja en la **Tabla 39**, la primera dotación del fondo de 33.600 millones de euros en 2012 habría generado un aumento del PIB de más de 7.000 millones de euros hasta el año

2014. Del mismo modo, las inyecciones posteriores realizadas en 2013 y 2014 habrían provocado un aumento del PIB de 1.174 y de 1.230 millones de euros respectivamente. Por lo tanto, en términos agregados, la dotación de 65.800 millones de euros de los Fondos del Plan de Pago a Proveedores habría generado un valor añadido del orden del 0,9% del PIB tres años después de su disposición. Si bien es cierto que existe una correlación positiva entre la magnitud de la inyección y el efecto sobre el PIB, la falta de proporcionalidad entre los resultados sugiere que el componente imprevisto de la medida pudo ser, en un primer momento, relevante para las expectativas de los agentes y con ellas, para el crecimiento económico.

En definitiva, los Fondos de Pago a Proveedores generaron un impacto cualitativo y cuantitativo sobre la financiación empresarial al mismo tiempo que provocaron, como efecto más inmediato y directo, una reducción del peso sobre el PIB de las deudas comerciales de las Administraciones Públicas, al pasar de un 8,6% en el último trimestre de 2011 a un 6,3% al concluir el año 2014. Y también y como era de esperar, tal y como se ha verificado con el contraste empírico utilizado, las inyecciones de liquidez que se sucedieron durante los años 2012, 2013 y 2014 tuvieron un impacto positivo tanto sobre el crecimiento económico como sobre el empleo desde el momento en el que se implementan los fondos.

De este modo los Fondos del Plan de Pago a Proveedores se convirtieron en un mecanismo de política económica significativo no solo por el volumen de recursos que movilizó sino, además, por su impacto sobre la actividad económica. Así, este nuevo instrumento que combinaba elementos de política fiscal y política monetaria contribuyó a mejorar la situación financiera de gran parte del tejido productivo de nuestro país, relajando las tensiones de liquidez que exhibían las empresas a través de la reducción de las obligaciones de pago que las Entidades Territoriales habían contraído con las sociedades no financieras. Los beneficios directos fueron más allá de aquellos relacionados con las finanzas empresariales y repercutieron en el conjunto de la economía. Atendiendo a las estimaciones del modelo referido en este apartado, la inyección de liquidez que tuvo lugar durante el periodo 2012-2014 a través de los Fondos del Plan de Pago a Proveedores habría contribuido al crecimiento económico en un 0,9%.

Capítulo 6

CONCLUSIONES

El Programa de Pago a Proveedores descrito y analizado en el presente libro surge como una iniciativa de política económica, en un contexto marcado por la aguda crisis internacional iniciada en 2007, cuyo objetivo fundamental era pagar las facturas debidas y deudas acumuladas durante la crisis por las Administraciones Territoriales con sus proveedores de bienes y servicios, suministrando, así, una potente inyección de liquidez al tejido empresarial español.

Esta iniciativa de política económica se erigió como un instrumento de financiación en un momento de sequía e interrupción de los flujos financieros, después de que una serie de programas anteriores con objetivos similares no hubieran resultado exitosos. El Programa, a través de los Fondos de Pago a Proveedores y Fondo de Liquidez Autonómico, se desarrolla en un contexto de intensa restructuración del sistema financiero, de importantes limitaciones para España en materia de política monetaria, competencia ya del Banco Central Europeo, y también con capacidad limitada en materia de la política fiscal, inmersa en un proceso de fuerte consolidación y con un 48,9% del gasto público en manos de las Administraciones Territoriales.

Los Fondos, creados en marzo y julio de 2012, son el instrumento para poder así ejecutar el programa de pago de las deudas comerciales. Mientras que la captación de financiación en los mercados de capitales contemplaba un conjunto muy completo de garantías en caso de impago por parte de Comunidades Autónomas y Corporaciones Locales, a saber, la garantía del Estado, la retención de la participación en los Tributos del Estado o, incluso, los recursos del sistema de financiación autonómica y local.

En el periodo objeto de estudio, entre 2012 y 2014, el importe global de los Fondos de Pago a Proveedores ascendió a 65.852 millones de euros, de los cuales 41.815 millones correspondieron al Fondo para la Financiación del Plan de Pago a Proveedores y 24.037 millones al Fondo de Liquidez Autonómico. Desde el punto de vista territorial, fueron las Comunidades Autónomas las que acapararon la mayor parte de los fondos, el 82,3% del total de los instrumentos de apoyo financiero, y el resto las Corporaciones Locales. Gracias a la financiación proporcionada por los Fondos, el volumen de facturas pagadas entre 2012 y 2014 se elevó a 9.300.496, beneficiando a 279.703 proveedores.

La cuantía y el volumen de fondos proporcionado por este instrumento tuvo un impacto muy positivo sobre la liquidez empresarial. Sin embargo, las consecuencias de su diseño, instrumentalización y aplicación fueron mucho más allá con efectos importantes tanto en el corto como en el largo plazo, tal y como se resume a continuación.

1. IMPLICACIONES ASOCIADAS A LA INSTRUMENTALIZACIÓN DE LOS FONDOS DEL PROGRAMA DE PAGO A PROVEEDORES (FPPP)

El Programa de Pago a Proveedores constituye una novedosa iniciativa de política económica, sencilla pero muy imaginativa, puesto que combinaba elementos fundamentales de las políticas económicas tradicionales. Por una parte y por lo que se refiere a la política fiscal, ya que el acceso a los Fondos estaba sujeto al cumplimiento de determinadas reglas fiscales. Y por lo que a la política monetaria se refiere, ya que los Fondos buscaban canalizar la liquidez resguardada en los balances de los bancos hacia la economía real.

Así, ante las fuertes limitaciones en 2012 de las políticas fiscal y monetaria tradicionales, el PPP encuentra una solución de choque para saldar las deudas comerciales acumuladas principalmente en las Administraciones Territoriales, trasladar liquidez al tejido empresarial español en un momento en el que los mercados financieros están cerrados.

El mecanismo diseñado en los Fondos del Plan de Pago a Proveedores, a través del cual el Tesoro nacional captaba los fondos y saldaba las deudas que las Entidades Territoriales habían contraído con sus proveedores, supuso una cierta mutualización de sus deudas puesto que, siendo que es el Estado el que paga las facturas, son las Entidades Territoriales las que se convierten en sus deudores financieros otorgando avales y garantías y ligados a una fuerte condicionalidad. Pero para hacer frente a estos pagos extraordinarios, el Estado se había tenido que endeudar previamente, en una cuantía superior a la inicialmente prevista, por lo que todos los contribuyentes también se vieron afectados por estas decisiones financieras. Por otra parte, las Entidades Territoriales recibieron importantes ventajas financieras en sus posiciones deudoras, en forma de tipos de interés privilegiados, periodos de carencia, largos periodos de tiempo para la devolución de la deuda, distribuyéndose, por tanto, también este coste entre todos los contribuyentes españoles, generando, además, cuestiones controvertidas en torno a los debates sobre la equidad, los incentivos o el riesgo moral.

Por lo tanto, el Plan de Pago a Proveedores permitió redefinir y reforzar el concepto de colaboración y coordinación entre Administraciones, actuando el Tesoro a modo de «Central de Tesorería» a través de la cual se captaban todos los recursos financieros, aprovechándose de la liquidez proporcionada por el Eurosistema, y estos recursos financieros se canalizaban al pago de las facturas debidas por Comunidades Autónomas y Corporaciones Locales.

2. IMPLICACIONES DE POLÍTICA PÚBLICA DE LOS FPPP

Una de las grandes reformas que se llevó a cabo durante el periodo analizado se produce con la profunda transformación de la institución presupuestaria, apoyada en los Fondos de Pago a Proveedores, que pretende, de este modo, limitar los comportamientos discrecionales, en esta ocasión de las Administraciones Territoriales, que puedan generar desconfianza e incertidumbre; especialmente en economías tan descentralizadas como la española.

Son unos años de intensa actividad legislativa en este ámbito; junto con la Ley Orgánica de Estabilidad Presupuestaria, el nuevo marco institucional en materia presupuestaria se refuerza con la aprobación, durante el periodo que transcurre entre los años 2012 y 2014, de numerosas iniciativas legislativas: Leyes Orgánicas, Decretos Leyes, Reglamentos, según se han ido analizando, para erradicar, con carácter definitivo, la morosidad de la Administración Pública.

La condicionalidad asociada a los FPPP permite, así mismo, garantizar el reforzamiento de la institución presupuestaria. El acceso a los Fondos establecía el cumplimiento de condiciones *ex ante* por parte de los beneficiarios. Entre otras, se obligaba a la elaboración de un plan de ajuste, adicional a los planes económico-financieros, en el que se aportaban las medidas adoptadas para actuar sobre ingresos y gastos. Con posterioridad se introduce el concepto de Periodo Medio de Pago y los mecanismos para su obligado cumplimiento. Además, la condicionalidad pretendía mejorar la transparencia, ya que las Administraciones Territoriales adquirían el compromiso de adoptar determinadas obligaciones de información durante el periodo, facilitando, así, el monitoreo y seguimiento continuo por parte del Ministerio de Hacienda y, posteriormente también, de la nueva institución creada, la Autoridad Independiente de Responsabilidad Fiscal.

En aras de garantizar el cumplimiento efectivo de los compromisos asumidos por las Entidades Territoriales, la Ley definía una serie de instrumentos y mecanismos de prevención y control *ex post*, de cara a introducir señales que advirtieran, con antelación y a modo de alerta temprana, de las posibles desviaciones de las obligaciones establecidas, también de medidas correctoras, adecuadamente graduadas, en caso de incumplimiento, hasta llegar, incluso, a la intervención total para obligar a la Administración correspondiente a la ejecución forzosa de las correspondientes medidas.

De forma que la condicionalidad facilitó, por un lado, el entendimiento y la colaboración entre el Estado y los niveles subcentrales de la Administración, y permitió, por otro lado, la recuperación de la senda de la convergencia fiscal, gracias al endurecimiento del marco legal; sirvió también para limitar, en un principio, las críticas relacionadas con el riesgo moral asociado a este nuevo mecanismo de financiación. Siendo, además, que, para el caso de las Comunidades Autónomas, el acceso a los mismos era de carácter voluntario.

En este sentido, debe destacarse uno de los principales elementos vinculados a la condicionalidad, el Periodo Medio de Pago, ya que se convierte en un instrumento de la transparencia exigida a las cuentas de las diversas Administraciones y de la calidad de la gestión financiera en su relación con los clientes y proveedores. De hecho, desde su introducción, se ha convertido en un importante indicador, en un principio reflejo del continuo proceso de reducción del tiempo medio de pago de las facturas de proveedores por parte de todas las Administraciones. Más recientemente poniendo de manifiesto importantes retrasos en algunas de ellas y la necesidad de una pronta reacción.

3. EFECTOS ECONÓMICOS DE LOS FPPP

Todos los estudios disponibles hacen hincapié en los beneficios del Programa del Plan de Pago a Proveedores y en su alcance, más allá que la reducción de los saldos deudores de las Entidades Territoriales y de sus facturas de gastos financieros; la inyección de liquidez tuvo un impacto muy positivo sobre el tejido empresarial y el crecimiento económico.

La evidencia empírica existente avala el impacto positivo sobre el crecimiento económico de la canalización de los fondos desde el Tesoro público hasta los proveedores. Así, según Martínez Rico (2020) la inyección de liquidez cuantificada en 65.852 millones de euros que tuvo lugar durante el periodo 2012-2014 a través de los Fondos del Plan de Pago a Proveedores habría contribuido al crecimiento económico en un 0,9% del PIB en el periodo mencionado. El mayor impacto se habría concentrado en el primer año puesto que el componente imprevisto como política de choque y *shock* positivo de la medida pudo ser, en un primer momento, relevante para las expectativas de los agentes y con ellas, para el crecimiento económico.

No obstante, si bien los Fondos del Plan de Pago a Proveedores permitieron reducir, con carácter extraordinario, el estrangulamiento de liquidez que experimentaban las Comunidades Autónomas y las Corporaciones Locales, provocaron un aumento importante de la deuda pública al convertirse el Estado en acreedor financiero de las Entidades Territoriales; el pago de la deuda comercial se había convertido en deuda financiera de largo plazo. Así, la ratio de la deuda del conjunto de las Administraciones Públicas sobre el Producto Interior Bruto pasó del 69,5% registrado en el año 2011 al 100,4% del año 2014, alejándose significativamente del 60% que establecían los objetivos de estabilidad en la Ley Orgánica de Estabilidad Presupuestaria.

A pesar de que gran parte del aumento de la ratio de la deuda sobre el PIB durante el periodo 2012-2014 respondió al elevado déficit arrastrado y al pago de intereses, el Programa de Pago a Proveedores contribuyó en 6,3 puntos porcentuales en el aumento del nivel de endeudamiento del sector público en el periodo 2012-2014.

La inyección de liquidez y la condicionalidad exigida reforzando la institución presupuestaria, unidas a las reformas y la recuperación del crecimiento, tuvieron un impacto muy positivo en la reducción de los déficits en los presupuestos de las Comunidades Autónomas. En especial han contribuido muy especialmente, junto con la estructura revitalizada de sus recursos propios, al rápido saneamiento de las finanzas públicas municipales.

4. IMPLICACIONES A LARGO PLAZO DE LOS FPPP

La puesta en práctica del PPP estuvo sometida a un intenso debate por la polémica que generaba en referencia a sus implicaciones sobre el riesgo moral, la mutualización y la excepción a la cláusula de no rescate.

Particularmente, porque los Mecanismos Extraordinarios de Liquidez (MEL) fueron diseñados con carácter excepcional y, sin embargo, se han convertido en una de sus principales fuentes de financiación para algunas de las Comunidades Autónomas, constituyéndose en deudores importantes del Estado, dificultando también el consenso necesario para la revisión del modelo de Financiación Autonómica.

Es más, la dependencia de los Mecanismos Extraordinarios de Liquidez ha provocado que estos hayan ido ganando peso sobre el *stock* de deuda del conjunto de las autonomías, pasando de representar en el año 2012 el 18,1% del conjunto de la deuda de las Comunidades Autónomas a concentrar, en 2020, el 58,9%. No obstante, no todas las Comunidades Autónomas recurrieron a los Mecanismos Extraordinarios de Liquidez con la misma intensidad. En concreto, aquellas que con más intensidad lo vienen utilizando son: Valencia, en donde el peso era del 82,5%, del 80,4% en Cataluña, en Castilla-La Mancha del 73,32% y del 71,46% en Andalucía. A ellas debe de añadirse el caso de Murcia, que, aunque no tan relevante en términos absolutos, en esta Comunidad Autónoma los MEL representan un 87,9% de su endeudamiento total.

Por lo tanto, el Estado se ha convertido, además, en el principal acreedor de las Comunidades Autónomas. En este contexto se vienen planteando múltiples alternativas dirigidas a reducir el volumen de deuda frente a la Administración Central a través de salidas progresivas al mercado y reestructuraciones de deuda, condonaciones y rebajas de los gastos financieros e incentivos para la renegociación del impacto financiero de la deuda en caso de cumplimiento de los objetivos fiscales asignados, fundamentalmente.

En todo caso y por lo que a la financiación de las Administraciones Territoriales se refiere, lo extraordinario tiene que volver a ser ordinario, apoyados, de modo permanente, por el principio de condicionalidad. En el contexto político y económico actual la reforma del Sistema de Financiación Autonómica y la eliminación progresiva de los Mecanismos Extraordinarios de Liquidez van a jugar un papel fundamental en el establecimiento del marco económico en el que las Comunidades Autónomas desarrollan su actividad.

* * *

Ya para concluir, la situación económica es muy diferente a la de los años de recuperación transcurridos entre la puesta en marcha del Programa de Pago a Proveedores hasta la irrupción en 2020 del covid-19. La economía mundial, y aún en mayor grado la española, siguen en 2021 enfrentándose a las consecuencias de una crisis sin precedentes en la historia reciente, derivada de la pandemia y las restricciones de la movilidad para hacer frente a la crisis sanitaria.

Y es que, cuando la Organización Mundial de la Salud elevó el 11 de marzo de 2020 la situación de emergencia de salud pública ocasionada por el covid-19 a pandemia internacional, los gobiernos a nivel global comenzaron a adoptar una batería de medidas en distintos ámbitos para hacer frente a esta coyuntura, en aras de limitar los contagios a escala nacional e internacional y las importantes restricciones de oferta y de demanda provocadas.

Gracias a la experiencia de la crisis anterior, aún reciente, y a las medidas extraordinarias de política económica (monetarias, fiscales y financieras) aprendidas, gobiernos e instituciones de los respectivos países reaccionaron rápidamente y han puesto en marcha, a lo largo de 2020 y 2021, medidas de política económica de muy amplio y profundo calado. Por el lado de la política monetaria, a través de importantes inyecciones de liquidez que, con unas entidades financieras mucho más robustas, han asegurado la existencia de recursos y flujos financieros en el sistema, con el consecuente incremento del tamaño de los balances de los bancos centrales. En este sentido, en Europa, la política monetaria del Banco Central Europeo (BCE) continúa asegurando la liquidez del sistema financiero europeo y el tejido empresarial contribuyendo, así, a la estabilidad de los mercados y a evitar la fragmentación financiera, tal y como refleja el estrechamiento de las primas de riesgo entre los países de la zona del euro.

También los gobiernos han hecho un importante esfuerzo en materia de política fiscal, impulsado desde la Unión Europea y apoyado con la relajación temporal de las reglas fiscales. Con carácter general, se incrementó la dotación de partidas presupuestarias para hacer frente al aumento del gasto sanitario. Así mismo se llevaron a cabo una serie de iniciativas desde el presupuesto público destinadas a apoyar la liquidez de las empresas y a sostener el tejido productivo. Para ello se articuló un importante programa de avales públicos para cubrir las líneas de liquidez bancaria, de créditos directos a empresas o incluso de recapitalizaciones de empresas en dificultades. Además, para proporcionar cierta estabilidad en el empleo, se optó por el refuerzo de los sistemas de desempleo, expedientes de regulación temporal de empleo (ERTE) y reducciones de la jornada laboral, distribución de subsidios temporales o la extensión de los seguros sociales.

En España y en estimaciones de la AIReF, las medidas contra el covid-19 implementadas durante el año 2020 fueron de una magnitud equivalente al 4,3% del PIB. Un aumento de tal magnitud del gasto, unido a la importante caída de los ingresos tributarios, situó el déficit público en España en el 11% del PIB y la ratio de deuda sobre PIB en el 120%.

Las elevadas emisiones de deuda necesarias para financiar el déficit se están cubriendo, en gran parte, gracias al paquete de políticas de estímulo que el Banco Central Europeo (BCE) puso en marcha en marzo de 2020 para hacer frente a la crisis, cuyas dimensiones no tienen precedentes. De este modo, el balance consolidado del Eurosistema cerró el ejercicio 2020 con 7.014 miles de millones de euros, el 49,5% más que a cierre de 2019, lo que representaba el 62% del PIB de la eurozona.

Aun así, en España, el impacto en 2020 fue extraordinariamente elevado, tanto desde un punto de vista histórico como en perspectiva internacional. De hecho, el deterioro de la actividad no tiene precedentes en la historia reciente de la economía española, siendo la caída del Producto Interior Bruto (PIB) español en el conjunto del año 2020 el 10,8%; la mayor caída de la producción agregada registrada entre los países de la Unión Europea. Por encima, por lo tanto, de la experimentada por países como Italia (con una caída del PIB del 9%), Francia (que registró una tasa de variación interanual del -8%) y lejos del 5% de caída registrado por el PIB alemán.

La situación en este año 2021 es mucho menos dramática que en el año anterior, sin embargo y ante la presencia todavía de ciertos riesgos e incertidumbre sobre la evolución de algunas variables y sobre los daños causados al tejido productivo, desde Europa, y hasta que no se asiente claramente la recuperación, se siguen solicitando e impulsando las medidas de políticas económicas expansivas, actualmente en vigor.

Así, por ejemplo, y por lo que se refiere a la política fiscal, la Comisión Europea ha anunciado su intención de mantener la suspensión de las reglas fiscales hasta el año 2023. En este caso, si bien es cierto que existe gran consenso en favor de mantener una política fiscal expansiva hasta que la recuperación esté consolidada, también es preciso, y para no comprometerla, que el incremento del gasto esté acotado en el tiempo, asociado a los efectos de la pandemia y que sea reversible, evitando así que se convierta en gasto estructural. Del mismo modo, y en clara señal de tranquilidad a los mercados, se hace precisa la elaboración de un plan de consolidación fiscal en el medio plazo que garantice la sostenibilidad de la deuda, lance un claro mensaje de compromiso con la estabilidad presupuestaria y permita generar confianza en la solidez y solvencia de las finanzas públicas.

Por este motivo las perspectivas sobre el escenario futuro han reavivado el debate sobre la necesidad de rediseñar las reglas fiscales antes de que vuelvan a activarse. Por un lado, los elevados déficits han situado los niveles de deuda sobre el PIB muy por encima del 60% establecido; de hecho, la deuda pública española duplica en la actualidad dicho nivel. Pero, por otro lado, los tipos de interés, que han venido disminuyendo constantemente desde mediados de la década de 1980, aun siendo previsible que aumenten ligeramente en el medio plazo, seguirán siendo extremadamente bajos durante mucho tiempo. Además, existe una coincidencia muy generalizada en afirmar que la política monetaria podría estar llegando a su límite en términos de efectividad; por todo ello la política fiscal se ha situado en una posición esencial como instrumento de política económica coyuntural.

La mayoría de las propuestas de reforma se centran en simplificar las reglas y hacerlas menos procíclicas, aunque muchos economistas discrepan sobre la efectividad de esta vía. Así, para Blanchard *et al.* (2021), el principal problema está en el propio concepto de reglas fiscales. Tal y como señalan en su estudio, si la deuda corre el riesgo de volverse insostenible no solo depende de los niveles de deuda y déficit, sino también de una serie de factores económicos y políticos. En la medida en que las reglas fiscales, incluso las complejas, no reflejan esa incertidumbre *ex ante*, que es cuando son definidas, están condenadas a inducir a errores y a limitar la política fiscal. Por ello, para los autores, las reglas deberían ser sustituidas por estándares, es decir, por prescripciones cualitativas que permitan su evaluación durante el proceso y permitan un dictamen sobre su cumplimiento. Así, deberían ser evaluaciones específicas para cada país, dirigidas por consejos fiscales nacionales independientes y/o la Comisión Europea. En el caso de la existencia de controversias entre la institución nacional y la europea, la aplicación de las normas podría ser adjudicada a un organismo independiente, como el Banco Central Europeo o el Tribunal Europeo de Justicia. A su entender, esto resultaría mucho más coherente, puesto que esta metodología estaría teniendo en cuenta las especificidades del país y del contexto económico, en lugar de intentar codificar el equilibrio entre los riesgos de la deuda y la estabilización del PIB *ex ante* y basado en un número predeterminado.

Orszag *et al.* (2021) abogan, por su parte, por mantener anclas fiscales que limiten la discrecionalidad de la política fiscal. Sin embargo, en la misma línea conceptual del enfoque de los estándares fiscales, consideran que estas deberían habilitarse después de hacer que el presupuesto se ajuste de forma más automática y rápida a las necesidades surgidas en áreas donde exista un amplio consenso sobre las materias para las que resultaría coherente hacerlo en consonancia con los objetivos sociales, en definitiva, permitiendo que operen de un modo más flexible los estabilizadores automáticos. De hecho, los autores declaran haberse vuelto escépticos acerca de la utilidad de basar la política fiscal en cualquier ancla (del tipo déficit o deuda sobre PIB) al que haya que volver tras superar sus niveles, puesto que, a pesar de que se supone que este tipo de criterios promueven la sostenibilidad, es difícil saber dónde se encuentran los umbrales para ello. Abogan, en este caso, por reducir la exposición del presupuesto a la variación de los tipos de interés y, al mismo tiempo, hacerlo responder de manera más automática no solo a los cambios en las condiciones económicas a corto plazo, sino también a los que pueden suponer mayor presión fiscal a largo plazo, como la atención médica, la educación y las pensiones.

En el caso español, los requisitos para retornar a la sostenibilidad de las finanzas públicas están recogidos en el artículo 22 de la Ley Orgánica de Estabilidad. Este contempla la obligatoriedad para las Administraciones que incurran en déficit estructural provocado por los motivos excepcionales que se describen en la Ley, de presentar un plan de reequilibrio que tendría que incluir la senda prevista para recuperar el objetivo de estabilidad presupuestaria, desagregando la evolución de los ingresos y los gastos, y de sus principales partidas, que permiten cumplir dicha senda. Esta iniciativa resulta un elemento de información especialmente importante para los mercados, puesto que con su aprobación se está trasladando una clara señal de compromiso con la estabilización económica y consolidación fiscal en el medio plazo.

Más allá de la idoneidad de las distintas propuestas, muy de actualidad, para la revisión de la política presupuestaria y las reglas fiscales, lo que sí resulta evidente es que no siempre un buen marco institucional es garantía de un cumplimiento estricto de las reglas, o incluso de su permanencia, ya que estas deben adaptarse también a la realidad de cada momento. Un buen ejemplo de este tipo de evolución y adaptación temporal es la introducción del Periodo Medio de Pago (PMP) asociado a la crisis fiscal de nuestras Administraciones Territoriales y ligado a la condicionalidad del Programa del Plan de Pago a Proveedores. El PMP resulta un indicador sencillo y transparente, novedoso, que surge acorde con las necesidades del momento y que se convierte en un dato muy relevante para medir la salud financiera de las Administraciones Públicas vinculada al tiempo medio establecido para atender al pago de las facturas de los proveedores. De hecho, aun con la suspensión de las reglas fiscales todavía continúa vigente y su obligatoriedad de cálculo, publicación y cumplimiento ha evitado, junto con todas las iniciativas desplegadas para inyectar liquidez en los mercados, la dilación excesiva de los plazos en los que, en general, las Administraciones Públicas están satisfaciendo sus obligaciones de pago.

A pesar de ello han sido recurrentes en nuestro país los retrasos en los pagos, y sigue habiéndolos, incumpliendo así con la normativa nacional y con la Directiva europea sobre morosidad y, aunque sin llegar las obligaciones pendientes de pago al máximo del 8,3% del PIB del último trimestre de 2011, los datos actuales, superando el 7% del PIB, han provocada la apertura de un expediente por parte de la Comisión y el envío, en el pasado mes de junio, de un dictamen motivado a

España para tratar de resolver la cuestión y, en ausencia de una respuesta satisfactoria, iniciar los procedimientos oportunos ante el Tribunal de Justicia Europeo.

En definitiva, tal y como señalaba Rajan (2010), uno de los errores de los economistas es pensar que, una vez implementado un buen marco institucional, la política no volverá a intervenir para corregir o modificar ese marco. En nuestro país y asumiendo la necesidad de revisar las reglas fiscales para mejorar su efectividad, estas deberían adaptarse a la situación actual, puesto que resultan fundamentales para racionalizar el crecimiento del gasto público y limitar su componente estructural, dado nuestro elevado nivel de descentralización. Baste recordar que, a pesar de que los tipos de interés se encuentran en mínimos históricos y el protagonismo del Banco Central Europeo en la compra de títulos financieros, una gran parte de las Comunidades Autónomas todavía no tienen capacidad de acudir a los mercados para financiarse.

De modo similar a como está ocurriendo en España y en clara referencia a nuestro entorno natural, en Europa el debate se trasladará también al ámbito de la mutualización de la deuda, con motivo de la puesta en marcha de los mecanismos de financiación extraordinarios (Next Generation EU y Mecanismo Europeo de Recuperación y Resiliencia) concebidos como respuesta extraordinaria de Europa ante la pandemia. La financiación del Fondo provendrá de la emisión de títulos de deuda europea, con un Tesoro europeo que ya ha empezado a emitir desde el pasado mes de junio de 2021, y cuyo objetivo es captar 800.000 millones de euros hasta 2026. Puesto que las emisiones de deuda están respaldadas por los márgenes de recursos propios del presupuesto comunitario para 2021-2027, es decir, por todos los países de la Unión Europea y puesto que la apelación a estos fondos será desigual entre los Estados miembros, se trataría de la primera mutualización de deuda en Europa, similar a la del Estado con las Comunidades Autónomas con la creación del Fondo para la Financiación del Pago a Proveedores, aunque en el caso europeo se trata fundamentalmente de transferencias. También en este caso el acceso a estos Fondos privilegiados va a ir unido a una evidente condicionalidad, en esta ocasión en términos de reformas estructurales que acompañen a la financiación disponible para así adaptar las economías a los cambios estructurales y nuevos retos de futuro, ampliando la capacidad de crecimiento del PIB potencial.

La continuidad de unas políticas monetaria y fiscal muy expansivas, la activación de los fondos europeos y el avance en la campaña de vacunación permiten prever, superado ya el primer semestre de 2021, que la recuperación de la producción agregada a niveles anteriores a la crisis se producirá en el próximo ejercicio y que el crecimiento será muy dinámico en el corto plazo. Así, las previsiones económicas de los principales organismos nacionales e internacionales apuntan a que este año el crecimiento del PIB en España se situará por encima del 6%, superándolo el año próximo y recuperando así, a mediados de 2022, los niveles de producción del ya aparentemente lejano 2019.

No obstante, el hecho de que desde las instituciones europeas se esté incentivando la recuperación y se haya introducido un mecanismo extraordinario de financiación para la transformación de nuestras economías, no representa, por sí mismo, la solución frente a los desequilibrios estructurales de la economía española, ni ha de ser, en ningún caso, excusa para dejar de tomar las medidas adecuadas a nivel nacional, donde sigue reposando una parte muy relevante de la definición de la política económica.

La agenda reformadora que necesita la economía española para superar la tasa de crecimiento potencial y generar empleo hasta unos niveles comparables con los de los países más desarrollados, es de gran amplitud. Como en cualquier empresa, las reformas son clave para el aumento de la competitividad y flexibilidad de la economía española y la mejora de su financiación, reforzando las bases del crecimiento a medio y largo plazo. Se trata de reformas que refuercen la confianza en el futuro de nuestra economía; una economía abierta, con estabilidad macroeconómica, trasladando credibilidad sobre la sostenibilidad del nivel de endeudamiento, un tejido productivo competitivo, mejorando la educación, la empleabilidad y la capacidad de emprendimiento y de crecimiento empresarial.

La experiencia demuestra que, en una economía como la española, las reformas profundas, pero también las iniciativas sencillas, como el Programa de Pago a Proveedores aquí estudiado, con suficiente flexibilidad y con una regulación moderna, provocan una reacción muy positiva del tejido empresarial y de la sociedad en su conjunto, beneficiando el dinamismo económico y la creación de empleo.

ANEXO 1

EVOLUCIÓN DE LA PRIMA DE RIESGO

La literatura económica coincide en la existencia de diversos factores que explicarían los diferenciales de tipos de interés de los títulos de deuda pública emitidos por los gobiernos. Sgherri y Zoli (2009) argumentaban que, si bien los diferenciales de los bonos soberanos en la zona euro habían reflejado la preocupación de los inversores sobre la solvencia específica de cada país, así como la liquidez de los mercados, desde el año 2008, esta misma variable incorporaría la percepción sobre las posibles consecuencias de las políticas fiscales, así como de la futura evolución de la deuda y sus sostenibilidades. De este modo, y puesto que la prima de riesgo recoge de forma prácticamente instantánea los cambios en la percepción del riesgo fruto de las decisiones en materia de política económica, la variable se erige como una potente herramienta que permite ilustrar la reciente historia económica, recogiendo los hitos más significativos que la determinaron. En este caso, la evolución de la prima de riesgo de los bonos a diez años emitidos por el Gobierno español durante los últimos 25 años, permite identificar tres grandes periodos durante los cuales el tipo de interés de estos títulos de deuda pública pasaron de converger hacia niveles similares a los exigidos al Bund equivalente alemán, antes de la integración de España en la Unión Económica y Monetaria, a exhibir los mayores tensionamientos entre los diferenciales de la serie durante la gran crisis y fundamentalmente en el año 2012 para, finalmente, retornar hacia valores similares a los del inicio del periodo. Haremos también, por último, una breve referencia al periodo abierto durante la crisis sanitaria.

Periodo 1995-2007. Convergencia de la prima de riesgo a niveles europeos. Consolidación presupuestaria y reforzamiento del marco presupuestario

Algunos de los hitos más relevantes que marcaron este periodo se muestran a continuación:

- Durante la crisis del Sistema Monetario Europeo (SME) la prima de riesgo alcanzó un máximo el 21 de julio de 1992, que la situó en 668 puntos. A partir de entonces, el diferencial de tipos de interés de los bonos españoles en relación con los bonos emitidos por el Gobierno alemán se redujo para mantenerse entre los 200 y los 500 puntos básicos durante más de cuatro años (**Gráfico 41**).

– Desde mediados de los años noventa, con el Tratado de Maastricht y la posterior incorporación al euro, los esfuerzos de consolidación fiscal y las reformas introducidas en la institución presupuestaria, que facilitó adicionalmente la calificación triple A de la deuda pública española por determinadas agencias de valoración, fue posible su progresiva reducción, hasta llegar, incluso, a ser ligeramente negativa en determinados momentos de los 2000. De hecho, esta cotización negativa se produjo, por primera vez, el 17 de marzo de 2003 y se repitió de manera sucesiva en muchos momentos del tiempo hasta comienzos de octubre de 2006. De esta manera España, ya miembro del euro, pudo beneficiarse de unas condiciones de financiación semejantes a las de los demás países europeos, además de mejorar la competitividad del país gracias al acceso a financiación a muy bajo coste, que contribuyó a aumentar la inversión y el crecimiento económico.

Gráfico 41. TIPO DE INTERÉS DEL BONO ESPAÑOL Y ALEMÁN A 10 AÑOS. EVOLUCIÓN DEL DIFERENCIAL EN LOS ÚLTIMOS 25 AÑOS

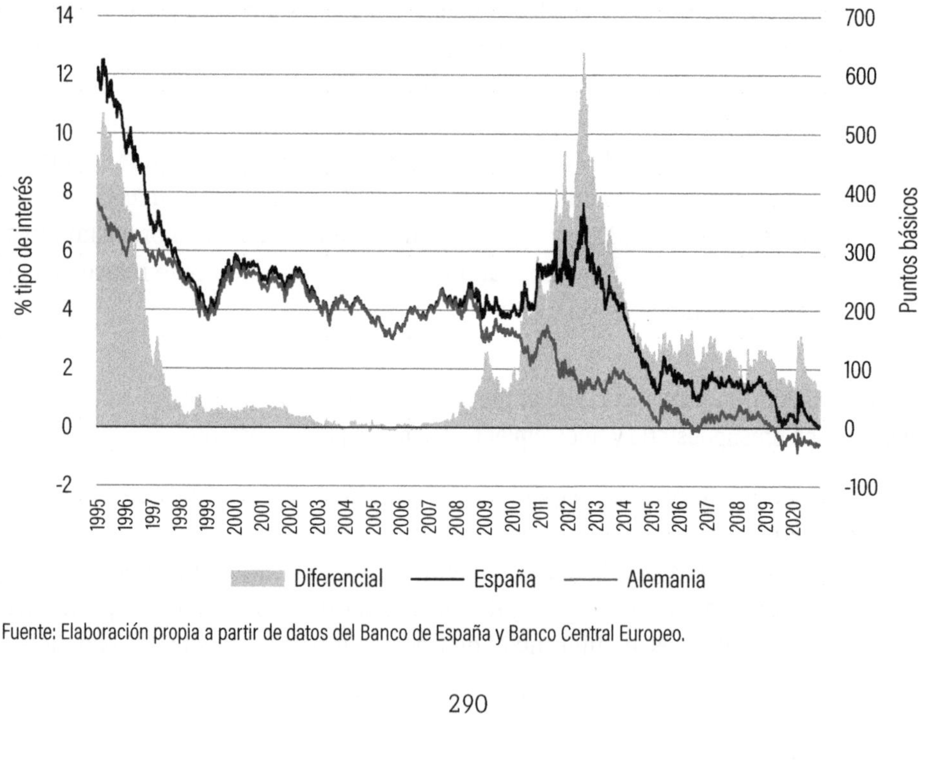

Fuente: Elaboración propia a partir de datos del Banco de España y Banco Central Europeo.

- La entrada masiva de financiación en España, en un entorno de elevada confianza, contribuyó al fuerte incremento de las inversiones, crecimiento económico, saldo fiscal positivo y fuerte reducción del nivel de endeudamiento público, permitiendo, así, mantener la prima de riesgo en niveles europeos, entre -6 y 50 puntos básicos.

Periodo 2008-2012. Fuerte ensanchamiento de los diferenciales de la prima de riesgo española y de otros países europeos. Crisis financiera, rápido aumento del nivel de deuda pública y dudas sobre su nivel de sostenibilidad

El estallido de la crisis en el año 2007 puso de manifiesto las debilidades y los desequilibrios estructurales de la economía española, que se tradujeron en el inicio de una etapa en la que el tipo de interés exigido a las emisiones de deuda pública española superaba ampliamente al tipo de interés de los títulos equivalentes de deuda alemana; el diferencial se convirtió en el termómetro de las dificultades financieras por las que atravesaba el país. A partir de este momento se concatenan un conjunto de circunstancias externas e internas que provocan una subida continuada de la prima de riesgo durante cuatro años, desde cero hasta más de 600 puntos básicos en julio de 2012 (**Gráfico 42**). En esta segunda etapa, los hitos más significativos, por su impacto en la prima de riesgo, fueron los siguientes:

- La primera escalada de la prima de riesgo se produce a partir de la quiebra de Lehman Brothers y tras las primeras señales de ralentización económica, que elevaron el diferencial por encima de los 100 puntos a principios de 2009.
- El 2 mayo de 2010 el Banco Central Europeo alcanzó un acuerdo con Grecia con la concesión de 110.000 millones de euros bajo condicionalidad. Con el estallido de la crisis griega, se inicia el proceso de contagio que afectó, especialmente, a aquellos países que contaban con un estrecho margen fiscal, presentaban dificultades para acceder al mercado financiero y estaban sumidos en una fase de contracción económica, como era el caso de España. El riesgo soberano se transmitió al sector bancario, no solo por las dudas que empezaron a surgir en torno a la sostenibilidad de las finanzas públicas, sino también por el hecho de que la banca nacional era uno de los principales tenedores de títulos de deuda pública. El miedo a posibles *defaults* tuvo un efecto perverso en el sector privado, ya que los mercados, incapaces de identificar entre bancos con deuda soberana o sin ella, provocaron que todos los activos, sin distinción, sufrieran las consecuencias de esta

fuerte crisis fiscal con incrementos de los tipos de interés y de los diferenciales respecto al Bund alemán, que se convirtió en un activo refugio. Así, el efecto contagio provocado por la aprobación de los paquetes financieros de apoyo a Grecia (que fueron acompañados por programas de ayuda del Fondo Monetario Internacional) en mayo de 2010 disparó el diferencial entre el interés del bono español y del alemán; en abril se situaba en el entorno de los 70 puntos básicos y días después alcanzó los 102 puntos básicos. Entre otros motivos, el aumento de la prima de riesgo (que en junio llegó a alcanzar los 229 puntos básicos) provocaría que, en primavera de 2010, se produjera un cambio de rumbo de la política fiscal en España, con fuertes ajustes tanto por la vía del gasto como de los ingresos.

Gráfico 42. HITOS MÁS RECIENTES DESDE 2010 EN LA EVOLUCIÓN DE LA PRIMA DE RIESGO

Fuente: Elaboración propia a partir de datos del Banco de España.

- El agravamiento de la situación y el riesgo de contagio provocaron un intenso debate europeo en torno a los rescates. Así, el 18 octubre de 2010, la canciller alemana, Angela Merkel, y el entonces presidente francés Nicolas Sarkozy, acordaron la reforma del Tratado de Lisboa en la cumbre de

Deauville, que pretendía el establecimiento de un marco que garantizase una gestión ordenada de la crisis proporcionando las disposiciones necesarias para una participación adecuada de los acreedores privados, que permitiese, así, a los Estados miembros tomar las medidas oportunas para salvaguardar la estabilidad financiera del euro. Este hecho tuvo una gran trascendencia en la evolución de los tipos de interés de los países del Sur, ya que la deuda pública periférica dejó de ser un activo sin riesgo y el bono alemán se reafirmó como gran referencia de estabilidad: los mercados ampliaron de nuevo la diferenciación entre países, lo que llevó a la prima de riesgo española a alcanzar prácticamente los 300 puntos básicos ese mismo otoño de 2010.

- A las pocas semanas, el 15 diciembre de 2010, la Unión Europea con la colaboración del Fondo Monetario Internacional, aprobó el programa de rescate financiero a Irlanda por valor de 85.000 millones de euros, nuevamente bajo estrictas medidas de condicionalidad. Este hecho permitió relajar ligeramente las tensiones en los mercados de deuda y el impacto sobre el diferencial de los títulos de deuda pública española fue el descenso hasta los, aproximadamente, 250 puntos básicos. Del mismo modo, la aprobación el 16 de mayo de 2011 del programa de rescate financiero a Portugal por parte de la Unión Europea, también en colaboración con el Fondo Monetario Internacional y por valor de 78.000 millones de euros, permitió que la prima de riesgo en España se situase en los 213 puntos básicos.
- Ese mismo verano, en España, tanto el Gobierno como la oposición llegaron a un acuerdo para reformar la Constitución y solidificar el compromiso con la estabilidad presupuestaria y la sostenibilidad de la deuda. Así, el 27 septiembre 2011 se aprobó la reforma constitucional del artículo 135, lo que contribuyó a una reducción del diferencial de más de 100 puntos, hasta los 267 puntos.
- El 1 noviembre 2011 Mario Draghi sucedió a Jean-Claude Trichet como presidente del Banco Central Europeo; en ese momento la prima de riesgo se situaba en 375 puntos básicos.
- En una de sus primeras decisiones, el 8 de diciembre de 2011, el nuevo Presidente del Banco Central Europeo anunció la celebración de dos subastas extraordinarias con vencimiento a tres años de los conocidos como VLTROs, lo que permitió una pequeña tregua de unas semanas para resituar la prima de riesgo en torno a 300 puntos básicos, antes de volver a continuar subiendo durante todo el primer semestre de 2012.

- Desde finales de 2011 hasta el verano de 2012 se concentran numerosos acontecimientos motivados por la profundización de la recesión económica y el agravamiento de la crisis en los mercados financieros que obligan al nuevo gobierno español, constituido tras las elecciones de noviembre de 2011, a abordar profundos ajustes y reformas normativas. Algunas de las reformas más significativas afectan al presupuesto y la institución presupuestaria, el saneamiento del sistema financiero y la flexibilización del mercado laboral. La concentración de nuevos proyectos normativos y la vertiginosa actividad parlamentaria no fueron suficientes para detener la escalada de una prima de riesgo que había empezado el año 2012 en 324 puntos básicos y se situó, en junio, en 535 puntos.
- El 9 de junio de 2012 el Gobierno español solicitó a la UE ayuda para la recapitalización de la banca española, obteniendo para ello un préstamo por valor de hasta 100.000 millones de euros, con condicionalidad ligada a la reestructuración del sector, la consolidación fiscal y nuevas y profundas reformas estructurales. Ese día la prima cotizaba en los 522 puntos.
- Un día después de la firma del Memorando entre el Gobierno de España y la Comisión Europea la prima de riesgo alcanzó un máximo histórico de 639 puntos básicos.
- Tras el discurso de Mario Draghi pronunciado el 26 de julio de 2012 y su ya conocido mensaje de que el Banco Central Europeo haría todo lo posible para preservar el euro, el diferencial del tipo de interés de los títulos de deuda pública española inicia una etapa de descenso progresivo. Así, inmediatamente tras las declaraciones del presidente del Banco Central Europeo, la prima de riesgo española descendió a los 560 puntos.

Periodo 2013-2019. Intensificación de las medidas extraordinarias de política monetaria y relajación de la prima de riesgo

- En marzo de 2013, el Eurogrupo alcanzó un acuerdo en el marco de un Programa de Ajuste Económico para Chipre con una dotación financiera de hasta 10.000 millones de euros. La caída de la confianza sobre la economía chipriota se había traducido en una cuantiosa retirada de depósitos bancarios, lo que había deteriorado, aún más, la situación de su sistema financiero. Para entonces la prima de riesgo había continuado su reducción, de forma lenta pero constante, aunque todavía se mantenía en el entorno de los 350 puntos básicos.

- El 22 de enero de 2015, el Banco Central Europeo anuncia, de modo similar a la estrategia de QE de la Reserva Federal, la ampliación del programa de compras de activos, añadiendo la compra de bonos soberanos, y alcanzando un total de 60.000 millones al mes. La prima de riesgo española se situaba, entonces, en los 95 puntos básicos.
- En agosto de 2015, el Eurogrupo aprueba el tercer rescate financiero a Grecia, en esta ocasión por valor de 86.000 millones de euros a tres años, con medidas de condicionalidad aún más estrictas. La prima se encontraba en 132 puntos básicos.
- A partir de marzo de 2016 se intensifican las medidas de política monetaria con la reducción de los tipos de interés oficiales y ampliación del programa de compra de activos a 80.000 millones al mes, la inclusión de bonos corporativos en el programa de compras y la puesta en marcha, a partir de julio, de una serie de cuatro operaciones de financiación con vencimiento a 4 años (TLTRO II) que permitieron la estabilización de la prima de riesgo en el intervalo de los 100 puntos básicos, valores en los que ha permanecido hasta un periodo ya más reciente, en donde oscila entre los 100 y los 70 puntos básicos.

2020-2021. Crisis sanitaria. Covid-19

A diferencia de la crisis anterior y gracias a la pronta y muy contundente intervención del BCE, la prima de riesgo no experimentó subidas desproporcionadas. De hecho, el ensanchamiento del diferencial de los tipos exigidos a los bonos españoles e italianos con respecto a los del bono alemán, que en abril de 2020 alcanzó su máximo anual situándose en los 156 puntos básicos en el caso español, estimuló la compra específica de deuda por parte del BCE emitida por estos países, dentro del intenso programa de compra de activos introducido por el BCE para contrarrestar el impacto de la crisis sanitaria, y propició una mayor contundencia en los mensajes de política monetaria para tratar de corregirla. A partir de este momento la tendencia de la prima de riesgo se vuelve decreciente recuperando, nuevamente, el entorno de los 60 puntos básicos, con una cotización del bono a 10 años del Tesoro ligeramente por debajo del 0,5%, pese a ser la española una de las economías más endeudadas y afectadas por la crisis del covid-19 a nivel europeo.

REFERENCIAS BIBLIOGRÁFICAS

ABAD, J. M. y BERMEJO, V. (2015): «Liquidity provision: lessons from a natural experiment». Universidad Carlos III de Madrid, *Working papers Business*, 15-03.

ABAD, J. M., BERMEJO, V. y CAMPOS, R. (2015): «How does easing liquidity constraints affect aggregate employment?» Universidad Carlos III de Madrid, *Working Papers Business*, 15-04.

ACEMOGLU, D. y ROBINSON, J. A. (2012): *Why nations fail?* Crown Business.

AIReF (2014): Informe 2014 sobre los Planes Económico Financieros de las Comunidades Autónomas.

ALESINA, A. y ARDAGNA, S. (2009): «Large Changes in Fiscal Policy: Taxes Versus Spending». NBER, *Working Paper* n.º 15438.

ALESINA, A. y PEROTTI, R. (1995): «Fiscal expansions and adjustments in OECD countries». NBER, *Working Paper* n.º 5214.

BABB, S. y CARRUTHERS, B. (2008): «Conditionality: forms, function, and history». *The Annual Review of Law and Social Science*, 4, pp. 13-29.

BALASSONE, F., FRANCO, D. y ZOTTERI, S. (2003): «Fiscal Rules for subnational governments in the EMU context». Società italiana di economia pubblica, *Working paper* n.º 196/2003.

BANCA D'ITALIA (2013): Annual Report. *Economic Bulletin* n.º 68.

BANCO DE ESPAÑA (2017): Informe sobre la crisis financiera y bancaria en España, 2008-2014.

BANCO MUNDIAL (2005): Review of World Bank conditionality. World Bank, operation policy and country services.

BANDRÉS MOLINÉ, E. (2001): La reforma de la legislación presupuestaria. Conferencia de Clausura del Seminario de la UIMP, «La reforma de la Ley General Presupuestaria». Huesca 2001.

BBVA RESEARCH (2012): Situación España. Segundo trimestre 2012.

BCE (2000): Orientación del Banco Central Europeo de 31 de agosto de 2000 sobre los instrumentos y procedimientos de la política monetaria del Eurosistema. BCE/2000/7, *Diario Oficial de las Comunidades Europeas*, L310/1.

– (2011): Decisión del Banco Central Europeo de 14 de diciembre de 2011 sobre medidas temporales adicionales relativas a las operaciones de financiación del Eurosistema y la admisibilidad de los activos de garantía. BCE/2011/25, *Diario Oficial de la Unión Europea*, L 341/65.

– (2012): Annual Report.

– (2017): Survey on the access to finance of enterprises (SAFE). Octubre 2016-Marzo 2017.

BENTOLILA, S., JANSEN, M., JIMÉNEZ, G. y RUANO, S. (2015): «When credit dries up: job losses in the Great Recession». CEMFI, *Working Paper* n.º 1310.

BERLINSCHI, R. (2010): «Reputation concerns in aid conditionality». *The Review of International Organizations*, Vol. 5, Issue 4, pp. 433-459.

BERNALDO DE QUIRÓS, L. y MARTÍNEZ RICO, R. (2005): *El modelo económico español 1996-2004. Una revolución silenciosa*. Instituto de Estudios Económicos.

BERNANKE, B. (2002): Deflation: Making Sure «It» Doesn't Happen Here. Speech before the National Economists Club, Washington, D.C., November 21, 2002.

– (2005): The global saving glut and the US current account deficit. Remarks by Governor Ben S. Bernanke, At the Sandridge Lecture, Virginia Association of Economists, Richmond, Virginia, 10 de marzo de 2005.

– (2012): «The effects of the Great Recession on Central Bank Doctrine and Practice». *The B.E. Journal of Macroeconomics*. Special Issue: Long-Term Effects of the Great Recession. Vol. 12, Issue 3, 2012.

BLANCHARD, O. y SUMMERS, L. (2017): Rethinking Stabilization Policy. Back to the Future. Conference at the Peterson Institute for International Economics.

BLANCHARD, O. (2019): Public Debt and Low Interest Rates. Speech delivered at the annual meeting of the American Economic Association.

BLANCHARD, O., LEANDRO, A. y ZETTELMEYER, J. (2021): *Redesigning EU Fiscal Rules: From Rules to Standards*. Peterson Institute for International Economics.

BRUNNERMEIER, M., JAMES, H. y LANDAU, J. P. (2016): *The Euro and the Battle of Ideas*. Princeton University Press.

BUTI, M. y MARTÍNEZ MONGAY, C. (2005): Country Study-Spain in EMU: a virtuous long-lasting cycle. European Economy, Directorate-General for Economic and Financial Affairs, *Occasional Papers*, n.º 14.

CANTALAPIEDRA, C. y JIMÉNEZ, S. (2017): «Financiación del endeudamiento autonómico: entre el Fondo de Liquidez Autonómico y los mercados». Funcas, *Cuadernos de Información Económica* n.º 256, pp. 59-70.

CARDOSO, M. y DOMÉNECH, R. (2010): *On Ricardian Equivalence and Twin Divergence: The Spanish Experience in the 2009 Crisis*. BBVA Economic Research Department.

CHANG, H.-J. (2005): Policy Space in Historical Perspective - with special reference to Trade and Industrial Policies. Talk presented at the Queen Elizabeth House 50th Aniversary Conference, University of Oxford.

CHECHERITA-WESTPHAL, C., KLEMM, A. y VIEFERS, P. (2015): «Government's payment discipline: the macroeconomic impact of public payment delays and arrears». *Working Papers Serie*, n.º 1771, European Central Bank.

CHIADES, P., GRECO, L., MENGOTTO, V., MORETTI, L. y VALBONESI, P. (2015): Fiscal Consolidation and Expenditure Arrears: evidence from Local Governments Investments. *«Marco Fanno» Working Paper* n.º 197, Università Degli Studi Di Padova, Dipartimento di Scienza Economiche ed Aziendali «Marco Fanno».

CIS (2012): Opinión Pública y Barómetro Fiscal. N.º XXIX.

CLARIDA, R. (2019): *Sustaining Maximum Employment and Price Stability*. Economic Club of New York, 2019.

COMISIÓN EUROPEA (2015): Ex post Evaluation of Late Payment Directive.

CONGRESO DE LOS DIPUTADOS (2012): Debate a la Totalidad de Iniciativas Legislativas: Proyecto de Ley Orgánica de Estabilidad Presupuestaria y Sostenibilidad Financiera. Diario de Sesiones. Número de expediente 121/000003, *Diario de Sesiones del Congreso de los Diputados*, 29 de marzo de 2012.

CONNELL, W. (2014): «The Economic Impact of Late Payments». *Economic Papers* 531. European Comission, European Economy.

CONSEJO DE POLÍTICA FISCAL Y FINANCIERA (2017): Informe de la Comisión de Expertos para la reforma del sistema de financiación autonómica.

DE BARRÓN, I., DE JUAN, A. y URÍA, F. (2013): *Anatomía de una crisis*. Editorial Deusto.

DE GRAUWE, P. (2011): «The European Central Bank as a lender of last resort». CEPR's Policy Portal.

DE GUINDOS, L. (2010): *España, claves de prosperidad*. Editorial Gota a Gota.

DE LA FUENTE, A. (2016): «Las finanzas autonómicas en 2015 y entre 2003 y 2015». BBVA Research, *Documento de Trabajo* 16/08.

– (2017): «Los mecanismos adicionales de financiación: cantidades desembolsadas, subvenciones a los intereses y efectos sobre la financiación efectiva de las CC. AA.» Fedea, *Estudios sobre la Economía Española*, 2017/29.

DELGADO-TÉLLEZ, M., GONZÁLEZ, C. I. y PÉREZ, J. J. (2016a): «El acceso a la financiación de los mercados por parte de la Administración Regional: experiencias internacionales y desarrollos recientes», *Boletín Económico del Banco de España*, 21-32.

DELGADO-TÉLLEZ, M., HERNÁNDEZ DE COS, P., HURTADO, S. y PÉREZ, J. (2015): «Los mecanismos extraordinarios de pago a proveedores de las Administraciones Públicas en España». *Documentos Ocasionales* n.º 1501, Banco de España.

– (2017): «The macroeconomic impact of delayed government payments: a case study». *Public Finance and Management*, Vol 17, n.º 2.

Delgado-Téllez, M., Lledó, V. y Pérez, J. (2016b): «On the determinants of Fiscal Non-Compliance: an empirical analysis of Spains's regions». Banco de España, *Documentos de Trabajo* n.º 1632.

Delgado-Téllez, M. y Pérez, J. (2016): «La financiación de las Comunidades Autónomas más allá del sistema de financiación autonómica». *Mediterráneo Económico*, Vol. 30, pp. 465-482.

Dhonte, P. (1997): «Conditionality as an instrument of borrower credibility». IMF *Paper on policy Analysis and Assessment*, FAPP/97/2.

Doménech, R. y González Páramo, J. M. (2017): Estabilidad presupuestaria y reformas estructurales en España: lecciones de la crisis y opciones de futuro, BBVA Research.

Draghi, M. (2012): Speech by the President of the ECB at the Global Investment Conference in London. 26 de julio de 2012.

– (2018): Risk reducing and risk sharing in the euro area. Discurso en el European University Institute de Florencia. 11 de mayo de 2018.

Dreher, A. (2009): «IMF conditionality: theory and evidence». *Public Choice* 141, pp. 233-267.

European Fiscal Board (2017): Informe Anual.

Federación Nacional de Asociaciones de Trabajadores Autónomos (ATA) (2011): Observatorio del Trabajo Autónomo.

Feibelman, A. (2011): *American States and Sovereign Debt Restructuring: Lessons and Cautionary Tales*. Tulane University.

Feito, J. L. (2011): *La competitividad de la economía española. Hacia una nueva política económica española. Diagnóstico, desafíos, estrategias*. Alianza Editorial, pp. 119-148.

Fernández Llera, R. (2016): «Control del endeudamiento autonómico y estabilidad presupuestaria: Evolución y propuestas de futuro». *Revista de Estudios Regionales*, n.º 105, pp. 103-136.

Fernández Llera, R. y Monasterio, C. (2010): «¿Entre dos o entre todos? Examen y propuestas para la coordinación presupuestaria en España». *Hacienda Pública Española*, 195, pp. 139-163.

Fernández Méndez de Andés, F. (2011): *La internacionalización de las empresas españolas. Hacia una nueva política económica española. Diagnóstico, desafíos, estrategias*. Alianza Editorial, pp. 149-178.

– (2014): «La política monetaria común». Fundación de Estudios Financieros, *Anuario del Euro* 2013, pp. 135-153.

FLYNN, S. y PESSOA, M. (2014): «Prevention and Management of Government Expenditure Arrears». IMF, *Fiscal Affairs Department*, Technical Notes and Manuals.

FMI (2009): Fiscal Rules - Anchoring expectations for sustainable public finances. Fiscal Affairs Department.

– (2011): «Portugal: Request for a Three-Year Arrangement Under the Extended Fund Facility». *Country Report* n.º 11/12.

– (2012): «Spain: The Reform of Spanish Savings Banks Technical Notes. IMF *Country Report* n.º 12/141.

FRIEDMAN, M. (1969): *The optimum quantity of money and other essays*. Aldine Publishing Company.

FUNDACIÓN BBVA (2010): «Fuentes del crecimiento y productividad en España». *Cuadernos de Capital y Crecimiento*, n.º 7/2010.

FUNDACIÓN SEPI (2013): Las empresas industriales en 2011. Encuesta sobre Estrategias Empresariales 2011.

FURMAN, J. (2016): The new view of Fiscal Policy and its application. Conference: Global Implications of Europe's Redesign. Chairman, Council of Economic Advisers, Executive Office of the President of the United States.

GARCÍA DELGADO, J. L. (2016): Intervención en el Acto de investidura Doctor Honoris Causa en la Universidad de Zaragoza, el 1 de diciembre de 2016.

GARCÍA DELGADO, J. L., MYRO, R. y ALONSO, J. A. (2009): *Lecciones de economía española* (9.ª ed., Tratados y manuales de economía). Cizur Menor (Navarra), Civitas Thomson Reuters.

GARCÍA-POSADA, M. y MARCHETTI, M. (2015): «The bank lending channel of unconventional monetary policy: the impact of the VLTROS of credit supply in Spain». Banco de España, *Documento de Trabajo* n.º 1512.

GASPAR, V. y EYRAUD, L. (2017): Five Keys to a «Smart» fiscal policy. IMF blog.

GENNAIOLI, N. y SHLEIFER, A. (2018): *A crisis of beliefs. Investor Psychology and Financial Fragility*. Princeton University Press.

GONZÁLEZ GONZÁLEZ, F. (2018): «The management of Government Expenditure Arrears in Spain». *Documentos de Trabajo* 6/2018. Ministerio de Hacienda.

GONZÁLEZ PÁRAMO, J. M. (2001): «Costes y beneficios de la disciplina fiscal: la Ley de Estabilidad Presupuestaria en perspectiva». *Estudios de Hacienda Pública*, Instituto de Estudios Fiscales.

GOPINATH, G. (2015): The International Price System. Jackson Hole Symposium Proceedings.

GUILLÉN, M. (2005): *The Rise of Spanish Multinationals*. Cambridge University Press.

HAN, B. (2013): *La sociedad de la transparencia*. Editorial Herder.

HERNÁNDEZ DE COS, P. (2013): «Fiscal multipliers in turbulent times: the case of Spain». Banco de España, *Documentos de Trabajo*, n.º 1309.

HERNÁNDEZ DE COS, P. y PÉREZ, J. (2015): «Reglas fiscales, disciplina presupuestaria y corresponsabilidad fiscal». FUNCAS, *Papeles de Economía Española*, n.º 143, pp. 174-184.

ICO (2012): Informe del mecanismo de financiación de pago a proveedores 2012 para las Entidades Locales. Dirección General de Negocios.

INE (2010): Encuesta sobre acceso a financiación de las empresas (EAF).

INSTITUTO DE LA EMPRESA FAMILIAR (2012): Informe presentado en su Congreso Anual.

INTRUM JUSTITIA (2014): European Payment Index.

– (2018): European Payment Index.

KIM, S. y ROUBINI, N. (2008): «Twin Deficit or twin divergence? Fiscal policy, current account, and real exchange rate in the U.S.». *Journal of International Economics*, Vol. 74.

KIOKO, S. N. (2013): «Financial condition of the States: 2002-2010». *Journal of Budgeting, Accounting and Financial Management*, 25 (1), pp. 165-198.

KYDLAND, F. y PRESCOTT, E. (1977): «Rules rather than discretion: The inconsistency of optimal plans». *Journal of Political Economy*, Vol. 85, issue 3, pp. 473-491.

LAGO-PEÑAS, S. (2005): «Evolving federations and regional public deficits: testing the bailout hypothesis in the Spanish case. Environment and planning». C, *Government & policy*. Vol. 23, n.º 3, pp. 437-453.

LANE, T. D. (1993): «Market Discipline». IMF, *Working Paper* n.º 92/42.

LÓPEZ DE LA RIVA CARRASCO, F. A., GONZÁLEZ PUEYO, J. y MORA BONGERA, F. (2012): Comentario urgente al Real Decreto-Ley 4/2012 y su incidencia sobre las Corporaciones Locales. diariolaley.es.

LÓPEZ ROA, A. L. (2011): *Unas notas sobre la reforma del sistema financiero en España; el caso de las Cajas de Ahorro. Hacia una nueva política económica española. Diagnóstico, desafíos, estrategias*. Alianza Editorial, pp. 81-118.

LOWE, P. (2019): Remarks at Jackson Hole. Reserve Bank of Australia.

MARTÍNEZ RICO, F. (2018): «Una nueva ley para que los contratos del sector público sean más transparentes». *El País*, 24 de enero de 2018.

MARTÍNEZ RICO, R. (2005): «La institución presupuestaria española: del pacto de estabilidad a las reglas de estabilidad presupuestaria». *Información Comercial Española*, n.º 826, pp. 359-372.

– (2008): «El mercado americano para las empresas españolas». *Documentos de la Fundación de Estudios Financieros*.

– (2010): «La sostenibilidad de las cuentas públicas en España». *Documentos* CEOE.

– (2012): «La Institución Presupuestaria en la Unión Económica y Monetaria: la contribución de España». *Libro Marrón*. Círculo de Empresarios.

– (2020): *El Programa de Pago a Proveedores como Instrumento de Política Económica (2012-2014)*. Tesis Doctoral. Universidad de Zaragoza, Facultad de Economía y Empresa.

McDermott, C. y Wescott, R. (1996): «An Empirical Analysis of Fiscal Adjustments», FMI *Working Papers*.

Ministerio de Economía (2014): Programa Nacional de Reformas del Reino de España, Abril 2014.

Ministerio de Economía y Hacienda (2010): Actualización del Programa de Estabilidad 2009-2013.

– (2011): Presentación del Proyecto de Presupuestos Generales del Estado. Libro Amarillo.

Ministerio de Hacienda (2013): Informe para la reforma de las Administraciones Públicas.

– (2017a): Informe sobre los beneficios de los mecanismos adicionales de financiación a Comunidades Autónomas y otras medidas de liquidez. Periodo 2012-2016.

– (2017b): Informe de la Comisión de Expertos para la revisión del modelo de financiación local.

– (2017): Presentación del Proyecto de Presupuestos Generales del Estado. Libro Amarillo.

Mold, A. (2009): *Policy Ownership and Aid Conditionality in the Light of the Financial Crisis. A critical review*. OECD, Development Centre Studies.

Montoro Romero, C. (2011): *La economía española en la salida de la crisis. Hacia una nueva política económica española. Diagnóstico, desafíos, estrategias*. Alianza Editorial, pp. 19-31.

Mundell, R. (1963): «Capital Mobility and Stabilization Policy under Fixed and Flexible Exchange Rates». *Canadian Journal of Economics and Political Science*, 29, pp. 475-485.

Navarro, F. (2013): Fondo para la financiación de los pagos a proveedores. Anuario Mercantil para Abogados. Cuatrecasas, Gonçalves Pereira.

O´Rourke, K. y Williamson, J. (1999): *Globalization and History. The Evolution of a Nineteenth-Century Atlantic Economy*, Massachussets Institute of Technology.

Ongena, S., Popov, A. y Van Horen, N. (2016): «The invisible hand of the government: «Moral suasion» during the European sovereign debt crisis». European Central Bank, *Working Paper* n.º 1937.

ORSZAG, P., RUBIN, R. y STIGLITZ, J. (2021): *Fiscal resiliency in a deeply uncertain world: The role of semiautonomous discretion*. Peterson Institute for International Economics.

PÉREZ, J. J. (2017): Reglas Fiscales y artículo 135: ¿autonomía y responsabilidad? Documento para discusión en el VI Foro de la Autonomía (Informe de las Comunidades Autónomas 2016).

PISANI-FERRY, J. (2014): *The euro crisis and its aftermath*. Oxford University Press, pp. 57-61.

POTERBA, J. M. (1993): «State Responses to fiscal crisis: The effects of budgetary institutions and politics». NBER, *Working paper* n.º 4375.

PRAET, P. (2016): The ECB and its role as lender of last resort during the crisis. Speech at the Committee on Capital Markets Regulation conference on The lender of last resort - an international perspective, Washington DC, 10 February 2016.

RACHEL, L. y SUMMERS, L. (2019): «On Falling Neutral Real Rates, Fiscal Policy, and the Risk of Secular Stagnation». *Brookings Papers on Economic Activity*, March 2019.

RAJAN, R. (2010): *Fault Lines*. Princeton University Press.

REINHART, C. M. y ROGOFF, K. S. (2009): *This Time is Different. Eight Centuries of Financial Folly*. Princeton University Press.

REIS, R. (2016): *QE in the future: the central bank's balance sheet in a fiscal crisis*. National Bureau of Economic Research.

REVISTA ESPAÑOLA DE DERECHO CONSTITUCIONAL (2011): «La reforma del artículo 135 CE». Centro de Estudios Políticos y Constitucionales, n.º 93, pp. 159-210.

RODRÍGUEZ HERRER, E. (2011): *La consolidación presupuestaria y la austeridad del gasto público: Estado, Comunidades Autónomas y Corporaciones Locales. Hacia una nueva política económica española. Diagnóstico, desafíos, estrategias*, Alianza Editorial, pp. 311-335.

RUBIN, R. (2004): *In an Uncertain World*. Random House Trade Paperback.

SANTOS, T. (2017): *El Diluvio: The Spanish Banking Crisis, 2008-2012*. Columbia University and NBER.

SARGENT, T. (2014): «Discurso Nobel: Antes Estados Unidos, ahora Europa». *Papeles de Economía Española*, El reto de la Unión Fiscal Europea, n.º 141, pp. 2-25.

SERRA, X. (2003): «Estado actual de la condicionalidad del Fondo Monetario Internacional». Banco de España. *Boletín Económico* julio-agosto 2003, pp. 79-93.

SERRANO SANZ, J. M. (2005): «España y el comercio Internacional, problemas actuales». *Anales de la Real Academia de Ciencias Morales y Políticas*.

– (2009): «La economía española en democracia», JUAN VELARDE FUERTES y JOSÉ MARÍA SERRANO SANZ (Eds.): *España Siglo XXI. La Economía*, Vol. 3, Biblioteca Nueva.

– (2011a): *De la crisis económica en España y sus remedios*. Prensas Universitarias de Zaragoza, Colección Paraninfo.

– (2011b): «Estabilización y reformas institucionales, una vez más», en *Lo que hay que hacer con urgencia*, JUAN VELARDE (Ed). Editorial Actas.

– (2013): «El Euro, árbol que crece torcido». *Anales de la Real Academia de Ciencias Morales y Políticas*, Curso académico 2012-2013, n.º 90.

– (2014): «¿Del ajuste al crecimiento?» *Anales de la Real Academia de Ciencias Morales y Políticas*, Curso Académico 2013-2014, n.º 91.

SGHERRI, S. y ZOLI, E. (2009): «Euro Area Sovereign Risk During the Crisis». *IMF Working Paper*, WP/09/222.

SIMS, C. (2010): «Commentary on Policy at the Zero Lower Bound». Princeton University, CEPS *Working Paper*, n.º 201.

STEIL, B. (2013): *The Battle of Bretton Woods*. Princeton University Press.

STIGLITZ, J. (2002): *El malestar en la Globalización*. Santillana Ediciones Generales.

SUTHERLAND, D., PRICE, R. y JOUMARD, I. (2005): «Sub-central government fiscal rules». OECD *Economic Studies* n.º 4.

TER-MINASSIAN, T. y CRAIG, J. (1997): Control of Subnational Government Borrowing in Fiscal Federalism in Theory and Practice, IMF eLibrary.

THE ECONOMIST (2018a): Free Exchange: Can't hardly wait. March 2018.

– (2018b): Spain's economy is changing. High-tech companies with global ambitions are emerging. Special Report.

TINBERGEN, J. (1952): *On the Theory of Economic Policy*. North-Holland.

TRIGO PORTELA, J. (2004): *Veinte años de privatizaciones en España*. Instituto de Estudios Económicos.

UNITED STATES CONGRESS (1794): United States Statutes at Large, Volume 1, 1st Congress, 2nd Session, Chapter 34. An act making provision for the Debt of the United States (August 4, 1790).

VELARDE, J. (2011): *Lo que hay que hacer con urgencia*, Editorial Actas.

VICENTE GONZÁLEZ, I. (2013): Los mecanismos estatales de apoyo a la financiación autonómica. Subdirección General de Financiación y Gestión de la Deuda Pública. Ministerio de Economía y Competitividad. Boletín Económico del ICE (Enero).

WILLIAMSON, J. (2004): *The Washington Consensus as Policy Prescription for Development*. Institute for International Economics.

WOODFORD, M. (2013): Monetary Policy Targets after the Crisis. Conference held at the IMF, April 2013.

ZURITA, J. (2014): «La reforma del sector bancario español hasta la recuperación de los flujos de crédito». BBVA Research. *Documento de Trabajo* n.º 14/12.

INSTITUTO
DE ESTUDIOS
ECONÓMICOS

42

años
*por la economía
de mercado*

INSTITUTO DE ESTUDIOS ECONÓMICOS
Edición y Publicaciones

Tel.: 917 820 580
iee@ieemadrid.com
www.ieemadrid.es